W0063545

Für Erga

Inhalt

Was ist eigentlich wichtig?   11

Teil I: Die Anfänge   15
1. Mutter Erde   17
2. Der erste Mensch   19
3. Die Revolutionen des Ackerbaus und
   der Urbanisierung   24

Teil II: Der Mittlere Osten in der Antike   29
1. Sumer und Akkad   30
2. Das alte Ägypten   36
3. Syrien, Kanaan und das Alphabet   39

Teil III: Die Ausbreitung der Zivilisation   43
1. Die Indus-Kultur und die Arier   44
2. Minoer und Mykener   47
3. Die Anfänge in China   51

Teil IV: Die ersten Reiche   55
1. Das Reich der Hethiter   55
2. Ägypten – das Neue Reich   57
3. Assur – das Reich der Assyrer   61
4. Das Persische Reich   63

Teil V: Das Zeitalter neuen Glaubens und Denkens im ersten Jahrtausend vor Christus 67
1. Der Zoroastrismus 68
2. Die »Hundert Schulen des Denkens« in China 69
3. Der Buddhismus 71
4. Israel 74
5. Das klassische Griechenland 78

Teil VI: Der Hellenismus und Rom 87
1. Alexander der Große 87
2. Der Hellenismus 94
3. Rom 98
4. Hellenistisches Judentum und frühes Christentum 105

Teil VII: Die asiatischen Reiche des ersten Jahrtausends 113
1. Die Dynastien Han, Tang und Song in China 114
2. Das präislamische Indien 121
3. Parther und Sassaniden im Iran 123

Teil VIII: Das Frühmittelalter 129
1. Byzanz 130
2. Das Dunkle Zeitalter in Europa 139
3. Der Aufstieg des Islam 143
4. Die Anfänge der abendländischen Zivilisation 148
5. Die Kreuzzüge 155

Teil IX: Die Anfänge in Amerika und Afrika 161
1. Die ersten Hochkulturen in Mexiko 162
2. Die Maya 165
3. Die ersten Hochkulturen in Peru 167
4. Die Anfänge südlich der Sahara 171

**Teil X: Die Kulturen kommen miteinander
in Kontakt** 177
1. Die Seevölker 178
2. Die Phönizier und ihre Expeditionen 181
3. Griechisch-römische Einflüsse in Zentralasien 184
4. Die Wikinger 188
5. Die Mongolen 193
6. Die Expansion des Islam nach Indien
und Indonesien 197
7. Das europäische Zeitalter der Entdeckungen 202

Teil XI: Die Spätreiche in Asien 207
1. Von der Ming-Dynastie zu Mao 208
2. Japan 213
3. Das Mogul-Reich in Indien 218
4. Das Reich der Safawiden in Persien 221
5. Das Osmanische Reich 226

Teil XII: Die Blütezeit der europäischen Kultur 239
1. Die ersten Nationalstaaten 240
2. Die Renaissance 243
3. Reformation und Gegenreformation 246
4. Die europäischen Mächte im 17. und
18. Jahrhundert 253
5. Die wissenschaftliche Revolution 261
6. Die industrielle Revolution 265

Teil XIII: Der europäische Imperialismus 269
1. Portugal 272
2. Spanien 278
3. Die Niederlande 284
4. Frankreich 291
5. Das Britische Empire 295
6. Rußland 307

Teil XIV: Die großen Revolutionen   315
1. Die Revolutionen in England   316
2. Die Aufklärung   320
3. Die Revolution in Amerika –
   der Unabhängigkeitskrieg   322
4. Die Französische Revolution   325
5. Napoleon   330
6. Die Befreiung Lateinamerikas   337
7. Klassizismus und Romantik   342
8. Die Revolutionen von 1830 und 1848   350
9. Die Schaffung der Nationalstaaten: Italien
   und Deutschland   354
10. Realismus, Impressionismus, Sozialismus   358
11. Der Amerikanische Traum   364
12. Die Oktoberrevolution   369

Teil XV: Das Ende der Großreiche   377
1. Auf dem Weg zur Selbstzerstörung   378
2. Der Erste Weltkrieg   384
3. Die Jahre zwischen den Weltkriegen   389
4. Der Zweite Weltkrieg   396
5. Der Zusammenbruch des europäischen
   Kolonialismus   403
6. Der Kalte Krieg   411
7. Die Westmächte seit dem Zweiten Weltkrieg   417
8. Frauen ergreifen die Macht   420
9. Die Wiederbelebung des islamischen
   Fundamentalismus und Fanatismus   422
10. Der Aufstieg der asiatischen Pazifikstaaten   431
11. Der Zusammenbruch des Sowjetreichs   435

Epilog   443

Was ist eigentlich wichtig?

Was ist im Verlauf der Geschichte wirklich wichtig, maßgeblich, relevant? Sind tatsächlich alle oder fast alle Namen, Daten und andere Einzelheiten, die die Tausende von Seiten vielbändiger Weltgeschichten füllen, von Bedeutung? Sollten wir uns wirklich wünschen — wenn uns eine gute Fee ein hervorragendes Gedächtnis schenken würde —, daß wir uns an alle Einzelheiten der Geschichte genau erinnern?

Ich glaube, nein. Die meisten sind völlig trivial; nur für eine kleine Gruppe von Spezialisten auf dem jeweiligen Gebiet haben sie Bedeutung.

Das heißt jedoch nicht, daß Geschichte von vorne bis hinten trivial ist. Ganz im Gegenteil. Geschichte ist gleichermaßen faszinierend und wichtig. Anders können wir nicht verstehen, wer wir sind und wie wir dahin gelangten, wo wir heute stehen.

Die Art, wie Geschichte gewöhnlich gelehrt und geschrieben wird, ist uns allerdings nur selten eine große Hilfe. Die Spezialisierung in dieser Disziplin ist — wie auf so vielen anderen Gebieten — so weit fortgeschritten, daß die meisten Historiker immer mehr über immer weniger wissen. Sie haben sich angewöhnt, nur die kleinen Details ihres Spezialgebiets zu behandeln, und betrachten Verallgemeinerungen und Analogien mit Argwohn. Doch genau danach sollte der normale Leser sich auf die Suche machen: nach diesen Generalisierungen, nach dem Wald und nicht nach

11

den Bäumen, nach der Grundstruktur, nach der Zusammenfassung, die zumeist bei der Mehrzahl der historischen Abhandlungen im letzten Abschnitt und bei den Geschichtsbüchern im letzten Kapitel zu finden ist. In einem Aufsatz ist alles bis zu diesem Abschnitt meistens für den Spezialisten bestimmt, soll ihm oder ihr zeigen, warum diese und nicht jene Schlußfolgerungen gezogen wurden.

In dem vorliegenden Buch habe ich den Versuch unternommen, den Text größtenteils auf Schlußfolgerungen zu beschränken und nur das zu erwähnen, was tatsächlich des Erinnerns wert ist. Die Nennung von Namen und Bezeichnungen für Personen und Orte wurde äußerst knapp gehalten, und zwar mit Absicht. Nichts ist einfacher, als den Namen eines weiteren Königs, einer weiteren Schlacht, eines weiteren Poeten und eines weiteren Gebäudes zu erwähnen. Doch das hat nur zur Folge, daß der Leser mit weit mehr Informationen überschüttet wird, als er oder sie aufnehmen kann. Aus diesem Grund habe ich versucht, Namen und Bezeichnungen auf das Notwendigste zu beschränken und nur die anzuführen, denen tatsächlich Relevanz zukommt.

Das soll allerdings nicht heißen, daß der Inhalt dieses Buchs lammfromm, wenn auch exakt der allgemein anerkannten Historiographie folgt. Das wäre vor einigen Jahrzehnten vielleicht noch möglich gewesen, doch heute geht das leider nicht mehr.

Die Darstellung von Geschichte durchläuft eine tiefgreifende Revolution. Schon seit einiger Zeit gilt es nicht mehr als ausreichend, in erster Linie lediglich die politische Geschichte zu behandeln, allein die Taten von Königen und den Ausgang von Schlachten zu beschreiben. Wirtschaftliche, soziale und kulturelle Entwicklungen gelten heute als noch wesentlich wichtiger. Manche Historiographieschulen haben die Rolle des Individuums abgewertet und rücken allgemeine Tendenzen in den Vordergrund. Es ist jedoch denkbar, daß man damit in einigen Fällen zu weit gegangen ist. Theorien mögen interessant sein, doch sie sind stets auch gefährlich. Wenn ein Historiker tatsächlich geschichtliche Ereignisse beschreibt, ist er vermutlich am besten beraten, seine vorgefaßten Ideen beiseite zu lassen und den Wert des Falls zu beurteilen, ohne sich allzu stark auf die allerneueste Geschichtsphilosophie zu beziehen.

Auch im Hinblick auf unsere geographischen Vorstellungen von Geschichte hat sich ein großer Wandel vollzogen. In der Vergangenheit wurden in den Geschichtsbüchern zumeist als Schwerpunkte die Aufstiege der griechischen, römischen und modernen abendländischen Zivilisation dargestellt, und andere Hochkulturen wurden abgewertet. Das ist so nicht mehr vertretbar. In einer Welt, aus der die europäischen Kolonialreiche verschwunden sind, in der Japan und andere Staaten im Pazifik auf dem Gebiet der Wirtschaft erfolgreich an die Spitze vorstoßen, in der die islamische Zivilisation einen ganz anderen Weg einschlägt als alle anderen Kulturen, in der die schwarzen Nationen Afrikas um ihre Identität kämpfen, ist es unabdingbar geworden, die Geschichte völlig neu zu schreiben. Die Vergangenheit ist um vieles komplexer geworden, und es muß eine neue Vielzahl unterschiedlicher Entwicklungsstränge untersucht werden. Heute ist klar, daß das Mosaik der Gegenwart sich vor dem Hintergrund höchst unterschiedlicher Einflüsse gebildet hat. Der Osten und der Westen, der Süden und der Norden haben sich gegenseitig befruchtet.

Je komplizierter sich das Bild in Wirklichkeit darstellt, desto mehr Grund gibt es, seine Beschreibung einfach zu halten. Damit wir die komplizierte Vielfalt der Hochkulturen und ihre gegenseitigen Einflußnahmen überhaupt behandeln können, dürfen wir notwendigerweise nur die tatsächlich relevanten Entwicklungen herausarbeiten.

Teil I

Die Anfänge

Die Historiker haben früher überwiegend eine klare Grenze zwischen der Geschichte und der Prähistorie oder Vorgeschichte gezogen. Die Existenz von schriftlichen Aufzeichnungen bildete die Scheidemarke, ob man es mit »Geschichte« zu tun hatte oder nicht. Da die Schrift um 3300 v. Chr. in Mesopotamien erfunden wurde, betrachtete man alle früheren Entwicklungen mit gewissem Argwohn als »Vorgeschichte«. In den letzten Jahrzehnten hat diese Unterscheidung stark an Bedeutung verloren. Die Archäologie und ihre Hilfswissenschaften und -techniken haben sich so weit entwickelt, daß man selbst ohne schriftliche Aufzeichnungen sehr viel über eine alte Zivilisation erfahren kann.

Die Datierung nach der Radiokarbonmethode beispielsweise basiert auf der Halbwertszeit des Isotops Kohlenstoff 14, die jeweils 5730 Jahre beträgt. Wenn bei einer Ausgrabung verbrannte Holzkohle oder die Knochen eines Tieres gefunden werden, läßt sich das Alter der Grabungsschicht ermitteln. Zu Anfang war dieses Verfahren noch sehr unsicher, da einige Ergebnisse eindeutig nicht stimmen konnten. Bei der weiteren Untersuchung stellte sich heraus, daß der Grund in einer zurückliegenden Verschiebung der kosmischen Strahlung zu suchen war. Dem kann man mittlerweile mit Hilfe der Dendrochronologie (Jahresring-Datierung) in einem speziellen Meßprozeß begegnen. Desgleichen kann man heute Objekte aus gebranntem Ton wie Töpferwaren und Tonscherben mittels Thermolumineszenz oder Wärmeleuchten datieren. Dies geschieht, indem man das Artefakt nochmals erhitzt, um die Leuchtkraft zu messen, die nun durch die im Ton enthaltene Radioaktivität freigesetzt wird. Mit Hilfe dieser und anderer Methoden gelangte man zu erstaunlichen Ergebnissen bei der Datierung von alten Überresten und infolgedessen auch zur Datierung von Ereignissen, die vor vielen tausend und sogar Millionen Jahren stattgefunden haben: Wann und wo tauchte der Mensch zum erstenmal auf? Wann zog er nach Europa, Amerika und Australien? Wann wandte er sich erstmals der Jagd und dem Ackerbau zu? Diese und eine Menge ähnlicher Fragestellungen können nun einigermaßen zuverlässig beantwortet werden − so als besäßen wir schriftliche Belege für diese Ereignisse.

Die Archäologie vermag heute nicht nur einen Ort oder ein Ereignis in der Entwicklungsgeschichte des Menschen zeitlich anzusiedeln, sie kann vielmehr auch Einzelheiten zu Kultur, Sitten und Religionen alter Städte und Kulturen liefern. Die Ausgrabungstechnik ist stark verbessert worden, sowohl durch die Stratigraphie oder Formationskunde (die Beziehung von Objekten zur Schicht von Ablagerungen, in denen sie gefunden wurden) als auch durch die Typologie (die Klassifizierung von Objekten nach Typen und ihr Vergleich mit einem anderen zur Bestimmung chronologischer, geographischer und technischer Beziehungen). Miteinander verwandte Wissenschaften wie die Unterwasserarchäologie (die mit Sporttauchgeräten und manchmal mit Mini-Unterseebooten arbeitet), die Analyse von Nahrungsmittelresten und Textilien, die Diagnose von Krankheiten oder die Interpretation von Bestattungsriten haben neue Forschungswege eröffnet.

Unser Wissen darüber, was vormals als prähistorische Kulturen und Ereignisse bezeichnet wurde, ist in den letzten Jahren in richtiggehenden Sprüngen und Sätzen erweitert worden, und wir können in den folgenden Kapiteln den ersten Menschen wesentlich vollständiger beschreiben, als es noch vor wenigen Jahren möglich gewesen wäre.

1. Mutter Erde

In diesem Buch werden wir die Geschehnisse auf einem eher kleinen Planeten darstellen, der — inmitten der Myriaden von Galaxien und Sternhaufen des Universums — um einen der weniger spektakulären Sterne am Rand eines der Spiralarme der Milchstraßen-Galaxie kreist. Wir nennen diesen Stern »Sonne« und den Planeten »Erde«. Die Geschichte des letzteren soll ungefähr 4,6 Milliarden Jahre weit zurückreichen, doch mit Ausnahme der Anfangskapitel werden hier nur knappe zehntausend Jahre dieses langen Zeitraums zur Sprache kommen. Für das Universum ist das lediglich ein Lidschlag. Doch mehr war der menschlichen Rasse bislang nicht beschieden, und noch immer ist es alles andere als sicher, ob uns überhaupt noch wesentlich längere Zeit in Zukunft zugestanden wird.

Die Erdkruste besteht aus enormen starren Platten, die auf einem Mantel rund um den flüssigen Kern des Planeten liegen. Von diesen Platten werden die Kontinente getragen. Wo sich diese Platten auseinanderbewegen, bilden sich Ozeane. Lava strömt in den neuen Meeresboden und füllt die entstandenen Spalten. Die meisten Platten wurden identifiziert und benannt. Es gibt eine pazifische Platte, jedoch keine atlantische. Das liegt daran, daß die meisten Kontinente ursprünglich eine einzige, riesige Landmasse bildeten. Vor etwa 180 Millionen Jahren begann Amerika sich von Afrika und Europa abzuspalten und machte so dazwischen langsam dem Atlantik Platz. Die Verbindung zwischen dem Mittel- und dem Südatlantik entstand vor rund 90 Millionen Jahren. Dieser Ozean wird folglich von einer nordamerikanischen und einer südamerikanischen Platte in seinen Westteil sowie einer eurasischen und afrikanischen Platte, die sich in seinen östlichen Teil erstrecken, in zwei Bereiche geteilt. Vor etwa 160 Millionen Jahren begannen sich die Antarktis, Australien und Indien von Afrika wegzubewegen und öffneten so den Indischen Ozean. Der überwiegende Teil dieses Ozeans, und daneben auch Indien und Australien, sitzt in Wirklichkeit quasi im Huckepack auf einer einzigen indoaustralischen Platte. Australien trennte sich von der Antarktis vor ungefähr 45 Millionen Jahren. Einige Zeit früher, vor etwa 85 Millionen Jahren, brach Grönland von Kanada ab und vor rund 50 Millionen Jahren auch von Europa. Arabien bewegt sich noch immer von Afrika fort, Indien wandert noch immer nach Norden in Asien hinein. Diese Kontinentaldrift hat die hohen Berge unseres Planeten aufgeworfen – die Rocky Mountains und die Anden, als die beiden amerikanischen Kontinente westwärts wanderten, den Himalaja und die Alpen, als Indien und Italien nach Norden rückten.

Seit sich die Erdkruste erstmals verfestigte, wurde von unten neues Felsgestein nachgeschoben. Dieses geschmolzene Gestein kann tief in der Kruste verbleiben, wo es langsam abkühlt, oder als Lava ausbrechen und Vulkane bilden. Es gibt unterschiedliche Vulkantypen, und viele von ihnen erheben sich entlang der Verwerfungen, an denen die tektonischen Platten aufeinanderstoßen. Manche Vulkane entstehen ohne Eruptionen. Geht der Prozeß gewöhnlich auch langsam, so ist die Insel Capelinhos bei den Azoren doch seit 1957 vom Meeresspiegel mehr als 1000 Meter in die Höhe gewachsen.

Andere Vulkane brechen allerdings heftig aus. Der Krakatau auf Java schickte im Jahr 1883 eine Staubwolke um die ganze Welt, löste hohe Flutwellen aus und tötete rund 36 000 Menschen. Mit noch schlimmeren Folgen brach der in der Nähe gelegene Vulkan Tambora im Jahr 1815 aus. Im Vergleich zu den 18 Kubikkilometern Material, die der Krakatau ausspuckte, stieß der Tambora 30 Kubikkilometer aus und verdunkelte die Sonne so stark, daß die Erde sich in der Folgezeit abkühlte. Das darauffolgende Jahr ging im weit entfernten Europa als das »Jahr ohne Sonne« in die Geschichte ein. Eine noch größere Eruption trug sich 1783 auf Island zu. Acht Monate lang strömte ununterbrochen Lava aus. Etwa 154 Millionen Tonnen vulkanische Gase wurden freigesetzt, Ernten verdörrten, das Vieh verendete und die isländische Bevölkerung reduzierte sich um ein Fünftel.

Diese Ereignisse trugen sich weit entfernt von den großen Zentren der Zivilisation zu. Doch 1450 v. Chr. brach der Vulkan auf der Insel Thera in der südlichen Ägäis mit solcher Gewalt aus, daß sich eine Flutwelle bildete, die die Nordküste Kretas und mit ihr den Großteil der minoischen Kultur wegspülte. Von Thera blieben nur Teile eines riesigen Kraters – viel größer als der des Krakatau.

Wenn uns – in den folgenden Kapiteln – die Geschichte der Menschheit oft als reichlich gewalttätiger Prozeß begegnet, darf man nicht vergessen, daß dieser sich vor dem Hintergrund eines häufig immer noch gewalttätigen Planeten abgespielt.

2. Der erste Mensch

Rund 1 000 Millionen Jahre nachdem die Erde entstanden war, müssen die ersten lebendigen Zellen zum Leben erwacht sein. Die Anfänge des Lebens entstanden überall im Wasser. Aus den einzelligen Protozoen oder Urtierchen entwickelten sich im Prozeß des Lebens im Verlauf vieler

Millionen Jahre Trilobiten, Brachiopoden, zweischalige Muscheln, Mollusken, Korallen, Insekten und Wirbeltiere wie Fische und Amphibien. Manche Insekten und Amphibien erwarben die Fähigkeit, an Land zu leben. Dort bildeten sich neue Lebensformen heraus. Die ersten Reptilien erschienen vor etwa 300 Millionen Jahren. Riesige Dinosaurier zogen etwa 120 Millionen Jahre lang über die Erde, verschwanden jedoch vor rund 65 Millionen Jahren. An ihre Stelle traten Vögel und Säugetiere. Letztere waren zunächst ziemlich klein, nahmen jedoch an Größe zu und entwickelten sich zu den vielen unterschiedlichen, heute bekannten Spezies. Die ersten Primaten tauchten vor etwa 60 Millionen Jahren auf und wurden allmählich zu kleineren Affen, Menschenaffen und Menschen.

Alle frühen Überreste des Menschen verweisen auf Afrika als seine ursprüngliche Heimat. Seine Vorfahren sind möglicherweise aus den afrikanischen Affen vor acht bis fünf Millionen Jahren hervorgegangen. Sie fingen an, sich aufrecht fortzubewegen, als sie die Wälder verließen und sich ans Leben in den Savannen gewöhnten; nach einer Theorie geschah dies aufgrund der klimatischen Bedingungen einer frühen Eiszeit, die so viel Wasser in Form von Eis gebunden hatte, daß die Niederschläge zurückgingen, die Wälder schwanden und sich dort, wo bislang Wälder waren, Grasland ausbreitete. Dadurch wurden viele vormalige Waldbewohner gezwungen, ihren Lebensstil einer neuen Existenz im Savannenland anzupassen, und unter ihnen waren die ersten Vorfahren des Menschen. In Tansania hat man hominide Fußspuren, rund 3,8 Millionen Jahre alt, entdeckt; sie zeigen, daß diese Menschenaffen bereits aufrecht gingen.

Diese ersten Menschenaffen (*Australopithecus*) waren ein ganzes Stück kleiner als der neuzeitliche Mensch. Man hat Teile eines etwa 3,4 Millionen Jahre alten weiblichen Skeletts in Äthiopien gefunden und auf den Namen »Lucy«

getauft, was sich weniger furchterregend anhört als ihre wissenschaftliche Bezeichnung *Australopithecus afarensis*. Sie besaß einen kleineren Körper, schlankere Hüften und längere Arme als die moderne Frau und ging die meiste Zeit eindeutig aufrecht. Die Erwachsenen dieses Typs waren zwischen einem und einem Meter dreißig groß und wogen etwa 30 Kilogramm. Ihr Gehirn war anscheinend noch zu klein, um Sprache hervorzubringen. Spätere Typen mit unterschiedlichen wissenschaftlichen Bezeichnungen (*Australopithecus africanus, A. robustus, A. boisei*) wurden allmählich größer und so auch ihre Gehirne.

Vor ungefähr 2,5 Millionen Jahren, so können wir vermutlich guten Gewissens sagen, läßt sich eine Urform »Mensch« (*homo habilis*) ausmachen, die nicht mehr länger als »Menschenaffe« bezeichnet werden kann. Überreste dieses Menschen wurden in Ost- und Südafrika gefunden. Er erreichte eine Größe von ungefähr 1,2 bis 1,5 Metern, wog rund 50 Kilogramm und besaß ein Gehirn von 650 bis 800 Kubikzentimeter Volumen (gegenüber 1 400 Kubikzentimetern beim heutigen Menschen). Sein Gesicht sah bereits viel menschlicher aus. Er könnte auch schon eine rudimentäre Sprachfähigkeit besessen haben.

Wenn wir den Menschen definieren wollen, können wir das vermutlich am besten mit der Feststellung, daß er in der Lage ist, Werkzeuge herzustellen. Und tatsächlich sind vor etwa 2,5 Millionen Jahren die ersten Steinwerkzeuge entstanden. Von diesem Zeitpunkt an können wir von einer »Jungsteinzeit« sprechen, wenn auch die ersten Menschen in Wirklichkeit wohl vorwiegend eher Holz, Gräser, Rinde oder Tierhäute benutzten als Steine – doch davon haben wir keine Funde. Diese Werkzeuge machten die geringe Körpergröße des Menschen wett und befähigten ihn, sich gegen große Fleischfresser zu verteidigen. Durch seine aufrechte Haltung hatte er die Hände frei, diese Werkzeuge herzustellen und zu benutzen – ein einzigartiger Vorteil.

Der *Homo habilis* scheint von einem frühen Zeitraum an in Gruppen gelebt zu haben, wie rund 2 Millionen Jahre alte Lagerplätze nahelegen, die in Tansania entdeckt wurden. Rund 1,8 Millionen Jahre alte Überreste weisen darauf hin, daß Mitglieder dieser Gruppen bereits primitive Unterstände oder Hütten bauten.

Vor ungefähr 1,7 Millionen Jahren war ein größerer, stärkerer Typ Mensch mit einem gleichfalls größeren Gehirn aufgetaucht. Die Prähistoriker nennen ihn *Homo erectus* – den aufrecht gehenden Menschen. Seine Werkzeuge wurden feiner, und manche kann man als Handäxte bezeichnen. Er scheint infolgedessen in der Lage gewesen zu sein, vom reinen Aasaufstöbern zur aktiven Jagd überzugehen. Feuer war mindestens seit einer Million Jahren bekannt, vielleicht noch viel länger.

Seine Vorteile versetzten den *Homo erectus* in die Lage, aus Afrika, seinem ursprünglichen Habitat, wegzuwandern, durch den Mittleren Osten zu ziehen und sich dann in Europa und Asien auszubreiten. Südlich des Sees Genezareth, bei Ubeidya, hat man Steinstücke, Hackwerkzeuge und andere Relikte, die etwa 1,5 Millionen Jahre alt sind, gefunden – die älteste Stelle außerhalb Afrikas, auf die wir bislang gestoßen sind. Der *Homo erectus* durchquerte Asien ziemlich rasch, wie auf Java gefundene, rund 1,3 Millionen Jahre alte Überreste und im Südwesten Chinas eventuell noch ältere Funde belegen. Andere Funde aus Nordchina sind jüngeren Datums – nur etwa 450 000 bis 550 000 Jahre alt. An einer Stelle hat man verkohlte Brombeeren entdeckt – eine seltene Erinnerung daran, daß die ersten Menschen sich mit Sicherheit mehr von Pflanzen als von Fleisch ernährten. Einige Fundorte in Thailand sind anscheinend um die 600 000 Jahre alt.

Frühe Werkzeuge legen nahe, daß der Mensch vor einer

Million bis 700 000 Jahren nach Europa gelangte. Spätere Werkzeuge, die aus der Zeit vor 700 000 bis 400 000 Jahren datieren, sind in ganz Europa ausgegraben worden. Auch sind wir auf Reste menschlicher Schädel gestoßen, deren älteste etwa 500 000 bis 400 000 Jahre alt sind. In Südfrankreich hat man die Überreste von Holzhütten entdeckt. In Spanien jagten die ersten Menschen Elefanten, Rotwild, Pferde, Wildrinder und Nashörner, wozu sie allem Anschein nach Holzspeere benutzten. Das muß ein gefährliches Unterfangen gewesen sein – an zahlreichen Schädeln des *Homo erectus* finden sich Anzeichen, daß sie durch große Tiere, die gejagt wurden, Brüche davontrugen.

Es folgten fortgeschrittenere Typen des Menschen: der Neandertaler vor rund 120 000 Jahren (aber manche Prähistoriker würden ihn noch als wesentlich älter bezeichnen) und der moderne Mensch (beruhigend *Homo sapiens*, »vernunftbegabter Mensch« genannt) vor ungefähr 100 000 Jahren. Während Überreste des Neandertalers bislang hauptsächlich in Europa und im Südwesten Asiens gefunden wurden, scheint es sicher, daß der moderne Mensch aus Afrika stammt. Die Neandertaler sind an ihrem schweren Körperbau zu erkennen und dürften sich dem mühseligen Leben während der Eiszeiten in Mitteleuropa angepaßt haben. Die entdeckten Überreste stammen überwiegend aus dem Anfang der letzten Eiszeit (Würm) vor 70 000 bis 30 000 Jahren. Doch gegen Ende dieses Zeitraums verschwinden sie – ausgelöscht oder absorbiert vom modernen Menschen, der über die Landbrücke der Levante gekommen war (wo er lange Zeit Seite an Seite mit den Neandertalern in einigen Höhlen am Berg Carmel lebte).

Der *Homo sapiens* ist der Vorfahr aller heute existierenden Rassen. Von Afrika kommend erreichte er Europa und Asien und von dort aus Amerika und Australien – letzteren Kontinent vor ungefähr 50 000 Jahren und Amerika offenbar noch später. Die Hautfarbe ist anscheinend eine spätere Anpassung an konstant starken Sonnenschein oder an gemäßigtes Klima.

Der Neandertaler muß bereits in irgendeiner Form religiöse Gefühle gekannt haben, die in festgelegten Bestattungsriten resultierten. Er praktizierte auch Kannibalismus – allerdings vielleicht mit tieferen Beweggründen als etwa dem Wunsch, die Stärke oder Fähigkeit derer zu gewinnen, deren Gehirne und Knochenmark er verzehrt hatte. Der frühe *Homo sapiens* muß ebenfalls religiöse Vorstellungen gehegt haben, wie unter anderem an den eindrucksvollen Höhlenmalereien abzulesen ist, die er ausführte. Diese sollen bei Ritualen eine Rolle gespielt haben, zu denen Jagdzauber und Initiation der Jugendlichen zählten. Viele dieser Malereien haben in den südfranzösischen und nordspanischen Höhlen die Zeiten überdauert und zeigen größtenteils zeitgenössische Tiere: Bisons, Eber, Auerochsen, Hirsche und Steinböcke. Sie sind etwa 14 000 bis 35 000 Jahre alt.

3. Die Revolutionen des Ackerbaus und der Urbanisierung

Um 10 000 v. Chr. etwa ging die letzte Eiszeit zu Ende, die Eisplatten, die einen großen Teil Europas, Asiens und Nordamerikas bedeckt hatten, schmolzen, das zuvor in ihnen gebundene Wasser floß in die Ozeane und erhöhte deren Meeresspiegel um ungefähr 130 Meter und brach dabei Landbrücken auseinander wie etwa die, die die Britischen Inseln mit Europa, Sibirien mit Nordamerika oder Indonesien mit Malaysia verbunden hatten. Die Niederschläge nahmen zu und die Wüsten wichen zurück.

Die Bedingungen für die Existenz des Menschen besserten sich. Das Gebiet, in dem der Mensch erstmals auftauchte, wird heute Mittlerer Osten genannt, zu dem das moderne Israel, Syrien, Ägypten, der Irak und Teile der südöstlichen Türkei zählen.

Der Mensch hatte bis dahin von der Jagd und vom Sammeln von Pflanzen gelebt und war dabei auf der Suche nach neuen Jagdgründen durch das Land gezogen. Der große Durchbruch, der sich nun im Mittleren Osten ereignete, verlief dreigleisig.

Manche Jäger/Sammler hatten bereits wildes Getreide geerntet, jetzt begannen sie, es selbst anzubauen. Anscheinend handelte es sich als erstes um Weizen, gefolgt von Gerste, Linsen und Bohnen. Durch Auswahl der besten Sorten wurden die kleinen Wildpflanzen zu größeren entwickelt, zu Zuchtpflanzen. Die erste derartige Entwicklung scheint in oder um das heutige Israel herum erfolgt zu sein, erfaßte jedoch bald auch benachbarte Gebiete.

Der zweite Bereich der Entwicklung war die Domestizierung von Tieren. Vermutlich sind die ersten Haustiere Hunde gewesen, die von zahmen Wölfen abstammten, die man zunächst dazu abrichtete, mit auf die Jagd zu gehen, und später dazu, Herden zu treiben und zu bewachen. Als nächste kamen Schafe, Ziegen, Rinder und Schweine. Der Mensch verschaffte sich so »lebende Speisekammern«, indem er ihre Milch und ihr Fleisch verzehrte; später lernte er auch, Wolle zu nutzen.

Das Herumziehen hatte nun seinen Sinn und Zweck verloren, Felder mußten bearbeitet, Rudel und Herden mußten betreut werden. Der Mensch wurde seßhaft, zuerst in kleinen Gemeinschaften, später in größeren. Die älteste derartige Stadt, welche die Archäologen bislang fanden, ist das biblische Jericho, das 9000 v. Chr. gegründet wurde. Die Siedlung war von einer drei Meter dicken Steinmauer umgeben, die ein zehn Meter hoher runder Steinturm überragte.

Die Lebensgrundlage in Jericho waren die Landwirtschaft – der Anbau von Weizen und Gerste – und die Aufzucht von Schaf- und Ziegenherden. Ein Heiligtum ist ebenfalls entdeckt worden. Bis 7000 v. Chr. wurden Gipsschädel als Kultobjekte verwendet.

Die urbane Revolution weitete sich aus, zunächst entlang des Jordangrabens und entlang der Ostküste des Mittelmeers und später, um 7000 v. Chr., auch bis Mesopotamien und Anatolien. In all diesen Gebieten hat man kleinere städtische Siedlungen entdeckt. Die größte Fundstelle ist bislang Catal Hüjük in Anatolien, um 7000 v. Chr. gegründet, die 13 Hektar Grundfläche besitzt. Die Siedlung wurde dicht an dicht gebaut und erhob sich über dem Erdboden, so daß sie nur mit Hilfe von Leitern zu betreten war. Sie war wirtschaftlich vom schwarzen Obsidian abhängig, der in den nahegelegenen Bergen abgebaut wurde. In einem Heiligtum dort waren menschliche Schädel auf Bänken unterhalb von Reliefs mit Stier- und Widderköpfen aufgereiht. In einigen Häusern wurden Figurinen von Gottheiten gefunden, die schwanger oder gebärend dargestellt waren, so daß der Gedanke an einen Fruchtbarkeitskult naheliegt.

Die Prähistoriker nennen diese Periode *Neolithikum* (Jungsteinzeit), und von diesem Begriff leitet sich der Ausdruck der »Neolithischen Revolution« her. Ihre Errungenschaften – die Domestizierung von Wildtieren, die Einführung des Ackerbaus, die Urbanisierung – breiteten sich langsam vom Mittleren Osten in alle Richtungen, zum Balkan und nach Europa, nach Belutschistan und Ostasien und nach Afrika aus. Deren neolithische Periode datiert demzufolge etwas später als die des Mittleren Ostens. In Amerika erfolgten einige Jahrtausende später unabhängig davon ähnliche Entwicklungen.

Diese wichtigen Fortschritte ermöglichten allerorts eine

wesentlich dichtere Besiedlung, da fruchtbarer Boden viel mehr Nahrungsproduzenten zu ernähren vermag als Jäger/Sammler. Man hat geschätzt, daß die Gesamtzahl der Menschen, die im Neolithikum die Erde bevölkerten, sich auf rund 10 Millionen belief.

Weitere Erfindungen schlossen sich an, etwa die der Stoffweberei (wozu ursprünglich wohl Hanf diente) und der Töpferei. Die Töpferwaren traten an die Stelle von Steingefäßen oder Körben. Die unterschiedlichen Stile und Materialien der Tonscherben sind heutzutage unerläßliche Hilfsmittel für den modernen Archäologen zur Identifizierung von Kulturen und zur Datierung der Schichten an den jeweiligen Fundorten.

Im siebten Jahrtausend v. Chr. entdeckte man die Möglichkeit, Metalle wie Gold und Kupfer zu gießen, und stellte auf diese Weise ursprünglich in erster Linie Ziergegenstände her. Im vierten vorchristlichen Jahrtausend wurde erstmals Bronze gegossen, eine Legierung aus Kupfer und Zinn, und für Werkzeuge und Waffen verwendet. Da Zinnlagerstätten selten waren, wurden Handelsstraßen über große Entfernungen hinweg notwendig.

Teil II

Der Mittlere Osten in der Antike

In den meisten Veröffentlichungen über alte Geschichte wird dieses Gebiet, einschließlich Ägyptens, Israels, Syriens, des Irak und Teilen der Türkei, als »Naher Osten« bezeichnet. Handelt es sich jedoch um neuzeitliche Geschichte, spricht man vom »Mittleren Osten«. Um durchgehend einheitlich zu bleiben, beziehen wir uns auf dieses Gebiet unter seiner heutigen Bezeichnung.

Die Prähistoriker verwenden für ganze Steinzeitalter (*Mesolithikum*, *Neolithikum*, *Chalcolithikum*) unterschiedliche Namen und wieder andere für spezifische Kulturen (etwa Yabrudian, Halafian, Natufian, Kebaran, Nebekian, Zarzian, Ghassulian usw.). Für den Laien wird es verwirrend, wenn er im Kopf behalten muß, daß Natufian mit dem *Spätmesolithikum* gleichzusetzen ist. Da die Prähistorie, wie die meisten Wissenschaften, eigenen, sich wandelnden Moden unterliegt, stellt man fest, daß nach vielen Jahren ein alter Freund wie das *Mesolithikum* (Mittlere Steinzeit) plötzlich einfach getilgt wurde und nun von manchen *Proto-Neolithikum* und von der Mehrheit *Epipaläothikum* genannt wird. Deshalb muß man das Natufian auf einen der beiden Begriffe übertragen. Doch häufig besteht auch eine gewisse Uneinigkeit, ob ein Fundort oder eine Entwicklung etwa zur Kebaran- oder zur Nebekian-Kultur gehört, die sich ziemlich ähnlich sind. Wissenschaftliche Abhandlungen strotzen geradezu von hitzigen Diskussionen über diese und ähnliche Themen. Wir haben allerdings versucht, diese Nomenklatur hier so wenig wie möglich zu verwenden, da die Grundfakten hinter dieser Namensverschiebung häufig weitaus einfacher sind, als man meinen möchte.

1. Sumer und Akkad

Schon sehr früh übernahm Mesopotamien die Führung. Sein Norden entlang des Tigris ist erstmals während des siebten Jahrtausends v. Chr. besiedelt worden. In den nächsten zweitausend Jahren lassen sich zahlreiche Kulturen nachweisen, die sich weiter und weiter nach Westen wie nach Süden ausbreiteten. Die Ubeid-Kultur (5500–4000 v. Chr.) ist wegen der Besiedlung des trockenen Südens von Mesopotamien bemerkenswert, wobei die Flutwellen des Euphrat dazu genutzt wurden, den Ernteertrag zu steigern. Hier wuchsen neue Städte aus dem Boden mit Namen, die in späterer Zeit in der Geschichte Berühmtheit erlangten, etwa Ur, Eridu und Nippur. Eridu besaß bereits 4 000 Einwohner und erstreckte sich über ein Gebiet von ungefähr zehn Hektar. Der Ackerbau wurde durch künstliche Bewässerung und durch Zuhilfenahme des Pfluges intensiviert. Ein kompliziertes System strahlenförmig verlaufender Kanäle mußte errichtet und instand gehalten werden. Das Rad wurde erfunden, und man baute Boote und befuhr mit ihnen die Wasserwege.

Die Bewohner des mesopotamischen Südens nannten sich selbst Sumerer. Ihre Sprache ist mit dem späteren Semitisch oder den indoeuropäischen Sprachen nicht verwandt. Sie leisteten vielfältige Beiträge zum Fortschritt der Zivilisation, doch ihre bei weitem bedeutendsten Entwicklungen lagen in der Schaffung der ersten wirklichen Staaten und der Erfindung der Schrift, die beide im späten vierten Jahrtausend v. Chr. anzusiedeln sind.

Die erste Schrift (auf Lehmtafeln) war piktographisch. Die Bildzeichen entwickelten sich in späterer Zeit zu keilartigen Zeichen, deshalb wird die Schrift Keilschrift genannt. Einige Zeichen standen für Wörter und andere für Silben. Zunächst wurde die Schrift für Rechnungen verwendet. Doch um 2500 v. Chr. wurden mit ihr auch bereits literarische Werke aufgezeichnet: Die Geschichte der Sintflut ist in einer späteren Version aus der Bibel bekannt, und das *Gilgamesch-Epos* kann man selbst heute noch mit Genuß lesen. Einige wenige Liebeslieder haben die Zeiten überdauert und daneben einige Tierfabeln, wenige Hymnen und einige Klagelieder.

Die Schrift gibt uns die Möglichkeit, auch einige andere Facetten der sumerischen Kultur zu untersuchen. Einige Gesetze von Sumer wurden geändert und wiederverwendet, bis sie in den anderen Gesetzen des Hammurabi und unter denen des alten Testaments wieder auftauchen. Der juristische Präzedenzfall stammt aus dem sumerischen Recht.

Die Sumerer besaßen moralische Prinzipien, verstanden sie jedoch als einzig aus dem Willen der Gottheiten abgeleitet. Da Gottheiten zumeist den Charakter der Gläubigen widerspiegeln, kann man ruhig sagen, daß ihre Gottheiten eine wesentlich schicklichere Gruppe waren als die in der *Ilias* von Homer. Die Tempel beherrschten gewöhnlich die Städte – physisch wie geistig. Die Zikkurat (stufenförmiger Tempelturm) von Ur beispielsweise war ein dreistöckiges Gebäude von rund 15 Meter Höhe in Form pyramidenartig abfallender Terrassen aus Lehmziegeln. Sie stand in einem geheiligten Bezirk, in dem sich zahlreiche Tempel und der Königspalast befanden.

Aus der späten sumerischen Periode kennen wir Hunderte von Übungstafeln von Schülern, die auf ein entwickeltes Schulsystem verweisen. Die meisten Schüler entstammten der Oberschicht, und sie waren alle Jungen – Mädchen waren allem Anschein nach nicht zugelassen. Die Disziplin war streng.

Ärzte waren eine anerkannte Klasse, und einige ihrer Heilmittel sind aufgezeichnet worden. Die meisten wurden aus Pflanzen wie der Myrte, dem Thymian, der Weide, der Feige und der Dattel gewonnen und zumeist unter Zugabe von etwas Salpeter und Kochsalz zubereitet. Die Ärzte rührten Heilsalben und Arzneitränke an.

Die Sumerer erfanden die Töpferscheibe. Sie verwendeten im Krieg einrädrige, von Eseln gezogene Wagen. Der König war gleichzeitig militärischer Oberbefehlshaber im Krieg und im Frieden ein absoluter Monarch. Doch er hatte auch sakrale Funktionen – er repräsentierte seine Stadt vor den Gottheiten. Allerdings stand seine Macht unter Kontrolle – sowohl durch Gesetz und Sitten und Gebräuche wie auch durch die beträchtliche wirtschaftliche Macht der Tempel. Privateigentum war nicht veräußerbar, und selbst der König mußte für Grund und Boden, den er haben wollte, bezahlen.

Von der sumerischen Kunst hat nur ganz wenig die Zeiten überlebt, das gilt für Skulpturen wie für Reliefs. Sie ist sehr interessant, jedoch weniger eindrucksvoll als die zeitgenössische Kunst der Ägypter. Sie zeigt die Sumerer als ziemlich gedrungene, rundschädelige Menschen, die mit unseren Schönheitsidealen nichts gemein haben. Doch diese fettleibige Rasse, fleischige Männer und Frauen mit großen starrenden Augen, besetzt in den Annalen der Menschheit eine einzigartige Nische: Hier, in Sumer, nahmen Geschichte und Literatur ihren Anfang. Von hier aus strahlten zahlreiche erste Errungenschaften der Zivilisation in Raum und Zeit hinein.

Auf einem Gebiet waren die Errungenschaften der Sume-

Kopf eines akkadischen Herrschers (Naramsin oder Sargon), um 2300 v. Chr.
Bagdad, Irak-Museum. (Archiv für Kunst und Geschichte, Berlin)

rer wenig bedeutend: dem einer Reichsbildung. Die Herrscher der Stadt Lagasch versuchten zwischen 2500 und 2400 mit einigem Erfolg, ihre Herrschaft auf ganz Sumer auszudehnen, und so auch die Herrscher von Ur später im dritten Jahrtausend v. Chr. Doch ansonsten blieb Sumer eine Kultur unabhängiger Stadtstaaten. Auch versuchten die Sumerer nicht, nach Norden zu expandieren, doch ihre Kultur und Schrift verbreiteten sich im frühen dritten Jahrtausend v. Chr. im semitischen Volk, das Nordmesopotamien besiedelt hatte und das man gewöhnlich das von Akkad nennt.

Einer der akkadischen Herrscher, Sargon I. von Agade, gründete in der Mitte des vierundzwanzigsten Jahrhunderts v. Chr. das erste in der Geschichte verzeichnete Reich. Seine Ausdehnung war erstaunlich, geht man von den geringen Möglichkeiten für Überlandtransporte in jener Zeit aus; es erstreckte sich vom Persischen Golf bis zum Mittelmeer und umfaßte ganz Sumer, das benachbarte Elam und den größten Teil Syriens. Sein Enkel verstand sich bereits als göttlich und stilisierte sich zum »König der vier Regionen«, was »Herr der Erde« bedeutet. Im Jahr 2250 gab es das akkadische Reich jedoch nicht mehr; Nomaden aus dem Osten hatten es hinweggefegt.

Zu Anfang des zweiten Jahrtausends v. Chr. konnte sich die Stadt Babylon zu einem wichtigen Zentrum aufschwingen. Ihr König Hammurabi (Regierungszeit vermutlich 1728–1686) herrschte über ganz Mesopotamien. Dann vollzog sich ein interessanter Wandel. Obwohl die Herrscher von Babylon die Keilschrift verwendeten und ihre Kultur von der Sumers tief durchdrungen war, war es die akkadische Sprache, die sich im ganzen Mittleren Osten ausbreitete und das Sumerische sogar in Sumer ersetzte. Für mehr als ein Jahrtausend wurde Akkadisch die Lingua franca des ganzen Mittleren Ostens. Selbst die Ägypter verwendeten es für ihre diplomatische Korrespondenz, wie die Amarna-Briefe zeigen.

Von Hammurabi weiß man noch heute aufgrund seines Gesetzeskodexes, der zufällig erhalten blieb, während die meisten sumerischen Gesetze, auf denen er basiert, verlorengegangen sind. Das alttestamentarische Prinzip des »Auge um Auge, Zahn und Zahn« war bereits fest etabliert. Aus dem Studium dieser Gesetze kann man viel über die babylonische Wirtschaft erfahren. Gerste diente als lokales Zahlungsmittel, doch man benutzte auch schon Silber zur Begleichung von Importen und für wirtschaftliche Kalkulationen. Der Zinssatz bei Krediten belief sich bis auf ein Drittel der Darlehenssumme. Es gab ganz klare soziale Trennungen. Mitglieder der oberen Schichten genossen Privilegien, die den unteren Klassen nicht zustanden. Doch selbst Sklaven konnten Land besitzen und eine freie Frau heiraten. Die Frauen waren den Männern nicht gleichgestellt. Sie erhielten nur die Hälfte der Lebensmittel, die den Männern zustanden, und konnten ertränkt werden, wenn sie beim Ehebruch ertappt wurden, während die Männer sich Konkubinen halten durften. Aber sie durften Land besitzen und Geld verleihen.

Die babylonische Vorherrschaft überdauerte Hammurabis Tod nur einhundertfünfundzwanzig Jahre. Barbaren aus den Bergen im Osten eroberten Babylon, und Mesopotamien entschwand für mehrere Jahrhunderte aus dem Rampenlicht der Geschichte.

Offenbar gibt es noch ein weiteres »erstes Mal« in der mesopotamischen Hochkultur: die erste ökologische Katastrophe. Nach zweitausend Jahren intensiver künstlicher Bewässerung könnte die daraus resultierende Versalzung der Böden zum Kollaps der dortigen Zivilisation beigetragen haben.

2. Das alte Ägypten

In den rauhen Wüsten Nordostafrikas ermöglichte allein der Nil entlang seiner Ufer die Entwicklung einer fortgeschrittenen Kultur. Im späten sechsten Jahrtausend v. Chr. wurde vom nahegelegenen Palästina der Ackerbau übernommen. Durch die einmaligen Vorzüge des Nils konnte die Bevölkerung dramatisch anwachsen. Im vierten Jahrtausend dehnten sich die Dörfer aus, bis die ersten befestigten Städte um 3300 v. Chr. im Süden Ägyptens auftauchten. Um 3100 hatte sich ein einziges Königreich, das ganz Ägypten umfaßte, etabliert.

Manche Historiker und Archäologen glauben, daß diese Entwicklungen als in erster Linie lokale Neuerung betrachtet werden sollten. Andere meinen, es seien die von Sumer herüberschwappenden Einflüsse gewesen, die zu dem plötzlichen Aufblühen der Zivilisation im Niltal führten. Es gibt tatsächlich Beweise für einen mesopotamischen Einfluß in der Frühphase der ägyptischen Hochkultur. Auch mag es unwahrscheinlich scheinen, daß die beiden frühesten Kulturen des Mittleren Ostens beinahe gleichzeitig und ohne sich gegenseitig zu beeinflussen durch Zufall entstanden sein sollen. Jedoch ist richtig, daß sich die ägyptische Hochkultur sehr bald verblüffend anders als die Sumers entwickelte.

Die altägyptische Geschichte ist im Grunde die Geschichte dreier langer Zeiträume, in denen die Kultur jeweils eine Glanzzeit erlebte, die von kürzeren Zwischenperioden des Niedergangs und der Auflösung unterbrochen wurden. Das Alte Königreich bestand rund achthundertfünfzig Jahre (3100–2250) und bildet die eindrucksvollste Epoche der ägyptischen Geschichte. Die meiste Zeit über war das Land eine starke, geeinte Monarchie, die sich nur selten auf Eroberungskriege einließ und offenbar mit dem zufrieden war, was sie besaß. Die Hauptstadt war Memphis in der Nähe des heutigen Kairo. Die Verwendung des Nilwassers im ganzen Land für landwirtschaftliche Zwecke machte eine effektive Verwaltung und eine starke Zentralgewalt notwendig. Deshalb überrascht es nicht, daß die Pharaonen bald als göttlich angesehen wurden.

Aus hellenistischer Zeit ist eine detaillierte Liste der Pharaonen auf uns gekommen, die diese Könige praktischerweise in Dynastien gruppiert. Sechs davon sind dem Alten Königreich zugewiesen. Die Zentralstellung des Königs im ägyptischen Leben läßt sich an den enormen Anstrengungen ablesen, die man in den Bau ihrer Grabmäler investierte. Die Tatsache des Todes wurde anscheinend verleugnet, und man bemühte sich sehr, den König für sein Nachleben angemessen auszustatten. Die 3. Dynastie begann um 2650 v. Chr. für die letzte Ruhestätte der Herrscher Stufenpyramiden zu bauen, die ihre volle Entwicklung unter den Königen der 4. Dynastie, Khufu (= Cheops; um 2540 v. Chr.) und Khafre (= Chephren) erreichten. Khufus Pyramide ist 147 Meter hoch und besteht aus 2,3 Millionen Blöcken von durchschnittlich je 2,5 Tonnen Gewicht. Sie gehört zu den größten Bauwerken, die jemals errichtet wurden. Die Pyramiden gelten seit dieser Zeit als eins der Weltwunder.

Die ägyptische Kunst war vielleicht noch imponierender. Schon seit ihren Anfängen im frühen dritten Jahrtausend war sie hervorragend. Die Plastik ist eindrucksvoll und lebensecht und entspricht, trotz des zeitlichen Abstands von annähernd fünftausend Jahren, dem modernen Geschmack. Sie zeigt zum Beispiel Pharaonen und ihre Familien, wie sie, obwohl nur spärlich bekleidet, voller Selbstsicherheit auf den Betrachter zugehen, korpulente Schreiber, die aufmerksam auf das Diktat warten, hoch aufgerichtete Beamte und schwer arbeitende Frauen.

Anfänglich war Ägypten eine beinahe klassenlose Gesellschaft. Eine echte Aristokratie gab es nicht. Auch die Söhne einfacher Bauern konnten gelegentlich die Leiter einer Verwaltungskarriere erklimmen. Doch im Lauf der Zeit kristallisierte sich die Klasse des Berufsbeamtentums heraus, indem in Regierungsgewalt und -dienst die Söhne in die Fußstapfen der Väter traten. Es hat offenbar keine privaten Händler gegeben, und alle merkantilen Unternehmen in großem Maßstab organisierte die Administration im Auftrag des Königs. Großen Wohlstand anzuhäufen war schwierig, da Grund und Boden zwischen den Söhnen zu gleichen Teilen aufgeteilt werden mußte. Dennoch scheint sich zum Ende des Alten Reiches hin langsam eine Klasse von Großgrundbesitzern entwickelt zu haben. Wirkliche Sklaverei war unbekannt, doch freie Bauern wurden manchmal gezwungen, Leibeigene zu werden.

Die ägyptische Religion hatte zumeist eine regionale Basis. Atum-Re wurde in Heliopolis, Ptah in der Hauptstadt Memphis, Osiris und Isis im Nildelta, Anubis mit seinem Hundekopf in Assiut verehrt. Nur Horus der Falke wurde an vielen Orten gleichzeitig verehrt. Der Glaube an ein Weiterleben nach dem Tod hatte eine lange Tradition — man kam in eine Unterwelt, der Osiris vorstand. Von da leitet sich der weitverbreitete Brauch her, die Gestorbenen zu mumifizieren.

Ein großer Teil dessen, was man von den religiösen Gebräuchen Ägyptens weiß, stammt aus überkommenen Inschriften in den kleinen Pyramiden der 6. Dynastie. Die Hieroglyphenschrift unterscheidet sich stark von der mesopotamischen Keilschrift. Obwohl sie auf Papyros (daher unser »Papier«) geschrieben und nicht mühsam in Lehmtafeln eingedrückt wurde, erreichte sie die Stufe phonetischer Silbenbildung erst sehr viel später.

Auch die Bronze kam erst ein Jahrtausend später als im Zweistromland in breiteren Gebrauch.

Das konservative Festhalten an alten Gewohnheiten und

Gebräuchen wurde für Ägypten desto typischer, je älter diese Hochkultur wurde. Am Ende der 6. Dynastie war zu viel Regierungsland in private Hände übergegangen, so daß die Staatseinnahmen äußerst gering wurden. Die Zentralgewalt verfiel, die Regierungszeiten der Pharaonen wurden immer kürzer, und regionale Statthalter errangen große Unabhängigkeit. Dem folgte eine relativ kurze Zwischenperiode der Auflösung und des Niedergangs.

Der Wohlstand und eine starke Regierung wurden vom Mittleren Reich wiederhergestellt (die 11. und 12. Dynastie, 2130–1786 v. Chr.). Sein vorherrschendes Merkmal war Kontinuität. In Religion, Kunst und Verwaltung änderte sich kaum etwas. Das soziale Gefüge wurde allerdings noch hierarchischer. Die Literatur erlebte nun ihr goldenes Zeitalter. Erzählungen wie die spätere *Tausendundeine Nacht* entstanden in jenen Tagen. Die Wissenschaft wurde gleichfalls entwickelt, wie uns bekannte Papyri über Mathematik belegen.

Die Außenpolitik wurde aggressiver. Ägyptische Expeditionen nach Nubien und ins Land Kanaan hatten jedoch schon unter der 6. Dynastie stattgefunden. Sie wurden jetzt fortgesetzt und intensiviert.

Die ägyptische Geschichte kennt kein dunkleres Zeitalter als die zweite Zwischenperiode des Niedergangs und Chaos, nachdem das Mittlere Reich aufgehört hatte zu existieren. Sie dauerte von 1786 bis 1590 v. Chr. In ihrer Spätphase wurde Ägypten von den semitischen Hyksos beherrscht. In Teil IV werden wir auf das Neue Reich zu sprechen kommen, das folgte, als die Hyksos vertrieben worden waren.

3. Syrien, Kanaan und das Alphabet

Im dritten und zweiten Jahrtausend v. Chr. entwickelten sich zwischen Mesopotamien und Ägypten weitere Stadtstaaten, in Regionen, die heute zu Syrien, dem Libanon und Israel gehören. Der älteste bislang entdeckte war Ebla in der Nähe des Orontes-Flusses im Nordwesten Syriens. Ebla erreichte seinen größten Wohlstand um 2400 v. Chr. Das Stadtgebiet erstreckte sich über 50 Hektar. Es wurde von einem mächtigen, an der Basis 50 Meter breiten Schutzwall umschlossen. Die Italiener, die Ebla ausgruben, hatten das seltene Glück, ein Archiv mit rund 16 000 Tontafeln zu finden. Sie waren mit Keilschrift beschrieben, jedoch in einer westsemitischen Sprache, die eng mit dem späteren Hebräisch verwandt ist. Ebla regierte über einen Staat, der vom Orontes bis zum Euphrat und weit in den Norden bis zum Taurus-Gebirge reichte. Einige Tontafeln enthalten Korrespondenz zwischen dem König und seinen Gouverneuren, die Mehrzahl bezieht sich allerdings auf Verwaltungsangelegenheiten und die Einziehung von Steuern und Zöllen. Hauptexportartikel scheinen Stoffe gewesen zu sein. Die Tatsache, daß man hier Obsidian aus Anatolien, Alabastergefäße aus Ägypten, Muschelschalen vom Persischen Golf und Lapislazuli aus Afghanistan gefunden hat, belegt Eblas weite Handelsbeziehungen. Der Tribut wurde in Gold und Silber bezahlt. Zu den Gottheiten zählte bereits der westsemitische Schalem, der Gott des Sonnenuntergangs, nach dem später Jerusalem benannt wurde.

Einen weiteren Dokumentenschatz aus etwa 17 500 Tontäfelchen förderte man in Mari, am mittleren Euphrat, zutage. Sie datieren aus dem achtzehnten Jahrhundert v. Chr. Mari erstreckte sich in seiner Blütezeit über eine Fläche von 100 Hektar und war damit größer als jede andere zeitgenössische Stadt in Mesopotamien. Ihre Anfänge gehen ins späte dritte Jahrtausend v. Chr. zurück. Der Palast bedeckte eine Fläche von 2,5 Hektar und hatte über 300 Räume. Ein nahegelegener Tempel war dem Gott Dagan geweiht, der noch bis in die Zeiten des Alten Testaments verehrt wurde. Mari erwarb seinen Wohlstand zum Teil durch die Kontrolle über die Schiffahrt auf dem Euphrat, aber auch durch Tributleistungen untertäniger Fürsten. Am Ende wurde Mari von Babylon zerstört.

Weiter im Norden hat man in Anatolien, in Kültepe, ein weiteres Archiv ausgegraben, wo um 1950–1750 v. Chr. assyrische Händler eine Niederlassung unterhielten. Die Dokumente in Kültepe befassen sich hauptsächlich mit Handelsangelegenheiten zwischen dem frühen Assyrien und Anatolien. Man bezog Gold und Silber aus Anatolien und bezahlte es mit Zinn oder Textilien.

Im Süden befanden sich weitere Stadtstaaten, etwa Qatana in der Nähe von Damaskus und Hatzor im Norden des heutigen Israel. Ein jeder hatte eine Größe von ungefähr 70 Hektar. Da man dort bislang keine Archive gefunden hat, wissen wir auch weniger über sie. Beide gehörten zu der Region, die von Westsemiten besiedelt wurde und die man das Land Kanaan nennen kann. Dieser Region kommt große Bedeutung zu, da hier im Laufe des zweiten Jahrtausends v. Chr. die Alphabetschrift entwickelt wurde.

Keilschrift und Hieroglyphen waren piktographisch-ideographisch und benötigten Tausende von Symbolen. Die Entwicklung der modernen Zivilisation ist mit so einem System kaum vorstellbar[1], und aus diesem Grunde ist die Zuweisung phonetischer Werte zu jedem Symbol von so überragender Bedeutung, da hierdurch das Alphabet von vielen tausend auf weniger als dreißig Symbole reduziert wurde, die man leicht erlernen konnte.

Dabei gab es verschiedene Ansätze. Der erste erfolgte im Gebal (Byblos) des achtzehnten Jahrhunderts im heutigen

---

1 Um so bemerkenswerter ist die Entwicklung Chinas mit seinen heute ca. 49 000 Schriftzeichen. – Anm. d. Lektors

Libanon und basierte auf dem System der Hieroglyphen. Der nächste Schritt war das proto-sinaitische System im sechzehnten Jahrhundert in kanaanäischer Sprache, das sich auf siebenundzwanzig Symbole beschränkte, die noch immer ihre piktographischen Wurzeln zeigen (»Aleph« ist die Stirn eines Ochsen, »Beth« ein Haus, »Daleth« ein Fisch).

In Ugarit an der syrischen Küste erprobte man im vierzehnten und dreizehnten Jahrhundert ein völlig anderes System, das auf Keilschriftsymbolen aufbaute. Dieses etwas schwerfällige System wurde später von der proto-kanaanäischen Linearschrift abgelöst. In Lachisch (dreizehntes Jahrhundert) und Beth Schemesch (zwölftes Jahrhundert) im heutigen Israel hat man einige Proben davon gefunden. Es gibt zweiundzwanzig Buchstaben, und zwar nur Konsonanten. Dieses kanaanäische Alphabet brachten phönizische[2] Händler um 1100 v. Chr. nach Griechenland, und deshalb nannte man es das phönizische Alphabet. Es wurde von rechts nach links geschrieben, und wird es noch – im Hebräischen. Die Griechen begannen einige Zeit später, es von links nach rechts zu schreiben, und fügten Vokale ein. Das eigentliche Wort »Alphabet« ist jedoch noch kanaanäisch (oder hebräisch).

---

2 Phönizien (oder Phönikien) umfaßte etwa das heutige Gebiet von Libanon und Israel. Das heute viel bekanntere phönizische Karthago (in Tunesien) war eine 814 v. Chr. gegründete Kolonie, die später zum phönizischen Stammland wurde. – Anm. d. Lektors

Teil III

Die Ausbreitung der Zivilisation

Allmählich gelangten einige der bedeutenden Neuerungen, die die Revolutionierung durch Ackerbau und Seßhaftwerdung im Mittleren Osten mit sich gebracht hatte, sowie die später entstandenen Erfindungen der Schrift und der Metallbearbeitung auch nach Asien und Europa.

Ab 4500 v. Chr. setzte in ganz Westeuropa der langsame Übergang zur Landwirtschaft ein. Wälder wurden gerodet, um Ackerboden für die Bauern zu schaffen, die Bevölkerungszahlen stiegen an, und zwar zumeist als erstes in den fruchtbaren Flußtälern. Um 2800 v. Chr. wurde in Dänemark und in den Niederlanden das Rad verwendet, 2500 hatte sich der Einsatz von Pferden bis nach Irland verbreitet. Im späten dritten Jahrtausend v. Chr. wurde Bronze für die Herstellung von Waffen und Werkzeugen benutzt.

Die Landwirtschaft gelangte seit 5000 v. Chr. über Ägypten in das Afrika nördlich des Äquators. Als die Sahara austrocknete, wurden die Bauern nach Süden getrieben. Doch südlich des Äquators waren Jagen und Sammeln offenbar allzu einfach, man mußte diese Art der einfacheren Nahrungsbeschaffung folglich nicht aufgeben.

Auch die Aborigines Australiens entwickelten nie eine Form der Landwirtschaft.

In den Steppen Südrußlands und Südsibiriens begann die Domestizierung von Wildtieren nach 4500 v. Chr. Später setzte der Ackerbau ein. Von 1500 an war zwischen dem

Ural und dem Baikal-See Bronze in Gebrauch. Die ersten Einflüsse kamen von Westen, das heißt, aus dem heutigen Mittleren Osten, doch für die Zeit nach 1200 v. Chr. finden sich in den östlichen Teilen Zentralasiens zunehmend mehr Anzeichen für chinesische Einflüsse. Die Skythen und andere Völker hatten bis zum ersten Jahrtausend in den Steppen das Leben als nomadisierende Hirten voll entwickelt.

Das waren die Anfänge, doch sie führten noch nicht zur Herausbildung von Hochkulturen. Dieser Prozeß vollzog sich nicht vereinzelt in so unterschiedlichen Zentren wie dem Mittleren Osten, Europa, Indien und China. Er ging vielmehr von einem einzigen Zentrum aus. Dieses Zentrum war der Mittlere Osten. Von hier nahmen, durch Handel und Eroberung, die Einflüsse ihren Ausgang. Als erstes haben sie anscheinend Westindien erreicht (die Indus-Kultur des dritten Jahrtausends v. Chr.), dann Kreta (die minoische Kultur von ungefähr 2000 v. Chr. an) und noch später China (während des zweiten Jahrtausends v. Chr.).

Um die Mitte des ersten Jahrtausends v. Chr. haben die peripheren Kulturen offenbar aufgeholt, wie wir in späteren Kapiteln noch sehen werden, und wohl eine ähnliche Entwicklungsstufe wie diejenigen im Mittleren Osten erreicht.

1. Die Indus-Kultur und die Arier

Die erste Ausdehnung einer Kultur über den Mittleren Osten hinaus erfolgte zum indischen Subkontinent. Von ungefähr 2500 bis 2000 v. Chr. blühte im Indus-Tal eine interessante und eigenständige Kultur mit engen Bindungen an Mesopotamien. Ihre Städte fand man hauptsächlich bei Ausgrabungen im heutigen Pakistan. Die bislang zutage gekommenen beiden Hauptzentren waren Mohenjo-daro im Süden und Harappa im Norden.

Die großen Städte waren exakt geplant und besaßen im Westteil eine Zitadelle und im Osten Wohnviertel. Mohenjo-daro bedeckte eine Fläche von 60 Hektar und verfügte über eine eindrucksvolle Badeanstalt, die vielleicht rituellen Zwecken diente. In Harappa hat man nördlich der Zitadelle große Getreidespeicher entdeckt, an die sich Arbeiterwohnviertel schlossen, was von einem relativ hohen Lebensstandard zeugt.

Man baute Weizen und Gerste an, daneben auch Erbsen, Sesam und Baumwolle und vielleicht sogar Reis. Büffel und Geflügel waren die üblichen Haustiere. Die Werkzeuge wurden aus Bronze gefertigt.

Man hat Tausende von Siegeln gefunden, von denen viele eine Inschrift tragen. Beschriebene Tonscherben wurden allerdings nicht entdeckt. Die Abbildungen auf den Siegeln zeigen verschiedene Gottheiten und zahlreiche Tiere, wie Tiger, Elefanten, Nashörner und Büffel.

Es scheint ein lebhafter Seehandel mit Mesopotamien stattgefunden zu haben. Die Archäologen haben die Vermutung geäußert, daß vor allem die Sumerer die frühe Kultur im Indus-Tal beeinflußten. Überlandhandel wurde mit Persien und Afghanistan betrieben.

In den oberen (späteren) Schichten dieser Fundstellen ist man auf keinerlei Anzeichen für eine Schrift gestoßen, und diese lokalen Kulturen scheinen um 2000 v. Chr. dem Niedergang und Zerfall anheimgefallen zu sein.

Nach 1500 v. Chr. kam es in Indien zu Invasionen aus dem Nordwesten. Die Neuankömmlinge bildeten den östlichen Strang der großen indoeuropäischen Völkerwanderung, die ein gemeinsames kulturelles Erbe von Griechenland über Kleinasien und den Iran bis Indien hinterließ. Sie nannten sich selbst »Arier«. Sie kamen über Zentralasien und drangen aus dem Nordwesten nach Indien ein. Sie wanderten nur langsam das Indus-Tal hinab und entlang des Ganges ostwärts. Es waren Viehzucht treibende Halbnomaden.

Für einen langen Zeitraum ist die Landwirtschaft und nicht das städtische Leben für die vedische Kultur, wie ihre Kultur genannt wird, typisch. Ihre Sprache war das Sanskrit, das die gebildeten Oberschichten verwendeten und in dem die vedische Literatur verfaßt ist. Ursprünglich handelte es sich hierbei um eine mündliche Überlieferung – wie die *Ilias* in Griechenland –, und ihre Werke wurden erst sehr viel später schriftlich niedergelegt. Das meiste, das wir von der arischen Kultur wissen, stammt aus dem *Rig-Veda*, einer Sammlung von Hymnen, die mündlich von der Priesterkaste der Brahmanen weitergegeben wurde. Andere Hymnen-Sammlungen haben gleichfalls die Zeiten überdauert. Doch die großen Epen des Sanskrit, das *Ramayana* und das *Mahabharata* sind wesentlich jünger – aus dem späten ersten Jahrtausend v. Chr. und dem frühen ersten Jahrtausend n. Chr.

Die arischen Siedler versuchten, die Vermischung mit den dunkelhäutigen älteren Bewohnern Indiens zu vermeiden. Da sie damit wenig Erfolg hatten, führten sie das Kastensystem ein, das dreitausend Jahre lang jedwedem Wandel in der indischen Geschichte widerstanden hat.

Die Wurzeln des heutigen Hinduismus reichen ebenfalls auf die vedische Kultur zurück. Einige der ursprünglichen, im *Rig-Veda* erwähnten Gottheiten waren Indra, Mitra und Varuna. Ihre Namen tauchen auch in den Inschriften des Mitanni-Reichs im Mittleren Osten auf, womit die gemeinsamen Wurzeln der frühen indoeuropäischen Kulturen bezeugt werden. Im *Mahabharata* finden sich bereits spätere Gottheiten wie Krishna und Vishnu.

Die arischen Siedler leisteten des weiteren einen wichtigen Beitrag zur großräumigen Einführung der Landwirtschaft, als sie vor allem im Ganges-Tal Land rodeten.

Voll in die Geschichte tritt Indien um 600 v. Chr. mit der Wiedereinführung der Schrift ein. Der Norden Indiens war in jener Zeit in mehrere getrennte Staaten geteilt, von denen keiner sehr groß oder mächtig war. Deshalb stieß Alexander der Große, als er 327 v. Chr. nach Indien vordrang, auf keinen geeinten Widerstand.

Nach Alexanders Tod erwuchs hier ein starker Staat, das Maurya-Reich (321–185 v. Chr.), der einen größeren Teil Indiens seiner Herrschaft unterwarf als jeder andere Staat vor dem Auftreten des Islam und der Briten. Seine Verwaltung war zentralisiert und effizient. Sein bedeutendster Herrscher, Aschoka (um 270–233 v. Chr.), kommt in Teil V zur Sprache, wenn wir die Ausbreitung des Buddhismus beschreiben.

2. Minoer und Mykener

Die ersten europäischen Hochkulturen entwickelten sich auf Kreta, den Inseln der Ägäis und entlang der Küsten des südlichen Griechenland.

Einflüsse aus dem Mittleren Osten und vor allem aus Ägypten lassen sich auf Kreta in der zweiten Hälfte des dritten Jahrtausends v. Chr. nachweisen. Seit ungefähr 2000 v. Chr. kann man von der Herauskristallisierung einer lokalen höheren Kultur sprechen, für die die Errichtung großräumiger Paläste (der berühmteste in Knossos), der Gebrauch von Bronzewerkzeugen und die Entwicklung mehrerer unterschiedlicher Schriftsysteme typisch sind. Eines davon, mit der Bezeichnung Linear A, ist vermutlich in einer anderen Sprache als dem Griechischen geschrieben worden. Diese Kultur hat man minoisch genannt, nach dem legendären Minos, dem König von Kreta in der Zeit vor dem Trojanischen Krieg.

Die Gebäude und noch mehr die bunten Fresken, die man auf Kreta und Thera fand, vermitteln uns einen viel lebendigeren Eindruck von dieser Kultur, als wir ihn von vielen anderen frühen Kulturen besitzen. Die Wandbilder vermitteln ein Gefühl luftiger Leichtigkeit, von gutem Geschmack und von Eleganz. Die Kriegskunst hat, wie anderswo so oft, keinen besonderen Einfluß ausgeübt. Es sind Tiere abgebildet und Stierhatzen, Pflanzen, Bauten, wunderschön gekleidete Frauen, Schiffe und Fischer. Der Seehandel hat offenbar das Rückgrat der minoischen Wirtschaft gebildet, und die Stärke zur See machte eine Befestigung der Paläste überflüssig. Der Handel war offensichtlich auf Artikel aus dem Mittleren Osten und besonders aus Ägypten spezialisiert, die nach Kleinasien und Südeuropa weiterexportiert wurden. Die Minoer selbst waren ausgezeichnete Töpfer, Gemmenschneider und Elfenbein- und Metallarbeiter. Sie verehrten neben anderen Gottheiten auch eine Große Erdmutter.

Der minoische Einfluß kam an den Küsten Griechenlands und auf einigen Inseln der Ägäis zum Tragen, und auch dort entstanden minoische Städte wie Akrotiri auf Thera.

Nach einiger Zeit vollzog sich auf dem griechischen Festland ein Wandel, und es entwickelte sich hier eine eigene, gröbere Kultur, genannt die mykenische, nach der Stadt Mykene im Nordosten der Halbinsel Peloponnes (1550–1150 v. Chr.). Ihre großen Städte waren von zyklopischen Mauern umgeben. Die goldenen Masken der mykenischen Herrscher zeigen grobe bärtige Gesichter. Manche Aristokraten benutzten Bronzerüstungen mit achteckigen Schilden und trugen Helme mit Eberhauern. Ihre Reliefs zeigen Löwen, Jagd- und Schlachtszenen. Sie verwendeten

Streitwagen, kamen aus dem Mittleren Osten und bauten ein ausgedehntes Straßennetz.

Um 1450 v. Chr. scheint eine einzigartige Katastrophe die minoische Kultur getroffen zu haben. Der Vulkan auf der Insel Thera, nördlich von Kreta, brach mit enormer Gewalt aus, der größte Teil der Insel versank, und zurück blieb lediglich ein Kraterrand. Überall, von Kreta bis Anatolien und Griechenland, ging Vulkanasche nieder, und eine ungeheure Flutwelle überschwemmte Nordkreta und seine Paläste. Dabei müssen die meisten Schiffe der kretischen Seestreitmacht zerstört worden sein, so daß einer Invasion der Insel nichts mehr im Wege stand. Bald darauf marschierten anscheinend die Mykener auf Kreta ein, und was das Meer noch übriggelassen hatte von der Insel, wurde nun eingenommen und niedergebrannt.

Kreta sank herab auf den Status einer Provinz der mykenischen Kultur. Knossos wurde wiederaufgebaut, die anderen Palaststädte jedoch nicht. Die Linear-B-Schrift löste die Linear A ab, und als man sie 1952 entziffert hatte, stellte sich heraus, daß sie frühgriechisch war. Diese Entdeckung revolutionierte die Geschichtsschreibung Griechenlands, da sie bewies, daß das Land bereits in prähistorischer Zeit von den Griechen besiedelt worden war. Die mykenische Kultur stellt somit das erste Auftauchen von Griechen in der aufgezeichneten Geschichte dar.

Zur mykenischen Welt gehörten Kreta, die Peloponnes, Attika, Böotien, einige griechische Inseln, Siedlungen an der Westküste Kleinasiens wie Milet und Halikarnassos und weitere an den Küsten Zyperns. Diese große Ausbreitung weist eigentlich auf einen hochentwickelten Handel als Hauptgrundlage der Wirtschaft hin, doch ist dies nicht aus den Aufzeichnungen in Linear B zu entnehmen, die vielmehr auf eine in erster Linie agrarische Gesellschaft schließen lassen. Weizen und Gerste waren die Hauptgetreidesorten, Oliven, Feigen und Weintrauben wurden ebenfalls angebaut, Schafe und Ziegen gezüchtet und auch in geringerem Umfang Kühe, Ochsen und Pferde. Wolle und Flachs wurden gesponnen und gewebt, nach ägyptischen Berichten sogar exportiert. Waffen und einige Werkzeuge wurden aus Bronze gefertigt.

Für eine starke Zentralgewalt ähnlich der von Knossos in minoischer Zeit gibt es in den mykenischen Aufzeichnungen keinen Hinweis. Zahlreiche einzelne Städte, eine jede stark befestigt, scheinen jeweils eigene Politik betrieben zu haben. Jede hatte ihren Herrscher, ihre Aristokratie und ihre Unterschicht. In zwei Städten, in Knossos und Pylos im Südosten der Peloponnes, hat man detaillierte Linear-B-Archive gefunden. Sie verweisen auf eine starke Selbstverwaltung in beiden Ansiedlungen.

Trotz ihrer starken Befestigungsanlagen scheinen die mykenischen Stadtstaaten militärisch nicht ausreichend gewappnet gewesen zu sein, als sie im dreizehnten und zwölften Jahrhundert nacheinander angegriffen und zerstört wurden. Der Angriff auf Pylos erfolgte eindeutig von See aus, und man kann vernünftigerweise annehmen, daß die Seevölker (s. Teil X, Kapitel 1) die meisten dieser Attacken ausführten.

Auf Zypern konnte sich die mykenische Zivilisation noch etwas länger halten, doch in Griechenland selbst setzte nun ein dunkles Zeitalter ein, in dessen Verlauf die Kunst, Aufzeichnungen zu machen, verlorenging, der internationale Handel verfiel und die alten Zentren der mykenischen Kultur untergingen. In der *Ilias* und *Odyssee* haben einige mykenische Erinnerungen überlebt, doch sind sie häufig durch die sechs Jahrhunderte, die bis zu ihrer Niederschrift ins Land zogen, bis zur Unkenntlichkeit verwässert und verändert worden.

3. Die Anfänge in China

Nach Funden in Yuanmou dürften die ersten Menschen Westchina bereits vor 1,7 Millionen Jahren erreicht haben. Die ältesten Funde menschlicher Knochen sind rund 600 000 Jahre alt. Reiche Funde früher Steinwerkzeuge haben wir aus Zhoukoudian in Nordchina; sie umfassen den Zeitraum von 700 000 bis 130 000.

Kulturelle Einflüsse aus dem Westen haben anscheinend als erstes Nordchina erreicht und offenbar die Entwicklung einer ersten Kultur im Tal des gelben Flusses (Huang He) in Gang gesetzt. Die Bewohner des Yang-Zi-Tals und des heutigen Südchina wurden zunächst als Barbaren angesehen.

Um 3000 v. Chr. stand im Süden von Beijing (Peking) die neolithische Yangshao-Ton-Kultur in Blüte. Ungefähr zu dieser Zeit wurde die Landwirtschaft eingeführt. Beide setzten demzufolge sechs- bis siebentausend Jahre später ein als im Mittleren Osten – genug Zeit, daß Einflüsse von außen ins Tal des Gelben Flusses gelangen konnten.

Die traditionelle chinesische Geschichtsschreibung berichtet von der Existenz einer frühen Dynastie namens Xia von 2205–1766 v. Chr. Obwohl die Historiker heute die frühe chinesische traditionelle Geschichtsschreibung gerne als mythisch betrachten, benutzen sie manchmal doch Xia als Bezeichnung für eine prähistorische neolithische Kultur, deren Zentrum in annähernd dem obigen Zeitraum die Provinz Shanxi, im Süden von Beijing, bildete. Doch hatte sie keine Metallwerkzeuge.

Der sich anschließenden Shang-Dynastie (nach der Tradition 1766–1122 v. Chr.) erging es besser, und archäologische Funde scheinen sie in einigen Aspekten zu belegen. China wurde demnach zum Teil urbanisiert, seine Hauptstädte waren erst Zhengzhou und dann Anyang in der Provinz Henan, die beide ausgegraben wurden. Man hat wunderschöne Bronze-Artefakte entdeckt, die zeigen, daß nun erstmals auch in China Metall verwendet wurde. In jener Zeit könnte auch die Seidenverarbeitung begonnen haben.

Noch wichtiger ist der Beginn der Schrift in der Shang-Zeit – beinahe zweitausend Jahre später als bei den Sumerern. Sie tauchte erstmals auf Orakelknochen, Schildkrötenpanzern und rituellen Bronzeobjekten auf. Etwa 2 000 Zeichen hat man entdeckt. Ursprünglich war ihr piktoraler Ursprung noch deutlich, doch später wurden die Zeichen abstrakter. Eine echte Phonetik wurde nicht entwickelt, und deshalb ist die chinesische Schrift sehr komplex geworden. Um nur einige Beispiele zu erwähnen: Zwei Zeichen für »Baum« bedeuten »Wäldchen« oder »kleines Gehölz«. Drei bedeuten »Wald«. Die Zeichen für »Frau« und »Kind« bedeuten zusammen »gut«. Doch drei Zeichen für »Frau« zusammen bedeuten »Klatsch« oder »Verrat«. So sind etwa 50 000 Zeichen entstanden, aber selbst ein Gebildeter verwendet heute lediglich ungefähr ein Fünftel davon.

Mit der nächsten Dynastie, den Zhou, gelangen wir, soweit es China betrifft, von der Prähistorie in die geschichtliche Zeit. Ihre traditionellen Daten, 1122–255 v. Chr., sind allerdings von geringem Nutzen. Die Dynastie könnte genausogut nur im elften Jahrtausend bestanden haben, und sie herrschte, wenn überhaupt jemals, höchstens bis zum neunten oder achten Jahrhundert über einen geeinten Staat. China umfaßte in jener Zeit hauptsächlich das Tal des Gelben Flusses und erreichte keineswegs seine spätere Ausdehnung. Es war auch kein zentralistisches Reich, sondern ähnelte offenbar eher einer feudalen Konföderation. So jedenfalls stellt sich die Situation seit dem achten Jahrhundert dar, wenn unsere Quellen zuverlässiger werden. Die traditionelle chinesische Geschichtsschreibung nennt den Zeitraum von 711–484 v. Chr. die »Frühlings-

und Herbst-Periode« und die Zeit von 484–255 v. Chr. die »Zeit der Streitenden Reiche« und betont die Schwächung und den Verfall der Zentralgewalt. Typisch für diese Zeiten sind die zahlreichen Kriege, die zumeist vom Adel geführt und vorwiegend mit von Pferden gezogenen Kampfwagen ausgefochten wurden. Die Waffen bestanden noch bis zum dritten Jahrhundert v. Chr. größtenteils aus Bronze. Doch in der Landwirtschaft und in zahlreichen Handwerken benutzte man seit dem siebten Jahrhundert v. Chr. Eisenwerkzeuge. Wenn auch Eisen bereits etwa fünf Jahrhunderte früher in Asia Minor (Kleinasien) zur Verwendung kam, so waren die Chinesen doch die ersten, die ein hohes Niveau der Eisenschmelze und -bearbeitung erreichten. Ab dem vierten Jahrhundert v. Chr. verschwanden die Streitwagen, und an ihre Stelle traten Bogenschützen.

Die vielen Staaten dieser Periode fanden nicht zu einer eigenen Identität, wie etwa die Nationalstaaten der späteren abendländischen Zivilisation. Ein geeintes Reich, das ganz China umfaßte, blieb weiterhin Ideal.

Trotz aller Wirrnisse entwickelte sich in dieser Zeit die chinesische Kultur beträchtlich. Die mit Mauern versehenen Städte vervielfachten sich. Bergstämme und nichtchinesische Siedlungen wurden erobert und unterworfen. Marschland wurde trockengelegt und Flüsse mit Schiffen befahren. Abgelegene Regionen wurden besiedelt und verschiedenen Staaten einverleibt. Deren Bevölkerung wuchs rasch. Einige Grenzstaaten expandierten stärker als andere und wurden mächtiger. Am meisten der Staat Qin im Westen, der ganz China einen und ein zentralisiertes und starkes, wenn auch kurzlebiges Reich (221–206 v. Chr.) formen sollte, wobei ihm vermutlich die Eisenschwerter seiner Soldaten ein große Hilfe waren.

Teil IV

Die ersten Reiche

Warum in andere Länder einmarschieren? Warum die eigenen Grenzen ausdehnen? Warum Reiche schaffen?

Die ursprüngliche Antwort war, daß dies in einer bäuerlichen Gesellschaft der direkteste und einfachste Weg der Bereicherung ist. Beute und Tributzahlungen wirkten auf die Wirtschaft stimulierend und führten zur Kapitalakkumulation. Deshalb wurde vom zweiten Jahrtausend v. Chr. bis zur Mitte des zwanzigsten Jahrhunderts n. Chr. ein erfolgreicher Imperialismus als eigentlicher Prüfstein für den Erfolg der Politik betrachtet.

Nur langsam wurde Staatsmännern und Nationen klar, daß dieses Axiom seit der industriellen Revolution keine Gültigkeit mehr besitzt. Friede wurde zu einer wesentlich wirkungsvolleren Möglichkeit, dasselbe Ziel zu erreichen. Wir werden nun einige der ersten Reiche vorstellen, die den Weg des Krieges und der Expansion einschlugen.

1. Das Reich der Hethiter

Zu Anfang des zweiten Jahrtausends v. Chr. tauchen in Westasien Völker auf, die zur indoeuropäischen Sprachfamilie gehörten. Ursprünglich Nomaden und Hirten, drangen sie nach Kleinasien vor und errichteten dort den Staat der Hethiter mit der Hauptstadt Hattusa (das heutige

Bogazkale, ungefähr 170 Kilometer östlich von Ankara). Mitte des siebzehnten Jahrhunderts hatten sie die Kontrolle über Zentralanatolien erlangt und griffen Städte im Norden Syriens an. 1595 eroberten sie Babylon, wenn auch nur vorübergehend.

Im fünfzehnten und frühen vierzehnten Jahrhundert hatte allerdings der hurritische Staat Mitanni, der gleichfalls von einer indoeuropäischen Aristokratie gelenkt wurde, in Nordsyrien und Mesopotamien die Oberhand; er reduzierte Assyrien effektiv auf die Stufe eines Vasallen und schloß die Hethiter in Anatolien ein. Der größte Hethiterkönig, Suppiluliumas, nahm jedoch die mitannische Hauptstadt ein und eroberte Nordsyrien (um 1370 v. Chr.). Nahezu zweihundert Jahre lang bildeten die Hethiter nun eine der Großmächte des Mittleren Ostens.

Ihr Hauptgegner war zumeist Ägypten unter den Königen der 18. und 19. Dynastie. Eine der berühmtesten Schlachten jener Zeit, die von Kadesch am Orontes im Jahr 1286, fand zwischen Ramses II. und den Hethitern statt, und trotz der prahlerischen Ausdrucksweise der ägyptischen Inschrift scheint Ramses den kürzeren gezogen zu haben, denn die Hethiter behielten weiterhin die Kontrolle über den größten Teil Syriens.

Die hethitischen Dialekte wurden in Keilschrift und in einer frühen Hieroglyphenform geschrieben. Doch trotz der Tatsache, daß man die meisten entziffern konnte, ist die daraus ablesbare Information nicht allzu aufregend gewesen. Die Hethiter haben sich offenbar in der Kriegsführung hervorgetan, doch sonst auf kaum einem Gebiet. Vor allem den Wagenbau scheinen sie überragend beherrscht zu haben. Ihre Streitwagen waren schwerer als die ägyptischen und mit drei statt lediglich mit zwei Leuten wie auf ägyptischer Seite bemannt. Auch die Überreste der hethitischen Befestigungsanlagen sind eindrucksvoll.

Trotz seines kriegerischen Könnens scheint das Hethiter-reich zu Anfang des zwölften Jahrhunderts eine leichte Beute bei der großen Invasion der Seevölker (Teil X, Kapitel 1) geworden zu sein. Die Hethiter verschwanden aus Anatolien, und an ihre Stelle traten später die Phrygier. Aber in Nordsyrien bestanden noch eine Zeitlang hethitische Splitterstaaten; der größte Teil der hethitischen Skulpturen, die wir kennen, stammt aus dieser späten Zeit.

Der am weitesten im Süden gelegene hethitische Splitterstaat scheint das jebusitische Jerusalem gewesen zu sein. Seine Herrscher wurden im Alten Testament Hethiter genannt, und einige Aristokraten trugen hethitische und hurritische Namen. Ansonsten geriet die Geschichte der Hethiter dreitausend Jahre lang in Vergessenheit, bis mit den Spaten der modernen Archäologen ihre Überreste wieder ans Tageslicht kamen.

2. Ägypten – das Neue Reich

Ungefähr in der Mitte des sechzehnten Jahrhunderts v. Chr. wurden die Hyksos aus dem nördlichen Teil Ägyptens vertrieben. In den folgenden dreihundert Jahren drangen die Truppen der 18. (1550–1314) und 19. (1309–1194) Dynastie nach Syrien vor, wo sie sich mit rivalisierenden expansionistischen Reichen wie Mitanni, Assyrien und den Hethitern Schlachten lieferten. Langatmige Inschriften auf Obelisken und Tempelwänden berichten noch immer sehr detailliert von ihren Siegen.

Einige Herrscher des Neuen Reiches sind hochinteressant. Königin Hatschepsut (Regierungszeit: 1490–1468) nahm alle Attribute des Königtums an, was offenbar völlig neu war, und regierte erfolgreich und – in diesem Zeitraum eine Seltenheit – friedlich. Ihr Neffe und Schwiegersohn

Tutmosis III. (R.: 1468–1438) war zunächst Mitregent und nach ihrem Tod der erfolgreichste und wichtigste Kriegsherr des Neuen Reichs. In siebzehn Feldzügen begründete bzw. festigte er die ägyptische Herrschaft in ganz Palästina und Syrien.

Sein Urenkel Echnaton oder Amenophis IV. (R.: 1364–1347) war ein religiöser Neuerer, der eine frühe Form des Monotheismus auf der Grundlage des Kultes von Aton, der Sonnenscheibe, verkündete. Seine Reformen wirkten sich auch auf sozialem Gebiet und noch bemerkenswerter in der Kunst aus. Die manierierten Gesichter des Pharaos und seiner Familie und die lebensechten, impressionistischen Porträtskulpturen jener Tage suchen bis zur modernen Zeit ihresgleichen. Einen bedeutenden Teil seiner Archive hat man in seiner Hauptstadt, die nach seinem Tod verlassen wurde, gefunden – die berühmten Amarna-Briefe. Diese vermitteln ein anschauliches Bild von den Intrigen der Kleinfürsten Palästinas und Syriens, als die ägyptische Führung weniger energisch als früher und in späterer Zeit war.

Der wichtigste Herrscher der 19. Dynastie war Ramses II. (R.: 1290–1224), der Pharao des Exodus. Trotz seiner langen Regierungszeit und seiner zahlreichen Feldzüge war er nicht in der Lage, auf diesem Gebiet Tutmosis III. zu erreichen. Die Geschichte seiner größten Schlacht, bei Kadesch (1286 v. Chr.) gegen die Hethiter, die in Stein gehauen wurde, ist sogar detaillierter als der Bericht über die Schlacht bei Megiddo, den Tutmosis III. hinterließ. Doch es gibt einen bedeutsamen Unterschied: Er scheint seine Schlacht verloren zu haben.

Abgesehen von der imperialistischen Außenpolitik und so außergewöhnlichen Regierungen wie den erwähnten, scheint es in Ägypten zweieinhalbtausend Jahre lang, vom Beginn seiner Geschichte bis zur makedonischen Erobe-

Kopf einer
Sitzstatue
Ramses' II.
(1301–1235
v. Chr.)
Abu Simbel.

rung und darüber hinaus, eine erstaunliche Kontinuität auf den Gebieten Sozialwesen, Kultur, Religion und Wirtschaft gegeben zu haben. Keine andere Hochkultur, nicht einmal die chinesische, existierte so lange und durchlief so geringe soziale und kulturelle Veränderungen.

Folglich ist es angebracht, einige spezifische Veränderungen anzusprechen, die dennoch auftraten. Die Hyksos führten in Ägypten Pferde ein, und infolgedessen basierte die Kriegstaktik des Neuen Reichs auf dem Kampfwagen. Die Hauptstadt war Theben in Südägypten, früher und danach war es Memphis (in der Nähe des heutigen Kairo). Ägypten war nie so stark urbanisiert wie Mesopotamien oder das Griechenland der klassischen Zeit. Die Kleidung wandelte sich von einfachen weißen Gewändern zu bunten, die auf besseren Webstühlen gewebt wurden. Selbst Wandteppiche tauchen zur Zeit des Neuen Reichs auf. Die Bürokratie nahm zahlenmäßig an Umfang zu, ein großes Berufsheer wurde aufgebaut, und es entwickelte sich auch eine zahlenmäßig breitere Priesterschaft.

Aber viele der Techniken, die zur Zeit des Alten Reichs innovativ gewesen waren, verfielen anschließend in Stagnation. In der Literatur kopierte das Neue Reich überwiegend die Klassiker des Mittleren Reichs.

Unter der 20. Dynastie (1184–1080) setzte ein merklicher Niedergang ein. Eine letzte kriegerische Großtat war der Sieg Ramses' III. (R.: 1182–1151) über die Seevölker, der Ägypten vor dem Schicksal des Hethiterreichs bewahrte. Seine Erben, die alle Ramses hießen, regierten jeweils nur für kurze Zeit; die großen Tage des Reichs waren vorüber.

Ägypten bestand bis zur makedonischen Eroberung noch siebenhundertfünfzig Jahre fort. Bereits vor Alexander dem Großen wurde es mehrmals von den Äthiopiern, Libyern, Assyrern und Persern erobert. Seine alte Kultur wurde davon allerdings nicht besonders berührt, zeigte aber auch keine Anzeichen für eine Verjüngung oder wiederauflebende Originalität.

3. Assur – das Reich der Assyrer

Die Assyrer waren Semiten, die in Nordmesopotamien lebten. Sie erschienen erstmals ungefähr 1350 als eine der Großmächte des Mittleren Ostens auf der Bildfläche. Ihre geographisch zentrale Lage in der Mitte des »Fruchtbaren Halbmonds« erlaubte ihnen die Expansion in alle Richtungen, machte sie allerdings auch durch so große Wanderbewegungen wie die der Seevölker im frühen zwölften Jahrhundert oder die Einwanderung der Aramäer nach Syrien und Mesopotamien im elften und zehnten Jahrhundert verwundbar.

Um 950 hatten sie diese Rückschläge verkraftet, und von nun an bauten sie gnadenlos auf Eroberung und Expansion. Keins der anderen frühen Reiche war so zielstrebig, zäh, grausam und effizient in der Verfolgung des Imperialismus wie das der Assyrer. Seine Herrscher, wie in zahlreichen auf uns gekommenen Steinreliefs abgebildet, werden als massive Männer mit stockgeradem Rücken, starken Muskeln und feinfrisierten schwarzen Bärten gezeichnet, die zumeist im Kampf gegen Löwen oder beim Empfang von Delegationen der unterworfenen Völker gezeigt werden. Sie sehen sich alle sehr ähnlich, und auch die schriftlichen Quellen weisen nicht auf ausgeprägte Unterschiede zwischen ihnen hin. Nahezu alle verbrachten ihre Zeit mit dem Organisieren oder Anführen von Feldzügen. Einer namentlichen Erwähnung sind vermutlich nur zwei wert: Tiglat-Pileser III. (R.: 745–727), der Syrien, Babylon und Ostanatolien eroberte, und Asarhaddon (R.: 680–669), der Ägypten einnahm und unter dem Assur seine größte Ausdehnung erreichte.

Um ihre Eroberungen auf Dauer zu sichern, erprobten die Assyrer als erste ein Deportationssystem, bei dem die Elite eines Landes in ein anderes verpflanzt wurde: zum Beispiel Syrer aus dem Gebiet um Hama nach Westpersien und Armenien sowie Aramäer von Südbabylon in die nordöstlichen Grenzgebiete. Die Bibel berichtet (2. Könige 17,23–24): »So wanderte Israel aus seinem Land weg in die Verbannung nach Assur und blieb dort bis zum heutigen Tag. Der König von Assur brachte Leute aus Babel, Kuta [in Südmesopotamien], Awa [in den Bergen des Iran], Hamat und Sefarwajim [in Syrien] in das Land und siedelte sie an Stelle der Israeliten in den Städten Samarias an.« Durch diese Völkervermischung versuchten die Assyrer die unterworfenen Völker zu entwurzeln und eine mehr oder weniger homogene Bevölkerung zu schaffen, die fügsamer und weniger aufständisch sein sollte.

Diese Politik hatte eine wohl nicht erwartete Folge: Statt der vormaligen Nationalsprachen, etwa des Akkadischen in Babylon oder des Hebräischen im Land Israel, entwickelte sich nun langsam das Aramäische zur allgemeinen Sprache des ganzen Mittleren Ostens. Teile der Bücher Ezra und Nehemiah und der größte Teil des Buches Daniel im Alten Testament wurden bereits in Aramäisch geschrieben. Das gemeine Volk sprach sogar unter hellenistischer und römischer Herrschaft noch so. Dies war die Sprache, die Jesus und die Apostel verwandten. Erst lange Zeit nach der Eroberung durch die Araber trat an die Stelle des Aramäischen das Arabische.

Die effiziente assyrische Kriegsmaschinerie muß in ihrer Glanzzeit, im achten und siebten Jahrhundert, auch äußerst profitabel gewesen sein. Die aufeinanderfolgenden Hauptstädte – Assur, Nimrud, Chorsabad und Ninive – machen deutlich, wieviel Geld und Sorgfalt man den Palästen, Tempeln, Befestigungen und Dekors angedeihen ließ. Die dort gefundenen Steinreliefs sind häufig von großer Schönheit, vor allem die Tierdarstellungen. Zum Thema hatten sie zumeist assyrische Siege, und die Palasteingänge wurden zusätzlich von kolossalen geflügelten Stieren und Löwen bewacht, die die Besucher mit der Stärke der Assyrer beeindrucken sollten.

In der zweiten Hälfte des siebten Jahrhunderts verfiel die Macht Assurs rasch, bis es im Jahr 612 dann zusammenbrach. Ninive fiel an die Meder und Babylonier. Die Ägypter wollten auch ihren Anteil, wurden jedoch 605 von Nebukadnezar II. (R.: 605–562) besiegt, dem babylonischen[3] Herrscher, der zum eigentlichen Erben der Assyrer wurde. Er eroberte 586 Jerusalem, aber wenn er auch die jüdische Elite nach Babylon ins Exil schickte, so besaß er doch nicht dieselbe Macht wie die Assyrer und vermochte die Stadt nicht mit anderen Exilierten neu zu besiedeln. Auch gelang es weder ihm noch seinen Nachfolgern, Ägypten zu erobern. Nach mehreren schwachen Regenten wurde ihre Hauptstadt Babylon 539 von den Persern erobert. Zunächst die Babylonier und später dann die Perser übernahmen einen Großteil der assyrischen Reichsstruktur.

4. Das Persische Reich

Um 1000 v. Chr., einige Zeit nach dem Auftauchen der Hethiter in Kleinasien und der Arier in Nordindien, haben indoeuropäische Nomaden anscheinend große Teile des Iran besiedelt. Auch wenn man bedenkt, daß das Land wirklich sehr groß ist, so wurde es doch weitaus weniger

---

3 Es handelt sich hier um das Neubabylonische Reich der Chaldäer. – Anm. d. Lektors

dicht besiedelt als das nahegelegene Mesopotamien oder Indien.

Zunächst entstand im späten siebten Jahrhundert v. Chr. im Nordwesten der Staat der Meder. Dieser hatte teil an der endgültigen Besiegung Assyriens und führte später ergebnislos Krieg gegen Lydien in Zentralanatolien.

Seine Nachbarn im Süden waren die Perser, die erstmals um 700 v. Chr. erwähnt werden. Man hat einige frühe Keilschriftinschriften gefunden, die zeigen, daß diese Volksstämme, die noch kurz zuvor Halbnomaden gewesen waren, bereits im frühen siebten Jahrhundert unter der Führung von Männern standen, die offenbar schreiben und lesen konnten. Sie wurden von der Achämeniden-Dynastie regiert. Einer ihrer Könige, Kyros der Große (R.: 559–530), besiegte die Meder und schuf das Persische Reich. Es war bei weitem das größte der frühen Reiche. Kyros einte den ganzen Iran, eroberte das Babylonische Reich (das sich über ganz Mesopotamien, Syrien und Palästina erstreckte), schlug den Lyderkönig Krösus und eroberte den größten Teil Kleinasiens, unterwarf die griechischen Städte Ioniens und nahm in einer Wendung nach Osten Teile Afghanistans und Zentralasiens ein. Sein Sohn Kambyses (R.: 533–522) besiegte Ägypten. Dareios (R.: 522–486) eroberte Westindien und Thrakien, schlug einen Aufstand der ionischen Städte nieder, scheiterte jedoch mit dem Versuch, Griechenland einzunehmen.

Dareios reorganisierte sein riesiges Reich. Es wurde in Satrapien unterteilt, von denen eine jede nochmals in kleinere Provinzen, wie Judäa und Samaria, gegliedert wurde. Viele Gouverneure dieser Provinzen kamen jeweils aus dem ortsansässigen Adel. Ein moderneres System der Selbstverwaltung ersetzte fast überall das schwerfällige System, das für den assyrischen oder babylonischen Imperialismus typisch war. Örtliche Sitten und Religionen wurden aktiv gefördert — etwa durch die Errichtung eines neuen Tempels in Jerusalem. Die Provinzen durften vielfach selbst ihr Geld prägen, auf dem meist die Namen der jeweiligen Gouverneure verewigt wurden.

Dareios schuf ein Straßennetz, das die achämenidische Zeit überdauerte. Ein Gesetzeskodex, der zum Teil auf frühen mesopotamischen Gesetzen wie denen des Hammurabi basierte, wurde entworfen und öffentlich gemacht. Die von allen persischen Behörden, von Ägypten bis Indien, verwendete Sprache war Aramäisch. Seit der Mitte des fünften Jahrhunderts wurde es auf Pergament geschrieben. Unter seinem Einfluß entstand das älteste indische Alphabet, das Kharoshti.

Dareios erbaute in seinen beiden Hauptstädten Susa und Persepolis riesige Paläste. Der Dekorationsstil zeigt babylonische wie griechische Einflüsse. Es war jedoch eine Grandeur um seine Greifen, Bogenschützen, Delegationen und Prozessionen, die ganz eigenständig persisch war.

Obwohl die Wirtschaft des Reichs in hohem Maß auf der Landwirtschaft basierte, expandierte der Handel und umfaßte nun auch Alltagsprodukte — und nicht mehr nur wie in früheren Zeiten Luxusgüter. Die Einführung des Münzgeldes (eine Erfindung der Lyder) erleichterte dies genauso wie die ungeheure Größe des Reichs und die Qualität seiner Landstraßen. Während zuvor nur Herrscher oder Tempel größere finanzielle Transaktionen durchgeführt hatten, entstanden nun richtige Privatbanken. Sie investierten in Häuser, Felder, Sklaven, Rinder, Boote und Kanäle, fungierten als Pfandleiher, vergaben Darlehen und nahmen Einlagen an. Unvermeidlich folgten dem Handel und Bankwesen die Steuern auf dem Fuße. Man entrichtete den Zehnten auf Verkäufe, es gab Hafengebühren sowie Steuern auf Grundbesitz und industrielle Fertigung.

Das Reich der Achämeniden existierte mehr als zweihundert Jahre. Doch nach Dareios vollzogen sich nur noch wenige Neuerungen, die Eigenständigkeit für sich beanspruchen durften. Schwache Herrscher traten an die Stelle von Kyros und Dareios. Als ein stärkerer König, Kyros der Jüngere, auf der Bildfläche erschien, setzte das Schicksal seiner Karriere ein abruptes Ende. Der uns zur Verfügung stehende Bericht von Xenophon beschreibt die *Anabasis* (den Rückweg) der griechischen Söldner, die Kyros angeworben hatte.

Im vierten Jahrhundert revoltierten Ägypten, Zypern und andere Provinzen und erreichten so ihre Unabhängigkeit wieder. Mehrfach kam es entlang der Küste von Palästina und Phönizien zum Krieg. Die letzten zwei Könige, Artaxerxes (R.: 359–338) und Dareios III. (R.: 336–331), waren wieder aktive Regenten und schlugen die Rebellionen nieder, konnten die verlorenen Provinzen zurückgewinnen und etablierten das Reich erneut in seiner alten Ausdehnung. Aber Dareios III. hatte das Pech, von Alexander dem Großen angegriffen zu werden, und dabei verlor er sein Leben und sein Reich.

Teil V

Das Zeitalter neuen Glaubens und Denkens im ersten Jahrtausend vor Christus

Anscheinend erreichen sehr unterschiedliche Hochkulturen nur selten ungefähr zur selben Zeit eine gleiche Entwicklungsstufe. Doch genau dies scheint sich um das zweite und dritte Viertel des ersten Jahrtausends v. Chr. in so weit voneinander entfernten Gegenden wie Griechenland, Israel, Persien, Indien und China ereignet zu haben. Es ist, als hätten sie unabhängig voneinander eine ähnliche Stufe in ihrer Entwicklung erklommen. Es gibt keinerlei Anzeichen für eine direkte Beeinflussung unter den breit gestreuten Glaubensrichtungen, Philosophien und Religionen, die dort recht plötzlich auftauchten. Den meisten ist eins gemeinsam: Sie haben den Test der Zeiten bestanden und sind, nach zweieinhalb Jahrtausenden, noch immer höchst relevant (nur der Zoroastrismus bildet hier eine Ausnahme).

Doch den meisten war aufgrund eines glücklichen politischen oder militärischen Umstands Erfolg beschieden, wie etwa die breite Akzeptanz des Buddhismus in Indien infolge des Übertritts von König Aschoka zu diesem Glauben oder der Erfolg des Zoroastrismus als Folge seiner Propagierung durch die achämenidischen Herrscher in Persien. In China hatten die Lehren der Legisten Erfolg, nachdem sie von der Qin-Dynastie akzeptiert worden waren, und der Konfuzianismus, weil er die Unterstützung der Han-Dynastie genoß. Die weite Verbreitung griechischer Wertvorstellungen fand im Zuge der Eroberungen Alexanders des Großen statt, und das Judentum verdankte dem politischen Erfolg von König David viel.

1. Der Zoroastrismus

Ungefähr im siebten Jahrhundert v. Chr. entstand in Persien eine neue Religion. Sie wurde nach ihrem Gründer Zoroaster (oder Zarathustra) benannt, über den wir nur wenig wissen. Er hat anscheinend in Ostpersien gelebt oder im oberen Indus-Tal, von dort aus verbreiteten sich seine Lehren ins persische Kernland.

Er formte die alte iranische Religion, in der Ahura Masda, der »weise Gott«, über allem stand, in ein dualistisches System um, in dem Gut und Böse sich gegenseitig bekämpften. Ahura Masda wurde zur Verkörperung des Guten, während das Böswillige Angra Manju oder Ahriman genannt wurde. Das Gute ist gleichgesetzt mit dem Licht, das nicht nur die Welt, sondern auch die Seelen der Rechtschaffenen durchdringt. Dunkelheit ist dem Bösen gleich. Man glaubte an ein Leben nach dem Tod mit einem Paradies für die Frommen, während die Gottlosen bestraft würden. Die Erdbestattung war untersagt, die Toten mußten auf Bergen oder speziell dafür erbauten Türmen niedergelegt werden. Der zoroastrische Glaube an ein Leben nach dem Tod beeinflußte später das hellenistische Judentum, das frühe Christentum und den Islam.

Der Zoroastrismus (oder auch Parsismus) stieg im fünften Jahrhundert zur Staatsreligion des geeinten achämenidischen Perserreichs auf und bildete eins seiner einigenden Elemente. Doch seine Bedeutung schwand mit der Eroberung durch Alexander den Großen. Als die Dynastie der Sassaniden (224–640 n. Chr.) wieder einen nationaliranischen Kult einführte, wandte sie sich dem präzoroastrischen Masdaismus zu, der die Verehrung des Feuers betonte.

Im achten Jahrhundert emigrierten einige verbliebene Anhänger des Zoroastrismus von Persien nach Indien, wo noch immer einige Nachfahren von ihnen leben. Sie werden Parsisten genannt und bilden eine kleine, aber blühende Gemeinde in Bombay. Ein Großteil ihrer reichen »Pahlavi-Literatur« − überwiegend zu zoroastrisch-religiösen und historischen Themen − hat die Zeiten überdauert.

2. Die »Hundert Schulen des Denkens« in China

Perioden politischer Unruhe sind häufig auch kreative Zeiten, in denen neue Überzeugungen und Denkweisen aufkommen. Genau dies geschah in China, in der »Zeit der Streitenden Reiche« (484−221 v. Chr.). Die Macht der Zhou-Herrscher hatte bereits mehrere Jahrhunderte lang abgenommen, und nun standen sich mehrere praktisch unabhängige Staaten in endlosen Kriegen gegenüber. Vor diesem Hintergrund versuchten einige Philosophen und Erneuerer, einen Ausweg aus dem Dilemma der Gegenwart und eine lebensfähige Philosophie zu finden.

Selbstverständlich gab es nie wirklich irgendwo die in der Überlieferung erwähnten *Hundert* Schulen des Denkens, und einige waren nicht einmal besonders bedeutend, doch einige verdienen durchaus, besprochen zu werden. Die Naturalisten beispielsweise erklärten das Universum mit komplementären Kräften: Yin und Yang, männlich und weiblich, Tag und Nacht etc. Dieses Konzept wurde später vom Konfuzianismus übernommen.

Mo Zi (468−376 v. Chr.) gründete die Utilitaristische Schule (oder Mohismus), die Verschwendung ablehnte und Wirtschaftlichkeit empfahl und auch Liebe zwischen den

Bewohnern aller Königreiche, um die Bruderkriege jener Zeit zu verhindern. Ihr Einfluß war begrenzt, doch einige Ideen wurden im neunzehnten Jahrhundert wiederaufgenommen.

Bedeutender war der Legalismus, der lehrte, daß was immer der Herrscher will, Recht ist. Diese Lehre war, das überrascht nicht, bei den Herrschern sehr beliebt, vor allem bei Qin Shi Huang Di (259−210 v. Chr.), der ganz China unter der kurzlebigen Qin-Dynastie (221−206 v. Chr.) einte. Nach den Lehren des Legalismus wurden zum besten des Staates die Aktivitäten der Bevölkerung streng kontrolliert. Der Unfrieden stiftende Feudalismus wurde abgeschafft und durch eine zentralisierte Imperialbürokratie ersetzt. Alle Bücher, mit Ausnahme des Legalistischen Kanons, wurden im Jahr 213 verbrannt − ein einzigartiger, wenn auch extremer Sieg für eine Denkschule, doch ein schwerer Schlag für alle China-Historiker seit jener Zeit. Diese Art von Totalitarismus geriet mit der Han-Dynastie (206 v. Chr. − 221 n. Chr.) aus der Mode. Doch einen Teil seines Erbes erkennt man auch in den Taten späterer Kaiser.

Der Taoismus ist ein Grenzfall, halb Philosophie, halb Religion. Er wurde von Lao-zi (sechstes Jahrhundert v. Chr.) begründet und nach seinem Hauptwerk *Tao te Jing* benannt. Tao bedeutet »der Weg«, ist aber auch eine Metapher für Natur. Das taoistische Rezept gegen die Krankheiten der Zeit war die Einstimmung auf die Natur und der Verzicht auf alle weltliche Ambition. Doch er suchte auch nach Langlebigkeit oder, in Wahrheit, Unsterblichkeit. Der Taoismus wurde vom Buddhismus beeinflußt, betrachtete diesen jedoch als Konkurrenten und ließ ihn zweimal (446 und 845 n. Chr.) verbieten. 1281 wurden die meisten taoistischen Schriften von den Mongolen verbrannt.

Der wichtigste Neuerer war Kung-zi (oder Konfuzius;

551–479 v. Chr.). Er unterstrich die Bedeutung humanen Verhaltens und des Besitzes in den Beziehungen zwischen Herrscher und Untertanen. Seine Lehren wurden von Mong-zi (oder Mencius, 371–289 v. Chr.) weiterentwickelt, der die Prinzipien der Güte und kindlichen Frömmigkeit miteinander verband. Die Herrscher waren aufgefordert, Wohlwollen an den Tag zu legen.

Da diese Empfehlungen so einfach und praktisch waren, kamen sie dem Verstand und Charakter der Chinesen sehr zupaß, und sie wurden von Herrschern und Untertanen gleichermaßen seit der Han-Dynastie adaptiert. In späterer Zeit traten gelegentlich Elemente des Buddhismus und Taoismus hinzu. Aber der Konfuzianismus ist im Grunde das Hauptfundament für das chinesische Denken auf dem Festland bis zu Mao Zedong und dem Kommunismus geblieben und bleibt es für viele Chinesen im Ausland weiterhin. Teilweise läßt sich die immense Arbeitsmoral, die in den letzten Jahren eine der Ursachen für den großen Erfolg Japans, Südkoreas und Taiwans auf wirtschaftlichem Gebiet gewesen ist, auf den Konfuzianismus zurückverfolgen.

3. Der Buddhismus

Vom siebten Jahrhundert v. Chr. an wuchsen die Städte im Norden Indiens an Zahl und Größe um ein Vielfaches, der Handel expandierte und die Verwendung der Schrift wurde allgemein üblich. Vor diesem Hintergrund muß das plötzliche Aufblühen neuer Schulen der Philosophie und Religion gesehen werden. Sie deckten einen sehr weit gefaßten Bereich ab. Die Ajivikas zum Beispiel glaubten, selbst die unbedeutendste Handlung eines Menschen sei vollkommen vorherbestimmt.

Die Charvakas waren Atheisten und glaubten dementsprechend nicht an ein Leben nach dem Tod. »Wenn der Körper stirbt, werden Narren und Weise gleichermaßen abgeschnitten und vernichtet. Sie leben nach dem Tod nicht weiter.«

Von größerer Bedeutung für die Zukunft war der Jainismus oder Jinismus. Einige seiner Ideen zirkulierten bereits im siebten Jahrhundert v. Chr., doch ausformuliert wurden sie erst von Mahavira um 500 v. Chr.: Alles besitzt eine Seele, und deren Reinigung ist der Zweck des Lebens. Gewaltlosigkeit ist ein Zentralpunkt seines Denkens – selbst das unbeabsichtigte Töten einer Ameise ist eine Sünde. Seine Glaubensüberzeugungen verbreiteten sich vorwiegend unter Händlern und Geldverleihern und blieben an die Stadtkultur gebunden. Die Jainas sind ihre ganze Geschichte hindurch eine kleine, aber blühende Gemeinde in Indien geblieben.

Der Brahmanismus (der spätere Hinduismus) durchlief um das sechste Jahrhundert v. Chr. eine tiefgreifende Reformation. In den *Upanishaden* (dem letzten Abschnitt der *Vedas*) wird das individuelle Heil betont und die Individualität der Seele hervorgehoben. Sie unterliegt einem endlosen Zyklus von Wiedergeburten, aus dem man nur durch Praktizierung von Yoga entlassen werden kann, um ewige Transzendenz und Glückseligkeit zu erreichen. Doch dies stand – unter der Autorität der Brahmanenpriester – nur der arischen Elite offen.

Die indische Geschichte ist in erster Linie nicht eine Geschichte von weltlichen Kriegen, Reichen und Regierungen, sondern die Geschichte religiöser Überzeugungen und Entwicklungen. Deshalb ist Gautama Buddha[4], der im sechsten

---

4 Buddha (= der Erleuchtete) ist eigentlich kein Namensbestandteil, sondern ein Ehrentitel. – Anm. d. Lektors

Buddha (um 560–um 480 v. Chr.), Palmblatt-Miniatur, 12. Jh. Berlin, Museum für Indische Kunst.

Jahrhundert v. Chr. lebte und lehrte, in stärkerem Maß einer ihrer wirklichen Helden als jeder Kaiser. Er löste einen großen Teil der neuen Metaphysik aus ihren brahmanischen Fesseln und machte sie jedermann, ungeachtet der Kaste, zugänglich. Er vereinfachte sie, benutzte statt des Sanskrit die Umgangssprache, führte ein stärker rationales Element ein und trennte sie von den vedischen Überlieferungen.

Seine Lehren entwickelten sich zu einer neuen Religion mit hoher Anziehungskraft für weite Kreise. Unter dem Maurija-König Aschoka (R.: um 270–233 v. Chr.) diente sie dazu, sein riesengroßes Reich zu einen, das beinahe ganz Indien umfaßte. Bekehrungsaktivitäten brachten den Buddhismus nach Ceylon und Südostasien.

Ähnlich den Schismen der frühchristlichen Kirche spaltete sich der Buddhismus im ersten und zweiten Jahrhundert n. Chr. in mehrere Sekten auf, deren bedeutendere das orthodoxere »Kleine Fahrzeug« (heute hauptsächlich in Sri Lanka und Südostasien) und das innovativere »Große Fahrzeug« sind, das bald in Indien und später auch in Zentralasien, Tibet, Nepal und der Mongolei dominierte und auch China, Korea, Vietnam und Japan erreichte. Das Große Fahrzeug entwickelte die Doktrin des Nirwana, der Beendbarkeit des Zyklus der Wiedergeburten. Der Buddha selbst wurde nun als Gott betrachtet, als einer in einer Abfolge von Inkarnationen.

Trotz seines enormen Erfolges außerhalb Indiens verfiel der Buddhismus in seinem Geburtsland und ging dort bei der Ankunft des Islam zu Anfang des zweiten Jahrhunderts n. Chr. unter. In jüngerer Zeit erlebt er dort vor allem bei den Unberührbaren eine bescheidene Renaissance.

Vom fünften Jahrhundert an schoben sich magische Riten, verbunden mit dem Fruchtbarkeitskult, in den Vordergrund. Dieser Typ des tantrischen Buddhismus herrscht heute in Nepal, Tibet und in der Mongolei vor. In China und Japan bestand einer der interessantesten Aspekte des Buddhismus in seiner friedlichen Koexistenz und tatsächlichen Vermischung mit dem Konfuzianismus und Schintoismus.

4. Israel

Israel wurde mit der Besiedlung des Heiligen Landes eine historisch greifbare Realität. Die moderne Archäologie läßt wenig Zweifel offen, daß Palästina nicht in einem Zug, wie im Buch Josua beschrieben, erobert, sondern allmählich, vom dreizehnten bis zum elften Jahrhundert, von israelitischen Halbnomaden besiedelt wurde, die den Jordan überquert hatten, ungefähr so, wie es im Buch der Richter steht. Die ersten Siedlungen wurden in der Mitte des Landes errichtet, das später den Namen Samaria erhielt. Von hier aus wanderten die Israeliten weiter nach Norden (Galiläa) und nach Süden (Judäa). Daran waren zahlenmäßig nur wenige beteiligt: etwa 55 000 Seelen bis zum späten elften Jahrhundert.

Die ersten Siedlungen entstanden in den dichtbewaldeten, aber kaum bewohnten Bergen. In den Tälern befanden sich kanaanäische Städte und Bauernhöfe, die die schwachen israelitischen Stämme nicht erobern konnten. Als sie im elften Jahrhundert von den Philistern angegriffen wurden, sahen sie sich auch in ihren Bergen bedroht.

Unter diesem Druck mußten sich die Israeliten vereinigen, und es entstand eine Monarchie: zunächst unter König Saul (R.: 1020—1004) vom Stamm Benjamin und nach seinem Tod im Kampf gegen die Philister durch König David (R.: 1004—965) vom Stamm Juda. David ist in der Geschichte Israels die zentrale Gestalt. Er besiegte die Philister, eroberte das ganze Land Kanaan und machte es zum Land Israel, nahm Jerusalem ein und erhob es nicht nur zu seiner Hauptstadt, sondern zur Heiligen Stadt des Judentums (und infolgedessen in einer späteren Zeit auch der Christenheit und zu einer der heiligen Stätten des Islam), eroberte die benachbarten Länder Edom, Moab, Ammon und Aram, schloß Allianzen mit Tyros, Gschur und Hamath und schuf ein beträchtlich großes Reich vom Euphrat bis zum Roten Meer. Die großen Ereignisse seiner Zeit veranlaßten einige seiner Zeitgenossen, ihre Geschichte und daneben auch überlebende Überlieferungen aus vergangenen Zeiten aufzuschreiben; auf diese Weise entstand ein Teil des Stoffs, aus dem später das Alte Testament hervorgehen sollte.

Sein Sohn Salomo (R.: 965—928) baute den ersten Tempel

in Jerusalem, dehnte sein Reich jedoch nicht weiter aus. Obwohl enge Bindungen zu benachbarten Ländern, Städten und Kulturen unterhalten wurden, waren die Anfänge für eine andere und einzigartige Entwicklung auf religiösem Gebiet in Gang gesetzt worden.

Gegen Ende von Salomos Regierungszeit brach das von David geschaffene Reich zusammen, und die kleinen Nachbarländer gewannen ihre Unabhängigkeit wieder. Nach seinem Tod hatte auch die Union der zwölf israelitischen Stämme keinen Bestand mehr, und es bildeten sich zwei Königreiche: Israel im Norden mit zehn Stämmen und Juda im Süden mit Jerusalem als Hauptstadt. Über das erstere herrschten von 928 bis 722 neunzehn Könige, bis ihre Hauptstadt Samaria von den Assyrern eingenommen wurde. In Juda regierten von 928 bis 586, als der neobabylonische König Nebukadnezar II. Jerusalem eroberte und der Tempel zerstört wurde, zwanzig Könige.

Das nördliche Königreich war stärker in internationale Angelegenheiten eingebunden, während Juda isolierter war. Es war allerdings stabiler, da es von nur einem Stamm beherrscht und die ganze Zeit über von der davidischen Dynastie regiert wurde. Hier scheint eine stärkere Mittelschicht existiert zu haben, während im nördlichen Königreich die Unterschiede zwischen Arm und Reich ausgeprägter waren. Nacheinander gelangten dort mehrere Dynastien an die Macht, und die Regierung verlor an Stabilität. Deshalb überrascht es nicht, daß Juda wesentlich länger überlebte und die bedeutsamere Entwicklungen hervorbrachte.

Doch das nördliche Königreich ist nicht völlig verschwunden. Die heutigen Samariter sind die direkten Nachkommen der alten Stämme Menasse und Efraim, wenn auch anfangs die Hauptstadt Samaria von den Assyrern mit Siedlern aus Südbabylonien und Syrien neu bevölkert wurde.

Die Zeit der gespaltenen Monarchie gilt in keinem der beiden Länder als politischer oder militärischer Glanzpunkt, da die Großmächte Ägypten, Assur und später Babylon vollkommen die Ereignisse im Heiligen Land überschatteten. Diese Periode ist jedoch von einzigartiger Bedeutung für die Schaffung der ersten wirklich monotheistischen Religion und für die Niederschrift des meisten Materials, das später das Alte Testament ausmachte. Der Prophetismus und die Priester des Tempels von Jerusalem kanalisierten das Judentum in neue Richtungen, die sich stark von denjenigen der anderen semitischen Religionen des Mittleren Ostens unterschieden. Der entscheidende Zeitpunkt war der der Niederschrift des Buches Deuteronomium in der Regierungszeit von König Josia (R.: 640–609) von Judäa, das die Exklusivität des Judentums betonte und den Gottesdienst an hohen Stellen oder an Altären verbot, die nicht zum Tempel von Jerusalem gehörten. Der Gott Israel wurde von nun an als universaler Gott und nicht nur als lokale Gottheit betrachtet. Der Prophetismus trug auch zu einer neuen Moral und zu neuen ethischen Werten bei, wie etwa der klaren Unterscheidung zwischen richtig und falsch.

Infolgedessen überlebte das Judentum seine erste Diaspora in Babylon und entwickelte einige besondere Eigenschaften, mit deren Hilfe es auch die wesentlich längere Diaspora zu überstehen vermochte, die der zweiten Zerstörung des Tempels im Jahre 70 n. Chr. folgte. Während der babylonischen »Gefangenschaft« entstand der größte Teil des Pentateuchs, der Fünf Bücher Mose, der von Ezra 458 v. Chr. nach Jerusalem zurückgebracht wurde. Der Bau des zweiten Tempels dort war bereits früher (515 v. Chr.) abgeschlossen worden, während die Restaurierung der Stadtmauern durch Nehemia anscheinend später erfolgte, offenbar 444 v. Chr.

Wenn auch die jüdische Bevölkerung Judäas unter persischer Herrschaft (539—332) klein war, so wurde doch genau hier das Judentum weiter kultiviert, wurden hier die späteren Bücher des Alten Testaments verfaßt und vervollständigt.

Fassen wir zusammen: Obwohl die politischen Ereignisse der Zeit König Davids die spätere Entwicklung des Judentums zur ersten wirklich monotheistischen Religion und die Niederschrift der Bibel in Gang setzten, benötigten die daraus folgenden Entwicklungen doch viele Jahrhunderte und waren noch nicht abgeschlossen, als Alexander der Große Palästina eroberte.

Die Relevanz der Frühgeschichte Israels wird noch durch die Tatsache gesteigert, daß das Judentum selbst überlebt hat und daß judaistische Religionen wie das Christentum und der Islam heutzutage bei der Mehrheit der Nationen vorherrschend sind. Kein anderes Buch in der Geschichte hat jemals die Bedeutung und Popularität der Bibel erlangt oder ist auf irgendeine Weise derart einflußreich gewesen.

5. Das klassische Griechenland

In den ziemlich langen Annalen der Menschheit gibt es nichts, was mit der Glanzzeit des menschlichen Geistes im klassischen Griechenland zu vergleichen wäre.

Bereits die raren Überreste und Aufzeichnungen aus mykenischer Zeit zeigen, daß eine hochbegabte Rasse die Küsten Griechenlands und seine Inseln besetzt hatte. Nach der Kette von Katastrophen, die der mykenischen Kultur um 1200 v. Chr. ein Ende setzte, folgten dunkle Jahrhunderte, über die wir nur allzu wenig wissen. Doch vom neunten und achten Jahrhundert an erblühte in den engen Tälern Griechenlands neues Leben. Der begrenzte Raum, der für Landwirtschaft zur Verfügung stand, und die einladend lange Küstenlinie veranlaßten Siedler, das Meer zu überqueren, sowohl in Richtung Osten an die Küste von Kleinasien wie auch in Richtung Westen nach Sizilien und Süditalien, und dort nach ausgedehnterem fruchtbarem Land zu suchen. Archäologische Funde zeigen, daß einige ionische[5] Städte, etwa Milet, eine direkte Fortsetzung der frühen mykenischen Siedlungen waren und daß andere, etwa Rhodos, nachdem sie für kurze Zeit aufgegeben worden waren, erneut besiedelt wurden. Doch die meisten wurden später gegründet, vom neunten bis zum siebten Jahrhundert v. Chr. Im Westen datieren die Anfänge der meisten Niederlassungen aus dem achten bis sechsten Jahrhundert.

Im elften Jahrhundert gelangte das phönizische Alphabet nach Griechenland und wurde bald durch die Umwandlung seiner »toten« Buchstaben (wie Aleph) in Vokale (wie Alpha) vervollkommnet.

Die große Entwicklung Griechenlands nahm in den überseeischen Niederlassungen ihren Anfang. Homer (vermutlich achtes Jahrhundert) war ein gebürtiger Ionier. Die *Ilias* und die *Odyssee* entstanden über einen ausgedehnten Zeitraum hinweg und wurden mündlich weitergegeben. Sie sind noch heute die wichtigsten und bekanntesten Werke der griechischen Literatur.

Auch die ersten griechischen Philosophen und Wissenschaftler im sechsten und frühen fünften Jahrhundert lebten in Ionien. Thales von Milet begründete offenbar die Wissenschaft der Geometrie, dürfte die Sonnenfinsternis von 595 v. Chr. richtig vorhergesagt haben und glaubte, daß das Universum hauptsächlich aus Wasser besteht. Sein Zeit-

---

5 Ionien: Die Westküste Kleinasiens, d. h. der heutigen Türkei – Anm. d. Lektors

genosse Anaximander soll die Sonnenuhr erfunden, eine Weltkarte gezeichnet und als erster Prosa verfaßt haben. Sein Schüler Anaximenes glaubte, daß Luft der Grundbaustein des Universums sei. Heraklit von Ephesos vertrat die Ansicht, daß alle Dinge sich in fortgesetztem Fluß befänden. Demokrit meinte, daß das Universum aus Atomen zusammengesetzt sei.

Einige ihrer Ideen wurden seitdem zum Ausgangspunkt der Philosophie.

Mit die eindrucksvollsten griechischen Überreste sind in Italien gefunden worden, in Paestum in Süditalien und Agrigent, Selinunt und Segesta auf Sizilien, die alle im sechsten und fünften Jahrhundert v. Chr. erbaut wurden. Die dorischen Tempel dort sind einzigartig und gehören zu den am besten erhaltenen antiken Bauwerken. Einige der in Sizilien hergestellten Münzen des fünften Jahrhunderts sind vermutlich die schönsten, die jemals geschlagen wurden.

Die Mehrzahl der griechischen Städte wurde ursprünglich von Fürsten regiert, in Sparta zu »Königen« stilisiert, wo ihre Würde bis in hellenistische Zeit überlebte. In den meisten anderen Orten wurden sie durch Oligarchien ersetzt oder von dem, was spätere Generationen »Tyranneien« nannten, wie die von Peisistratos in Athen (561–528/7). Doch allmählich entwickelten sich dort auch andere Institutionen, in denen ein erster Kern von Demokratie erkennbar wird, etwa die Bule, auch Areopag genannt (der Staatsrat) oder die Gerusia (der Senat der Ältesten) oder die Institution der Archonten (die Obersten Beamten und Richter) in einigen frühen Stadtstaaten. Die Stadt (»polis«) war die Einheit des sozialen und politischen Lebens in Griechenland.

In der Spätzeit des sechsten Jahrhunderts wurden mehrere sogenannte Tyrannen vertrieben, so in Athen, Naxos und Samos, und im fünften und vierten Jahrhundert erhielten demokratische Institutionen die Möglichkeit, sich zu entwickeln. Wir sind am besten darüber informiert, was in Athen geschah. Solon befreite dort in den Anfangsjahren des sechsten Jahrhunderts die Bauern aus der Leibeigenschaft, reformierte die Verfassung auf oligarchischer Basis und setzte für Einzelpersonen das Appellationsrecht durch. Kleisthenes stürzte im späten sechsten Jahrhundert die regierende Oligarchie und gründete die athenische Demokratie. Er gliederte Attika in zehn Organisationseinheiten, die Phylen, die jeweils fünfzig Vertreter in den »Rat der Fünfhundert« entsandten — das erste Parlament. Doch einige oligarchische Elemente blieben bestehen: die Archonten mußten den beiden wohlhabenden Klassen entstammen. Ausgeschlossen von dieser »Volksvertretung« blieben jedoch weiterhin Frauen, Fremde und Sklaven, also die Mehrheit der Bevölkerung. Die Zahl der Einwohner Athens hat man für die Mitte des fünften Jahrhunderts auf 110 000 Personen geschätzt, von denen nur rund 35 000 freie Bürger waren.

Griechenland hatte das Glück, in diesen prägenden Jahren nahezu von fremden Interventionen verschont zu werden, aber es gab auch Ausnahmen. Die Städte in Sizilien mußten sich selbst gegen die Macht der Karthager verteidigen, die im Westteil der Insel eine Niederlassung besaßen. Unter der Führung von Syrakus wurden die Karthager in der Schlacht bei Himera (480) entscheidend geschlagen, und Syrakus im Osten Siziliens blieb die dominierende Macht bis zur Intervention Roms im Dritten Jahrhundert v. Chr.

Im Osten erging es den Griechen weniger gut. Die Städte Ioniens standen oft unter dem Druck des Königreiches Lydien (etwa 700–550). In der zweiten Hälfte des sechsten Jahrhunderts eroberten die Perser das lydische Reich und die ionischen Städte gleich mit. Um 500 revoltierten sie, zu Anfang unter der Führung von Milet, sie wurden jedoch geschlagen, und Milet wurde zerstört. Die Blüte der Literatur und Philosophie in Ionien welkte dahin, und seit dieser Zeit übernahmen fast ausschließlich die »europäischen« Griechen die tragenden Rollen in der griechischen Kultur und Geschichte.

Die Perser beschlossen, ihre Herrschaft auf Griechenland, von wo aus ein Großteil der Unterstützung für das rebellische Ionien gekommen war, auszudehnen, und unternahmen zwei großangelegte Versuche, es zu erobern. Im Jahr 490 besiegten die Athener, unter dem Kommando von Miltiades, in der Schlacht bei Marathon eine überlegene persische Streitmacht.

480 marschierte eine wesentlich größere Armee in Griechenland ein, besiegte eine Einheit der Spartaner am Küstenpaß der Thermopylen und besetzte Athen, wobei sie die Bauwerke auf der Akropolis zerstörte. Die Perser wurden jedoch zur See in der Schlacht von Salamis und zu Land bei Plataä besiegt und mußten sich aus Griechenland zurückziehen.

Dieser brillante Erfolg zeigte den Griechen, daß sie sogar gegen das größte Reich, das die Welt jemals gesehen hatte, bestehen konnten. Ihre Selbstsicherheit, ihr Glaube an ihre Institutionen und ihre Kreativität wurden ungeheuer gestärkt, wie sie von nun an auf den meisten Gebieten menschlichen Strebens bewiesen.

Dies geschah nirgendwo so sehr wie in Athen, wo man glaubte, den Hauptanteil am Sieg gehabt zu haben. Themistokles, der Sieger von Salamis, hatte die Schaffung einer beträchtlichen Seestreitmacht bereits vor der zweiten persischen Invasion befürwortet. Diese trug nun bei zur Schaffung eines Athenischen Reichs (des Attischen Seebunds), da die Sicherheit Griechenlands vor den Persern zunächst von einer starken Seemacht abzuhängen schien. Zu seinen Glanzzeiten umfaßte dieses Reich die meisten

Büste des Sokrates (470–399 v. Chr.). Rom, Vatikanische Museen.

Küstenstreifen und Inseln der Ägäis und des Marmara-meeres und kontrollierte in starkem Grad den Handel Grie-chenlands. Seine Flotten operierten selbst im weit entfern-ten Ägypten.

Die Stadt Athen wurde das Zentrum der kulturellen Ent-wicklung Griechenlands. Hier schrieben Aischylos, Sopho-kles und Euripides ihre Dramen, Aristophanes verfaßte hier seine Komödien, Herodot und Thukydides ihre Historien; hier glänzten die wichtigsten Philosophen der Antike, Sokrates, Plato und Aristoteles, hier arbeiteten die größten Bildhauer, etwa Phidias und Praxiteles, und entstanden die berühmtesten Bauwerke der Architektur, unter anderem der Parthenon. Wenn auch einige der Erwähnten, wie Herodot und Aristoteles, keine athenischen Bürger waren, so kamen sie doch zumindest zum Arbeiten oder Lehren hierher.

Die politischen Führer des von Athen beherrschten Atti-schen Bunds waren Aristides, Kimon und Perikles. Letzte-rer gab den größten Tagen der athenischen und griechi-schen Kultur — dem Perikleischen Zeitalter — seinen Namen.

Doch Erfolg schafft Neid. Der athenische Handel war auf Kosten alter Handelsstädte wie Korinth aufgeblüht und sein politischer Einfluß war zu Lasten von Spartas traditionell politisch und militärisch überragender Bedeutung in Grie-chenland gegangen. Im Peloponnesischen Krieg (431—404) schlossen sich diese beiden Städte und ihre Alliierten gegen Athen zusammen und schlugen es nach zahlreichen Wirren (Athen unter der Führung von Alkibiades versuchte bei-spielsweise vergeblich, Syrakus auf Sizilien zu erobern und verlor dort den größten Teil seines Heeres) entscheidend. Athen wurde seines Reichs beraubt, seine Demokratie brach für eine Zeitlang zusammen, und Sparta war die füh-rende Macht Griechenlands.

Perikles (um 500–429 v. Chr.), römische Marmorkopie nach einer Statue des
Kresilas, um 430 v. Chr. Rom, Vatikanische Museen.

Doch nicht sehr lange. Seine Institutionen wurden der imperialen Rolle nicht gerecht. Bei Leuktra (371) wurde Sparta von Theben unter dem Kommando von Epaminondas vernichtend geschlagen und durch die Ablösung Messiniens[6] auf Dauer geschwächt. Später kämpften Theben und ein zweiter Attischer Bund um die Vorherrschaft in Griechenland, bis beide von Philipp II. von Makedonien (R.: 359–336), dem Vater Alexanders des Großen, überwältigt wurden.

Makedonien war in Griechenland buchstäblich nichts als ein Außenseiter, doch wie andere Grenzstaaten vor und nach ihm (beispielsweise Rom, Qin in China oder die osmanischen Türken) hatte es dort Erfolg, wo andere versagt hatten, und so einigte es praktisch ganz Griechenland und schuf auf diese Weise das Sprungbrett, von dem aus Alexander der Große seinen epochalen Feldzug nach Osten starten konnte.

Kein anderes Land hat spätere Zeiten so stark beeinflußt wie das klassische Griechenland. Die Demokratie entstand in Griechenland. Kunst und Architektur der abendländischen Welt haben jahrhundertelang einen Dialog mit griechischen Werten geführt. In der Philosophie kannten die Griechen nicht alle Antworten, doch sie stellten die meisten relevanten Fragen. Die Wurzeln der modernen Wissenschaft stecken tief im griechischen Boden. Die griechische Literatur ist nicht nur der Ausgangspunkt für einen Großteil der Literatur des Westens, sie wird noch immer von Millionen Lesern und Theaterbesuchern um ihrer selbst willen genossen. Kurz, das Erbe des klassischen Griechenland ist immer noch in uns und von größter Bedeutung.

---

6 Der Südwesten der Peloponnes. Sparta hatte die Messener im 8. und 7. Jahrhundert unterworfen und seither für sich Landwirtschaft betreiben lassen. Ohne Messenien war die spartanische Versorgung nicht mehr gesichert. – Anm. d. Lektors

Teil VI

Der Hellenismus und Rom

Bei einem Blick auf die Weltkarte stellen wir überrascht fest, wie winzig die Wiegenländer der menschlichen Zivilisation und Religion, nämlich Griechenland und Israel, waren. Ihre Botschaft hätte uns vielleicht niemals erreicht, wenn sich nicht wesentlich weitere Räume ihrem Einfluß eröffnet hätten. In bezug auf die griechische Kultur geschah dies zunächst durch die Eroberungen Alexanders des Großen, später durch den kulturellen Einfluß der hellenistischen Reiche und noch später durch den Roms.

Im selben Römischen Reich fand auch die Bibel, die anfangs durch die jüdische Diaspora und später, in einem anderen Gewand und mit einer etwas anderen Botschaft, durch die Christenheit verbreitet wurde, breite Akzeptanz. Schließlich wurde das Römische Reich selbst christlich.

1. Alexander der Große

Alexander III. der Große (R.: 336–323) ist ein Beispiel dafür, wie das Unerwartete in die Geschichte verändernd eingreift. Nicht alles läßt sich mit dem Druck wirtschaftlicher Trends erklären, dem Einfluß von Religionen oder Ideen oder dem zyklischen Wachstum und Schrumpfen von Reichen. Manchmal – wenn auch zugegebenermaßen selten – schleudert ein durch und durch menschlicher Darsteller auf der riesigen Bühne der Geschichte dieser sein

Schwert in die Speichen und wirft alles über den Haufen. So jemand war – mehr als alle anderen – Alexander.

Untersuchen wir diesen Punkt einmal genauer:

– Man kann nicht behaupten, daß Persien sich im Niedergang befand, daß das Reich sich auflöste und nur auf einen fremden Eroberer wartete. Die letzten zwei achämenidischen Herrscher waren zufällig besonders fähig, aktiv und erfolgreich.

– Die Lebenskraft der östlichen Zivilisationen, in deren Reihe Persien damals das letzte Glied bildete, hatte sich nicht erschöpft. Nicht zuletzt Arnold Toynbee hat die These vertreten, daß sie eintausend Jahre, nachdem Alexander sie ausgelöscht hatte, im Gewand des Islam wie Phönix aus der Asche wieder auftauchte.

– Man kann auch nicht behaupten, daß der Ausgang der militärischen Auseinandersetzung aufgrund der überlegenen Fähigkeiten der griechischen Truppen vorbestimmt gewesen sei. Dareios III. hatte mehr griechische Söldner in seinem Heer als Alexander überhaupt Soldaten hatte! Auch andere Griechen hatten sich früher schon an der Eroberung des Ostens versucht – Athener, Spartaner, Xenophons »Zehntausend« – aber alle erlitten Fehlschläge.

Alexanders phänomenaler Erfolg läßt sich nur mit seinen persönlichen Qualitäten als Militärführer, mit seinem oft furchteinflößenden, unvorhersagbaren Verhalten und mit der Stärke seines Achilles-Komplexes erklären, der ihn drängte, den mythischen Helden der *Ilias* zu übertrumpfen. Man kann behaupten, daß kein anderer General in der Geschichte genauso effektiv und erfolgreich war wie er. Um diese knappe Behauptung zu untermauern, wollen wir ihn mit dem größten Militär der späteren abendländischen Geschichte vergleichen, mit Napoleon:

- Alexander gewann all seine Feldzüge (während Napoleon, wenn auch in den meisten seiner 65 Schlachten erfolgreich, die Hälfte seiner vierzehn Feldzüge verlor) und daneben auch all seine Schlachten; dazu verstand er sich sehr gut auf den Belagerungskrieg, den Napoleon nicht sonderlich beherrschte.
- Alexanders Machtbasis Makedonien war wesentlich kleiner als die Napoleons, hinter dem ganz Frankreich stand, und doch waren seine Eroberungen noch weitaus umfangreicher.
- Napoleon überließ die taktische Abwicklung seiner Schlachten lieber seinen Generälen. Alexander beschäftigte sich nicht nur selbst damit, sondern führte seine Männer auch persönlich gegen den Feind und zeigte so seine Tapferkeit − was Napoleon zumeist seinen Marschällen und Generälen überließ.
- Napoleon konnte sehr gut Prinzipien der Kriegführung umsetzen, die andere ausgearbeitet hatten. Alexander war selbst ein brillanter strategischer Neuerer, und neuartige Schachzüge entwickelte er mehr als einmal nicht nur in kampflosen Zeiten, sondern in einer Eingebung des Augenblicks angesichts des Feindes. Wir wollen nur einige ausgefallene Problemstellungen anführen, die er mit verblüffender Leichtigkeit löste:
- Während des Feldzugs in Thrakien (336/5) befand er sich mit seinen Truppen in einem tiefen Tal, als die Thraker begannen, ihre Streitwagen die Abhänge hinab in die makedonische Marschordnung zu rollen. Alexander fiel augenblicklich der drillmäßig komplizierte Gegenzug ein: er ließ zum einen die Reihen öffnen, um die Wagen nach Möglichkeit durchzulassen, und ließ andererseits seine Männer in Gruppen unter ihren Schilden niederknien, damit die Wagen über sie wegrollen konnten.

– Während der Belagerung von Tyros (332) gelangte Alexander zu dem Schluß, daß es nur eine Lösung gebe, nämlich die Insel, auf der die mächtige Stadt stand, mit dem Festland zu verbinden. Er benötigte dazu sechs Monate, hatte jedoch durchschlagenden Erfolg. Die Landbrücke existiert heute noch.

– Bei Gaugamela (331) sah sich Alexander einer fünfmal stärkeren Streitmacht gegenüber. Ihm fiel ein Plan ein, der dem Napoleons bei Austerlitz ähnelte: Die Perser mußten dazu gebracht werden, Truppen ihrem Zentrum zu entziehen, und als dies erreicht war, brach er durch die persische linke Mitte direkt auf Dareios III. los, der prompt die Flucht ergriff, worauf die Ordnung des riesigen persischen Heers kollabierte. Hier war das Timing alles gewesen, genau wie bei Austerlitz. Aber Alexander hatte nicht die Gelegenheit gehabt, den Schlachtplan – wie Napoleon bei Castiglione (1796) – vorher auszuprobieren, und er befehligte auch keine Streitmacht, die der seines Gegners annähernd an Größe gleichkam.

– In der Schlacht am Hydaspes (326) improvisierte Alexander die richtige Taktik für den Umgang mit Elefanten. Sie wurden eingekreist, die Bogenschützen schalteten die Treiber aus, und als die Elefanten führerlos waren, wurden sie mit Speeren, Krummschwertern und Streitäxten attackiert.

Napoleon bewies niemals eine ähnliche Fähigkeit zur taktischen Improvisation.

– Alexander verstand mehr von Strategie. Bei einer Diskussion auf St. Helena bezweifelte Napoleon, daß es klug von Alexander gewesen war, nach der Schlacht bei Issos (333) nach Süden, die syrische Küste entlangzuziehen, anstatt direkt ins Hinterland einzumarschieren. Er verstand nicht, daß Alexander einen einzigartigen

Alexander der Große (356–323 v. Chr.), Detail eines Mosaiks mit der Darstellung der Schlacht bei Issos, 1. Jh. v. Chr. Neapel, Archäologisches Nationalmuseum.

Schachzug ausführte: Durch die Einnahme der phönizischen und ägyptischen Flottenstützpunkte der persischen Marine bewies er, daß eine Landstreitmacht eine Seemacht zu Land schlagen und ihre Flotte vollkommen eliminieren kann. Napoleon fand nie eine ähnliche Antwort auf Englands Flotte.

Sind all diese Einzelheiten relevant? Wir glauben, sie sind es. Nicht nur, weil sie zeigen, daß Alexander der größte Militärbefehlshaber der aufgezeichneten Geschichte war, sondern auch weil sie unsere Behauptung belegen, daß er, mehr als jede andere Einzelperson, den Lauf der Geschichte beeinflußte.

Doch wenden wir uns den Höhepunkten seiner Karriere zu. Wie bereits im letzten Kapitel erwähnt, war es seinem Vater Philipp II. gelungen, die makedonische Herrschaft auf nahezu ganz Griechenland auszuweiten. Die Opposition gegen sein Vorgehen wurde höchst eloquent von dem Athener Demosthenes vertreten, dessen Reden die Zeiten überdauert haben. Die Niederlage von Athen und Theben kam mit der Schlacht bei Chaironeia (338), bei der Alexander den entscheidenden Schlag auf dem rechten Flügel anführte. Nach der Ermordung Philipps (336) räumte Alexander alle anderen Thronprätendenten aus dem Weg, besiegte seine Feinde in Thrakien, Illyrien und Griechenland, zerstörte Theben, um ein Exempel zu statuieren, und setzte mit seiner Armee nach Asien über (334). Er besiegte das erste persische Heer am Fluß Granikos[7] König Dareios III. und sein Hauptheer bei Issos[8] (333) und zog dann Richtung Süden durch Syrien und Palästina (die Belagerungen von Tyros und Gaza) nach Ägypten. Nachdem er sich so im Rücken Deckung geschaffen hatte, marschierte er nach Mesopotamien, wo er Dareios erneut, diesmal bei Gaugamela[9] (331), eine Niederlage beibrachte. Nach diesem Erfolg war er tatsächlich Herrscher über das Persische Reich.

Danach verlagerte er allmählich seine Politik von der rei-

---

7 An der Südküste des Marmarameers, wenig oberhalb der Dardanellen – Anm. d. Lektors

8 Nördlich vom heutigen Iskenderun am östlichen Ende der türkischen Südküste – Anm. d. Lektors

9 Nordwestlich des nordirakischen Arbil, nicht weit vom antiken Ninive – Anm. d. Lektors

nen Eroberung zum Aufbau eines Reichs, in dem die Eroberten zahlreiche Rechte genießen und nahezu gleichgestellte Partner der Eroberer sein sollten. Auf diese Weise trug er sein Teil dazu bei, die Barrieren einzureißen, die einer weiteren Ausbreitung griechischer Wertvorstellungen noch im Weg standen. Doch er hatte sich mit Opposition in Makedonien auseinanderzusetzen und sorgte, wenn nötig, mit brutaler Gewalt für Ruhe. Selbst sein engster Mitstreiter und wichtigster General, Parmenion, wurde schließlich umgebracht.

Alexander entschied sich für weitere Feldzüge, um auch die Provinzen des Reichs in Zentralasien und im westlichen Indien zu unterwerfen und ihre Grenzen noch weiter auszudehnen. Er schuf dadurch ein ungeheuer großes, wenn auch kurzlebiges Reich und öffnete diese Gebiete für griechische Ideen, Institutionen, für die griechische Sprache, den griechischen Handel und die griechische Kunst. Er verknüpfte unterschiedliche Kulturen, die zuvor kaum von der Existenz der jeweils anderen gewußt hatten. Wir werden Jahrhunderte später noch auf andere Zusammentreffen von Kulturen stoßen, doch dies war die erste derartige Verbindung und vermutlich die dramatischste.

Obwohl Alexander 323 in Babylon im Alter von nur dreißig Jahren starb, haben sich seine Leistungen — mit Ausnahme des geeinten Reichs — als alles andere denn kurzlebig erwiesen. Er strich die ehemalige mittelöstliche Kultur von der Landkarte und öffnete statt dessen das Tor für den Hellenismus, der in seinen verschiedenen Erscheinungsformen ein Jahrtausend lang einen Großteil der damals bekannten Welt beherrschen sollte.

Wäre dies auf jeden Fall und zum richtigen Zeitpunkt geschehen, wenn es Alexander nicht gegeben hätte? Wohl kaum.

2. Der Hellenismus

Nach dem Tod Alexanders des Großen kämpften seine makedonischen Generäle in zwanzig Jahre währenden Kriegen darum, wer von ihnen seine Nachfolge im Reich antreten konnte. Einige versuchten es als Ganzes zusammenzuhalten, doch sie unterlagen am Ende denjenigen, die für sich einzelne Königreiche herauszuschneiden trachteten. Schließlich blieben drei große Dynastien übrig: die Ptolemäer in Ägypten und Palästina, die Antigoniden in Makedonien und die Seleukiden in Kleinasien, Persien, Mesopotamien und Teilen Syriens. Ansonsten ist nur ein weiterer hellenistischer Staat der Erwähnung wert: Pergamon im Westen von Asia Minor (262–133 v. Chr.). Zwar war das Reich der Seleukiden das größte von allen, doch es war auch am wenigsten stabil: Indien ging vor 303 verloren, und im Lauf des dritten Jahrhunderts eroberten die Parther Schritt für Schritt fast ganz Persien. Andererseits konnte der bedeutendste Seleukidenherrscher, Antiochos III., nach mehreren vergeblichen Anläufen im Jahr 198 den Süden Syriens sowie Palästina unter seine Herrschaft bringen. Neun Jahre später verlor er – mit Ausnahme Kilikiens – Kleinasien, und im zweiten Jahrhundert mußten die Seleukiden nahezu vom ganzen übriggebliebenen Gebiet Abschied nehmen; lediglich Teile von Syrien blieben ihnen. Die Römer eroberten letztendlich zu Anfang des ersten Jahrhunderts v. Chr. den Rest, nachdem sie bereits 168 und 148/147 Makedonien besetzt hatten. 30 v. Chr. beherrschten sie auch Ägypten.

Daneben kam es noch zu unzähligen kleinen Kriegen. Die politische Entwicklung verlief also turbulent, und eine gewisse barocke Turbulenz ist dem Hellenismus auch auf kulturellem Gebiet eigen. Betrachtet man nur einmal die sich windenden Gestalten der Giganten und Gottheiten auf dem großen Altar des Zeus von Pergamon, der in Berlin steht, so ist dies auch heutzutage noch zu spüren.

Die hellenistische Welt sprudelte über von neuen Ideen auf zahlreichen Gebieten, darunter auch dem der Naturwissenschaften. Die Astronomen Aristarchos von Samos und Seleukos von Seleukia am Persischen Golf stellten achtzehnhundert Jahre vor Kopernikus die Theorie von der Heliozentrik auf, nach der die Erde sich um die Sonne bewegt – sie setzte sich allerdings nicht durch. Euklid verfaßte in Ägypten das maßgebliche Lehrbuch der Geometrie. Archimedes von Syrakus begründete die Wissenschaft von der Hydrostatik. Hippodamos von Milet entwarf mit der rechtwinkligen Straßenführung ein System der Städteplanung.

Epikur und Zeno gründeten neue Philosophenschulen, welche die gesetzteren von Plato und Aristoteles ablösten. Vor allem Zenos Stoa wurde mehr als jede andere zu der Philosophie des Hellenismus. Ihre Zentren waren Athen und Rhodos. In der hellenistischen Welt war der Mensch nicht mehr nur ein Teil der Bürgerschaft einer Stadt, sondern nun vielmehr eine Einzelperson mit dem individuellen Bedürfnis nach Erfolg, Karriere und Selbstdarstellung. Die neuen Philosophien hatten nicht in erster Linie die Wahrheitsfindung zum Ziel, sondern suchten nach dem Glück des Individuums.

Der freie Ideenfluß wurde erleichtert durch eine in der ganzen hellenistischen Welt einheitliche Sprache der Gebildeten. Diese »Umgangssprache« war das Griechische, das sich aus dem Attischen entwickelt hatte und in dem das Neue Testament verfaßt wurde. Auf diese Weise war jeder griechisch Sprechende innerhalb der Grenzen dieser Kultur ein »Weltbürger«, der sich in Baktrien, Ägypten und Sizilien gleichermaßen heimisch fühlen konnte. In den meisten griechischen Stadtgemeinden gab es Schulen mit Bibliotheken — die größte von allen im ägyptischen Alexandria. Hier war auch der Sitz der bedeutendsten hellenistischen Dichterschule, die dementsprechend die der Alexandriner genannt wurde. Von ihren Dichtern sind namentlich Kallimachos von Kyrene und sein Rivale Apollonios von Rhodos, der in Wirklichkeit aus Alexandria stammte, zu erwähnen. Der bekannteste Komödienschreiber, Menander, kam jedoch aus Athen. Alexandria war auch bei weitem die größte Stadt von allen (bis das kaiserliche Rom diese Stelle einnahm), und die Schätzungen der Einwohnerschaft reichen bis zu einer Million Menschen. Das war natürlich kein griechischer Stadtstaat mehr, wenn man auch einige von dessen politischen Einrichtungen nachahmte, sondern der Sitz einer kaiserlichen Regierung. Außerhalb von Griechenland bestand die Bevölkerung solcher Städte nie vollständig, nicht einmal vorwiegend aus Griechen, sondern es gab nur eine privilegierte griechischsprachige Schicht. Die meisten Bewohner waren Einheimische, die weiter ihre eigene Sprache sprachen (in den meisten Städten des Mittleren Ostens Aramäisch) und keinerlei politische Rechte besaßen.

Die Nichtgriechen partizipierten allerdings kräftig am Wirtschaftsleben. Es gab sogar einen phönizischen Münzfuß, der schließlich den attischen verdrängte. Nachdem Alexander in großem Umfang Gold- und Silberbarren freigegeben hatte, auf die er in den persischen Schatzkammern gestoßen war, und sie zu Münzen prägen ließ, war der Handel kräftig aufgeblüht. Die hellenistische Welt mit ihrer gemeinsamen Sprache und ihren einheitlichen Sitten eignete sich geradezu ideal für eine Intensivierung des Handels und der Produktion. Sklaven stellten die billigen Arbeitskräfte, die in einer Gesellschaft benötigt werden, in der es noch an mechanischen Produktionsmitteln fehlt. Am reichsten waren die Städte, die vom Transithandel lebten: Alexandria, Antiochia, Rhodos, Ephesos, Pergamon und Delos. Alexandria beispielsweise importierte Metalle, Wolle, Farbstoffe, Marmor, Wein, Gewürze und Pferde und exportierte Weizen, Papyrus, Glas, Leinen, Parfüm und Elfenbein. Die Ausfuhren überstiegen die Einfuhren, und aus diesem Grund waren die Ptolemäer sehr reich. Unter ihrer Kontrolle stand auch die Insel Zypern, die Kupfer ausführte. Getreide kam aus Ägypten, Syrien und von der Krim. Die besten Weine wurden aus Syrien und Ionien geholt. Die Wolle kam aus Kyrene und Äolis, wurde jedoch vornehmlich in Milet gesponnen und gewebt. Pergamon war auf goldgewebte Kleidung spezialisiert, Äolis auf Teppiche, Kilikien auf Alltagskleidung. Noch wurde nur sehr wenig Baumwolle aus Indien und noch weniger Seide aus China importiert.

Purpur wurde in Tyros hergestellt, das Elfenbein stammte aus Indien und Afrika, die Perlen kamen aus dem Persischen Golf, Balsam aus Jericho, Zimt traf via Arabien ein und Weihrauch aus dem Jemen. Zentren des Gewürzhandels waren Alexandria und Rhodos.

Trotz des relativen wirtschaftlichen Wohlstands standen der hellenistischen Weltanschauung zeitweilig Gegenströmungen regionaler Glaubensüberzeugungen und nichtgriechischer oder gar antigriechischer Gefühle gegenüber. So bei den parthischen Eroberern von Persien, den hasmonäischen Herrschern von Judäa, bei Mithridates, dem König von Pontus, bei den Korsaren Kilikiens oder den Nomadenstämmen an der Grenze zur arabischen Wüste, wie etwa den Nabatäern und Ituräern. Doch auch diese gelangten später unter den Einfluß hellenistischer Ideen und Sitten. Andererseits gab es in Ägypten und Mesopotamien auch nationalistische, antigriechische Bewegungen. Das griechische Gedankengut wäre wohl schließlich von den ortsansässigen Bevölkerungen absorbiert worden und untergegangen, nachdem die hellenistischen Staaten einen großen Teil ihres ursprünglichen Elans und ihrer Energie verloren hatten. Doch es wurde fast überall westlich von Persien noch rechtzeitig gerettet — durch die Intervention Roms.

3. Rom

Rom verdankt seine Größe nicht wie Griechenland der Kreativität, sondern vielmehr seinen überragenden organisatorischen Fähigkeiten. Roms Ruhm resultiert aus dem eindrucksvollen Großreich, der Stärke seiner Legionen, der Qualität seiner Überlandstraßen und Aquädukte.

Die ältesten Überreste, die die Archäologen in Rom ausgegraben haben, stammen aus dem neunten Jahrhundert v. Chr. Irgendwann im siebten Jahrhundert schlossen sich mehrere Dörfer zu einer kleinen Stadt zusammen. Bis zum Ende des sechsten Jahrhunderts stand der Ort offenbar unter starkem etruskischem Einfluß.

Wer waren diese Etrusker? Sie könnten ursprünglich eins der Seevölker gewesen sein, die Tyrsener, die Herodot Tyrrhener nennt. Später gelangten sie unter den Einfluß der griechischen Städte in Süditalien; ihre uns bekannte spätere Kunst läßt sich als recht provinziell hellenistisch charakterisieren. Sie waren allerdings mächtig genug, die Griechen aus Etrurien (etwa der heutigen Toskana) fernzuhalten. Als ihre Macht im Schwinden begriffen war, schüttelte Rom sie ab[10] (509 v. Chr.) und verwandelte sich in eine oligarchische Republik. Die Macht lag nun hauptsächlich in Händen zweier Konsule und des Senats.

---

10 Einzele etruskische Familien bleiben jedoch bis zu Zeitenwende sehr einflußreich. — Anm. d. Lektors

Im Lauf des vierten und frühen dritten Jahrhunderts begann Roms Aufstieg zu einem der großen Erobererstaaten der Geschichte, und es konnte seinen Einfluß oder seine direkte Herrschaft über fast ganz Italien ausdehnen, indem es die aus dem Norden hereinströmenden keltischen Horden besiegte, die Samniten im Südosten, die Etrusker im Norden sowie die griechischen Städte im Süden der Halbinsel eroberte. Rom sah sich nun zwei Rivalen jenseits des Meeres gegenüber. Einmal König Pyrrhus von Epirus in Griechenland, dessen Feldzüge nach Italien (280–272 v. Chr.) scheiterten, und danach Karthago, das ursprünglich eine phönizische (= punische) Gründung war und in der Nähe des heutigen Tunis lag. Zwei »Punische« Kriege fochten die Kontrahenten in den Jahren 264 bis 241 und 218 bis 202 aus. Der erste drehte sich hauptsächlich um die Insel Sizilien und die Überlegenheit zur See. Diese beiden Fragen um die Vorherrschaft konnte Rom schließlich zu seinen Gunsten entscheiden. Der zweite Krieg verlief dramatischer, da daran der karthagische Heerführer Hannibal teilnahm, dessen Basis das kürzlich eroberte Südspanien war, von wo aus er mit seinen Elefanten die Alpen überquerte, vom Norden aus nach Italien vordrang und die Heere Roms, trotz der großen Übermacht der römischen Soldaten, mehrfach besiegte (sein berühmtester Sieg war bei der Cannae im Jahr 216). Nachdem er 202 in der Schlacht bei Zama (südlich von Karthago) endgültig besiegt worden war, war Rom die stärkste Macht im Mittelmeerraum.

Im zweiten Jahrhundert v. Chr. besiegte Rom alle hellenistischen Königreiche – oder konnte sie zumindest unter starken Druck setzen – und besetzte Griechenland, Teile von Kleinasien, Spanien und Teile Nordafrikas. Das Mittelmeer entwickelte sich immer mehr zu einem römischen See.

Die Loyalität der Bevölkerung gegenüber den starken

republikanischen Traditionen der früheren Zeiten bröckelte, als Rom zu einem Großreich wurde. Einhundert Jahre lang kam es immer wieder zu Bürgerkriegen (133–30 v. Chr.). Den sozialen Hintergrund dafür bildeten die vielen Kleinbauern Mittelitaliens, die durch den billigen Weizen, der mit Hilfe von Sklaven in Sizilien und anderswo angebaut wurde, in den Ruin getrieben wurden. Die Bauern verloren ihr Land und zogen nach Rom, wo die bedürftigen Massen ständig weiter anwuchsen. Der aristokratischen Gruppierung der Optimates standen nun die opponierenden Populares gegenüber. Letztere wurden zunächst von den Gracchus-Brüdern (133–121 v. Chr.) geführt, später von Marius (104–86) und zuletzt von Julius Caesar. Doch Marius wurde von Sulla geschlagen[11], und Caesar mußte erst seinen Triumvirats-Kollegen Pompejus bekämpfen, bevor er die alleinige Kontrolle über das Reich erlangte.

Diese Heerführer konnten allerdings im Ausland Siege und Eroberungen für sich verbuchen: Marius nahm Numidien in Nordafrika ein und schlug einen Einfall germanischer Stämme zurück; Sulla half in Numidien mit und »pazifizierte« Griechenland und Kleinasien; Pompejus schaltete die Korsaren von Kilikien aus und besetzte fast den ganzen Mittleren Osten; Julius Caesar eroberte Gallien und fiel in Südengland ein. Dies hatte ein wesentlich erweitertes Reich zur Folge, aber auch entwurzelte Heere, die nur ihren Anführern gegenüber Loyalität bewiesen. Nach der Ermordung Caesars im Jahr 44 v. Chr. brach eine neue Kampfrunde aus, wurde ein zweites Triumvirat gebildet und wieder aufgelöst, bis Caesars Neffe Oktavian (der spätere Augustus) 31/30 v. Chr. den letzten Rivalen, Mark

---

11 Die Anführer der verschiedenen politischen Linien bekämpften sich – außerhalb Italiens – mit eigenen Truppen. – Anm. d. Lektors

Augustus (63 v. Chr.–14 n. Chr.), Marmorfigur, um 20. n. Chr. Rom,
Vatikanische Museen.

Anton, bezwingen konnte, dessen Hochburg Ägypten eroberte und den Bürgerkrieg beendete.

Augustus[12] (R.: 30 v. Chr.–14 n. Chr.) versuchte zu Anfang so unauffällig wie möglich zu regieren und die Fassade republikanischer Gesetzlichkeit aufrechtzuerhalten, doch in Wirklichkeit war er nicht nur der erste römische Kaiser, sondern auch der bedeutendste und derjenige, der am längsten herrschte. Der »Römische Friede«, den er seinem ganzen riesigen Reich brachte, machte dieses Reich zu einer ungeheuer populären Institution. Die Historiker lassen sich gerne in allen Details über die Kabalen und Morde an seinem Hof und den Höfen seiner Nachfolger aus. Doch die betrafen nur ein paar hundert Menschen, während die 75 bis 100 Millionen Einwohner des Imperiums zu seinen Glanzzeiten zweihundertfünfzig Jahre lang in Frieden und relativem Wohlstand lebten. Kriege fanden weit weg im Ausland statt. Erwähnenswert ist dies bezüglich nur, daß Kaiser Claudius (R.: 41–54) England und Kaiser Trajan (R.: 98–117) das heutige Rumänien und zeitweilig Mesopotamien eroberte. Danach verlegte sich Rom entlang seiner langen Grenzen auf die Defensive.

Wenn wir heute von Rom sprechen, denken wir zumeist an das Reich, wie es in diesen zweihundertfünfzig glorreichen und mächtigen Jahren aussah. Der tiefe Frieden im Innern brachte einen lebhafteren Handel und einen höheren Lebensstandard mit sich, doch – und das mag überraschen – nichts, was mit der übersprudelnden Kreativität Griechenlands in dessen Glanzzeit vergleichbar gewesen wäre. Die römische Kultur ist in Wahrheit eine direkte Fortführung der griechischen und des Hellenismus. Die römi-

---

12 Eigentlich Gaius Octavius; Augustus (›der Erhabene‹) war ein Titel, der ihn in Götternähe rückte. – Anm. d. Lektors

schen Schriftsteller und Historiker unternahmen – ohne Erfolg – den Versuch, sich auf gleiche Höhe zu ihren griechischen Gegenparts zu schwingen, die römischen Bildhauer und Architekten arbeiteten weiterhin in der griechischen Tradition. Die meisten griechischen Meisterwerke auf dem Gebiet der Plastik kennen wir heutzutage nur noch von ihren römischen Kopien her. Fast alles, was wir vom hellenistischen Stoizismus wissen, stammt aus Ciceros lateinisch verfaßten philosophischen Werken. Die Osthälfte des Römischen Imperiums sprach weiter griechisch.

Auf welchem Gebiet hat dann Rom überhaupt einen Beitrag zur Zivilisation geleistet? Zuallererst auf dem der Gesetzgebung: Das römische Recht, wie es unter Justinian im sechsten Jahrhundert n. Chr. schließlich kodifiziert wurde, bildet noch immer die Rechtsgrundlage in nahezu ganz Europa. In der Architektur waren die Römer die ersten, die Bögen funktional für Brücken, Aquädukte, Tore und riesige offene Innenräume nutzten. Sie bauten ein enormes Straßennetz, von Schottland bis Arabien, dem bis zum zwanzigsten Jahrhundert nichts gleichkam. Ebenso bedeutsam war die lateinische Sprache, die noch tausend Jahre lang, nachdem Westrom untergegangen war, in Europa die internationale Verkehrssprache bildete und in der Kirche wie in der Wissenschaft verwendet wurde. Auch heute wird noch Latein gelehrt. Die Idee eines Universalreichs stammt gleichfalls von den Römern. Infolgedessen wurde im Mittelalter das Deutsche Reich »römisch« genannt. Heute, wo gerade ein geeintes Europa im Entstehen begriffen ist, kommt auch diesem Vorläufer wieder große Bedeutung zu.

Vermutlich sollte man einige Denker Roms, etwa Cicero und Seneca, nennen, einige Dichter, wie Vergil, Horaz und Ovid, die alle zur Zeit des Augustus lebten – und seine Historiker, etwa Livius und Tacitus. Doch sie können Plato, Homer und Thukydides nicht das Wasser reichen.

Am eigenständigsten ist vermutlich noch Caesars kurzgefaßter Bericht seiner gallischen Kriege.

Mitte des dritten Jahrhunderts n. Chr. ging die lange Zeit der Stabilität und des Friedens zu Ende, und Rom trat aus der reinen Defensive in eine neue Phase: Es mußte um sein Überleben kämpfen. Neue Gruppen germanischer Stämme tauchten in Europa auf und wurden von den Sarmaten aus Südrußland an die Grenzen des Reichs getrieben. Einige brachen auf den Balkan durch, andere stießen nach Italien und Spanien vor. Gotische Piraten plünderten die Inseln und Festlandsküsten der Ägäis. Im Osten gab sich die neue persische Dynastie der Sassaniden seit 224 n. Chr. als wesentlich stärkerer Gegner zu erkennen, als es die Parther jemals gewesen waren. Sie nahmen sogar einen römischen Kaiser gefangen (260). Mehrere Jahre lang befand sich das Reich im Zustand der Anarchie und Krise; in rascher Folge wurden die Kaiser abgelöst, ein großer Teil des römischen Mittleren Ostens stand unter der Herrschaft der Fürsten von Palmyra (wozu auch die berühmte Königin Zenobia zählte).

Drei Kaiser illyrischer Herkunft bauten das Reich neu auf. Diokletian, der letzte und bedeutendste (R.: 284−305), organisierte es von Grund auf neu. Doch das neue Rom war ein anderes Rom. Der alte Wohlstand kehrte nicht wieder. Der Münzfuß verfiel. Die Bauern gerieten zunehmend in Leibeigenschaft. Die Steuern waren drückend. Die Kaiser waren nun Heerführer, die von ihren Soldaten auf den Schild gehoben worden waren. Die Regierung wurde mit dem Heer im Rücken despotisch. Das Heerlager wurde zum Machtzentrum des Reichs. Der Westen hatte wirtschaftlich schwerer gelitten als der Osten, der nun das Reich dominierte. Griechische Sprache, christliche Religion und östliche Kunst kennzeichnen das Spätreich. Die Hauptstadt war nun Konstantinopel, das der erste christliche Kaiser, Konstantin der Große (R.: 306–337), gegründet hatte[13].

Westrom verlor an Bedeutung, und als es im fünften Jahrhundert von nomadisierenden Hunnen und von germanischen Stämmen wie den Goten, Franken und Vandalen angegriffen wurde, kollabierte es (476). Ostrom sollte allerdings, als das christliche Byzantinische Reich, noch weitere tausend Jahre fortbestehen.

Doch gerade in Europa behielt der Name Rom seinen magischen Glanz. Während der dunklen Zeit des Mittelalters und darüber hinaus stand es für Ordnung und gute Herrschaft, für Errungenschaften, denen es nachzueifern galt, für ein Goldenes Zeitalter, an das man sich mit Nostalgie erinnerte.

4. Hellenistisches Judentum und frühes Christentum

Das Christentum war das Ergebnis der Begegnung von Judentum und griechischer Kultur in ihrem hellenistischen Gewand. Doch schon lange vorher hatte diese Begegnung das Judentum selbst beeinflußt, und zwar mehr als jede andere kulturelle Begegnung in seiner dreitausendjährigen Geschichte. Dies geschah auf zweierlei Weise, auf religiös-dogmatische und auf weltlich-politische. Auf der ersten Ebene erwiesen sich griechisches Denken und vor allem griechische Ethik als höchst einflußreich. Der Neo-Platonismus zeitigte im Judentum starke Wirkung. So späte

---

13 Es handelte sich weniger um eine Neugründung, als um den Ausbau der alten Stadt Byzanz (eigtl. Byzantion). In der Folgezeit lebten beide Namen fort. – Anm. d. Lektors

Bücher des Alten Testaments wie die Ekklesiastes (Buch der Prediger) wurden bereits unter hellenistischem Einfluß verfaßt. Das trifft noch stärker auf spätere Autoren wie Philon von Alexandria zu. Das Dogma von der Unsterblichkeit der Seele und der Wiederauferstehung fand vermutlich unter griechischem Einfluß Eingang in das Judentum, doch ohne daß dabei die Betonung des Diesseits der früheren biblischen Zeit völlig aufgegeben worden wäre.

Im dritten Jahrhundert v. Chr. begannen zunehmend mehr Juden in der Diaspora griechisch zu sprechen: In Alexandria mußte das Alte Testament ins Griechische übersetzt werden (die »Septuaginta«), damit es verstanden wurde. Doch wenden wir uns der zweiten Ebene zu. Im frühen zweiten Jahrhundert wurden viele der aristokratischen Priester in Jerusalem hellenisiert. Der Seleukiden-König Antiochos IV. Epiphanes (R.: 175–164) tat, was er konnte, um die Hellenisierung auch in den anderen Schichten der jüdischen Gesellschaft durchzusetzen. Hätte er damit Erfolg gehabt, so wäre das Judentum wahrscheinlich untergegangen, und dann hätte es weder das Christentum noch den Islam überhaupt gegeben – oder zumindest nicht in der Form, wie wir sie kennen.

Die hasmonäische Widerstandsbewegung[14] von Judas dem Makkabäer und seiner Familie verhinderte das. Ein jüdischer Staat entstand, zu Anfang in Judäa und später in ganz Palästina. Der Großteil der aramäisch sprechenden Landbevölkerung von Galiläa, Idumäa und Transjordanien trat zum Judentum über. Nur die Samariter in der Mitte des Landes hielten aus und blieben ihrer eigenen Version der Religion Israels treu. Die Bindungen der Juden in der Dia-

---

14 Detailliert nachzulesen in den ›Büchern der Makkebäer‹ des Alten Testaments (apokryph) – Anm. d. Lektors

spora zu ihrer Religion und ihrem Zentrum in Jerusalem mit seinem Tempel wurden gestärkt.

Diese zweite Periode der jüdischen Unabhängigkeit dauerte kaum einhundert Jahre. Der Feldzug des Pompejus setzte ihr 63 v. Chr. ein Ende. Sechzig Jahre lang wurde das Land noch von der idumäischen Familie Herodes verwaltet, doch es kam nicht mehr zu aktiven Missionierungen. Danach gelangte das Land unter unmittelbare römische Herrschaft.

Innerhalb des Judentums entwickelten sich mehrere Sekten. Die Sadduzäer hingen einem zentralisierten Tempelkult an und glaubten an die alleinige Verbindlichkeit des Bibelworts, während die Pharisäer die Halacha (die mündliche Tradition) entwickelten und die Vorschriften des Pentateuchs (der fünf Bücher Mose) den Erfordernissen ihrer Zeit anpaßten. Die zahlreichen Gruppierungen der Essener, darunter auch die, deren »Schriftrollen vom Toten Meer« in neuerer Zeit bei Qumran entdeckt worden sind, vertraten betont eschatologische Aspekte. Dieser Glaube an eine baldige Erlösung durch einen Messias rückte in Zeiten des erhöhten Drucks unter direkter römischer Herrschaft stark in den Vordergrund.

Die römischen Prokuratoren (6 v. Chr.–66 n. Chr.) waren habgierig und zeigten die Neigung, den hellenistischen Städten in Palästina gegen die jüdische Bevölkerung zu helfen. Diese schwierigen Umstände verstärkten den Glauben an eschatologische Lehren. Viele messianische Bewegungen und Führer traten zu Anfang des ersten Jahrhunderts n. Chr. auf die Bildfläche. Viele von ihnen wurden von politischen, antirömischen Gefühlen motiviert und zumeist von den römischen Behörden eliminiert.

Johannes der Täufer scheint eine Zeitlang bei den Essenern von Qumran gelebt zu haben, und es gibt mit Sicherheit starke Einflüsse Qumrans im frühen Christentum. Die galiläische Gruppe, zu der Jesus gehörte, hat sich anscheinend mehr mit Moral und weniger mit Politik befaßt. Von daher erklärt sich vielleicht der letztendliche Erfolg des Christentums. Den uns erhaltenen Quellen nach verbrachte Jesus sein ganzes Leben in Galiläa, bis auf seine letzte Woche, als er zur traditionellen Osterwallfahrt nach Jerusalem ging. Nach seinem Versuch, die Händler aus dem Tempelbezirk zu jagen, und seiner Prophezeiung von dessen zukünftiger Zerstörung wurde er im nahegelegenen Garten Gethsemane verhaftet. Nach einer Vorverhandlung wurde er den Römern übergeben, die ihn kreuzigen ließen.

Von seinen Schülern hatte er zwölf zu Aposteln ernannt, die nach seinem Tod zusammen mit einigen Mitgliedern seiner Familie die Führung der im Entstehen begriffenen Kirche übernahmen. Doch bevor diese Gemeinde dazu kam, ihre Glaubensgrundlagen auszubreiten oder die Zahl ihrer Anhänger zu erhöhen, wurde sie in Jerusalem und Judäa durch die politischen Ereignisse entwurzelt.

Die Spannung zwischen Juden und Römern und die Übergriffe der letzten Prokuratoren führten zur Großen Revolution von 66 bis 70 n. Chr., in deren Verlauf Jerusalem von Titus erobert und der Tempel zerstört wurde. In der Folge veränderte sich das Judentum. Der alte Kult der Opfer und eines zentralen Tempels verschwanden. Nun rückte das rabbinische Judentum in den Vordergrund. Es betrachtete die Halacha als Hauptbindeglied zu seinen Wurzeln. Seine bedeutenderen religiösen Gesetze wurde Anfang des dritten Jahrhunderts in der hebräisch verfaßten *Mischna* und drei Jahrhunderte später im auf Aramäisch geschriebenen babylonischen *Talmud* gesammelt.

Die Juden Palästinas versuchten mehrfach, ihre frühere politische Unabhängigkeit wiederzugewinnen. Ihr größter Aufstand (gegen den zehn römischen Legionen eingesetzt werden mußten – ein Drittel der Gesamtstärke der römischen Streitmacht – gegenüber den vier Legionen, die Titus benötigte) war der von Bar Kochba in den Jahren 132–135, den Kaiser Hadrian niederschlug. Die meisten Juden wurden aus Judäa vertrieben, doch für einen weiteren großen Aufstand im Jahr 614, der zu Zeiten von Kaiser Heraklius mit einem Angriff der Perser auf Ostrom zusammenfiel, waren in Galiläa noch genug Juden verblieben. Dies war jedoch für die nächsten zwölf Jahrhunderte der letzte Versuch von Juden, im Heiligen Land politisch eine Rolle zu spielen.

Die großen Fortschritte des Christentums wurden außerhalb des von Unfrieden geschüttelten Palästina erreicht, und zwar bei den griechischsprechenden Bevölkerungen des östlichen Mittelmeerraums. Die ersten missionarischen Reisen dorthin hatte Apostel Paulus unternommen. Als immer mehr vormalige Heiden bekehrt wurden, hörte das Christentum auf, eine jüdische Sekte zu sein, und wurde eine eigenständige Religion, wenn sie auch noch immer von sich behauptete, »das wahre Israel« zu sein. Es nahm das Alte Testament in seiner griechischen Übersetzung an und zu Anfang auch die Apokryphen, die nicht zum jüdischen Kanon gehörten. Im letzten Viertel des ersten Jahrhunderts wurden die Evangelien verfaßt. Mitte des zweiten Jahrhunderts hatte die Kirche einen ersten Kanon des Neuen Testaments akzeptiert. Eine erste Organisation bildete sich heraus, an deren Spitze in jedem Ort ein Aufseher (»Bischof«) stand, dem Presbyter (die späteren Priester) und Verwaltungsassistenten, die Diakone genannt wurden, beigegeben waren. Während sich das Christentum im ganzen Reich ausbreitete, wurden seine Angehörigen von Zeit zu Zeit verfolgt. Als sich das Römische Reich vom dritten Jahrhundert an wandelte und stärker am Osten orientierte, gewannen östliche Glaubensüberzeugungen zunehmend an Popularität. Allen voran das Christentum.

Zu Anfang des vierten Jahrhunderts begann Kaiser Konstantin das Christentum zu fördern. Unter seinen Nachfolgern stieg es zur dominierenden Religion des römischen Reichs auf. Das Zivil- und Strafrecht wurden im Interesse der Kirche revidiert. Den Bischöfen wurden große Geldmittel zur Verfügung gestellt. In den fünf bedeutendsten Städten, in Konstantinopel, in Alexandria, Antiochia, Rom und etwas später in Jerusalem, wurden Patriarchen (»Oberhäupter«) ernannt. Aus dem Amt des Patriarchen in Rom ging dann der Heilige Stuhl hervor. Heiden, Juden und Samariter hatten unter Verfolgung zu leiden. Am Ende des vierten Jahrhunderts waren die meisten Einwohner des Reichs Christen.

Ökumenische Konzile wurden einberufen, um wichtige Glaubensfragen zu klären. Das erste in Nizäa (325) wurde in erster Linie abgehalten, um das Wesen von Jesus Christus festzulegen und den Ruhetag vom jüdischen Sabbat auf den christlichen Sonntag zu verlegen.

Ein großer Teil der frühen Kirchenliteratur wurde vom zweiten bis zum siebten Jahrhundert von den Kirchenvätern verfaßt, von denen als bedeutend gelten können: Origenes Adamantios (»der Stählerne«) (185−254), der zahlreiche christliche Dogmen aufstellte; Eusebius von Caesaräa (um 262−340), der die erste *Geschichte der Kirche* verfaßte; Hieronymus (um 347−420), der das Neue Testament (»Vulgata«) und die *Geschichte* des Eusebius ins Lateinische übertrug; Athanasios (293−373), der Hauptverteidiger der Orthodoxie gegen die arianische Häresie; Augustinus[15] (354−430), ein fruchtbarer Schriftsteller und entschiedener

---

15 A. blieb bis ins hohe Mittelalter die unbestrittene oberste Autorität des abendländischen Geisteslebens. Sein Werk über den Gottesstaat diente dem Papsttum als Waffe im Kampf mit dem Kaisertum. − Anm. d. Lektors

Verfechter der Orthodoxie aus Nordafrika; und Ambrosius von Mailand (340–397), der ein Handbuch der Ethik zusammenstellte und der Hauptinitiator für die Verwendung von Hymnen im Gottesdienst war.

Bald kam es zu den ersten Schismen. Anhänger des Arius vertraten im frühen vierten Jahrhundert den Standpunkt, daß Jesus kein Gott gewesen sei. Seit dem frühen fünften Jahrhundert verfochten die Nestorianer die Dualität von Jesus als Gott und als Mensch. Die Monophysiten, später im gleichen Jahrhundert, betonten genau das Gegenteil und hingen dem Glauben an, daß seine beiden Naturen in einer einzigen verschmolzen seien. Die Orthodoxie vertrat die Meinung, daß die Vereinigung vollkommen sei, daß die Naturen aber unterschieden blieben. Die monophysitische Haarspalterei wurde bald zum Deckmantel für das politische Mißfallen der Bewohner des Mittleren Ostens über die griechischsprechenden byzantinischen Behörden. Als der Islam die Bühne betrat, konvertierten die semitischen Monophysiten in Syrien rasch, während die ethisch unterschiedenen Monophysiten in Armenien und Äthiopien weiterhin ihrem Glauben treu blieben. Kaiser Heraklius schloß aus politischen Gründen einen Kompromiß mit den Monophysiten, der dazu führte, daß diese Sekte bis zum heutigen Tag im Nahen Osten weiterbesteht. Doch die orthodoxe Kirche blieb weiter im Westen und in Byzanz dominant und spaltete sich erst im elften Jahrhundert in die katholische Kirche mit dem Papst in Rom an der Spitze und die griechisch-orthodoxe Kirche mit Sitz in Konstantinopel.

Im Mittelalter war es zumeist die Kirche, die einen Teil der Werte der römischen Zivilisation in Westeuropa lebendig erhielt.

Teil VII

Die asiatischen Reiche
des ersten Jahrtausends

Den Großteil der Geschichte hindurch fanden die bedeutsamsten Entwicklungen im Mittleren Osten und später in Europa statt: von der landwirtschaftlichen bis zur industriellen Revolution, von den ersten Versuchen der Urbanisierung und der erstmaligen Verwendung von Metallen und der Schrift bis zur Entwicklung des modernen Massentransports und den wissenschaftlichen Durchbrüchen des neunzehnten und zwanzigsten Jahrhunderts, vom Ägyptischen und Römischen Reich bis zu dem der Briten, Franzosen und Russen, von Sokrates zu Einstein, von der Bibel bis zum *Kapital*. Von dieser Regel gab es nur wenige Ausnahmen. Die auffälligste war Asien in der Zeit, die wir nun betrachten. Unter der Han-Dynastie zog die chinesische Hochkultur mit dem zeitgenössischen Rom und dem Westen insgesamt gleich. Während der dunklen Jahrhunderte des Frühmittelalters in Europa zog China unter den Dynastien der Tang und Song sogar weit davon. Hier war eine stabile Herrschaft sichergestellt, während nahezu in ganz Europa Barbarei herrschte. Selbst Kulturen wie die byzantinische und die islamische waren zumeist weniger stabil und weniger gut verwaltet. Sie waren zudem weniger kreativ und neigten stärker zur Nachahmung. Im ersten Jahrtausend schob sich China auf technischen Gebieten an die Spitze: mit der Erfindung des Papiers und der daraus resultierenden weiten Verbreitung des Schreibens und

Lesens, mit der Erfindung des Kompasses, des Porzellans und der Seidenverarbeitung, mit der ersten Anwendung des Druckens, der Einführung von Papiergeld und der Erfindung des Schießpulvers.

Auch in Indien vollzogen sich bedeutsame Entwicklungen. Genau zu der Zeit, als Christentum und Islam im ganzen Mittleren Osten, in Europa und Nordafrika expandierten, dehnte sich der Buddhismus auf Südostasien, Indonesien, Zentralasien, China und Japan aus. Die Welt wurde somit gespalten in eine religiöse Zone im Westen, die unter Kontrolle judaistischer Religionen stand, und eine in Indien und dem Fernen Osten, die, wenn auch weniger rigide, vom Buddhismus und Hinduismus dominiert wurde.

Unter dem Einfluß der Sassaniden verwandelte sich der Islam in eine im Grunde östliche Hochkultur, die die Nabelschnur, die sie ursprünglich mit der griechischen Kultur verband, durchtrennte.

Noch nie zuvor und nie wieder danach spielten die asiatische und die indische Kultur in der Geschichte über einen so langen Zeitraum hinweg eine derart dominierende Rolle. Das ist besonders heute interessant, da ostasiatische Länder wie Japan, Korea, Taiwan und andere sich von neuem ins Zentrum der geschichtlichen Entwicklung schieben.

1. Die Dynastien Han, Tang und Song in China

Im ganzen Verlauf der chinesischen Geschichte gab es keine wichtigere Revolution als die vom Jahr 221 v. Chr., die das Feudalsystem des frühen China zerschlug und die »klassische« Zeit des Reichs einleitete. Die Revolution führte der Herrscher von Qin an, des westlichsten aller Feudalstaates, der sich selbst, nachdem er ganz China geeint hatte, zum Shi Huang Di, zum »Ersten Kaiser« erhob. Er schaffte die zahlreichen früher benützten Gesetzeskodizes ab, zwang dem Land die Gesetze von Qin auf, standardisierte Münzfuß, Maße und Gewichte, damit eine Kontrolle des Handels möglich wurde, verbrannte alle Bücher, derer er habhaft werden konnte, vereinheitlichte die Schrift zur Verwendung in der neu geschaffenen Bürokratie und begann mit dem Bau der großen Mauer, um die Nomaden aus dem Norden fernzuhalten. Als er 210 v. Chr. starb, wurden zur Bewachung seines Grabes Tausende lebensgroßer Terrakotta-Soldaten und -Pferde aufgestellt, die Archäologen vor einigen Jahren ausgegraben haben.

Seine eigentlichen Nachfolger waren die Kaiser der Han-Dynastie, die das Regime seines Sohns stürzten und China mehr als vierhundert Jahre lang, 206 v. Chr. bis 221 n. Chr., regierten. An die Stelle der brutalen Gewalt, die in der Qin-Periode geherrscht hatte, trat nun ein System der sozialen Kontrolle durch wechselseitige Verantwortung, das auf konfuzianischen Idealen basierte. Die alten Feudalstrukturen wurden weiter aufgelöst und neu organisiert, die alte Aristokratie wurde umgesiedelt. Es entstand eine starke Bürokratie, die von nun an mit den Alltagsangelegenheiten des Reichs befaßt war. Schwierige Aufnahmeprüfungen stellten die hohe Qualität ihrer Mitarbeiter sicher. Nirgendwo sonst gab es im ersten Jahrtausend n. Chr. ein ähnlich effizientes Verwaltungssystem, das allein auf Leistung beruhte. China war vergleichbaren anderen Ländern, wie dem späteren Römischen Reich, dem islamischen Kalifat oder den frühmittelalterlichen Staaten, auf vielen Gebieten weit voraus. Und dies trotz des Umstands, daß die Eisenzeit in China sieben Jahrhunderte später als im Mittleren Osten eingesetzt hatte. Folglich müssen sich die technischen, sozialen, wirtschaftlichen und administrativen Entwicklungen in der Han-Zeit äußerst rapide vollzogen haben. Das Papier wurde vor 100 n. Chr. erfunden, die Kalligraphie entwickelte sich zu einer hohen Kunst und die Schreib- und Lesefähigkeit gewann weite Verbreitung. Das über die Brust geführte Geschirr für Zugpferde wurde im zweiten Jahrhundert v. Chr. entwickelt — achthundert Jahre früher als im Westen. Im fünften Jahrhundert n. Chr. führten die Chinesen das Pferdekummet ein, immer noch vierhundert Jahre vor den Europäern. Blasebalge mit doppeltem Ventil als Luftpumpen waren im ersten nachchristlichen Jahrhundert vielfach in Gebrauch. In Europa kannte man ähnliche Gerätschaften erst im sechzehnten Jahrhundert. Während der Han-Zeit wurden solche Gebläse auch in Hochöfen zur Metallschmelze verwendet, erstmals gab es auch Bohrer für Tiefbohrungen — und es wurde der Schubkarren entwickelt.

Das Han-Reich expandierte in alle Richtungen. Das Yanzi-Tal wurde fest in das Gebiet der chinesischen Hochkultur einbezogen und ganz Südchina bis zum Ozean wurde dem Reich einverleibt. Im Norden verwickelten sich die Han in einen langen Kampf mit den nomadisierenden Xiung Nu (Hunnen) und schoben ihre Grenzen weiter über die Große Mauer hinaus. Im Westen gelangten Teile von Xinjiang (Sinkiang) zum Reich, eine chinesische Expedition erreichte sogar das Kaspische Meer. Selbst Gebiete wie das nördliche Korea und Nordvietnam wurden Teil des Han-Imperiums, lediglich Tibet und der größte Teil der heutigen Äußeren Mongolei nicht. Dadurch überwand China seine bisherige Isolation und knüpfte wirtschaftliche und in gewissem Umfang auch kulturelle Kontakte zu Südostasien, Nordindien, Zentralasien, Baktrien, Persien und den östlichen Teilen Roms.

Die Bevölkerung Chinas soll nach Schätzungen zur Zeit der Han die 50-Millionen-Grenze erreicht haben — einiges weniger als die 75 bis 100 Millionen Menschen, auf die man das Römische Reich in seiner Blütezeit schätzt.

Auf kulturellem Gebiet passierte viel. Das erste Wörterbuch wurde zusammengestellt, wichtige Geschichtsbücher wurden geschrieben, etwa das *Shi Ji*; die Literaturszene war von Veränderungen und Innovationen geprägt. Anstelle der zahlreichen Zentren der Feudalzeit mit ihren eigenen lokalen Traditionen bildete sich nun eine eher uniforme Nationalkultur heraus.

Aus dieser Zeit haben keine bedeutenden Bauwerke und nur einige wenige Gemälde überdauert. Visuell kennenlernen können wir das China der Han-Zeit heutzutage in erster Linie anhand späterer Kopien von Gemälden, Grabmodellen aus Ton und überkommenen Basreliefs und Statuen aus Stein und Bronze. Wir können auch westliche Einflüsse erkennen, doch eher technischer als inhaltlicher Natur. Das Porzellan wurde jedoch von den Chinesen selbst erfunden, wie auch die Seidenweberei und die Lacktechnik. Jade wurde weiterhin bearbeitet. Die Kunst wurde weltlicher als zuvor. Häufig wurden Tiere abgebildet – vielleicht unter dem Einfluß der Nomaden aus dem Norden.

Auf den Zusammenbruch der Han-Kultur folgte eine schwierige Periode. Im dritten Jahrhundert n. Chr. werden »Drei Königreiche« erwähnt, im vierten und frühen fünften »Sechzehn Königreiche« allein im Norden und daneben eigenständige Dynastien im Süden.

Das politische Chaos ging Hand in Hand mit einer Intensivierung des religiösen Glaubens. Die jenseitsorientierten Religionen Buddhismus und Taoismus gelangten nun zu nahezu gleicher Bedeutung wie der wesentlich weniger entrückte Konfuzianismus. Die Zahl der Klöster nahm stark zu. Zahlreiche Buddha-Statuen entstanden. Chinesische Wallfahrer besuchten die heiligen Stätten in Indien und stärkten so die Bande zwischen diesen Zentren der Zivilisation.

Dann setzte der in der chinesischen Geschichte übliche Zyklus ein: die kurzlebige Sui-Dynastie (589–618) stellte die Einheit wieder her; ihr folgte die vielleicht eindrucksvollste aller kaiserlichen Dynastien in China, die der Tang (618–906). Deren Reichsgrenzen waren nicht so weitläufig wie die des Han-Reichs, sie reichten im Norden nur bis zur Großen Mauer. Folglich beeindrucken die Historiker nicht so sehr die Kriege der Tang, als vielmehr die Qualität ihrer Kultur. China war seit dieser Zeit niemals wieder so weit dem Rest der Welt voraus.

Aufgrund einer großen Bevölkerungswanderung verschob sich der Schwerpunkt Chinas vom Norden in seine Mitte und in den Süden. Viele Kleinbauern verloren ihren Besitz an Großgrundbesitzer, Klöster und Angehörige der kaiserlichen Verwaltung. Der Binnenhandel wurde über die zahlreichen chinesischen Wasserwege abgewickelt. Große Kanäle verbanden die zahllosen Flußsysteme miteinander. Der Außenhandel lag großenteils in den Händen indischer, arabischer und persischer Reeder.

Das Textilgewerbe entwickelte sich zügig. In den Provinzen Hubei und Sichunan ballten sich die Webstühle zu Hunderten. Das Metallschürfen wurde intensiviert. Kanalschleusen wurden gebaut, damit Boote die Kanäle hochfahren konnten. Die erste Hängebrücke wurde über den Yangzi geschlagen. Die ersten mechanischen Uhren wurden zusammengesetzt.

Die Verwaltung Chinas wurde verbessert. Es gab eine klare Trennung zwischen den Aufgaben der kaiserlichen Regierung in der Hauptstadt und den Behörden in den Provinzen. Ursprünglich zählte man zehn Provinzen, deren Zahl sich später auf fünfzehn erhöhte. Die bewaffneten Streitkräfte wurden so organisiert, daß eine allzu große Machtkonzentration in der Hand eines einzelnen unmöglich wurde.

An zwei Universitäten wurde höhere Bildung vermittelt; beide besaßen Rechts-, Mathematik-, Verwaltungs- und Kalligraphiefakultäten. Höhere Bildung war die Grundvoraussetzung für die Prüfungen, die vor dem Eintritt in den öffentlichen Dienst abgelegt werden mußten.

Die Tang-Zeit gilt als das goldene Zeitalter der chinesischen Literatur und vor allem der Dichtung. Sie sprudelt geradezu über von hochkarätigen Namen wie Li Bai, Du Fu und Bai Juyi. Viele ihrer Gedichte bestehen aus einer Reihe von Bildern, die eine Stimmung hervorrufen. Auch Kurzgeschichten waren bereits populär. Die Erfindung des Buchdrucks mittels geschnitzter Holzblöcke ermöglichte erstmals eine wirklich große Verbreitung von Büchern.

Das älteste Bauwerk (Wu Tai in der Provinz Shanxi), das erhalten blieb, datiert aus dem Jahr 857 n. Chr. Frühere und beeindruckendere Gebäude, die von der Tang-Architektur inspiriert sind, haben in Japan die Zeiten überdauert. Die Tang-Zeit gilt als das klassische Zeitalter der chinesischen Malerei und vor allem der Landschaftsmalerei. Nur wenige Originale sind uns erhalten, doch aus der Song-Zeit gibt es noch einige Kopien. Durch die Verwendung von Bürsten anstelle von Federn zum Schreiben entwickelten sich Malerei und Kalligraphie Hand in Hand. Viele Meisterwerke entstanden auf feiner Seide, auf der man keine Korrekturen vornehmen konnte. Li Chao-taos *Reisende auf einem Bergpaß* kreiert beispielsweise in metallischen Blau- und Grüntönen ein Panorama wolkenverhangener Gipfel und Schluchten, vor deren Hintergrund eine Gruppe winziger Reiter und Kamele zu sehen ist. Farbige Tonfigurinen von Frauen, Männern, Pferden und Kamelen aus der Tang-Zeit sind in Museen und Sammlungen so zahlreich anzutreffen, daß Zweifel angebracht sind, ob sie tatsächlich alle authentisch sind.

Die Tang-Kultur erlebte kein plötzliches desaströses

Ende, sondern ging in der Song-Dynastie auf. Das Reich der Song (960–1127) war kleiner und umfaßte nicht ganz Nordchina, auch nicht die früheren Westprovinzen und Nordvietnam. Später schrumpfte das Reich sogar noch mehr und bestand nur noch aus Südchina (1127–1279), während im Norden zahlreiche Nomadenstämme und -staaten herrschten, deren letzter und mächtigster die Mongolen waren. Sie eroberten schließlich auch Südchina und setzten der Song-Dynastie ein Ende.

Trotz seiner engeren Grenzen war das China der Song dichter besiedelt und wird auf 100 Millionen Einwohner geschätzt — wesentlich mehr, als im mittelalterlichen Europa oder in Byzanz oder im arabischen Kalifat lebten.

Mit Hilfe des Kompasses, der in China erfunden worden war, drangen Song-Schiffe in den Indischen Ozean vor; der Seehandel erlebte einen Boom. Es wurde Papiergeld eingeführt, das ebenfalls zur Intensivierung der wirtschaftlichen Aktivitäten beitrug. Die Kaufmannsschicht nahm an Umfang, Wohlstand und Bedeutung zu. Das Schießpulver wurde erfunden, allerdings erkannte man sein Potential für die Kriegführung noch nicht in vollem Umfang. Der Buchdruck wurde weiterentwickelt, und im elften Jahrhundert erfand man die bewegliche Letter mit in Ton gebrannten Zeichen. Das Textilgewerbe wurde durch den Einsatz riesiger mechanischer Wickelrahmen für Seidenkokons effektiver.

Durch den Reichtum der neuen Kaufmannsschicht konnten Künstler, Kalligraphen und Maler gefördert werden. Frühe Song-Maler spezialisierten sich auf riesige, hochaufragende Landschaften solcher Größe, daß sie alle menschlichen Spuren in ihnen zwergenhaft erscheinen ließen. Später betonten die Maler stärker die Bedeutung der menschlichen Gestalt in der Natur. Polychrome Holzstatuen und vergoldete Bronzefiguren zeigen nun einen fließenden Faltenwurf. Ihre Gesichter sind häufig von wilder Ausdrucksstärke. Tonwaren und Porzellan sind mehrfarbig und wunderschön. Die Song-Keramik gilt als klassisch. Trotz der Tatsache, daß die chinesische Kunst weiter viele Jahrhunderte lang ein hohes Niveau hielt, konnte sie doch die Arbeiten aus der Song-Zeit nie mehr übertreffen.

Auf dem Gebiet der Literatur verwies die Prosa die Lyrik auf den zweiten Platz. Die Sprache der Lyrik war mittlerweile der tatsächlich gesprochenen allzu weit entrückt und fand kein großes Echo mehr. Der Essay gelangte zur vollen Blüte. Die Geschichtsschreibung wurde lebendiger. Das chinesische Drama und die Erzählung setzten erst später richtig ein, unter den Mongolen.

Fassen wir zusammen: In der chinesischen Geschichte kennen wir weder eine glanzvollere Zeit als die fünfzehnhundert Jahre der Herrschaft unter den Han, Tang und Song, noch gab es eine Epoche, in der die chinesische Hochkultur dem Rest der Welt weiter voraus war.

2. Das präislamische Indien

Die chinesische wie die ägyptische Geschichte scheinen sich in einem Zyklus zu vollziehen, in dem starke Dynastien mit Zusammenbrüchen und chaotischen Zuständen wechseln. Die Geschichte Indiens ist wesentlich weniger einfacher zu strukturieren und zu beschreiben. Ihre großen Augenblicke sind nicht unbedingt die einer starken kaiserlichen Regierung. Die Religion scheint in der indischen Geschichte prägender gewesen zu sein als die politische Entwicklung oder die imperialen Eroberungen. Philosophie, Literatur und Kunst sind von Religion durchdrungen. Eine Geschichte der religiösen Entwicklung Indiens ist anscheinend wichtiger als die Aufzählung indischer Dynastien und ihrer militärischen Erfolge. Kann dies vielleicht nicht uneingeschränkt für das zweite nachchristliche Jahrtausend gelten, so doch bestimmt für das erste.

Der Aufstieg des Brahmanismus, Buddhismus und Jainismus ist bereits in Teil V besprochen worden. Die gegenwärtige Periode wurde beherrscht von dem Kampf zwischen Brahmanismus und Buddhismus um die Kontrolle über Indien und von den Veränderungen, die jeweils in den beiden Religionen auftraten. Der Buddhismus schien anfänglich, nach Aschokas Regierung, nach innen gerichtet. Er sprach die breiten Schichten der Bevölkerung an, die vom Brahmanismus als unwürdig betrachtet wurden. Doch während der Buddhismus durch seine Aufspaltung in die Sekten des Großen und des Kleinen Fahrzeugs geschwächt wurde, gewann der Brahmanismus durch die Einbindung zahlreicher regionaler Gottheiten zusätzlich zu den ursprünglichen vedischen Göttern an Attraktivität und konnte so die Bindung zu weiten Teilen der Bevölkerung enger knüpfen. Daraus entwickelte sich der traditionelle Hinduismus.

Die indische Kunst spiegelt den Unterschied zwischen den beiden Glaubensrichtungen wider. Auf der einen Seiten die vielen eindrucksvollen Statuen des Buddha, die ursprünglich unter dem Einfluß der hellenistischen Kunst gestanden hatten, und auf der anderen die wilde Ausuferung der Figuren in der hinduistischen Tempelkunst. Elefanten, Krieger, nackte Nymphen, Blumengirlanden und kleinere Gottheiten werden wild durcheinandergeworfen und doch von einem ästhetischen Rahmen kontrolliert. Dieser reichhaltige visuelle Symbolismus wird analog auch in Literatur umgesetzt, so in die beiden gewaltigen Epen *Mahabharata* und *Ramayana*. In manchen Abschnitten finden sich darin so verschiedene Aspekte wie kultischer Theismus, weltliche Sozialtheorie und spekulative Philosophie zu einem einzigen Handlungsstrang verknüpft. Selbst Sex galt als religiöse Funktion, wie es im *Kamasutra* erklärt wird, einer Abhandlung über die Technik der Liebeskunst. Das galt auch für Mathematik und Astronomie, so jedenfalls stellten es die Kontrahenten des größten indischen Astronomen, Aryabhata, dar.

Die Zeit von 300 bis 700 n. Chr. wird gewöhnlich als die klassische Periode der indischen Hochkultur bezeichnet. Auf politischem Gebiet wurde der erste Abschnitt von der Gupta-Dynastie (um 320−500) beherrscht, unter der in Indien der Hinduismus die Oberhand gewann. Westliche Ideen und Wissenschaften, etwa die Medizin, Astronomie, Geometrie und die Logik gelangten nun über den Iran der Sassaniden nach Indien.

Die missionarischen Aktivitäten des Buddhismus in Zentral- und Südostasien erhöhten insgesamt seine Bedeutung, doch wahrscheinlich auf Kosten seines Ansehens in seinem Heimatland. Im Ritus der Verehrung und religiösen Praxis mußte er mit dem Hinduismus einen derartig großen Kompromiß eingehen, daß man ihn manchmal nur noch als hinduistische Sekte betrachten konnte. Am Ende des ersten Jahrtausends war der Hinduismus die dominierende Religion, und der Buddhismus stand in Indien vor dem völligen Verschwinden.

3. Parther und Sassaniden im Iran

Nach dem Tod Alexanders des Großen mußte der Iran die Kriege der Diadochen unter der Regierung der Seleukiden-Dynastie über sich ergehen lassen. Breite Kreise der iranischen Bevölkerung wurden vom Hellenismus nicht besonders stark beeinflußt. Als die Herrschaft der Seleukiden in der zweiten Hälfte des dritten Jahrtausends v. Chr. an Macht verlor, besiedelten einige skythische Stämme die

Provinz Parthien, im Norden des Iran östlich des Kaspischen Meeres gelegen, deren Namen sie übernahmen. Bei ihrer Expansion Richtung Süden bildeten sie bald einen Keil, der das hellenistische Baktrien im Osten von der hellenistischen Welt im Westen abschnitt. Viele Einwohner des Iran waren anscheinend nur zu gerne bereit, das griechische Joch mit einer Art Nationalregierung zu vertauschen. Der Seleukidenherrscher Antiochos III. (R.: 223−187), eroberte zwar den Iran zurück, doch sein Großreich zerfiel wieder, als er selbst von den Römern besiegt wurde.

Mithridates I., der eigentliche Gründer des Parther-Reichs, annektierte zwischen 160 und 140 v. Chr. ganz Persien und Mesopotamien und Teile Afghanistans.

Nahezu die ganze Zeit ihrer vierhundert Jahre währenden Herrschaft im Iran mußten die Parther einen Zweifrontenkrieg führen − gegen ständige Invasionen der Nomaden aus Zentralasien und gegen Rom im Westen. Obwohl Rom all seine Nachbarn hatte besiegen und deren Territorien besetzen können, gelang es ihm doch nie, die Parther zu überwältigen. In den großen Jahren Roms galten die Parther als die einzige gleichwertige Macht. Im Jahr 53 v. Chr. versuchte einer der ursprünglichen Triumvirn, Crassus, durch einen Einfall in Persien Julius Caesars Erfolg in Gallien nachzueifern, er wurde jedoch in der Schlacht bei Carrhae geschlagen und zusammen mit einem Großteil seiner Soldaten getötet. Wenn die schwerbewaffnete römische Legion auch in den ans Mittelmeer grenzenden Ländern höchst effektiv war, so zeigte sie sich der leichten und mobilen parthischen Kavallerie in den Wüsten des Ostens doch entschieden unterlegen. Die Entscheidung von Carrhae wurde niemals revidiert, trotz mehrfacher Anläufe von seiten der Römer. Die parthischen Unternehmungen gegen Syrien wurden zumeist nur halbherzig ausgeführt und waren demzufolge auch nicht von Erfolg gekrönt. Der Oberlauf des

Euphrat und die Syrische Wüste bleiben beinahe siebenhundert Jahre lang die Grenze zwischen Rom und Persien.

Ungeachtet seiner Partherkriege unterhielt Rom mit dem Iran umfangreiche Wirtschaftsbeziehungen, da durch letzteren einer der Haupthandelswege von Rom nach Indien, Zentralasien und China führte, die spätere sogenannte Seidenstraße. Der augusteische Frieden bescherte dem Iran dann einen niemals zuvor erlebten Anstieg des Handelsvolumens. In Persien wurden die Straßen, über die dieser Handel führte, hervorragend instand gehalten, denn der Handel war eine immense Einnahmequelle.

Trotz der Kriege gegen die Seleukiden und Römer konnte sich in der parthischen Kultur ein starkes hellenistisches Element entwickeln. Die griechisch geprägten Städte Kleinasiens wurden in Ruhe gelassen, die parthische Münzwährung imitierte griechische Münzen, weithin wurde die griechische Sprache benutzt, und häufig erhielten Perser griechische Namen. Erst gegen Ende der Partherherrschaft scheint ein iranisches Nationalbewußtsein wieder zum Leben erwacht zu sein.

224 n. Chr. wurde der letzte parthische Herrscher von einer neuen Dynastie, den Sassaniden, deren Wurzeln in der Provinz des alten Persien lagen, vernichtend geschlagen. Ihre Regierung galt als die Wiedergeburt des AchämenidenReichs. Das persische Nationalgefühl gaben den sassanidischen Heeren in ihren zahlreichen Kriegen gegen Rom und Byzanz starken Rückhalt. Persien wurde auch jenseits seiner Grenzen als das Zentrum der wiederauferstandenen östlichen Zivilisation begriffen, die Alexander der Große in die Knie gezwungen hatte.

Der bedeutendste Sassaniden-König, Sapor I. (R.: 241–272), schlug die Römer mehrfach und nahm Kaiser Valerian gefangen (260 n. Chr.), eroberte Mesopotamien und Armenien zurück, brachte das Kuschan-Reich in Nordindien und Zentralasien in seine Abhängigkeit und organisierte das iranische Reich neu. Seine Hauptstadt war Ktesiphon am Tigris.

Ähnlich Konstantin dem Großen befand er sich auf der Suche nach einer neuen Glaubensrichtung, mit deren Hilfe er die Fundamente seines Reichs zu festigen hoffte, und fand sie im Manichäismus. Dessen Gründer, Mani, hatte eine frühe iranische Variante eines einfachen Kommunismus samt Umverteilung des Besitzes und anderen weiterreichenden Sozialreformen gepredigt. Die Manichäer praktizierten die Taufe und Kommunion, und ihr Klerus unterlag dem Zölibat. Nach Sapors Tod reagierte die stark im Volk verwurzelte masdaistische[16] Priesterschaft gewalttätig und konnte ihre Vorherrschaft neu errichten.

Die Bauern verloren in sassanidischer Zeit ihre Unabhängigkeit und wurden in einer persischen Version des Feudalismus häufig zur Leibeigenschaft gezwungen. Eine ähnliche Entwicklung vollzog sich in Ostrom, wodurch der Weg für die soziale Schichtenbildung des Mittelalters geebnet wurde.

Der sassanidische Iran verfiel nicht − er beging Selbstmord. Unter Chosrau II. (R.: 590−628) trat er in einen mörderischen Krieg mit Byzanz, in dem Persien zunächst fast ganz Kleinasien und den Mittleren Osten okkupieren konnte, später jedoch von Kaiser Heraklius erobert wurde. Beide Seiten waren am Ende so geschwächt, daß die Heere des Islam, die in den dreißiger Jahren des sechsten Jahrhunderts aus der Arabischen Wüste hervorbrachen, kaum auf Widerstand stießen. Das sassanidische Reich brach völlig zusammen, und Persien wurde eine Provinz des arabischen Kalifats.

---

16 Siehe Teil V; Kapitel 1

Doch der sassanidischen Kultur war noch viel Kraft geblieben. Der Machtübergang im Jahr 750 von der islamischen Dynastie der Omaijaden an die der Abbasiden bedeutete in Wahrheit, daß der Islam die östlichen Werte des sassanidischen Iran akzeptierte und nicht die hellenistisch-römischen Werte ihrer Vorgänger. In den zwölfhundertfünfzig Jahren, die seitdem vergangen sind, hat der Islam sein östliches, sassanidisches, Erbe weiterentwickelt.

Teil VIII

Das Frühmittelalter

Der Begriff »Mittelalter« ist in Europa geprägt worden und beschreibt annähernd die Phase des steilen Kulturverfalls in Ländern wie Italien, Frankreich, Spanien oder England nach dem Zusammenbruch des Weströmischen Reichs und vor dem Einsetzen von Renaissance und Reformation. Man muß allerdings wissen, daß dieser Terminus in anderen Gegenden und Ländern der Erde keine Gültigkeit besitzt. Denn genau in diesem Zeitraum standen Byzanz, die islamischen Länder, China unter der Tang- und der Song-Dynastie und selbst die prähistorischen Kulturen Amerikas auf dem Höhepunkt ihrer Entwicklung.

Manche Gelehrte haben sich mit dem Begriff Mittelalter nicht besonders anfreunden können, auch wenn er nur auf Westeuropa Anwendung fand. Der Österreicher Dopsch vertrat die Meinung, vom Römischen Reich in seiner Spätzeit über die Zeit der Merowinger bis zu den Karolingern habe eine ungebrochene ökonomische und kulturelle Kontinuität bestanden. Der Belgier Pirenne behauptete, diese Kontinuität sei nicht so sehr durch die Invasion der germanischen Völker im vierten Jahrhundert n. Chr. unterbrochen worden, als vielmehr durch das Eindringen der arabischen Völker im siebten Jahrhundert. Beiden Ansichten sollte man mit Vorsicht begegnen, denn sie zeigen, daß die Ereignisse dieses Zeitraums auch weit auseinanderliegenden Interpretationen Raum bieten.

1. Byzanz

Byzanz existierte als politische Einheit ein Jahrtausend lang, und als Hochkultur sogar noch länger. In einem der dunkelsten Zeitalter Europas war es oftmals der einzige Glanzpunkt der Kultur. Die Wurzeln eines großen Teils der späteren Kunst, Wissenschaft und Gesetzgebung im Abendland sind byzantinisch.

Klar ist, wann der Staat Byzanz zu bestehen aufhörte,

Konstantin der Große (um 280–337 n. Chr.), Münze, 4. Jh.

weniger eindeutig ist jedoch, wann er seinen Anfang hatte. Als Reich ist Byzanz einfach eine Fortsetzung von Rom. Manche der östlichen Elemente seiner Kultur tauchten bereits in den Reformen Diokletians im dritten Jahrhundert auf. Andererseits betrachtete sich sogar der letzte byzantinische Kaiser, Konstantin XI., im fünfzehnten Jahrhundert noch immer als *römischer* Kaiser. Viele Historiker sprechen bis zum siebten Jahrhundert von einem »Spätrömischen Reich«. Wir werden hier jedoch die Gründung von Konstantinopel – im Jahr 330 durch Konstantin den Großen – als Zeitpunkt für den Beginn der byzantinischen Geschichte und die Annahme des christlichen Glaubens seiner Bewohner als deren deutliches Charakteristikum nehmen. Die Verwendung der griechischen Sprache war ein weiteres Merkmal (wenn es auch in beiden Fällen einige Ausnahmen gab – der Hof beispielsweise sprach in den ersten zweihundert Jahren seines Bestehens Latein).

Das beständigste Merkmal war im übrigen die autokratische Herrschaft des Kaisers in Konstantinopel. Zunächst regierte er ein riesiges Reich, das sich vom Balkan bis zur Grenze mit Persien und vom Schwarzen Meer bis zum ersten Nilkatarakt erstreckte. Trotz der Barbareneinfälle aus dem Norden, der Perserkriege im Osten, der Unruhen im Innern (zum Beispiel das Heidentum Kaiser Julians »des Abtrünnigen«[17] [R.: 361–363] und die arianischen, monophysitischen und nestorianischen Häresien) überstand das Byzantinische Reich unbeschadet das vierte und fünfte

---

17 Vor seiner Regentschaft hatte Julian sich heimlich vom Christentum losgesagt. Als Kaiser strich er dann die christlichen Privilegien, finanzierte heidnische Kulte und Tempel, ernannte heidnische Minister etc. Im dritten Jahr seiner Regierung starb er auf einem Persien-Feldzug. – Anm. d. Lektors

Jahrhundert, und dies, obwohl Westrom verfiel und schließlich kollabierte (475) und der größte Teil Europas von germanischen Barbaren überrannt wurde.

Im sechsten Jahrhundert, unter Kaiser Justinian I. (R.: 527–565), unternahm Byzanz sogar beträchtliche Anstrengungen, das Römische Reich wiederaufstehen zu lassen und das Mittelmeer erneut in römisches Gewässer zu verwandeln. Italien, Nordafrika und Teile Spaniens wurden erneut erobert und dem Reich einverleibt. Die ostgotischen und vandalischen Königreiche dort wurden abgeschafft, und die Westgoten mußten einen Machtverlust hinnehmen. Justinian führte in seinem Reichsgebiet eine Verwaltungsreform durch, überprüfte und kodifizierte die bestehenden Gesetze, versuchte erfolglos die Kirche zu reformieren, bereicherte seine Hauptstädte um kostspielige Bauwerke – am beeindruckendsten ist die noch immer stehende Hagia Sophia in Konstantinopel/Istanbul – und verschönerte einige seiner Kirchen mit wunderbaren Mosaiken.

Doch Justinian versuchte zuviel auf einmal zu erreichen. Die Ressourcen von Byzanz reichten dafür nicht aus. Sowohl die Finanzen wie auch die Motivation der herrschenden Klasse schwanden dahin. Unter seinen Nachfolgern wurden die byzantinischen Truppen von den Persern und den nomadischen Awaren besiegt, die Langobarden besetzten den größten Teil Italiens (der Heilige Stuhl in Rom konnte Konstantinopel in dieser Zeit ein gewisses Maß an Unabhängigkeit abtrotzen), Südspanien ging wieder an die Westgoten verloren, und, noch verhängnisvoller, wahre Heerscharen von Slawen, die gerade Richtung Westen in die von den Germanen verlassenen Gebiete zogen, wandten sich nun nach Süden und strömten über die Reichsgrenzen an der Donau, die ihnen die Awaren geöffnet hatten. Im Lauf von nur wenigen Generationen hatten sie den ganzen Balkan, einschließlich des griechischen Festlands, besiedelt. In der Heimat von Sophokles und Plato wurde nicht mehr griechisch gesprochen. Am Ende des sechsten Jahrhunderts war das Reich viel schwächer, als es jemals vor Justinians Zeit gewesen war. Doch es sollte noch schlimmer kommen.

Im frühen siebten Jahrhundert ruinierten sich das sassanidische Persien und Byzanz gegenseitig. Die Perser überrannten den ganzen Mittleren Osten und eroberten beinahe Konstantinopel. Es bedeutete nicht sehr viel, daß Kaiser Heraklius (R.: 610—641) am Ende siegreich blieb und den größten Teil Persiens okkupieren konnte. Die beiden Mächte hatten sich so erschöpft, daß das Tor für die erst kurz davor islamisierten arabischen Völker weit offen stand, die nun den ganzen Mittleren Osten und dazu Persien und Nordafrika überrannten. Dem Byzantinischen Reich gelang es nur mit Mühe und Not, sich in Asia Minor und einem Teil des Balkans zu halten, doch es hielt stand. Allerdings wurde ihm von den Arabern aus dem Osten und den Bulgaren aus dem Westen so übel mitgespielt, daß zwei seiner Kaiser bereits die Evakuierung Konstantinopels vorbereiteten. Nahezu in keiner einzigen Periode seiner langen Geschichte stand Byzanz so stark unter Druck wie in den fünfundsiebzig Jahren zwischen dem Tod von Heraklius und der Thronbesteigung Leons III., des Isauriers[18] (R.: 717—740). Letzterer war ein begnadeter Heerführer, der die große arabische Belagerung seiner Kapitale beenden konnte (717/718) und Kleinasien zurückeroberte. Sein Sohn Konstantin V. (R.: 740—775) schlug die Bulgaren zurück und brachte den Arabern ein weiteres Mal eine Niederlage bei.

---

18 Die Isaurier waren ein Volk im Südosten Kleinasiens. Ob Leon III. tatsächlich Isaurier war, ist umstritten. Die von ihm begründete isaurische Dynastie wird auch als die syrische bezeichnet. – Anm. d. Lektors

Die isaurischen Kaiser begingen jedoch einen großen Fehler. Sie versuchten, der Bevölkerung die Bilderverehrung zu verbieten. Die Bilderverehrung erfreute sich in Europa jedoch so großer Beliebtheit, daß die Isaurier nicht nur die ihnen noch verbliebene Kontrolle über große Teile Italiens verloren, sondern sich das Papsttum gegen sie wandte und im neugeschaffenen Frankenreich einen neuen Verbündeten suchte. Ein Jahrhundert später mußten die Edikte gegen die Bilderverehrung zurückgenommen werden.

Aus diesen Kriegen, Kämpfen und Wirren ging ein neues Byzanz hervor. Da es auf der einen Seite seine lateinischen Kontakte abgebrochen und auf der anderen Seite seine ehemals monophysitischen Untertanen im Mittleren Osten an den Islam verloren hatte, war es nun ein rein griechisches Reich.

Seine besten Tage hatte es unter der Dynastie der Makedonier (867–1057). Das Reich konnte sich jetzt seiner Nachbarn erwehren, und im zehnten und frühen elften Jahrhundert ging es im Osten und im Westen sogar zur Gegenoffensive über. Der Handel erholte sich, und das Recht wurde anti-ikonoklastisch kodifiziert.

Im neunten Jahrhundert erwachte das Studium der weltlich orientierten und vor allem der klassischen Disziplinen zu neuem Leben. Die Universität von Konstantinopel wurde wieder eröffnet. Die Kultur der Slawen, die Griechenland überrannt hatten, ging in der griechischen Sprache und Kultur sowie im orthodoxen Glauben auf. Wenn das moderne Griechenland seine Ursprünge in direkter Linie auf Homer und die Zeit der ersten Olympischen Spiele zurückführt, stellt es die Geschichte falsch dar. In Wirklichkeit stecken seine Wurzeln in der byzantinischen Renaissance des Mittelalters. Byzantinische Missionare überschritten auch die Reichsgrenze und bekehrten Bulgaren, Serben, Russen und andere zum orthodoxen Glauben.

Aus diesem Grund erhob das Moskauer Reich nach dem Fall von Konstantinopel den Anspruch, das »Dritte Reich« zu sein.

In diesem Zeitalter griffen einige große Historiker zur Feder, deren bedeutendster Leo Diaconus im zehnten Jahrhundert war. Noch zahlreicher waren die Biographen, oder richtiger gesagt, die Hagiographen[19]. Das fruchtbarste Genre der byzantinischen Prosa war die Briefliteratur. Die Lyrik zählte genausowenig zur starken Seite der Byzantiner wie die erzählende Literatur. Dennoch bildeten sie, in der Oberschicht, eine höchst literate und feingeistige Gesellschaft. Unter den byzantinischen Historikern gab es Mitglieder der kaiserlichen Familie — am bedeutendsten war Anna Komnena, das Paradebeispiel einer Historikerin und eine unerläßliche Quelle für den Ersten Kreuzzug.

Im elften Jahrhundert lebte der Klassizismus erneut auf, und das klassische Griechisch wurde erneut die Schriftsprache schlechthin. Doch heute interessieren wir uns kaum noch für byzantinische Briefe. Hingegen sind wir Byzanz zu Dank verpflichtet, da es der Nachwelt die meisten noch vorhandenen Texte aus dem antiken Griechenland hinterließ.

Am gelungensten konnte sich der Genius von Byzanz wohl auf dem Gebiet der Kunst beweisen. Während die byzantinische Monumentalarchitektur, etwa Justinians Hagia Sophia, noch fest in der Antike verwurzelt ist und die Tradition der Elfenbeinschnitzerei eine direkte Fortführung römischer Elfenbeinbearbeitung darstellt, erreichte Byzanz seine größte Originalität in den Mosaiken. Hier treffen Ost und West, Realismus und körperlose Religiosi-

---

19 Hier: die Verfasser von Lebensbeschreibungen Heiliger — Anm. d. Lektors

tät, lebhafte Farben und goldene Hintergrundgestaltung aufeinander. Zahlreiche frühe Mosaiken haben in Ravenna überlebt, einige der schönsten aus der Spätzeit in der Chora-Kirche in Istanbul, aber auch anderswo, von Palermo bis Daphni und von Venedig bis Chios. Ausladende Fresken finden sich noch überwiegend in den Provinzzentren auf dem Balkan, das beeindruckendste von allen in Mistra bei Sparta. Wunderschöne Miniaturen sind in Museen in Paris und Rom zu besichtigen, Ikonen in Italien und im Kloster zur hl. Katharina am Berg Sinai. Die später entstandenen russischen Ikonen bilden eine direkte Fortführung dieser Kunst. Einige der beeindruckendsten Moscheen (etwa in Istanbul und Jerusalem) und christlichen Kirchen (z. B. im Rom und London) sind der Hagia Sophia in Konstantinopel nachempfunden − auch wenn sie in manchen Fällen erst tausend Jahre später erbaut wurden. Die Wurzeln der italienischen Renaissancemalerei müssen in den Mosaiken und Fresken von Byzanz gesucht werden.

Der erfolgreichste Kaiser der Makedonier-Dynastie war Basilius II., »der Bulgarenschlachter« (R.: 976−1025). Doch in der zweiten Hälfte des elften Jahrhunderts setzte plötzlich der Niedergang ein. Dieser wurde zunächst in der ökonomischen Situation des Reichs deutlich. Seine stabile, auf Gold basierende Währung und Konstantinopels einzigartige geographische Lage im Schnittpunkt der Handelsrouten von Nord nach Süd und von West nach Ost hatten jahrhundertelang die zentrale Stellung des Reichs im Welthandel begünstigt. Doch die steigende Bedeutung von Europa führte nun langsam dazu, daß Venedig und die anderen italienischen Handelsstädte als geeignetere Zwischenstationen erschienen als Konstantinopel. Die Kaufleute und Seefahrer der Handelszentren im Westen gewannen Schritt für Schritt auch anderswo im Mittelmeerraum die Oberhand. Und sie wurden häufig von ihren Regierungen besser gefördert als die Byzantiner. Deren Kaiser neigten kurzsichtigerweise dazu, den Italienern aus steuerlichen Gründen Privilegien einzuräumen, die sich, auf lange Sicht gesehen, für ihre eigenen Interessen katastrophal erwiesen. Mit dem Einsetzen der Kreuzzüge verschoben sich die Handelswege, und ein Großteil des Seehandels führte nun von Akko, Tyros und Tripolis direkt nach Venedig, Genua und Pisa, und das auf italienischen Schiffen, die Konstantinopel überhaupt nicht anliefen. Im Jahr 1147 brachen zudem die Normannen auf Sizilien das alte byzantinische Monopol der Seidenspinnerei.

Noch entscheidender war der Verfall der Zentralgewalt in Konstantinopel. Schwache Kaiser und Zerwürfnisse zwischen Kirche, Adel und Verwaltung verursachten ausgerechnet zu der Zeit einen Zusammenbruch im Zentrum, als das Reich sich neuen Feinden im Osten wie im Westen gegenübersah. Süditalien und Sizilien wurden von den Normannen erobert, die außerdem noch zunehmend über die Adria Einfälle in Griechenland unternahmen. Wesentlich gefährlicher allerdings war der Machtzuwachs der türkischen Seldschuken im Osten. Im Jahr 1071 vernichteten die Seldschuken in einer der wichtigsten Schlachten, die Byzanz jemals verlor, bei Manzikert[20] dessen Heer. In der Folge überrannten die Türken den größten Teil von Kleinasien. Die griechische Kultur, die hier beinahe tausendfünfhundert Jahre lang fest verwurzelt gewesen war, wurde, ausgenommen in einigen Küstengebieten, ausradiert. Türkische Herdenbesitzer durchstreiften nun das Land und wurden nur langsam seßhaft. Das Reich verlor dadurch seine Hauptkornkammer und sein Hauptrekrutierungsgebiet. Von diesem Schlag sollte es sich nie wieder ganz erholen.

---

20 In Ostanatolien – Anm. d. Lektors

Die Dinge wurden von der Dynastie der Komnenen (1081–1185) zwar wieder weitgehend ins Lot gebracht, doch Byzanz konnte seine frühere Macht und Bedeutung nicht mehr zurückgewinnen. Im Jahr 1204 wurden Konstantinopel und große Teile Griechenlands von den Teilnehmern des Vierten Kreuzzugs eingenommen. Europas Hauptbastion im Osten war somit eigener Kurzsichtigkeit zum Opfer gefallen, wie die späteren Eroberungen der türkischen Osmanen bewiesen. Venedig und einige europäische Fürsten teilten die Beute unter sich auf. In Konstantinopel entstand ein »Lateinisches Kaiserreich«, das aber nur kurze Zeit Bestand hatte. Die Byzantiner zogen sich in einige Provinzzentren zurück. Im Jahr 1261 eroberten sie Konstantinopel mit Hilfe Genuas zurück, dem dafür nicht nur die Konstantinopel gegenüberliegende Stadt Pera, sondern auch der überwiegende Teil des Schwarzmeerhandels überlassen wurde.

Byzanz konnte sich unter der Dynastie der Paläologen noch zwei Jahrhunderte lang halten, es war jedoch im eigentlichen Sinn kein Reich mehr und nur noch ein Schatten seines vormaligen Selbst. Während Pera aufblühte, schwand Konstantinopel dahin. Bald war es, in Europa wie in Kleinasien, von den Herrschaftsgebieten der türkischen Osmanen eingekreist. In kultureller Hinsicht blieb Byzanz in jenen Jahren des Niedergangs so aktiv wie je, und einige der schönsten Fresken und Mosaiken datieren aus dieser Periode. Um sich die Hilfe des Westens zu sichern, unternahmen einige der letzten Kaiser von Byzanz den Versuch, mit der katholischen Kirche, von der sich die griechisch-orthodoxe Kirche seit dem elften Jahrhundert entfremdet und abgespalten hatte, einen Kompromiß herbeizuführen. Jedoch vergeblich – jede der beiden Kirchen war auf ihrem eigenen Weg festgefahren und besaß ihre eigene Vorstellung von christlicher Autorität und Verwaltungsstruktur. Als

Konstantinopel am 29. Mai 1453, nach siebenwöchiger Belagerung, an die Türken fiel, lebte die byzantinische Kultur allerdings teilweise in der griechisch-orthodoxen Kirche weiter. Von den anderen byzantinischen Zentren war Thessaloniki im Jahr 1430 zusammengebrochen, wurde die Peloponnes 1460 eingenommen und Trapezunt am Schwarzen Meer im Jahr 1461.

Ein Stück der byzantinischen Tradition sollte jedoch in den rumänischen Fürstentümern, in den Kirchen und Klöstern auf dem Berg Athos, in Jerusalem, Alexandria und Konstantinopel und – noch wichtiger – im Moskauer Reich fortbestehen.

2. Das Dunkle Zeitalter in Europa

Die Barbareneinfälle des vierten und fünften Jahrhunderts suchten Europa wie ein ungeheures Erdbeben heim. Es hatte schon in früheren Zeiten derartige Schreckenserlebnisse gegeben, etwa die markomannischen Kriege des späten zweiten Jahrhunderts oder die Angriffe der Goten und Sarmaten an der Donau und der Franken und der Alemannen am Rhein im dritten Jahrhundert, die Rom beinahe in die Knie gezwungen hatten. Doch das Reich konnte sich von diesen Bedrohungen erholen und bestand weitere zwei Jahrhunderte im Westen und zwölf Jahrhunderte im Osten fort.

Das Hauptbeben erfolgte im vierten Jahrhundert. Es wurde durch das Auftreten der Hunnen in Osteuropa verursacht, die zuvor jahrhundertelang eine Geißel der chinesischen Hochkultur gewesen waren. Sie unterwarfen sich im Jahr 375 das Ostgotenreich, wodurch die meisten ostgermanischen Völker an die Grenzen der Römer am Unterlauf der Donau getrieben wurden. 378 vernichteten die alanischen[21] und ostgotischen Reiterscharen die römische Infanterie bei Adrianopel in einer der schicksalhaftesten Schlachten der Geschichte Europas. Die Zeit der römischen Legionen war vorbei. Von nun an wurden die germanischen Kontingente die Hauptstütze der römischen Streitkräfte.

Die germanischen Völker wandten ihr Hauptaugenmerk nach Westen. Im Jahr 406 brachen sie durch die Verteidigungslinien am Rhein und strömten in das mächtige Zentrum des römischen Verteidigungssystems, nach Gallien. Alarich, König der Westgoten, besetzte sogar Rom (410). Seine Nachfolger errichteten in Südgallien und in Spanien ein Königreich. Die Vandalen überquerten das Meer und eroberten Nordafrika. Die Ostgoten ließen sich nach dem Kollaps Westroms in Italien nieder. Andere germanische Völker wanderten im Gefolge der Goten, Alanen und Vandalen nach Mitteleuropa. Die Burgunder gründeten ein Königreich vom Rhein bis zur Rhone, die Alemannen besiedelten das Elsaß, die Franken besetzten Belgien, Nordgallien und Teile des heutigen Nordwest-Deutschland. Ihr König Chlodwig (R.: 481−511) aus der Dynastie der Merowinger dehnte seinen Machtbereich über nahezu ganz Gallien aus, trat zum katholisch-christlichen Glauben über (während die meisten anderen germanischen Königreiche ursprünglich den Arianismus annahmen) und stärkte damit die Allianz zwischen dem fränkischen Königreich und der Kirche, die zum Eckstein des frühmittelalterlichen Europa wurde.

---

21 Alanen: Volk am Don und im Kaukasus, d. h. östlich der Ostgoten, das im Rahmen der durch die Hunnen ausgelösten Völkerwanderung bis nach Spanien zog und es (mit anderen Germanen) eroberte. Von seinen in Südrußland verbliebenen Resten stammen die heutigen Osseten im Kaukasus ab. − Anm. d. Lektors

Weitere, leichtere Beben folgten. Nachdem die Ostgoten durch Justinians römische Heere besiegt worden waren, wanderten die Langobarden im siebten Jahrhundert in den größten Teil Italiens ein. Die Sachsen und Angeln überquerten das Meer und ließen sich im Südosten Britanniens nieder, während dessen Westen in der Hand der Kelten verblieb. Die Slawen wanderten westwärts und besetzten ganz Osteuropa und den Balkan. Steppennomaden, wie die Awaren und Bulgaren, zogen auf den nördlichen Balkan. Die Moslems hatten im siebten Jahrhundert ganz Nordafrika okkupiert und setzten im Jahr 711 nach Spanien über, wo sie fast die ganze Iberische Halbinsel eroberten und weiter nach Südgallien vordrangen. In der Schlacht von Tours (732) wurden sie von dem Karolinger Karl Martell zurückgeworfen, und das im Entstehen begriffene christliche Westeuropa war gerettet.

Die Germanen, die in die lateinisch sprechenden Länder des Südens und Westens eindrangen, verdrängten die lokale Bevölkerung zumeist nicht, sondern formierten sich nur zu einer dünnen Oberschicht. Viele der ehemals römischen Institutionen überlebten. Im fränkischen Königreich bestanden germanische und lateinische Sprache und Sitten nebeneinander. Die mittelalterliche Feudalstruktur hatte ihre Vorstufen im Latifundienwesen des späten Rom. Die von Rom ausgesandten Missionare machten sich bald an die Aufgabe, germanische Herrscher und Untertanen zum Christentum zu bekehren.

Aus der fränkischen Stammesstruktur erwuchs allmählich ein Staatsgebilde. Als das Geschlecht der Merowinger (416–751) schwächere Herrscher hervorbrachte, traten die Karolinger an seine Stelle (741–928). Der herausragendste Herrscher dieses Geschlechts war Karl der Große (R.: 760–814), der in 53 zum Teil grausamen Feldzügen den größten Teil der abendländischen Christenheit von Barcelona bis zur Elbe und von Mittelitalien bis zur Nordsee in einem einzigen riesigen Reich einte. Der Papst stand in enger Abhängigkeit zu ihm und krönte ihn im Jahr 800 zum Kaiser. Die Idee eines Weltreichs war ein Vermächtnis aus römischer Zeit. Wenn das fränkische Reich von den heutigen Verfechtern eines Vereinten Europa auch häufig angeführt wird, so paßte es doch nicht zu den Realitäten des neunten Jahrhunderts und zerfiel unter den Enkeln von Karl dem Großen in drei Teile, die später auf zwei Herrschaftsbereiche, nämlich Frankreich und Deutschland, reduziert wurden. Folglich ist die wichtigste Teilung der späteren europäischen Geschichte bereits zur Zeit der Karolinger erfolgt.

Die Gelehrten sprechen von einer »karolingischen Renaissance«, doch das Bildungsniveau war in Wahrheit niedrig. Karl der Große konnte kaum seine Unterschrift kritzeln, umgab sich jedoch mit Männern einiger Bildung, von denen kein einziger Franke war. Ein Großteil des karolingischen Gedankenguts gab nur ältere römische Schriften wieder. Das erste philosophische System des Mittelalters wurde von dem irischstämmigen Johannes Scotus Erigena im neunten Jahrhundert aufgestellt, zeitigte jedoch keine unmittelbare Wirkung. Kunst und Architektur der Karolinger waren entweder provinziell byzantinisch oder selbstbewußt klassisch.

Vielleicht interessanter sind die ersten Regungen einer nationalen Kultur, die im gälischsprechenden Irland auftauchten. Sie basierten auf den Klöstern, wo Latein kultiviert und Bibliotheken aufgebaut wurden und sich eine regionale literarische Tradition herausbildete. Einige dieser Kirchen und Klöster haben überlebt, ebenso wie Bücher mit wunderschöner Malerei, wie das *Book of Kells* aus dem achten Jahrhundert.

Im neunten und zehnten Jahrhundert besserten sich die

Dinge keineswegs, denn weitere Barbarenvölker ließen Europa noch einmal erbeben. Die skandinavischen Wikinger führten Attacken gegen Westeuropa und setzten beispielsweise der frühirischen Kultur ein Ende, und die Magyaren griffen Mitteleuropa aus dem Osten an. Die Wikinger ließen sich in der Normandie, in Yorkshire und anderswo nieder. In Yorkshire findet sich bis zum heutigen Tag im Lokaldialekt ein dänisches Element. Unter Alfred dem Großen (R.: 871−901), König von Wessex, und seinen Abkömmlingen wurden die Wikinger jedoch zurückgeschlagen. Um die Mitte des zehnten Jahrhunderts hatten diese Könige England bis zum Clyde geeint.

Diese letzten Invasionen endeten mit der Entstehung relativ stabiler Staaten, die sich in einem weiten Bogen von Frankreich und England über Skandinavien bis Ungarn und Kiew in Rußland erstreckten. Das Dunkle Zeitalter in Europa schritt dem Ende zu.

3. Der Aufstieg des Islam

Im Jemen blühte bereits seit dem späten zweiten Jahrtausend v. Chr. eine arabische, städtisch geprägte Kultur. Am Rand der Arabischen Wüste hatten seit alter Zeit bereits halbnomadische Herdenbesitzer gelebt, doch erst um das zwölfte Jahrhundert v. Chr. herum wurde das Kamel domestiziert und damit der wirklich nomadisierende Lebensstil eingeführt. Von nun an stand den Arabern die Wüste offen.

Etwa fünfzehnhundert Jahre später wurden in Arabien jüdische und christliche Niederlassungen gegründet. Die heidnischen Bewohner machten Bekanntschaft mit der aramäischen und hellenistischen Kultur und dem Monotheismus, und so wurde der Boden für den Islam bereitet. Mohammed (570/80−632) wurde in der Kaufmannsrepublik Mekka geboren, mußte jedoch wegen der Verbreitung seines Glaubens im Jahr 622 nach Medina fliehen (die *Hedschra* — Wanderung — dient als Ausgangspunkt des islamischen Kalenders). Von hier aus begann er mit der Missionierung der Völker auf der Arabischen Halbinsel. (Mekka selbst wurde von seinen Anhängern im Jahr 630 erobert.)

Seine große Chance erhielt der Islam durch den selbstmörderischen Kampf zwischen dem sassanidischen Persien und dem christlichen Byzanz. Beide Mächte gingen nach zwanzig anstrengenden Kriegsjahren daraus so geschwächt hervor, daß sie nicht viel Widerstand entgegenzusetzen hatten, als die kurz zuvor vereinigten arabischen Streitkräfte aus ihrer Halbinsel unter den Generälen des ersten Kalifats hervorbrachen. In den Jahren nach 630 wurden Palästina, Syrien, Ägypten, der Irak und Persien erobert, denen bald Nordafrika, Spanien und Westindien folgten. Der langsame Prozeß der Islamisierung der ortsansässigen Bevölkerung nahm seinen Anfang. Die Monophysiten einiger dieser Regionen kämpften dagegen nur wenig an, da sie die semitischen Landsleute den voraufgegangenen griechischen Oberherrn vorzogen. Wenn die Islamisierung dennoch mehrere Jahrhunderte bis zu ihrem Abschluß dauerte, so ist der Grund darin zu suchen, daß die Eroberer sich selbst während der Dynastie der Omaijaden (660–750) zuallerst als Araber betrachteten, häufig ihre Religion auf eigene Kreise beschränkten und dem eroberten Volk lieber Steuern auferlegten, statt es zum Islam zu bekehren. Ihre Hauptstadt war Damaskus, und sie wurden in beträchtlichem Maß von der römischen und hellenistischen Kultur in den von ihnen eingenommenen Gebieten beeinflußt. Der heilige Johannes von Damaskus, der bedeutende christliche Polemiker, diente zum Beispiel im früheren achten Jahrhundert dem Kalifat als oberster Finanzberater. Auf arabisch verfaßte erotische Dichtung, die stark von griechischen Vorbildern beeinflußt war, war in Mode. Erotische Fresken — die der Islam zumeist scheut — tauchen im Jagdsitz der Omaijaden Kussejr Amra im heutigen Jordanien auf. Eins der edelsten Beispiele für die islamische Architektur, das die Zeiten überdauert hat, der Felsendom in Jerusalem aus dem siebten Jahrhundert, ist stark von der byzantinischen Kunst beeinflußt. Weitere Beispiele dafür finden sich zuhauf.

Doch der Islam hatte auch andere Aspekte. Bereits in dem Kampf um die Vorherrschaft, der dem Aufstieg der Omaijaden vorausging, repräsentierte der vierte Kalif, Ali, Mohammeds Schwiegersohn, andere, östliche Elemente. Seine Nachfolger gründeten nach seinem Tod die schiitische Fraktion innerhalb des Islam, die heute beispielsweise im fundamentalistischen Iran dominiert. Ähnliche östliche Elemente gewannen an Stärke und führten schließlich 750 zum Sturz der Omaijaden, an deren Stelle die Abbasidendynastie trat. Nur einem der omaijadischen Fürsten gelang es, zu entkommen und in Spanien ein unabhängiges Kalifat zu errichten.

Die Abbasiden regierten nicht vom verwestlichten Damaskus, sondern von Bagdad aus und bezogen ihre kulturelle Inspiration aus dem sassanidischen Persien. Sie verwandelten den Islam in das strenge östliche Credo, das er seitdem geblieben ist. Ihre Herrschaft bezeichnet auch die Zeit, in der die morgenländischen Einflüsse den ganzen Mittleren Osten erfaßten. Es war Alexander der Große gewesen, der die alte etablierte Kultur des Ostens durch die hellenistische ersetzt hatte. Nun, ein Jahrtausend später, trugen die östlichen Kultureinflüsse den Sieg davon. Die griechische Sprache wurde überall verdrängt, östliche Sitten und Gebräuche traten an die Stelle der westlichen, und viele Städte griffen erneut auf ihre alten Namen zurück (zum Beispiel Akkon in Palästina, nachdem es neunhundert Jahre lang Ptolemais geheißen hatte, oder Beisan, nachdem es zwischenzeitlich Skythopolis genannt worden war). Alle Zeichen westlicher Kunst verschwanden jetzt, man bevorzugte nichtfigürliche Dekors — häufig fromme Inschriften — und entwickelte regionale Traditionen. Der Spitzbogen taucht erstmals in einer Zisterne in Ramle auf, in der Zeit des Kalifen Harun al-Raschid (R.: 786−809), dreihundertfünfzig Jahre bevor er von der gotischen Architektur im Westen übernommen wird. Dichter, Musiker und Künstler zog es an den Hof dieses Kalifen, der noch immer als das *beau idéal* islamischen Königtums gilt. Das ist die große Periode der islamischen Kultur, der Schreiber, Philosophen und Gelehrten. Arabisch war ihre allgemein verwendete Sprache, auch wenn sie selbst vielleicht aus Persien, Sizilien oder Spanien stammten. Der Islam war nicht mehr länger lediglich eine Religion, sondern entwickelte sich zu einem System des Rechts, der Verwaltung und der Gesellschaft, des Denkens und der Kunst — kurz, zu einer vollentwickelten eigenständigen Zivilisation. Auch in den Wissenschaften wurden Fortschritte erzielt, doch fand sich hier nur wenig von dem innovativen Geist des antiken Griechenland oder nachmittelalterlichen Westeuropa. Die islamische Kultur wirkt besonders eindrucksvoll, wenn man sie mit dem zeitgenössischen Europa vergleicht, doch man kann nicht behaupten, sie sei fortgeschrittener gewesen als etwa Byzanz unter der makedonischen Dynastie, und sie lag mit Sicherheit hinter der chinesischen Kultur der Tang- und der Song-Perioden zurück.

Die späteren Abbasiden waren nicht in der Lage, ihr enormes Reich — vom Atlantischen Ozean bis nach Indien — weiter zusammenzuhalten. Ihre Truppen bestanden nicht mehr aus Arabern, sondern größtenteils aus türkischen Söldnern, und ihre Anführer zeigten seit dem frühen neunten Jahrhundert die Tendenz, in Nordafrika, Ägypten, Syrien und Persien eigene unabhängige Fürstentümer aufzubauen und ein nur stetig kleiner werdendes Gebiet unter der direkten Herrschaft der abbasidischen Kalifen zu belassen. Von besonderem Interesse ist vermutlich die Fatimiden-Dynastie, die, ursprünglich im Jahr 909 in Tunis etabliert, schiitisch war und ihre Herrscher zu den wahren Kalifen erklärte (die einzige schiitische Dynastie, die so etwas tat). Zu Anfang kontrollierten sie ganz Nordafrika, verloren es aber zum überwiegenden Teil, nachdem sie ihre Hauptstadt nach Ägypten verlegt (wo sie die Stadt Kairo gründeten) und große Teile Palästinas und Syriens besetzt hatten. Sie wollten ihren Einfluß bis nach Bagdad ausdehnen und die sunnitischen (orthodoxen) Abbasiden dort ablösen, schafften es aber nicht ganz. Sie waren die Hauptgegner der Kreuzfahrer, als diese zum erstenmal ins Heilige Land kamen. Und sie leisteten sich eine exquisite Hofhaltung: Obwohl sie Literatur und Wissenschaft nicht begünstigten, taten sie sich in Kunst, Architektur, Weberei, Keramik und Buchbinderei hervor. Ihre Schiffe beherrschten bis zum Auftauchen der italienischen Handelsstädte im späten elften Jahrhundert das östliche Mittelmeer.

Das spanische Omaijadenkalifat Córdoba war ein bedeutendes kulturelles Zentrum. Nach seinem Fall im Jahr 1027 überlebten mehrere unbedeutende Staaten, bis der letzte, nämlich Granada, 1492 von den Spaniern erobert wurde. Die erhalten gebliebenen Paläste, Gärten und Zierbrunnen vermitteln auch heute noch eine gute Vorstellung von der Opulenz und der hochentwickelten Kultur, die dort zu finden waren. Insgesamt dauerte die muslimische Herrschaft in Spanien oder Teilen davon beinahe achthundert Jahre.

4. Die Anfänge der abendländischen Zivilisation

Die ersten Regungen der abendländischen Zivilisation in Europa interessieren uns heute ganz besonders, da keine andere Zivilisation einen ähnlich großen Einfluß auf die Geschichte der Menschheit ausgeübt hat. Man kann behaupten, daß bereits die Zeit der Karolinger als Beginn dieser Zivilisation zu betrachten sei, doch das zehnte Jahrhundert scheint uns dafür passender. Vielfalt und nichtmonolithische Einheit bildeten das Kennzeichen der abendländischen Zivilisation, und im zehnten Jahrhundert war Europa bereits sprachlich und politisch deutlich aufgeteilt.

Deutschland bestand aus mehreren Stammesherzogtümern – Schwaben, Bayern, Franken, Sachsen –, von denen jedes seinen eigenen Dialekt besaß. Sie alle wurden bedroht von den Horden der berittenen magyarischen Bogenschützen, die Verwüstung ins Land brachten. In zwei großen Schlachten, an der Unstrut im Jahr 933 und am Lech im Jahr 955, wurden die ungarischen Eindringlinge von zwei sächsischen Herrschern, Heinrich dem Vogler (R.: 912–936) und Otto I., dem Großen (R.: 936–973), vernichtend geschlagen. Daraufhin hörten die magyarischen Angriffe auf, und Deutschland wurde unter diesen nun höchst populären Sachsen geeint. Otto I. wurde 962 vom Papst zum Kaiser gekrönt, und Deutschland hieß für die nächsten achthundertvierzig Jahre »Heiliges Römisches Reich Deutscher Nation«. Seine Grenze im Osten bildete anfangs die Elbe, doch das Reich dehnte sich zu Lasten der Slawen Schritt für Schritt weiter nach Osten aus. Böhmen war tributpflichtig, und Österreich wurde als Bollwerk gegen die Magyaren und Slawen gegründet. Die deutschen Ritterorden gewannen die Kontrolle über die baltische Küste und Preußen. Während die sächsischen Herrscher (919–1024) noch in ganz Europa dominierten, mußten die salischen Kaiser (1024−1125), ihre Nachfolger, bereits mit dem Papsttum konkurrieren.

Frankreich bildete eine ähnliche Ansammlung mehr oder weniger unabhängiger Lehnsherrschaften. Auch hier ging die Krone letztendlich an die Abkömmlinge von Herrschern, die das Land gegen fremde Eindringlinge verteidigt hatten, in diesem Fall gegen die Normannen. Doch in Frankreich dauerte es hundert Jahre, bis die Kapetinger-Herzöge die Krone von ihren Vorgängern, den Karolingern, übernahmen. Vierzehn Kapetinger regierten Frankreich von 987 bis 1328 als Könige. Ihr Sitz Paris entwickelte sich langsam zur Hauptstadt eines zentral regierten Frankreich, das allerdings noch viel kleiner war als heute. Elsaß-Lothringen und Teile von Burgund waren deutsch, die Provence war unabhängig und besaß eine andere eigene Sprache (das Langue d'oc) und ein großer Teil des Westens stand unter britischer Herrschaft.

Dazu war es gekommen, als der Herzog der Normandie, Wilhelm der Eroberer (R.: in England 1066−1087), im Jahr 1066 England an sich riß. Infolgedessen wurde England zwei Jahrhunderte lang von französischsprechenden Königen und Adligen regiert, die eine effiziente zentralisierte Regierung, eine genaue Steuererhebung (auf der Grundlage des sogenannten Domesday Book[22]) und Gerichtsverfahren mit Geschworenen einführten. Französische Provinzen wie die Normandie, das Anjou, Guienne, die Auvergne und Aquitanien standen − als Erbgüter oder durch Heirat − zu verschiedenen Zeiten unter englischer Herrschaft.

In Skandinavien entstanden geeinte Staaten als erstes mit Dänemark (ursprünglich um 800 und dann wieder im frühen zehnten Jahrhundert) und später mit Schweden (dessen

---

22 Ein Buch, in dem alle Landgüter erfaßt wurden − Anm. d. Lektors

Süden dänisch blieb), Norwegen und Island. Im späten zehnten und im elften Jahrhundert wurden sie zum Christentum bekehrt.

Polen wurde im späten zehnten Jahrhundert gegründet, in erster Linie zur Bekämpfung der deutschen Siedler, die nach Osten auf slawisches Gebiet vorrückten.

Die deutschen Kaiser beanspruchten Souveränität über einen großen Teil Nord- und Mittelitaliens, konnten sie jedoch nicht immer durchsetzen. Süditalien und Sizilien wurden im elften Jahrhundert von den Normannen übernommen, die hier einen starken zentralistischen Staat schufen. Von Zeit zu Zeit unterstützten sie den Papst in Rom gegen den Kaiser oder zwangen ihn umgekehrt, ihren politischen Diktaten zu folgen.

Die neue abendländische Zivilisation setzte nicht nur auf dem Gebiet der Politik ihre Zeichen. Die urzeitlichen Wälder Nordeuropas wurden durch das Vordringen des Ackerbaus dezimiert. Die großen Flußtäler, vom Po bis zur Elbe, wurden trockengelegt und gerodet. Die Bevölkerung wuchs in vielen Gebieten. Städte entwickelten sich, die größten waren die großen Handelszentren in Norditalien und Flandern. Handel und Handwerk nahmen zu.

Eine höhere Kultur begann sich zu verbreiten. Einige wenige Universitäten wurden in Zentren wie Bologna, Paris und später Oxford und Prag gegründet. In Bologna konnte man Rechtswissenschaft studieren, die auf dem wiederentdeckten römischen Recht basierte. An anderen Orten besuchten die Schüler Kathedralschulen, um beispielsweise humanistische Fächer in Chartres oder lateinische Grammatik in Orléans zu hören. Klassische Werke wurden in Toledo, Palermo und Konstantinopel übersetzt. Theologische Themen erregten das meiste Interesse.

Die europäische Literatur hatte ihre Anfänge im zwölften Jahrhundert. Die romanischen Sprachen hatten sich zu diesem Zeitpunkt von ihren lateinischen Wurzeln befreit. Es wurden Chansons komponiert, die an den Höfen der Lehnsherren oder auf Bühnen an den Pilgerstraßen zu Musik rezitiert wurden. Meist handelte es sich um epische Erzählungen der Abenteuer während der Kreuzzüge oder um Fiktionen, etwa über den Neffen von Karl dem Großen, Roland, in Spanien oder über Parzifal und den Heiligen Gral. In Spanien machten Lieder über den Nationalhelden El Cid und seinen Kampf gegen die Muslime die Runde. Ein weiteres Thema war die höfische Liebe, wie etwa in der Geschichte von Tristan und Isolde. Die erste westliche Landessprache, in der Dichtung geschrieben wurde, war das Provenzalische. Hier ein kurzer Ausschnitt aus der berühmtesten provenzialischen Dichtung:

»In einem grünenden Obstgarten,
unter einem Weißdornbusch,
hält die hohe Frau ihren Liebsten umfangen,
bis der Nachtwächter verkündet, daß der Morgen naht.
Ach Gott! Ach Gott! Wie schnell es tagt!«

Ähnliche Themen behandelten die Troubadoure in Nordfrankreich, Deutschland (wo man sie Minnesänger nannte), Nordspanien und später in Italien.

Während die bildende Kunst weiterhin von byzantinischen Vorbildern beeinflußt blieb, entwickelte Westeuropa seine eigenen Baustile, vor allem auf dem Gebiet der Sakralarchitektur. Die klassische und karolingische Architektur war überwiegend horizontal gewesen, die romanischen Kirchen seit dem zehnten Jahrhundert und die gotischen Bauten seit dem zwölften Jahrhundert zielten mehr und mehr steil nach oben. Wenn man die Konstruktionszeichnungen der Abteikirche von Cluny betrachtet oder die von deutschen romanischen Kathedralen oder norwegischen Holzkirchen oder französischen gotischen Kathedralen, spürt man, daß da eine neue Kultur geboren war.

Es ist kein Zufall, daß die Sakralbauten für das neue Zeitalter so typisch sind. Das Christentum bildete zweifelsohne
die Hauptschubkraft für die frühe abendländische Zivilisation. Es war eine fromme Zeit. Das Kloster Cluny stand seit
dem Jahr 910 an der Spitze der Bewegung zur Kirchenreform. Andere Orden folgten den Fußspuren der Benediktiner von Cluny — 1098 die Zisterzienser, 1120 die Prämonstratenser, 1209 die franziskanischen Bettelmönche, 1215
die Dominikaner. Kirchenmänner erfanden das Ideal der
Pax Dei[23], die oft Erfolg zeitigte, wo Könige und Herrscher
versagten. Seit der Mitte des elften Jahrhunderts wurde die
clunyazensische Bewegung vom Papsttum übernommen.
Im Jahr 1054 wurden die alten Bindungen an Konstantinopel gekappt. Papst Gregor VII. (Amtszeit: 1073—1085) ließ
sich auf einen Kampf mit dem deutschen Kaiser ein und
erniedrigte ihn in Canossa. Im Jahr 1095 scharte Papst
Urban II. die Christenheit für den Ersten Kreuzzug um
sich. Zwei Jahrhunderte lang waren Päpste und Kaiser in
einem Kampf um die Vorherrschaft in Europa gefangen.
Kaiser setzten wiederholt Päpste gewaltsam ab, und Päpste
verhängten mehrfach über Kaiser den Bann. Die öffentliche
Meinung neigte sich mehr und mehr der Seite Roms zu.
Trotz der starken Persönlichkeiten etwa der staufischen
Kaiser Friedrich I. Barbarossa (R.: 1152—1190) und Friedrich II. (R.: 1212—1250) waren es römische Päpste wie Innozenz III. (A.: 1198—1216) und Innozenz IV. (A.:
1243—1254), die letztlich Sieger blieben.

Das neue dynamische Europa erweiterte seine Grenzen.

---

23 Dieser ›Gottesfriede‹ war ein Kampfverbot für bestimmte Zeiten, Orte
oder Personengruppen. Die weltlichen Herrscher garantierten häufig dessen Einhaltung, um Fehden zu unterdrücken oder die allgemeine Sicherheit zu stärken. — Anm. d. Lektors

1250 war die ganze Iberische Halbinsel erobert, ausgenommen Granada. Die Deutschen drängten über die Elbe, besiedelten Österreich und nahmen die baltische Küste in Besitz. Die Normannen eroberten Süditalien und Sizilien von den Muslimen und von Byzanz. Ehemals fremde Eindringlinge wie die Magyaren und Wikinger wurden seßhaft, christianisiert und von der neuen abendländischen Zivilisation absorbiert.

Betrachten wir zum Abschluß einige herausragende Persönlichkeiten dieses Zeitalters:

- Peter Abälard (1079—1142). Bretonischer Philosoph und Gelehrter, der Paris als Zentrum des Denkens etablierte und der Hauptbegründer der scholastischen Methoden in der Philosophie war. Am besten bekannt ist allerdings sein Briefwechsel mit seiner Schülerin Héloise. Ihre Liebesaffäre endete mit seiner Kastration und Verbannung in ein Kloster.
- Der heilige Bernhard von Clairvaux (1091—1153). Mönch und Heiliger. Gegner der abälardschen Scholastik und Prediger einfacher Frömmigkeit. Sein großer politischer Einfluß führte zur Gründung des Zisterzienserordens und setzte den Zweiten Kreuzzug in Gang.
- Heinrich II., König von England (R.: 1154—1189). 1133 geboren. Durch seine Heirat mit Eleonore von Aquitanien gelangte er in den Besitz ihres großen Herzogtums im Südwesten Frankreichs. Er schuf ein ausgedehntes westeuropäisches Reich und setzte, nach mehreren schwachen Herrschern, die Zentralgewalt der Monarchie wieder durch, hielt den Adel klein, begründete die englische Herrschaft in Irland und widersetzte sich Interventionsversuchen von seiten des Papsttums. Thomas Becket, der Erzbischof von Canterbury, unterstützte Rom und wurde umgebracht. Heinrichs Popularität erlitt dadurch schweren Schaden, und er starb

bei dem Versuch, eine Revolte seiner Söhne niederzuschlagen.

– Philipp II. August, König von Frankreich (R.:
1180–1223). 1165 geboren. Er war der erfolgreichste
Herrscher der Dynastie der Kapetinger und konnte die
königliche Macht auf Kosten des Adels stärken. Seine
Teilnahme am dritten Kreuzzug im Jahr 1191 war kurz
und glanzlos. Um so effektiver war sein langer Krieg
(1186–1214) gegen England (zum Teil während sein
englischer Kreuzzugsgefährte Richard Löwenherz sich
noch in Palästina befand), in dem er die Normandie,
die Bretagne, das Anjou und Poitou zurückeroberte. Zu
Anfang des dreizehnten Jahrhunderts war er der mächtigste Herrscher Europas.

– Papst Innozenz III. (A.: 1198–1216). 1161 geboren.
Unter ihm erreichte das Papsttum seinen Höhepunkt
der Macht. Durch freizügige Anwendung des Banns
versetzte er die meisten weltlichen Herrscher seiner
Zeit in Furcht, und sie erkannten seine Oberherrschaft
an. Er weitete die päpstlichen Gebiete in Mittelitalien
aus und gliederte ihnen die Romagna, Ancona und
Spoleto an. Als Ergebnis des Vierten Kreuzzugs
erkannte sogar Konstantinopel seine Oberherrschaft
an.

– Kaiser Friedrich II. des deutschen Reichs (R.:
1212–1250). 1194 geboren. Er war der Gegner des
Papsttums in der letzten und entscheidenden Runde im
Kampf um die Vorherrschaft. Er war ferner König von
Sizilien, wo er hofhielt, und von Jerusalem. Er
beherrschte Italienisch, Deutsch, Latein, Griechisch
und Arabisch. Auf dem fünften Kreuzzug erreichte er
auf diplomatischem Weg die Abtretung Jerusalems,
während er unter Kirchenbann stand. Er war ein Mann
großer kultureller Neuerungen, der ein Buch über

Falknerei schrieb, doch auch in der Lage war, Streitigkeiten zu schüren und nachtragend zu sein. Trotz des harten Kampfs, den er aufnahm, war ihm letztlich bei den meisten seiner Projekte kein Erfolg beschieden.

— Der heilige Thomas von Aquin (1225–1274). Wurde in Süditalien geboren, wo er auch studierte. Später wurde er Dominikanermönch und lehrte in Paris und Rom. Er schuf ein umfassendes philosophisch-theologisches System, das größtenteils auf Aristoteles basiert. Sein Einfluß auf die spätmittelalterliche Theologie war enorm.

— Dante Alighieri (1265–1321). Der größte Dichter Italiens. Nahm aktiv am politischen Leben in Florenz teil, bis er deswegen im Jahr 1301 fliehen mußte und in Abwesenheit zum Tod verurteilt wurde. Sein größtes Werk ist die *Göttliche Komödie*, in der er seinen Besuch in der Hölle (wo er mehrere seiner früheren politischen Widersacher trifft), im Fegefeuer und im Himmel beschreibt. Das Werk gilt noch immer als eins der bedeutendsten in der Geschichte der abendländischen Literatur.

5. Die Kreuzzüge

Die Wiedereroberung Spaniens von den islamischen Mauren (Reconquista) und der Kampf mit den Muslimen um Sizilien und die Vormacht im Mittelmeerraum hatten bereits in gewissem Grad Enthusiasmus für den Kreuzzugsgedanken entstehen lassen. Als die Pilgerfahrt ins Heilige Land und zu den heiligen Stätten Jerusalems und Bethlehems im späten elften Jahrhundert ständig schwieriger und gefährlicher wurde — aufgrund der fortwährenden Kriege zwischen Seldschuken und Fatimiden in Palästina —, war die Bühne für eine große Expedition Richtung Osten bereitet. Papst Urban II. rief am 27. November 1095 auf der Synode von Clermont die Christenheit zum Kreuzzug auf, um das Heilige Land zu befreien. Die Reaktion war überwältigend. Erste Gruppen ohne richtige Führung wurden unterwegs zerschlagen, aber eine gut organisierte Expedition schaffte es bis Konstantinopel und Kleinasien, eroberte Antiochia und nahm nach einer schwierigen Belagerung auch Jerusalem ein (am 14. Juli 1099). Die dort lebende muslimische und jüdische Bevölkerung wurde massakriert.

In Edessa, Antiochia und Tripoli wurden Kreuzfahrerstaaten ins Leben gerufen. In Palästina wurde ein Königreich Jerusalem geschaffen, das von Mitgliedern der herzoglichen Familie von Niederlothringen regiert wurde.

Nicht alle waren aus hehren Gründen gekommen. Wilhelm, der Erzbischof von Tyros, sagte später: »Nicht alle waren wegen Gott hier... Einige waren da, weil sie ihre Freunde nicht im Stich lassen wollten. Andere waren da, damit man sie nicht für Faulenzer hielt, während wieder andere ohne tieferen Grund anwesend waren oder um ihren Gläubigern zu entkommen, da sie schwer unter der Last ihrer hohen Schulden litten. Sie alle kamen aus unterschiedlichsten Gründen hierher.« Viele jüngere Söhne aus aristokratischen Familien kamen, um sich mit dem Schwert oder durch Heirat ein geeignetes Lehen zu verschaffen. Die Kirche hielt das Feuer der Kreuzzugsbegeisterung gut geschürt, einmal aus offensichtlichen religiösen Gründen und zum anderen, um ihre Vorherrschaft über die griechisch-orthodoxe Kirche aufrechtzuerhalten, um die Maschinerie des Feudalismus vor den eigenen Wagen zu spannen und um die eigene Position im Kampf gegen die deutschen Kaiser zu stärken.

Trotz aller Anreize lautet die nackte Wahrheit, daß letztlich nicht genügend Siedler die Levante erreichten und diese somit nicht in eine fränkische Provinz umgewandelt werden konnte. Der Hauptgrund dafür ist, daß nach der Durchreise des Ersten Kreuzzugs die Überlandroute von den kleinasiatischen Seldschuken wieder geschlossen wurde. Der alternative Seeweg war zu kostspielig und gefährlich für wirklich große Massen westlicher Siedler, die zu den Küsten des Heiligen Landes aufbrechen wollten. Infolgedessen mußte eine relativ kleine fränkische Minderheit eine große eingesessene Mehrheit regieren, die teils muslimisch war und teils aus Ostchristen bestand. Diese Christen hatten jedoch in keiner Weise teil an der Verwaltung des Landes und brachten somit kaum Loyalität auf.

Vor diesem Hintergrund überrascht es weniger, daß die Kreuzzugsbewegung schließlich fehlschlug, als daß sie tatsächlich so lange durchhielt. Zunächst reagierten die Muslime auf die offensichtliche militärische Überlegenheit der Christen eingeschüchtert. Der Höhepunkt christlicher Macht war unter König Balduin II. von Jerusalem (R.: 1118–1131) erreicht. Seine Nachfolger erwiesen sich als weniger fähig oder starben zu jung, und es setzte eine starke muslimische Gegenbewegung ein. Zunächst stand an ihrer Spitze Imad-ad-din Senghi von Mossul (R.: 1127–1146), der Edessa an Heiligabend 1144 zurückeroberte. Der gegen ihn gestartete Zweite Kreuzzug (1148) verlief fruchtlos. Später führte der Sultan von Aleppo, Nur-ad-din (R.: 1146–1174), die Bewegung gegen die Christen an, und auf ihn folgte Saladin (R.: 1175–1193), der Kairo *und* Damaskus regierte und somit die Kreuzfahrerstaaten völlig eingekreist hatte. Er zerschlug das Kreuzfahrerheer im Jahr 1187 in der Schlacht bei Hattin und eroberte im Anschluß daran mit Leichtigkeit alle Städte und Burgen des Königreichs Jerusalem (ausgenommen den Hafen von Tyros) sowie viele Befestigungen der anderen beiden christlichen Fürstentümer. Die Franken schienen in der Levante zum Scheitern verurteilt.

Doch die Begeisterung für den Kreuzzugsgedanken war noch lange nicht erstorben, und im Dritten Kreuzzug (1189–1192) unter der Führerschaft von König Richard Löwenherz von England gelang es den Christen erneut, entlang der Küste von Palästina ein (allerdings wesentlich kleineres) Königreich zu errichten, dessen Hauptstadt Akkon war. Hier und in den beiden nördlichen Fürstentümern hielten die Kreuzfahrer weitere hundert Jahre aus, bis Akkon im Jahr 1291 von der Dynastie der Mamelucken erobert wurde.

Dieses »zweite Königreich« war eine merkwürdige Sache. Die meiste Zeit wurde es theoretisch von Stellvertretern weit entfernter Könige regiert, doch in der Praxis von der lokalen Aristokratie, an deren Spitze das Geschlecht Ibelin stand. Die großen Ritterorden unterstanden eigenen Gesetzen, und das gleiche war bei den italienischen Handelsstädten Venedig, Genua und Pisa der Fall. Sie alle besaßen in Akkon ihr eigenes Viertel, und von Zeit zu Zeit, wenn die Saison vorbei war, also von Europa keine Schiffe zu erwarten waren, bekämpften sich die Italiener in ihren Gassen gegenseitig. Am Ende blieben die Venezianer Sieger, und die Genueser mußten sich nach Tyros zurückziehen. Da das Königreich Jerusalem, wie es immer noch genannt wurde, wirtschaftlich von ihnen abhängig war, gab es keine Möglichkeit, ihre Ausschreitungen zu unterbinden. Die Ritterorden waren keineswegs besser. Die Templer waren die großen Bankiers der Zeit, die wahllos Christen und Muslimen gleichermaßen Darlehen anboten. Die Johanniter besaßen mehr Grund und Boden in Westeuropa als jedermann sonst, den sie mit den riesigen Almosen erworben hatten, die sie für die Bekämpfung der Ungläubigen gesammelt hatten. Meistens verfolgten beide Orden in Palästina eine jeweils andere Außenpolitik. Eins der seltenen Male, bei denen sie zusammenarbeiteten, war gegen Kaiser Friedrich

II. während seines Kreuzzuges, doch dann kam diesem ein dritter, der Deutsche Orden, zu Hilfe. Friedrich war der einzige Befehlshaber eines Kreuzzugs, dem es nach 1187 gelang, sich in den Besitz Jerusalems zu bringen (1229), doch er stand nahezu allein gegen den geeinten Zorn der fränkischen Bewohner des Königsreichs, denen seine absolutistische Herrschaft mißfiel, und am Ende mußte sich der Kaiser nach Europa zurückziehen. Jerusalem ging 1244 erneut verloren.

Daß die Kreuzfahrer tatsächlich so lange aushielten, hat seinen Grund darin, daß die Mitglieder der Ayyubiden-Dynastie, die auf Saladin folgten, so schwach und lax waren, sowie in der Tatsache, daß der Handelsweg durch Akkon und Tyros, von dem auch die Muslime profitierten, so wichtig war. Doch als im Jahr 1260 das muslimische Palästina an das weitaus stärkere Haus der Mamelucken fiel (nachdem diese die Mongolen bei derselben Quelle Harod[24] geschlagen hatten, bei der Gideon ungefähr 2 350 Jahre früher die Midianiter besiegt hatte), war ihr Schicksal besiegelt.

Die Kreuzfahrer wurden stets als hervorragende Krieger und große Burgenbauer gewürdigt, doch an ihnen war noch mehr. Sie inspirierten Europa nicht nur zur Niederschrift von Liedern und Gedichten, sondern verfaßten selbst Werke, etwa Fabeln und bedeutende Arbeiten auf dem Gebiet der Rechte, die später die Feudalgebräuche in Europa beeinflussen sollten. Wilhelm, Erzbischof von Tyros, war einer der bedeutendsten mittelalterlichen Historiker. In ihrer Kunst entwickelten sie einen eindeutigen Stil bei Miniaturen und in der Ikonenmalerei. Sie fügten der gotischen Architektur den Spitzbogen hinzu und erfanden

---

24 Heute in Nordisrael; vgl. auch: Buch der Richter 7, 1 ff. – Anm. d. Lektors

für ihre Burgen runde statt der bislang quadratischen Türme, womit die Verteidigung leichter wurde.

Nach dem Fall von Akkon hielt sich auf Zypern noch ein letzter Kreuzfahrerstaat, der später (1489) von Venedig übernommen und im Jahr 1571 von den türkischen Osmanen erobert wurde. Auch der Kreuzzugsgedanke war noch nicht ganz verblaßt. Im vierzehnten und im fünfzehnten Jahrhundert gab es zahlreiche Pläne und einige wenige Versuche, die Kreuzzüge wiederaufleben zu lassen, doch keinem war Erfolg beschieden. Die Mamelucken ergriffen jedoch die Vorsichtsmaßnahme, systematisch alle Häfen von Palästina zu zerstören, und vertrieben damit die seßhafte Bevölkerung aus großen Abschnitten der Küstenebene. Da dieses Gebiet auch in der Folgezeit nicht wieder besiedelt wurde, ermöglichten sie es somit den ersten jüdischen zionistischen Siedlern, sechshundert Jahre später hier Fuß zu fassen.

Teil IX

Die Anfänge in Amerika und Afrika

Ostafrika ist die Wiege der Menschheit. Doch südlich der Sahara erfolgte der Eintritt Afrikas in die schriftlich niedergelegte Geschichte relativ spät.

Amerika andererseits wurde erst spät von Menschen besiedelt. Man glaubt, daß dies irgendwann vor 50 000 bis 40 000 Jahren geschah, und zwar durch Gruppen, die aus Sibirien kamen, das mit Alaska verbunden war. Von dort zogen sie langsam nach Süden, zunächst nach Nordamerika und später nach Südamerika. Bestimmte Aspekte der amerikanischen Kultur haben Spekulationen über spätere transpazifische Einflüsse Nahrung gegeben, doch bis heute ist nichts dergleichen bewiesen. So finden wir in diesem riesigen Doppelkontinent mehrere aufeinanderfolgende Hochkulturen, die offenbar ohne jeden Bezug zu dem entstanden sind, was sich zuvor in der Alten Welt ereignete.

Trotz ihrer Errungenschaften kamen diese beiden Kontinente in keinem Bereich so weit wie die älteren Hochkulturen in Asien und Europa. Sie haben niemals Reit- oder Zugtiere domestiziert, sie besaßen keine Fahrzeuge mit Rädern, keinen Pflug, keine Feuerwaffen, keine seetüchtigen Schiffe, keine Metallbearbeitung und nur in einzelnen Fällen ein richtiges Schriftsystem. Als sie im frühen sechzehnten Jahrhundert von winzigen Gruppen gutbewaffneter und unbarmherziger Spanier angegriffen wurden, fielen ihre Reiche wie Kartenhäuser zusammen.

1. Die ersten Hochkulturen in Mexiko

Mexiko spielte in gewissem Sinn in der Neuen Welt die gleiche Rolle wie der Mittlere Osten in der Alten Welt. Von hier gingen sehr viele grundlegende kulturelle Einflüsse aus. Um 5000 v. Chr. oder sogar noch früher vollzog sich in den Hochländern Mexikos die dortige Variante der agrarischen Revolution, die mit dem Anbau von Mais und anderen Pflanzen wie Bohne, Avocado und Kürbis begann. Von hier breitete sie sich nach Süden aus. Im weiteren Verlauf gesellten sich andere Pflanzen hinzu, etwa Süßkartoffeln, Tomaten, roter Pfeffer, Tabak und Maniok.

In mehreren Zentren, in denen die Bedingungen am günstigsten waren, begann die Bevölkerung zu wachsen. Ähnlich der Entwicklung im Mittleren Osten rund fünftausend Jahre früher erfolgte auch hier nach Einführung der Landwirtschaft eine städtische Revolution. Doch während mehrere tausend Jahre später das Schreiben im Mittleren Osten weit verbreitet war, blieb diese Entwicklung in Mittelamerika verkümmert, wenn auch die Zapoteken-Kultur im sechsten Jahrhundert v. Chr. ein rudimentäres Schriftsystem hervorbrachte. Doch in unserem Sinn lesen und schreiben konnten die Zapoteken nicht, und die meisten anderen Kulturen blieben völlig stumm und können im allgemeinen nur nach den von ihnen geschaffenen Artefakten beurteilt werden. Bis zu einem gewissen Grad ist ihre Geschichte folglich eine Kunstgeschichte. Die Spätphasen dieser Kulturen wurden zwar von den Europäern beschrieben, die sie zerstört hatten, und auch einheimische Annalen entstanden, doch ein großer Teil des dort Berichteten läßt sich nicht auf die Anfänge der Kulturen rückbeziehen.

Vermutlich die erste dieser stummen Kulturen ist die der Olmeken (ca. 1300–200 v. Chr.), die am Golf von Mexiko entstand, ihren Höhepunkt in der Mitte des ersten Jahrtau-

sends v. Chr. erreichte und sich nach Westen, nach Zentralamerika, und nach Osten auf die Halbinsel Yukatán und
nach Salvador ausbreitete. Eins der olmekischen Haupthei-
ligtümer hat man auf einer flachen Insel namens La Venta
ausgegraben. Die dortige große Pyramide ist in ihrer Betonung der äußeren Form auf Kosten des Innenraums bereits
für die spätere mexikanische Architektur und die der Maya
typisch. Die wiederholten Umbauten an ihr sind als Anzeichen dafür erklärt worden, daß man bereits einen sorgfältig
ausgearbeiteten Kalender kannte, der auf Zyklen von zwei-
undfünfzig Jahren beruhte.

Am meisten verblüfft westliche Besucher die olmekische
Menschenkopfplastik. Ihre aufgedunsenen Babygesichter
mit den leicht geöffneten Lippen blicken uns heute noch
angewidert an. Diese Merkmale finden sich auf riesigen
Steinköpfen wie auch auf winzigen Tonfigurinen. Manche
sind beinahe abstrakt, andere höchst realistisch.

Spätere Kulturen schufen eine Kunst, die etwas weniger
eindrucksvoll erscheint. »Federschlangen« sind typisch für
das große Zentrum Teotihuacán, das in den letzten Jahrhunderten v. Chr. gegründet wurde und bis zum Südosten
des Tals von Mexiko reichte. Es wurde eines der ausgedehn-
testen städtischen Zentren des präkolumbischen Mittelamerika, das 500 v. Chr. rund 200 000 Einwohner zählte, und
es blieb für weitere tausend Jahre die Hauptstadt eines
Reichs. Die Stadt besaß Hunderte von Tempeln, von denen
viele Gottheiten geweiht waren, die wir aus späteren Kulturen kennen, wie etwa Quetzalkoatl, die Federschlange, oder
Tlaloc, den Regengott und seinen Gefährten Chalchihuitlicue. Das größte Bauwerk war die riesige Sonnenpyramide,
doch gab es auch eine eindrucksvolle Mondpyramide, von
der eine »Straße der Toten« mit abgeflachten Pyramiden an
den Seiten wegführte.

Diese Kultur war offenbar pazifistisch und gegen Gewalt

eingestellt. Ihre Spätzeit, Mitte des ersten Jahrtausends v. Chr., wird als klassisches Zeitalter der präkolumbischen Geschichte betrachtet. Es gibt Beweise für den Einfluß dieser Stadt in so weit entfernten Gebieten wie einigen Zentren der Maya-Kultur.

Ihr Zusammenbruch im achten Jahrhundert v. Chr. hinterließ ein Machtvakuum, das nur allmählich und teilweise durch spätere Zentren wie Tula und Azcapotzalco gefüllt wurde. Tula, etwa 60 Kilometer nordwestlich von Mexico-City, war die Hauptstadt der Tolteken (zehntes bis dreizehntes Jahrhundert). Schriftliche Aufzeichnungen der präkolumbischen Spätzeit beschreiben bereits diese Periode. Der herausragendste Gott war noch immer die Federschlange, Quetzalkoatl. Die noch vorhandene Kunst dieser Kultur ist gekennzeichnet von ziemlich flachen Steinreliefs und abwechslungsreichen Töpferarbeiten.

Zuwanderungswellen von Nomaden aus dem Nordwesten, die zur Stammesgruppe der Chichimeken gehörten, vertrieben die Tolteken. Mehrere dieser Stämme kämpften wiederholt um die Vorherrschaft, wobei die Azteken sich zu Anfang des fünfzehnten Jahrhunderts als dominierende Kraft erwiesen. Nun befinden wir uns auf gesichertem historischem Boden, da die Azteken detailliert von den Spaniern, welche ein Jahrhundert später kamen, sowie in noch vorhandenen Annalen in Bilderschrift beschrieben wurden. Ihre Hauptstadt war Tenochtitlán, das heutige Mexico-City (und zur Zeit das bevölkerungsreichste städtische Zentrum auf diesem Planeten). Die Stadt muß schon damals beeindruckend gewesen sein – mit weißen Häusern und grünen Gärten, an Kanälen gelegen, zwischen blauen Seen, umringt von hohen Bergen. Der spanische Chronist Bernal Diaz del Castillo schilderte die Reaktion seiner Kameraden, als sie das erste Mal den Anblick genossen: »Es ist wie das Wunder, von dem in der Legende des Amadias erzählt wird!

Ist das, was wir sehen, kein Traum?« Die Zahl der Bevölkerung war selbst zu jenem Zeitpunkt hoch – etwa 300 000.

Die Azteken waren ein tatkräftiges, kriegerisches Volk. Ihre Kunst pulsiert von Leben, wenn sich auch ein großer Teil davon mit dem Tod beschäftigt. Sie brauchten Tausende von Kriegsgefangenen, damit sie ihnen die Herzen als Opfer für ihren Kriegs- und Sonnengott Huitzilopochtli ausreißen konnten. Sie glaubten, ohne diese Opfer wäre er morgens nicht in der Lage, den Mond und die Sterne der Nacht zu vertreiben und seine Reise am Himmel fortzusetzen. Krieg war zur Beschaffung dieser Gefangenen notwendig und bildete somit ein zentrales Merkmal der Aztekenreligion. Auch ihre Wirtschaft basierte auf Krieg, Eroberung und Tributzahlungen. Aufgrund ihrer kriegerischen Fähigkeiten beherrschten sie im frühen sechzehnten Jahrhundert den größten Teil Mexikos. Doch wegen ihres ungezügelten Blutdursts haßten die unterworfenen Völker sie, und einige davon halfen den Spaniern bei ihrer Ankunft, die ehemaligen Herren zu besiegen und ihr Reich zu zerstören.

2. Die Maya

Sie lebten in dem Land zwischen Guatemala und Honduras im Süden und der Halbinsel Yukatán im Norden.

Die Wurzeln der Maya reichen etwa bis 2000 v. Chr. zurück, als sie anfingen, ihre ersten Städte zu bauen. Im ersten Jahrtausend v. Chr. wurden sie stark von der olmekischen Kultur in Mexiko beeinflußt. Sie übernahmen von den Zapoteken einige Schriftrudimente und entwickelten sie weiter, wodurch sie die einzige wirklich schriftkundige Hochkultur des präkolumbischen Amerika wurden. Von den Olmeken übernahmen sie eine Grundform des Kalenders und entwickelten und verfeinerten diesen dann stark.

165

Um ihn weiter zu verbessern, beschäftigten sie sich intensiv mit Astronomie. Hieroglyphische Inschriften großer Komplexität verzeichnen die von ihnen berechneten Daten und Zyklen.

Auch bei den Maya lag die klassische Periode in der Mitte des ersten nachchristlichen Jahrtausends. Sie war nicht so sehr durch große Städte gekennzeichnet, als vielmehr durch eine große Anzahl zeremonieller Zentren, die anscheinend in ansonsten ländlicher Umgebung lagen. Das auffälligste Phänomen war die eindrucksvolle Kunst, die dort gefertigt wurde: riesige Pyramiden, deren Spitzen mit Tempeln bekrönt waren, kompliziert behauene Steinstelen, verschlungene stilisierte Körper in Flachreliefarbeit und vor allem mehrfarbige Freskomalereien, die wichtige Zeremonien zeigten und in Bonampak noch zu sehen sind. Letztere sprühen vor Leben und Ausdruck: wilde Kämpfe, heilige Rituale, das Flehen eines Gefangenen, kurz bevor er getötet wird, die Folterung anderer und die seltsamen Masken von Schauspielern, die Naturgötter darstellen.

Es gab einige Städte — eine davon war Tikal mit rund 50 000 Einwohnern und eindrucksvollen Tempelgruppen —, die auf erhöhten Plattformen standen. Die Wirtschaft war nicht rein landwirtschaftlich, sondern umfaßte auch den Export von Produkten wie Jade und Obsidian. Aus Mexiko importierten die Maya Metallgegenstände.

Einige Historiker sind der Ansicht, in ihrem Zentrum, in Petén, habe die Wirtschaft der Maya-Kultur auf der tropischen Landwirtschaftsform der Brandrodung beruht. Die Bevölkerung sei jedoch erheblich schneller angewachsen, als mit dieser Methode der Urwaldvernichtung Nahrung für sie bereitgestellt werden konnte — mit katastrophalen Folgen. Um 900 v. Chr. brach die Maya-Kultur zusammen, und ihre Zeremonialzentren verfielen. Manche von ihren Standorten auf Yukatán wurden wiederbesiedelt und mit Mauern umgeben. Vor allem Chichén Itzá spielte nun eine zentrale Rolle. Die Stadt war vom achten bis zwölften und nochmals vom dreizehnten bis zum sechzehnten Jahrhundert besiedelt. Doch die Qualität der späten Maya-Kultur ist nicht mit ihrer klassischen Periode vergleichbar. Nun zeigten sich starke Verbindungen zu Mexiko, besonders zu Tula – vielleicht ein Anzeichen dafür, daß Yucatán zunächst von den Tolteken und später von den Azteken dominiert war. Die spätere Maya-Kunst zeigt erneut die Beschäftigung mit Gewalt und Tod, wie etwa auf den Reliefs, die Jaguare und Adler beim Verzehr von Menschenherzen zeigen oder Reihen von auf Stangen befestigten Schädeln.

Als die Spanier in dieses Gebiet kamen, trafen sie nur noch auf schwache, mexikanisierte Überbleibsel dieser einmal großen Kultur. Sie stießen auf wenig Widerstand, da sich die Maya-Gruppen nicht zusammenschlossen und eine nach der anderen ausgerottet werden konnten. Einige Hinterlassenschaften ihrer früheren Größe, etwa Bauwerke, Skulpturen und Wandgemälde, wurden von den zurückkehrenden Wäldern glücklicherweise verborgen und so der Nachwelt bewahrt.

3. Die ersten Hochkulturen in Peru

Merkwürdigerweise finden sich in Südamerika viel ältere Hinweise auf menschliche Besiedlung (vor 33 000 Jahren, in Chile und Brasilien) als in Nordamerika. Die agrarische Revolution im Süden kann sehr wohl bereits um 8500 v. Chr. in Peru eingetreten sein (Kürbis, Bohnen und Paprikaschoten). Mais tauchte im siebten Jahrtausend v. Chr. auf, doch da die angebauten Pflanzen mit den wilden Sorten praktisch identisch waren, könnten diese Daten zu früh angesetzt sein. Lamas könnten bereits um 5400 v. Chr. domestiziert worden sein.

Entlang der schmalen, trockenen Küste gehen die präkeramischen Kulturen Perus bis auf ungefähr 2500 v. Chr. zurück. Keramik erscheint in Kolumbien um 3000 v. Chr. und in Peru etwa ein Jahrtausend später. Infolge der niedrigen Feuchtigkeit haben sich dort Baumwollstoffe mit komplizierten Mustern und auch Fischernetze aus Baumwolle erhalten können. Im Lauf des zweiten Jahrtausends v. Chr. sind in diesem Küstengebiet anscheinend kleine Staaten entstanden, ebenso wie in den Hochlandgebieten im Landesinneren. Einer davon konnte seinen Einfluß um 900 v. Chr. ausweiten und breitete sich fast das ganze erste Jahrtausend v. Chr. hindurch über den größten Teil der peruanischen Küste und auch über die Hochebenen im Norden aus. Die Rede ist von der Chavín-Kultur, die etwa von 1200 bis 200 v. Chr. existierte, also ungefähr gleichzeitig mit der Olmeken-Kultur in Mittelamerika. Ihre Skulpturen, Geräte und Töpferarbeiten sind jedoch wesentlich weniger beeindruckend als die der Olmeken. Auch hier wurden zeremonielle Zentren errichtet, die noch eineinhalb Jahrtausende lang weiterbestanden. Die Chavín-Kultur ging allmählich unter und wurde von verschiedenen Kulturen in vielen Teilen dieses Gebiets abgelöst.

Die eindrucksvollste Hochkultur in der klassischen Periode Perus war die der Mochica (nach dem Fluß Moche) an der Küste im Norden (um 0—600). Realistische farbige Porträtvasen der Mochica sind die erstaunlichsten Stücke einer Kunst, die jemals irgendwo im präkolumbischen Amerika geschaffen wurde. Auch andere wunderschöne Keramikarbeiten, von denen einige Bauwerke zeigen, andere Menschen mit zahlreichen Krankheiten, ferner Waffen, Krieger, Gefangene und einige erotische Szenen, haben die Zeiten überdauert. Aus Gold und Silber fertigte man Zierat, desgleichen aus Kupfer, aus dem auch Werkzeuge und Waffen hergestellt wurden. Man hat nur einige wenige eindrucksvolle Bauwerke gefunden, jedoch überhaupt keine bedeutende Großplastik.

Im gleichen Zeitraum existierte eine weitere hochentwickelte Zivilisation entlang der Südküste – die Nazca-Kultur, die einen individuellen Stil in ihren Keramiken und Textilien hervorbrachte.

Um 500 bis 1000 bestanden zwei miteinander verwandte Kulturen (und offenbar auch Reiche) nebeneinander, die Huari-Kultur im Norden und die Tiahuanaco-Kultur im Süden. Beide scheinen von der Chavín-Kultur beeinflußt worden zu sein. Das autoritäre System der späteren Inkas könnte seine Wurzeln in der straffen Verwaltung dieser Reiche haben. Die Huari-Kultur entwickelte eine Stadtkultur, und ihre Orte traten an die Stelle der früheren Zeremonialzentren.

Sie wurde um 1300 von der Chimú-Kultur abgelöst, die einen großen Teil des nördlichen Küstengebiets kontrollierte. Ihre Hauptstadt Chan-Chan ist ein eindrucksvoller Ort, der sich aus zehn Bezirken zusammensetzt, die von Mauern umgeben sind und in denen man neben anderen Bauten auch Pyramiden findet. Die Straßen sind lang und gerade und treffen sich im rechten Winkel. Die Chimú legten größeren Wert auf Quantität als auf Originalität. Ihre Keramikkunst ist standardisiert, doch ihre Kunstfertigkeit ist beeindruckend.

Der Süden kehrte nach dem Niedergang der Tiahuanaco-Kultur zu einem ländlichen Lebensstil zurück, doch die letztendliche Vereinigung Perus durch die Inkas nahm ihren Ausgang hier – und nicht im urbanisierten Norden. Eine kleine militaristische Führungselite führte die Inkas im fünfzehnten Jahrhundert zu Eroberungen in weit auseinanderliegenden Gebieten, bis sie ein Reich geschaffen hatten, das sich von Nordekuador bis zur Mitte Chiles erstreckte und eine weitaus größere Grundfläche hatte als die des zeitgenössischen Aztekenreichs. Aus spanischen Quellen weiß man ziemlich viel über ihren Staat und dessen Institutionen.

Es war ein autokratisch regierter Wohlfahrtsstaat. Jede Familie erhielt gerade genug Land zugewiesen, um sich ausreichend zu ernähren, doch ohne einen Überschuß erzielen zu können. Zum Nutzen des Staats und der Priesterschaft mußten die Bauern zusätzlich Land bearbeiten. Auf diese Weise trugen sie ihr Teil bei, eine breite Schicht von Adligen und Priestern, die gut versorgt wurde, an der Macht zu halten. Die Bevölkerung wurde rigoros reglementiert und konnte weder Initiative noch Unabhängigkeit entwickeln. Jede Familie mußte sich ihre Werkzeuge und ihre Haushaltsgeräte selbst bauen und spann und wob die eigene Kleidung aus Wolle, die der Staat zur Verfügung stellte. Jeder Distrikt mußte einen bestimmten Prozentsatz an Männern für die Arbeit in den Minen, für den Heeresdienst und öffentliche Arbeiten zur Verfügung stellen. Der Inkakaiser wurde als göttlich betrachtet – als Abkömmling der Sonne –, und er hatte unbegrenzte Macht. Um sein Geschlecht rein zu erhalten, mußte er seine Schwester heiraten. Trotz dieser inzestuösen Ehen gingen daraus starke und fähige Herrscher hervor.

Der Erfolg der Inkaheere war der effektiven Logistik zu verdanken. Der Nachschub wurde in Regierungsspeichern gelagert, die in mäßiger Entfernung voneinander entlang der Höhenstraßen verteilt waren, die die Truppen nehmen mußten. Erfolgreiche Kommandeure wurden mit reichen Geschenken bedacht. Die Soldaten waren mit Bolas ausgerüstet (an einer Schnur befestigte Steine, die man herumwirbelt und dann wirft), mit Schleudern, Keulen, Speeren und schweren Holzschwertern. Doch gegen die Feuerwaffen der Spanier hatten sie – wie sich zeigte – keine Chance.

4. Die Anfänge südlich der Sahara

Bereits in einer frühen Phase seiner Geschichte beeinflußte Ägypten die Gebiete weiter im Süden, und um 3000 v. Chr. war der Ackerbau in einem Großteil des Sudan und in einem breiten Streifen vom Atlantik bis zur äthiopischen Hochebene angenommen worden. Die meisten angebauten Getreidesorten stammten aus dem Mittleren Osten, aber in Westafrika kamen noch Sorghum und eine örtliche Reissorte hinzu. Bislang konnte man keine Anzeichen für ein Bronzezeitalter entdecken.

Das erste bekannte Königreich entwickelte sich im Süden von Ägypten. Die Handelswege hatten mindestens seit prädynastischen Zeiten durch Nubien geführt. Ein Fürstentum mit dem Namen Kusch wird südlich des dritten Nil-Katarakts zu Anfang des zweiten Jahrtausends v. Chr. erwähnt. Es wurde dann stark ägyptisiert. Im achten Jahrhundert v. Chr. wurde Ägypten selbst von den Nubiern erobert, die dort als die 25. Dynastie regierten; ihre Hauptstadt (in der Nähe des 4. Katarakts) hieß Napata. Sie verloren Ägypten 676/666 an die Assyrer. Ein Jahrhundert später schob Kusch seine Grenzen im Süden weiter vor, über die Wüste und die Katarakte hinaus auf eine Linie südlich von Khartum. Die neue Hauptstadt war Meroë. Erst jetzt wurde aus Kusch ein vorherrschend schwarzes Königreich. Es gab in der Nähe von Meroë Eisenerz im Überfluß, das intensiv bearbeitet wurde und die Grundlage für Kuschs Wohlstand in den letzten Jahrhunderten v. Chr. bildete.

Die Technik der Eisenschmelze gelangte durch Nubien in den Sudan. Ungefähr zur gleichen Zeit erreichten die südostasiatischen Nahrungspflanzen, etwa Bananen und die asiatische Jam, die Bantu sprechenden schwarzen Bewohner am Gürtel der äquatorialen Wälder. Ausgerüstet mit Eisenwerkzeugen, breiteten sie sich langsam bis um 1500 n. Chr.

in der südlichen Hälfte Afrikas aus und bauten überall, wo sie hinkamen, die neuen Nahrungspflanzen an. Ähnlich ausgestattete Neger, die sudanische Dialekte sprachen, besiedelten den Westen Afrikas. Frühere und rückständigere Bewohner wurden von den Bantu aufgesogen oder vertrieben, wie etwa die Buschmänner, die in die ungastlichsten und trockensten Gebiete Südwestafrikas verdrängt wurden. Ein großer Teil Ostafrikas war von Hamiten[25] besiedelt, doch auch sie wurden von den Bantus verdrängt. Die Hottentotten scheinen ihre Existenz der Vermischung von Hamiten und Buschmännern zu verdanken.

Der Grund für den Niedergang Meroës seit dem ersten Jahrhundert n. Chr. war der Aufstieg eines rivalisierenden Handelskönigreichs mit der Hauptstadt Axum. Es handelte sich dabei offenbar um die Nebenlinie eines semitisch-sabäischen Fürstentums im heutigen Jemen, und es bezeichnet den Beginn eines unabhängigen Äthiopien, das seit dieser Zeit ohne Unterbrechung besteht. Axum war der große Umschlagplatz für Elfenbein in Nordostafrika und entwickelte sich zu einer höchst wohlhabenden Stadt. Im vierten Jahrhundert nahmen seine Herrscher das Christentum in monophysitischer Form an. Ungefähr zur gleichen Zeit griffen seine Heere Kusch an und vernichteten es. Die Geschichte Äthiopiens ist zu verwickelt, um hier detaillierter behandelt zu werden. Es muß uns genügen festzustellen, daß es während beinahe der ganzen Zeit seines Bestehens in den Kampf gegen den vordringenden Islam verwickelt war.

---

25 Der Begriff geht auf die biblische Völkertafel zurück (Söhne des Ham). Seit dem 19. Jh. bezeichnet er eine Sprachgruppe von Völkern verschiedener Rassen in Nord- und Nordostafrika (Berber, Tuareg, Somali, Nubier, Massai u. a.). Wegen seiner Unschärfe wird der Ausdruck heute nur noch selten verwendet. − Anm. d. Lektors

Wenden wir uns nun dem Westen des Sudan[26] zu. Um 200 v. Chr. wurde ein erstes Handelszentrum in Jenne-Jeno am Oberlauf des Niger gegründet, das seinen Höhepunkt im späten ersten Jahrhundert n. Chr. erreichte. Es exportierte Getreide und Fisch und importierte Eisenerz. Der Trans-Sahara-Handel wurde durch das Auftauchen muslimischer Händler seit dem achten Jahrhundert intensiviert. Timbuktu, im heutigen Mali, entwickelte sich zu einem Endpunkt des Trans-Sahara-Handels.

Dieser Handel war einer der Gründe für den Aufstieg von Königreichen im Westen des Sudan. Am bekanntesten ist Ghana, das um 400 n. Chr. gegründet wurde, etwa 750 Kilometer nordwestlich seines neuzeitlichen Namensvetters. Auf der Höhe seiner Macht dehnte es sich von der Nordkurve des Niger bis zu den oberen Gebieten des Flusses Senegal aus. Es erhob Abgaben für den expandierenden Trans-Sahara-Handel und wurde reich und mächtig. Durch das von dort nach Nordafrika ausgeführte Gold wurde es in der muslimischen Welt berühmt.

Während Ghana dem heidnischen Glauben verhaftet blieb, hatte sich an all seinen Grenzen der Islam nach Süden ausgebreitet. Die Wüstennomaden wurden im Lauf der folgenden Jahrhunderte bekehrt, und auch die Herrscher der Staaten südlich der Sahara fanden es gewinnbringender, den Islam anzunehmen, um so den Handel mit Nordafrika zu erleichtern. Die fanatisch muslimischen Almoraviden wurden ausgeschickt, die wenigen Widerständigen mit Gewalt zu überzeugen. Im Jahr 1076 besiegten sie Ghana und besetzten seine Hauptstadt. Von nun an waren alle Großkönigreiche am Südrand der Sahara muslimisch.

---

26 Der Name bezeichnet in diesem Zusammenhang nicht den Staat, sondern die quer durch Afrika reichende Region südlich der Sahara und nördlich der Regenwaldzone. – Anm. d. Lektors

Einer Erwähnung wert ist vermutlich auch das König-reich Kanem, im Osten und Norden des Tschad-Sees gele-gen, das um 800 gegründet wurde und im elften Jahrhun-dert zum Islam überging. Sein Name änderte sich zu Bornu, und es überlebte bis ins neunzehnte Jahrhundert. Um 1300 wurde die Stadt Jenne-Jeno zum Islam bekehrt, und um zu beweisen, daß sie dem Heidentum abgeschwo-ren hatten, verlegten die Bewohner die Stadt an einen neuen Standort.

Die Nachfolge Ghanas trat Mali an, das weiter im Westen lag, jedoch größer war und vom Atlantik im Westen bis zum Zusammenfluß von Niger und Benue im Osten reichte. Auch Jenne und Timbuktu gehörten dazu. Ferner war es reicher und besser bekannt in der islamischen Welt, vor allem nachdem seine Herrscher Pilgerfahrten nach Mekka unternahmen und unterwegs großzügig mit Geschenken um sich warfen.

Der interessanteste aller Staaten, die im elften bis zwölften Jahrhundert in den Wäldern von Südnigeria entstanden, war Benin. Sein Handel beruhte in erster Linie auf Sklaven. Es hatte seit dem fünfzehnten Jahrhundert einen großen Ruf wegen seiner höchst originellen Messingplastiken, die Köpfe von Häuptlingen, Hofzeremonielle und bereits por-tugiesische Soldaten darstellten.

Mali bestand nicht sehr lange— nur von der Mitte des dreizehnten bis zur Mitte des vierzehnten Jahrhunderts. Ihm folgte das noch größere Reich Songhai, das als einziges je fast den gesamten Sudan westlich von Bornu einte. Seine heilige Stadt Timbuktu war für ihren Wohlstand und ihre Bildung berühmt. Um 1600 ist Songhai jedoch von einem marokkanischen Heer zerstört worden, das bereits mit ein-fachen Feuerwaffen ausgerüstet war. Die marokkanische Besetzung war nur von kurzer Dauer, doch die dadurch angerichtete Verwüstung hatte Bestand. Die Anzahl der

Karawanen durch die Sahara nahm ab, und Wohlstand und Kultur im Westsudan verfielen rasch.

In den Häfen Ostafrikas kontrollierten Suaheli sprechende islamische Herrscher den gewinnbringenden Seehandel, gründeten jedoch keine großen oder lange bestehenden Fürstentümer.

Der wichtigste späte Beitrag der Afrikaner war passiver Natur: als Opfer des transatlantischen Sklavenhandels. Arabische Banden überfielen kleine Dörfer, schleppten geeignete Männer, Frauen und Kinder weg und schlachteten häufig viele andere ab. Zunächst wurden die Opfer an portugiesische Kaufleute verkauft, doch seit dem siebzehnten Jahrhundert hauptsächlich an britische, holländische und französische Sklavenhändler. Die Blütezeit dieses Handels mit Menschen war im siebzehnten und achtzehnten Jahrhundert, er konnte jedoch erst in der zweiten Hälfte des neunzehnten Jahrhunderts ganz gestoppt werden. Diejenigen, die die Seereise überlebten, endeten auf europäischen Plantagen und in den Minen Amerikas. Etwa zehn Millionen Sklaven kamen in die Neue Welt, doch noch viel mehr starben in Afrika und während der Überfahrt. Afrika südlich der Sahara wurde jahrhundertelang durch diese Geißel verheert, und so manche Nachwirkungen sind auch heute noch spürbar.

Teil X
Die Kulturen kommen
miteinander in Kontakt

Es ist vielleicht ein wenig irreführend, von »Kulturen« oder »Zivilisationen« zu sprechen, als wären sie abgeschottete Einheiten, die sich nicht miteinander vermischen. In Wahrheit haben stets Kontakte zwischen ihnen bestanden, haben sie sich gegenseitig beeinflußt. In einigen Fällen wuchsen diese Einflüsse zu Massenwanderungen an, sowohl von Menschen wie von Ideen und Techniken. Ein paar traten so früh in der Geschichte auf, daß wir darüber nicht genug wissen, um sie im Detail beschreiben zu können. Wir werden hier die wichtigeren von denen besprechen, die für eine detaillierte Behandlung ausreichend gut dokumentiert sind. Hierbei werden wir weniger stark an die Chronologie gebunden sein als an anderer Stelle in diesem Buch, und zwar aufgrund der Ähnlichkeiten und Unähnlichkeiten zwischen diesen Fallbeispielen, die wir herausarbeiten wollen, selbst wenn längere Zeiträume dazwischenliegen. Ferner werden wir Ereignisse erwähnen, die sich in unterschiedlichen Gegenden unseres Planeten zutrugen und zwischen denen manchmal riesige Entfernungen lagen. Tatsächlich ist die Überwindung der Distanz der allgemeine Nenner der hier vorgestellten Beispiele.

1. Die Seevölker

Obgleich sie sowohl in der Bibel wie in ägyptischen Inschriften des zwölften Jahrhunderts v. Chr. Erwähnung finden, so ist man doch noch stark auf Mutmaßungen angewiesen, was diese Gruppe von Seeräubervölkern anbelangt. Daher wissen wir auch noch nicht, inwieweit sie mit der Völkerwanderung auf dem Balkan vom fünfzehnten bis zum dreizehnten Jahrhundert v. Chr. in Verbindung stehen. Als sie am Horizont der Geschichte erscheinen, leben sie entlang der südöstlichen Küste der Ägäis und auf einigen der ägäischen Inseln. Die Bibel behauptet, die Philister würden von Kreta stammen.

Die Seevölker scheinen die Küsten des Mittelmeeres durchstreift zu haben, ähnlich wie zweitausend Jahre später die Wikinger die Küsten Westeuropas heimsuchten. Eins dieser Völker, die Schardin, war beispielsweise Teil einer Gruppe, die in Kyrene[27] landete und Ägypten während der Regierungszeit von Merenptah (1236–1223) von Westen her angriffen. Später werden sie als Söldner in ägyptischen Diensten erwähnt.

Die Seevölker scheinen auch das westliche Mittelmeer erreicht zu haben. Die Insel Sardinien ist anscheinend nach den Schardin benannt, Sizilien nach den Sakalus oder Sikeloi (Sikelern). Die Ankunft letzterer veranlaßte die Bewohner der Küstenebenen, ihre Dörfer und Felder zu verlassen und ins Landesinnere zu flüchten. Einige Seevölker haben sich offenbar in dem verlassenen fruchtbaren Gebiet niedergelassen. Herodot behauptete, daß die Etrusker aus Kleinasien gekommen seien.

---

27 Im heutigen Ostlibyen − Anm. d. Lektors

Möglicherweise sollte man sie als die Tyrsener identifizieren, ein weiteres Seevolk (»Tyrrhener« hießen die Etrusker auf griechisch).

Am interessantesten aber ist die Frage, bis zu welchem Grad die Seevölker an dem Zusammenbruch der mykenischen Kultur beteiligt waren. Waren sie tatsächlich ein Teil dieser Kultur (wie die Lokalisierung der Philister auf Kreta nahelegt) und spalteten sich ab, um eine neue Lebensweise als Freibeuter und Korsaren aufzunehmen? Die zyklopischen Befestigungswerke der mykenischen Städte könnten sehr wohl zu deren Abwehr errichtet worden sein. In Pylos, auf der Südhälfte der Peloponnes, lassen die auf uns gekommenen sogenannten Linear-B-Aufzeichnungen den Schluß zu, daß der Angriff nicht unerwartet erfolgte. Das Fehlen menschlicher Überreste legt nahe, daß die Einwohner noch rechtzeitig fliehen konnten. Waren die Seevölker die Hauptursache für diesen Zusammenbruch oder nur eine Folge davon? Ihre Wanderungen könnten durchaus das Ergebnis und nicht die Ursache des politischen, sozialen und wirtschaftlichen Kollapses gewesen sein, der sich um 1200 v. Chr. in Anatolien und der Ägäis ereignete.

Bis dahin hatten sich die Seevölker in erster Linie als Seeräuber bemerkbar gemacht, doch nun entschlossen sie sich zu einer großangelegten Landexpedition. Sie müssen eine wirklich bedrohliche Landstreitmacht auf die Beine gestellt haben, denn das mächtige Hethiterreich verlangte von seinen Randkolonien, etwa der Stadt Ugarit an der Nordostecke des Mittelmeers, unverzüglich alle eingezogenen Männer zum Hauptheer der Hethiter zu schicken. Die Archive von Ugarit und des Hethiterreichs überhaupt sind seit diesem Zeitpunkt verstummt. Passiert muß folgendes sein: Die Streitmacht der Hethiter wurde vernichtend geschlagen, das Hethiterreich zerstört, und als das Heer der Seevölker die syrische Küste erreichte, gab es dort keine Streitmächte mehr, die es hätten stoppen oder auch nur abbremsen können. Die ehemaligen Piraten zogen mit ihren Ochsenwagen nach Süden, Männer, Frauen und Kinder, und wurden erst von dem ägyptischen Pharao Ramses III. (R.: 1194–1162) angehalten. Im westlichen Nildelta ist es um 1189 zu einer großen Schlacht gekommen. Die Reliefs von Ramses am Medinet-Habu-Tempel vermitteln uns ein sehr lebendiges Bild vom Aussehen der Seevölker, die so etwas wie indianischen Federschmuck trugen. Andere Reliefs dort zeigen die große Seeschlacht, in deren Verlauf die Flotte der Seevölker vernichtet wurde, die auf dem Weg nach Süden die Insel Zypern erobert hatte.

Ramses siedelte einige besiegte Seevölker entlang der Küste Palästinas an – die Philister im Süden, die Tjeker weiter nördlich und einige Schardin offenbar in Akkon. Man hat sogar die Vermutung geäußert, der israelitische Stamm Dan sei ursprünglich identisch mit den Denje der Seevölker gewesen.

Nachdem sie einmal seßhaft geworden waren, erwiesen sich die Seevölker als wenig interessant oder kreativ. Die Etrusker im Westen gerieten bald unter den kulturellen Einfluß der Griechen. Die Philister im Osten akzeptierten Religion und Kultur der Kanaanäer. Die einzige echte Spur, die sie in der Geschichte hinterlassen haben, der Name Palästina, wurde im zweiten Jahrhundert n. Chr. von den Römern geprägt, die damit den gängigen Namen Judäa nach dem Scheitern der jüdischen Aufstände aus politischen Gründen auslöschen wollten – das war lange nachdem die Seevölker von der Bildfläche verschwunden waren.

2. Die Phönizier und ihre Expeditionen

Bis spät ins zweite Jahrtausend v. Chr. hinein lassen sich die Phönizier nicht von der allgemeinen Masse semitischer Westkanaanäer trennen. Im Norden und im Süden von diesen gab es Küstenstädte, die man nicht als phönizisch bezeichnete, etwa Ugarit und Alalak im Norden und Jaffa und Askalon im Süden. Was die wenigen Städte entlang der libanesischen Felsküste, etwa Tyros, Sidon, Beirut, Aradus und Byblos, so herausragen läßt, ist hauptsächlich ihre Bedeutung als Handelsstädte und Seemächte in der ersten Hälfte des ersten Jahrtausends v. Chr.

Tyros wird erstmals in ägyptischen Texten aus dem achtzehnten und siebzehnten Jahrhundert v. Chr. erwähnt. Archäologische Funde, vor allem in Byblos, sind wesentlich älter. Doch die eigentlich wichtige Periode der phönizischen Geschichte beginnt erst ab ungefähr 1000 v. Chr. Als der König von Tyros in der Bibel erwähnt wird, im zehnten Jahrhundert, machten sich die Phönizier bereits einen Namen als handeltreibende Abenteurer, als kühne Unternehmer, die nicht nur das Mittelmeer, sondern auch das Rote Meer mit ihren Segelschiffen bereisten. Im zehnten Jahrhundert, unter König Hiram I. (R.: ca. 970–935), überflügelte Tyros all seine Rivalen, besonders Sidon und Byblos, und stieg zur dominierenden Stadt an der phönizischen Küste auf. Seine Haupterwerbszweige waren Weben, die Herstellung von Purpurfarbstoff, Färben, Elfenbeinschnitzerei und vielleicht schon die Glasherstellung. Außerdem exportierten sie Zedernholz vom Libanon-Gebirge, das beispielsweise für den Bau des Salomon-Tempels in Jerusalem verwendet wurde. Tyros gründete Handelsstützpunkte auf Zypern und besetzte die nördliche Küstenebene Palästinas bis hinunter zum Berg Karmel. Seine Kaufleute erreichten Griechenland und die Küsten der Ägäis.

Im späten neunten Jahrhundert hatte sich der tyrische Handel im zentralen und westlichen Mittelmeerraum etabliert, so daß es sich für die tyrischen Phönizier lohnte, in der Nähe des heutigen Tunis die Stadt Karthago zu gründen. Andere Kolonien im Westen Libyens, im Süden Sardiniens, auf Malta und den Balearen folgten. Im siebten und sechsten Jahrhundert wurden entlang der marokkanischen Küste, in Südspanien und im Westen Siziliens zusätzliche Stützpunkte errichtet.

Hochinteressant sind die Expeditionen der Phönizier, die bis zu den europäischen Forschungsreisen zweitausend Jahre später in forscherischer Hinsicht alles andere in den Schatten stellten. Auf Anordnung des ägyptischen Pharao Necho II. (R.: ca. 609–593) umsegelte eine phönizische Expedition ganz Afrika – eine ungeheure Leistung, wenn man bedenkt, wie klein ihre Schiffe waren. Einer ihrer späteren Forscher, der Karthager Hanno, umfuhr im fünften Jahrhundert ganz Westafrika, und ein Teil seiner Reisebeschreibung existiert noch. Andere Phönizier könnten die Azoren, wo man einige ihrer Münzen gefunden hat, und die Kanaren erreicht haben. Der Karthager Himilko besuchte die Atlantikhäfen der Iberischen Halbinsel auf der Suche nach Zinn und könnte sogar bis England gekommen sein.

Wenn auch sehr viele der von den Entdeckern zusammengetragenen Kenntnisse später verlorengingen, so müssen die Regierenden in Tyros, Sidon und Karthago doch ein ziemlich genaues Bild von einem Großteil Europas, Afrikas und Südwestasiens besessen haben. Ihre Handelsschiffe waren überall unterwegs, vom Indischen Ozean über das Mittelmeer bis zum Atlantik.

Als im sechsten Jahrhundert zuerst Babylon und später Persien einen großen Teil Westasiens und Ägyptens besetzten, wurden auch die phönizischen Städte Vasallen. Da es

Persien nie gelang, eine eigene Flotte aufzubauen, war man auf die phönizische angewiesen (wie auch auf die Flotten Ioniens und Ägyptens). Somit waren die Beziehungen Persiens zu den Phöniziern nicht ganz so einseitig, und die Perser berücksichtigten auch deren Wünsche. Die meisten Städte entlang der Küste von Palästina wurden unter die Kontrolle von Tyros oder Sidon gestellt, und diese beiden Städte erlebten unter den Persern eine ihrer größten Wohlstandsperioden. Nach der Eroberung des Gebiets durch Alexander den Großen (in deren Verlauf Tyros nach sechsmonatiger Belagerung erstmals fiel) schwand seine Bedeutung dahin, und die Griechen übernahmen zum großen Teil den Handel. Die großen phönizischen Städte verkamen in hellenistischer und römischer Zeit zu Provinzstädtchen, deren Bürger aus der Oberschicht griechisch sprachen.

Im Westen erlebte Karthago einen kometenhaften Aufstieg. Der ausgedehnte Handel dieser Stadt bildete die Grundlage für ihren großen Reichtum. Sie kontrollierte alle Kolonien, die ursprünglich von Tyros in Nordafrika und auf Sardinien errichtet worden waren. Ihr Handel brachte sie in Konflikt mit den Griechen in Süditalien und Sizilien. Ihre Bedrohung Ostsiziliens führte zum Ersten Punischen[28] Krieg (264–241), in dessen Verlauf Karthago Sizilien an Rom verlor; später bauten die Karthager statt dessen ihr Reich in Südspanien auf. Von ihren dortigen Stützpunkten aus fiel Hannibal, ihr größter Heerführer, im Zweiten Punischen Krieg (218–201) in Italien ein. Nach seiner Niederlage bei Zama im Jahr 202 waren die großen Tage von Karthago vorbei. Nach einem kurzen Dritten Punischen Krieg (149–146) zerstörten die Römer die Stadt.

---

28 Pinier: römische Bezeichnung für die nordafrikanischen Phönizier – Anm. d. Lektors

Doch die semitischen Traditionen, die von den Phöniziern gesät worden waren, verschwanden nicht völlig und drangen in Nordafrika, Sizilien und Spanien wieder durch, als sie von arabisch-muslimischen Invasoren vom siebten Jahrhundert n. Chr. an erobert wurden. Nordafrika hat einen großen Teil dieses Erbes bis zum heutigen Tag bewahrt.

3. Griechisch-römische Einflüsse in Zentralasien

Der Feldzug Alexanders nach Nordwestindien bewirkte keine Vermischung der griechischen mit der indischen Kultur. Hierzu kam es jedoch im zweiten Jahrhundert v. Chr. in der weit entfernt gelegenen Provinz Baktrien, zwischen dem Hindukusch und dem Fluß Oxus (Amur-Darja). Die erste griechische Niederlassung dort ging aufs fünfte Jahrhundert v. Chr. zurück, als griechische Exilanten von den Persern in dieser Region angesiedelt wurden. Später wurden dort rund 20 000 Soldaten, die krank oder verwundet waren, von Alexander zurückgelassen (keiner davon freiwillig – sie revoltierten und forderten nach Alexanders Tod, wieder repatriiert zu werden, doch vergeblich). Die Handelsstützpunkte in diesem Gebiet entwickelten sich in der Folgezeit zu florierenden Städten.

Gegen Ende des dritten Jahrhunderts v. Chr. erlangte Baktrien von seinen seleukidischen Herrschern Unabhängigkeit, und einheimische indogriechische Fürsten errichteten einen eigenen Staat. Es handelte sich um typisch hellenistische Herrscher, die dauernd in Angriffskriege mit ihren Nachbarn oder gegeneinander verwickelt waren. Ihre griechischen Wurzeln zeigen sich auf den von ihnen geschlagenen Münzen, von denen einige von seltener Schönheit sind. Die Goldmünze des Eukradites aus dem

Jahr 170 v. Chr. ist vermutlich die größte, die es jemals gab. Die gleichzeitige Verwurzelung dieser Herrscher im Indischen wird durch König Menander (R.: 155–130 v. Chr.) belegt, dem Milinda der indischen Legende, der vermutlich zum Buddhismus konvertierte. Seine Münzen hat man von Kabul im Norden bis hinunter nach Delhi im Süden gefunden. Andere Griechen traten zum Hinduismus über, wie eine Inschrift auf einer Säule im westindischen Besnagar beweist.

Baktrische Silber- und Bronzearbeiten, die Szenen aus der griechischen Mythologie zeigten, wurden in Zentralasien und selbst im China der Han-Dynastie sehr bewundert und sogar kopiert. Andere gemischt-kulturelle Artefakte, die wir kennen, sind z. B. die Bronzestatuette eines Greifen in einem Stil, der dem klassisch-griechischen ähnelt, sowie ein Silberteller in hellenistischem Stil, auf dem ein indischer Elefant abgebildet ist.

Das größte baktrische Fürstentum wurde irgendwann im späten zweiten Jahrhundert v. Chr. von zentralasiatischen Nomaden überrannt (deren traditionelle nomadische Lebensweise in den Weidegründen Nordostchinas durch die neugebaute Große Mauer blockiert war), und einige der kleineren Fürstentümer in Kabul und Nordwestindien gingen im ersten Jahrhundert v. Chr. zugrunde. Einige dieser Nomaden gehörten zum asiatischen Zweig der Hunnen, deren europäische Vettern viel später das Römische Reich angriffen. Andere waren Kuschanen, die offenbar im ersten Jahrhundert in Zentralasien und im Nordwesten Indiens ein beträchtliches Königreich errichteten. Es war ein bedeutendes Karawanenzentrum, von dem aus mit China im Osten und Rom im Westen Handel getrieben wurde. Die Kuschanen paßten das von den Griechen in Zentralasien benutzte Alphabet ihren eigenen Bedürfnissen an. Ihr bedeutendster König war Kanischka, dessen Hauptstadt

Peschawar in Nordpakistan war. Diese Stadt lag damals in der Provinz Gandhara, nach der die bedeutende römisch-indische Kunst der Kuschanzeit benannt ist. Die Kuschanen waren Buddhisten, und unter ihrer Herrschaft wurde diese religiöse Tradition mit griechisch-römischen Einflüssen zu einer individuellen und eigenständigen Kunstform verschmolzen.

Ihre Stupa-Bauten verwenden häufig ionische und korinthische Kapitelle, die Kleidung auf ihren Statuen ist in griechische Falten gelegt, und die Bilder Buddhas spiegeln die Jugendlichkeit einiger Plastiken des Apoll wider und zeigen das typische Haarbüschel, das ebenfalls ursprünglich griechisch war. Ferner gibt es Porträtstatuen, Reliefs mit Familienszenen, Streitwagen, bacchantische Szenen, Skulpturen von Satyrn und Putti, Girlanden und gelegentlich ein Trojanisches Pferd.

Dieser Stil erscheint uns häufig als nahezu rein westlich mit nur einigen wenigen Verbindungen zur früheren indischen Kultur. Die Thematik ist jedoch indisch.

Kunsthistoriker haben recht lange die Frage erörtert, bis zu welchem Grad die Gandhara-Kunst als Ableger griechisch-hellenistischer oder aber römischer Kunst zu betrachten sei. Doch im Hinblick auf die Abhängigkeit der römischen Kunst von der älteren griechischen glauben wir nicht, daß diese Fragestellung sehr wichtig ist. Auf jeden Fall scheint es, als sei der Einfluß tatsächlich zu einem erheblichen Maß über den Handel mit dem griechischsprachigen Mittleren Osten unter römischer Herrschaft und besonders mit Alexandria in Ägypten gekommen. Aus Alexandria kam die Technik der Stuckplastik, die den kostspieligen weißen Marmor ersetzte; aus Palmyra stammten offenbar Einflüsse auf dem Gebiet der Textil- und Schmuckherstellung. Die Stucktechnik verbreitete sich zusammen mit dem buddhistischen Mönchtum in Richtung Norden und Osten bis an die Grenzen Chinas und darüber hinaus.

Zwischen Rom und Südindien, wo man viele römische Münzen gefunden hat, bestanden ebenfalls starke Handelsbeziehungen. Viele römische Artefakte aus Ton, Glas und Stein hat man entdeckt, beispielsweise in einem südindischen Hafen, den die englischen Ausgräber Arikamedu und die französischen Virampatnam nannten. Die Gegenstände datieren aus dem ersten und zweiten Jahrhundert n. Chr.

Doch wenden wir uns wieder dem Norden des indischen Subkontinents zu. Das Kuschan-Reich stand bis ungefähr 500 n. Chr. in Blüte. Doch die Gandhara-Kunst überlebte sein Ende. Sie war in den buddhistischen Zentren, etwa in Kaschmir und Afghanistan, noch im siebten und achten Jahrhundert n. Chr. spürbar lebendig.

Die buddhistische Kunst stand bereits unter westlichen Einflüssen, als sie sich weiter nach Osten verbreitete. Wandgemälde aus der Turfan-Oase im Nordosten Turkestans zeigen im achten bis zehnten Jahrhundert ein Zusammenspiel chinesischer, indischer, westlicher und iranischer Elemente. Doch als der Islam große Teile Zentralasiens zu beherrschen begann, verschwanden die Spuren der Gandhara-Kunst.

Die chinesische Kunst der Tang-Periode absorbierte die hellenistischen und römischen Elemente der Kuschan-Kunst teilweise. Tonstatuetten von Tänzern und Musikanten oder einer Reiterin, die zu Pferd Polo spielt, sehen aus wie eine späte Tanagra-Arbeit. Pilger-Reiseflaschen, die nach westlichen Prototypen modelliert sind, wurden in chinesischen Gräbern gefunden. Pferde, Kamele und der Kopf eines lachenden Jungen aus Stuck zeigen Spuren des römischen Realismus. Im siebten Jahrhundert verraten einige Köpfe auf Fresken byzantinischen Einfluß. Die buddhistische Plastik weist auch in späteren Jahrhunderten, und zwar in China wie in Japan, griechisch-römische Einflüsse in der Art auf, wie der Faltenwurf gearbeitet wurde.

4. Die Wikinger

Im letzten Viertel des ersten nachchristlichen Jahrtausends stand Skandinavien abseits der Hauptzentren der Zivilisation. Es war weder von Rom, noch vom Christentum, noch vom Islam berührt worden. Schweden war bereits im achten Jahrhundert ein organisierter und geeinter Staat, doch Dänemark und Norwegen nicht. Sie haben anscheinend beide unter Übervölkerung gelitten (vielleicht infolge weitverbreiteter Polygamie), und sie besaßen lange Küstenstreifen und gutausgebildete Seeleute. Ihre schlanken Langschiffe hatten geringen Tiefgang und benötigten keine tiefen Häfen. Urplötzlich erfolgte ein Ausbruch von Seeräuberei und Landeroberung, als die jüngeren Söhne begannen, Reichtum, Abenteuer und Besitztümer jenseits der Meere zu suchen. Und so segelten im Verlauf von vier Jahrhunderten, vom achten bis zum späten elften Jahrhundert, ihre Schiffe nach Osten, Westen und Süden, und ihr kriegerisches Können wurde vom Heiligen Land bis an die Küsten Nordamerikas verspürt.

Die Schweden zogen zuerst als Kaufleute und Eroberer nach Lettland und Estland. Der früheste Einfall im Westen, von Norwegern und Dänen, wird aus dem Jahr 787 von den Küsten Englands berichtet. Die Wikinger plünderten von diesem Zeitpunkt an beinahe jedes Jahr die schottischen Inseln. Das Kloster Lindisfarne wurde 793 geplündert, das in Jarrow im Jahr 794, das irische Rechreyn 795 und das von Iona im Jahr 806. Über die meisten Überfälle haben wir jedoch keine Berichte, da die Fähigkeit zu schreiben zumeist nur in den Klöstern zu finden war.

Dänemark wurde zu Anfang des neunten Jahrhunderts geeint und begann Friesland und die südlicheren deutschen Küsten anzugreifen. Bis zum Jahr 834 verübten die Wikinger nur Überfälle, doch in diesem Jahr gelang es ihnen, eine dauerhafte Niederlassung in Irland zu errichten. Nach 840 gründeten sie auch ähnliche Siedlungen in England und Schottland. 841 plünderten sie London. Nach dem Tod von Kaiser Ludwig dem Frommen im Jahr 840 verfiel die karolingische Macht auf dem Kontinent, und als eine Folge davon wurde ganz Westfrankreich von den Wikingern überfallen. Sie segelten die Seine, die Loire und die Garonne hinauf und verwüsteten Rouen, plünderten Nantes und belagerten Toulouse. Der Widerstand in Frankreich, Deutschland und England war zunächst unentschlossen. Die Bauern versuchten ihren Besitz zu verteidigen, doch der Adel reagierte zu Anfang weniger entschieden. Weiter im Süden wurden die Küsten Spaniens angegriffen.

Der große Erfolg ihrer Angriffe brachte noch mehr Skandinavier auf die Idee, sich diesen Plünderfahrten anzuschließen; die Größe ihrer Flotten nahm zu, und auch Schweden gesellten sich manchmal zu den Norwegern und Dänen. Die Überfälle verwandelten sich in Kolonialisierungsunternehmen. Die Streitmächte überwinterten an den Stränden und marschierten, sobald es Frühling wurde, ins Inland.

Die Norweger waren die ersten, die so verfuhren, und sie besiedelten die Shetland- und Orkney-Inseln und die Hebriden. Die einheimische piktische Bevölkerung wurde unterworfen. Im letzten Viertel des neunten Jahrhunderts errichtete das kurz zuvor geeinte Norwegen auf den Orkneys eine starke Grafschaft. Andere Norweger besiedelten Irland, gründeten Dublin und vertrieben die konkurrierenden dänischen Wikinger. Eine weitere Wikingerbasis wurde auf der Isle of Man errichtet. Die Dänen ließen sich in Yorkshire und anderen Teilen Ostenglands nieder. Weiter im

189

Süden errichtete der Norweger Rollo an der Spitze einer offenbar vorwiegend dänischen Streitmacht zu Anfang des zehnten Jahrhunderts das Herzogtum Normandie.

Als sich die Streitmächte der jeweiligen Regionen etwas besser organisiert hatten, fiel es den Wikingern immer schwerer, noch weiter zu kommen. Im Jahr 891 wurden sie von den Deutschen besiegt und 878 von den Engländern unter Alfred dem Großen. Dieser und seine Nachfolger eroberten während des späten neunten und frühen zehnten Jahrhunderts all ihre englischen Besitzungen zurück.

In der Normandie verlief die Entwicklung − kulturell bedingt − anders. Die Normannen nahmen das Christentum und die französische Sprache an. Tatsächlich brachten sie bei ihrer Eroberung Englands im Jahr 1066 die französische Sprache und die französischen Sitten nach Britannien.

In der Zwischenzeit nutzten schwedische Kaufleute den Wasserweg über die Wolga und das Kaspische Meer, um die Karawanenwege des Kalifats von Bagdad zu erreichen. Die große Menge arabischer Münzen, die in Schweden gefunden wurde, beweist, daß der Handel bis weit ins zehnte Jahrhundert hinein lebhaft blieb. Andere Kaufleute erreichten Konstantinopel. Ihre fortwährenden Reisen und hochfliegenden politischen Ambitionen machten sie zu unübertroffenen Ideenträgern und Warenvermittlern für andere Kulturen. Aus diesem Grund verdankte die kosmopolitische Kultur, die entlang der Flußstrecke von Skandinavien nach Byzanz zu blühen anfing, diesen Mittelsmännern eine Menge.

Um die Mitte des neunten Jahrhunderts hatten die Schweden begonnen, das Khanat Rus in Nowgorod aufzubauen, von dem sich der Name Rußland ableitet, und später gründeten sie das noch bedeutendere Fürstentum Kiew. Ihnen folgten warägische Söldner gemischter schwedischer und russischer Herkunft, die in Konstantinopel die kaiserliche

Garde stellten. Sie taten Dienst auf Kreta, in Kleinasien, Syrien, Armenien, Bulgarien, Apulien und Sizilien.

Der arabische Reisende Ibn Fadlan beschreibt 922 einige Schweden: »Ich sah die Rus... Ich habe noch niemals Menschen mit perfekterem Körperbau gesehen. Sie sind so groß wie Dattelpalmen und rötlich in der Farbe... Kein einziger trennt sich jemals von seiner Axt, seinem Schwert und Messer... Sie sind die schmutzigsten aller Kreaturen Gottes. Sie waschen sich nach Erledigung ihrer natürlichen Bedürfnisse nicht, und sie waschen sich auch nach dem Essen nicht die Hände. Sie sind verlaust wie die Esel.«

Die Beschreibungen der Wikinger im Westen fielen keinen Deut freundlicher aus; der Grund dafür ist vielleicht der, daß sie noch immer Heiden waren, während ihre Opfer christlich getauft waren.

Einige der bedeutendsten Wikingerexpeditionen führten weit nach Norden. Bereits im neunten Jahrhundert hatten Norweger die Färöerinseln und Island erreicht und besiedelt. Das später isländische Landnambok führt die Namen von 400 Siedlern auf, die überwiegend aus dem Westen Norwegens stammten; einige kamen auch von den Wikinger-Siedlungen auf den schottischen Inseln und aus Irland. Dänen werden nicht erwähnt, und Schweden nur einige wenige. Bald waren mehrere tausend Siedler angekommen, und vom elften Jahrhundert an begannen sie, sich selbst als eigenständige nordische Nation zu betrachten. Um das Jahr 1000 nahmen sie den christlichen Glauben an.

Grönland wurde um 900 von Norwegern entdeckt. Zuerst wurde es von Erich dem Roten in den achtziger Jahren des zehnten Jahrhunderts kolonialisiert. Er gab dem Land auch seinen reichlich mißverständlichen Namen − grünes Land − in der Hoffnung, damit Siedler anzulocken. Moderne Archäologen haben seinen Stützpunkt und sogar seine Hütte wieder ausgegraben. Um 992 entdeckte sein

Sohn Leif Erikson die Küste von Nordamerika, das er »Weinland« nannte. Wikingerrelikte hat man auch in L'Anseaux Meadows auf Neufundland zutage gefördert. Der Elan der wikingischen Erkundung hatte jedoch zu Anfang des elften Jahrhunderts schon beinahe allen Schwung verloren, und diese epochale Entdeckung wurde in keiner Weise so weiterverfolgt, wie es die Spanier fünfhundert Jahre später taten.

Die Wikinger entwickelten in nur geringem Maß eine eigene materielle Kultur. Ihre Schnitzereien, ihr Schmuck und ihre Runensteine wirken ziemlich primitiv, sobald man sie mit zeitgenössischen irischen, byzantinischen oder islamischen Arbeiten vergleicht. Deshalb überrascht es vermutlich nicht, daß es ihnen nicht gelang, eine eigene hochentwickelte Kultur auszubilden, und daß sie von der im Entstehen begriffenen, christlichen westeuropäischen Zivilisation im elften Jahrhundert sozusagen geschluckt wurden.

Das letzte Kapitel ihrer Geschichte harrt noch der Schilderung. Normannische Abenteurer griffen im elften Jahrhundert in den Kampf zwischen Muslimen, Byzanz und Italienern um Süditalien und Sizilien ein und holten für sich selbst dabei ein beträchtliches Königreich heraus, das im dreizehnten Jahrhundert an die deutschen Stauferkaiser fiel. Zwei ihrer Grafen, Bohemund und Tankred, zählten zwischen 1096 und 1099 zu den aktivsten Teilnehmern am Ersten Kreuzzug. Bohemund gründete das Fürstentum von Antiochia, das eine Zeitlang einige normannische Züge behielt. Tankred wurde Fürst von Galiläa und versuchte erfolglos, sich zum König von Jerusalem krönen zu lassen.

Die Aktivitäten der Wikinger umspannten also die Küsten des größten Teils der damals bekannten Welt, und sie sind die eigentlichen Entdecker Amerikas.

5. Die Mongolen

Jenseits der Großen Mauer von China erstreckte sich die ständig im Fluß befindliche Welt der Nomadenstämme. Ihre Mobilität machte sie zu schrecklichen Gegnern, und von Zeit zu Zeit eroberten sie große Teile Nordchinas. Im späten zwölften Jahrhundert wurden sie, teils freiwillig und teils gewaltsam, von dem größten ihrer Führer, Dschingis Khan (1155–1227), dessen die Geschichte unter seinem Titel »Universaler Herrscher« gedenkt, vereinigt. Der Name seines Stamms – Mongolen – wurde seit dieser Zeit für all diese Nomadenstämme benutzt. Er eroberte im frühen dreizehnten Jahrhundert die Reiche in Nordchina, griff jedoch das Song-Reich in Südchina nicht an. Danach zog er westwärts und unterwarf das Chorasan-Reich im Iran und in Zentralasien. Er attackierte den Norden Indiens und sandte Überfallkommandos nach Rußland. Seine Siege und Eroberungen basierten auf seiner Fähigkeit, die Mobilität seiner Streitmächte spektakulär einzusetzen, auf einem hochentwickelten Geheimdienst und auf einer realistischen Abschätzung von Chancen und Risiken. Er besaß obendrein die unter Nomaden seltene Fähigkeit, seine Eroberungen zu einem lebensfähigen Reich zu organisieren, das den Tod seines Gründers überdauerte.

Seine Nachfolger gingen weiter in alle Richtungen vor, eroberten Rußland und fielen in Mitteleuropa ein. Trotz der spektakulären Siege in Ungarn und Schlesien (1241) verfolgten sie diese Marschrichtung nicht weiter, sonst hätten sie wohl die junge abendländische Zivilisation vernichtet. Nach Süden hin eroberten die Mongolen den Irak und Syrien, wurden jedoch im Jahr 1260 von den Mamelucken bei Ein Dschalud besiegt. Zwei weitere Versuche, Palästina zu erobern (der letzte 1300), schlugen ebenfalls fehl. Ihr größter Erfolg war die Eroberung des Song-Reichs in Südchina im Jahr 1276 durch Kublai Khan (R.: 1260–1294) – das erste Mal, daß ganz China in den Händen von Nicht-Chinesen war.

Es bildete sich ein ungeheurer Landbogen heraus, vom Pazifik bis nach Europa und in den Mittleren Osten – ein Reich nie dagewesener Größe. Es diente als Brücke zwischen allen fortgeschrittenen Kulturen der Alten Welt, ein völlig neues Gebilde. Karawanen und Handel konnten sich in diesem eurasischen Reich frei bewegen, wie Marco Polo beweist, der 1271 sicher von Venedig über die mongolische Hauptstadt Karakorum[29] nach China reiste und nach einem längeren Aufenthalt dort 1295 wieder zurückkehrte. Das war keineswegs außergewöhnlich – im Jahr 1340 stellte Pegolottis *Handbuch für Kaufleute* noch immer fest, daß die Straße vom Schwarzen Meer nach China »vollkommen sicher ist, bei Tag und bei Nacht«.

Doch das Reich war zu riesig, als daß es für längere Zeit zentralistisch hätte regiert werden können. Kublai verlegte seine Hauptstadt nach Peking/Beijing (das dann Khanbalik genannt wurde) und regierte in erster Linie als chinesischer Kaiser. Seine dortige Dynastie hieß Yüan (1276–1367). Die anderen Teile des Landes erreichten langsam unter anderen mongolischen Fürsten ihre Unabhängigkeit, wie das Zentralasiatische Khanat, das Khanat der Goldenen Horde in Rußland, das Khanat der Weißen Horde in Kasachstan und das persische Ilkhanat. Die verschiedenen Höfe arbeiteten auf zahlreichen Gebieten zusammen, wobei dem in Beijing eine Vorrangstellung zukam. Doch jedes Khanat stand auch unter dem Einfluß lokaler Sitten und Bräuche, und nach einiger Zeit trat das persische Ilkhanat zum Islam über, an Kublais Hof stand der Buddhismus in Blüte, und in einigen

---

29 Westlich von Ulan-Bator in der Äußeren Mongolei – Anm. d. Lektors

Dschingis Khan (um 1155–1227), Portrait. Taipeh, Palastmuseum.

anderen Teilen Chinas lebten christliche Nestorianer. Katholische Missionare (hauptsächlich Franziskaner) konnten sich frei im mongolischen Reichsgebiet bewegen, doch sie hatten mit ihren Bekehrungsversuchen nur wenig Erfolg.

Es fand ein großer Austausch von Ideen und Techniken statt. Die Chinesen waren von den aus Europa mitgebrachten großen Pferden höchst beeindruckt. Das Schießpulver gelangte aus China nach Europa. Der Transithandel lag vornehmlich in Händen zentralasiatischer Muslime. Die Wirtschaft war ausreichend organisiert, um eine verbreitete Verwendung von Papiergeld möglich zu machen. Französische Kunsthandwerker waren in Karakorum zu finden, arabische Steuerbeamte in China, genuesische Konsuln in Täbris, venezianische Kaufleute in Beijing, mongolische Botschafter in Northampton und Bordeaux. Die Pax Mongolica war mehr als ein Jahrhundert lang in einem weitaus größeren Reich Wirklichkeit, als es die Pax Romana gewesen war.

Im späten vierzehnten Jahrhundert verfielen die mongolischen Staaten. Ihre wirtschaftliche Basis, der interkontinentale Karawanenhandel, konnte mit dem Seehandel nicht konkurrieren, der trotz der längeren Strecke schwerere Lasten kostengünstiger transportieren konnte. Das Kronjuwel, China, wurde zwischen 1365 und 1382 von einer einheimischen Dynastie, den Ming (1368–1644), zurückerobert. Das persische Ilkhanat verfiel und teilte sich auf.

Timur Leng (R.: 1386–1405), dessen ursprüngliche Basis zwischen dem Aralsee und dem Hindukusch lag, unternahm einen Erneuerungsversuch. Er besiegte die Goldene Horde, eroberte Persien und den größten Teil Zentralasiens, fiel in den Irak, in Syrien und Anatolien ein, schlug das Osmanische Reich vernichtend, nahm dessen Sultan gefangen und drang nach Indien vor, wo er Delhi besetzte. Sein größter Feldzug sollte die Eroberung Chinas werden, doch er starb während der Vorbereitungen dafür.

Timur war ein großer Feldherr, aber nicht so ein realistischer Politiker wie Dschingis Khan. Obwohl er einige wunderschöne Bauwerke errichten ließ, gründet sein Ruhm vor allem auf seiner legendären Grausamkeit. In zahlreichen eroberten Städten wurden unzählige Einwohner abgeschlachtet und ihre Schädel zu riesigen Haufen gestapelt. Seine ausgedehnten Eroberungen hatten keine gemeinsame wirtschaftliche Basis, und sein Reich zerfiel nach dem Tod seines Sohnes im Jahr 1447 rasch. Doch sein Hof und der seiner Nachfolger blieb ein bedeutendes Zentrum islamischer Architektur und persischer Literatur und Miniaturmalerei.

Seine späteren Nachfolger regierten in Kabul, von wo aus einer von ihnen, Babur, zu Anfang des sechzehnten Jahrhunderts das Mogul-Reich Indien aufbaute.

6. Die Expansion des Islam nach Indien und Indonesien

Im Jahr 711 überquerten im fernen Westen die Araber die Meerenge von Gibraltar und begannen mit der Eroberung Spaniens. Ein Jahr später eroberten sie die Provinz Sind, ihren ersten Stützpunkt in Indien und ihre weiteste Expansion bis dahin nach Osten. Es vergingen nochmals dreihundert Jahre, bis sie weiter nach Indien vorstießen.

In der Zwischenzeit kamen muslimische Reisende und Geographen, wie Masudi, Ibn Haukal, al-Bakri und Ibn Battuta, überall in dem riesigen Gebiet von Spanien bis Indien und darüber hinaus herum und beschrieben, was sie gesehen und gehört hatten. Der gebildete Teil der Bevölkerung des Islam verfügte im Mittelalter über ein wesentlich klareres Bild von der Welt als seine europäischen Zeitgenossen.

Den neuerlichen Vorstoß der Muslime nach Indien hinein unternahmen jedoch nicht Araber, sondern muslimische Türken. Einer von ihnen hatte das Fürstentum Ghazni in Afghanistan errichtet, und von hier aus startete sein Sohn, Mahmud von Ghazni (R.: 998–1030), seine Überfälle, in deren Verlauf er die reichen Tempelstädte im Nordwesten Indiens plünderte. Die Tempel dienten als Lagerhäuser für Geld, Juwelen und goldene Ornamente und kombinierten dadurch die Verlockung des monetären Gewinns mit der Erfüllung des islamischen Auftrags, heidnische Kultstätten zu zerstören. Zehntausende der ortsansässigen Inder wurden in die Sklaverei verkauft. Für die indischen Historiker hat Mahmud stets als eigentlicher Prototyp eines barbarischen Muslim gegolten, der nichts anderes wollte, als alles zu vernichten, was den Indern heilig war. Doch das war nur eine Seite seines Charakters. Er entwickelte die zentralasiatischen Handelswege, verschönerte seine Hauptstadt und entsandte Gelehrte nach Indien, etwa Alberuni, der das bedeutende geographische Werk *Tahqiq-i-Hind* verfaßte.

Mahmuds Reich erstreckte sich vorwiegend auf Zentralasien, doch am Ende seiner Regierungszeit kontrollierte er auch das obere Indus-Tal und das Pandschab bis zu den Toren Delhis. Er hinterließ die nordindischen Staaten im Zustand schwerer Erschütterung. Sie hatten auf seine Taktik, die hauptsächlich auf einer höchst professionellen und mobilen Kavallerie beruhte, keine Antwort gefunden. Seine Erben verloren fast alle nichtindischen Besitzungen, doch ihr Hof in Lahore entwickelte sich zu einem bedeutenden Zentrum islamischer Gelehrtheit und persischer Kultur.

Die nächste Phase der muslimischen Invasion in Indien erfolgte unter einem weiteren türkischen Fürsten, Muhammad Guri (R.: 1173–1206). Er und sein Bruder regierten

Afghanistan, und als er nach Indien vordrang, griff er zu einer ähnlichen Kavallerietaktik, um die einheimischen Muslim- und Rajputheere niederzuwerfen. In der zweiten Schlacht bei Tarain (1192) besiegte er in bemerkenswerter Weise die indischen Truppen und kontrollierte von nun an das Königreich Delhi, einen großen Teil des Ganges-Tals und Teile Bengalens.

Bevor er noch Zeit hatte, seine Eroberungen zu organisieren, wurde er ermordet, und seine direkten Nachfahren verloren die Kontrolle über die indischen Besitzungen wieder. Diese gerieten unter die Herrschaft der türkischen Generäle, die ihre Karriere bei Muhammad Guri als Sklaven begonnen hatten. Ihr Reich wurde Sultanat von Delhi genannt. Sie sind sowohl für die Geschichte des Islam wie auch für die Geschichte Indiens von höchster Bedeutung. Sie kontrollierten den ganzen Norden Indiens und waren die Herrscher des dort bei weitem mächtigsten Staats im dreizehnten und vierzehnten Jahrhundert. Damit brachen sie die Isolation des Subkontinents auf, die zuvor allein von den griechischen Herrschern von Baktrien zwölfhundert Jahre früher gelockert worden war. Sie hinterließen in Indien tiefe Spuren, und während die spätere englische Herrschaft weitgehend abgestreift wurde, zeugen die heutigen Staaten Pakistan und Bangladesch noch immer vom Überleben ihres islamischen Erbes.

Wie meistens hegten die Eroberer von den Eroberten keine besonders hohe Meinung. Alberuni sagt über das Denkvermögen der Inder: »Sie befinden sich in einem Zustand unverbesserlicher Verwirrung, lassen jede logische Ordnung vermissen, und letztlich vermengt sich ihr Denken immer mit den einfältigen Meinungen der Masse. Ich kann ihre mathematischen und astronomischen Kenntnisse nur mit einer Mischung aus... Perlen und Dung vergleichen... Beide Dinge sind in ihren Augen gleich.«

Von den ehemaligen Sklaven wurde zwar keine stabile

Dynastie aufgebaut, aber einige türkische Generäle, die an die Macht gelangten, waren hervorragende Kommandeure. Später wurde zweimal, unter den Sultanen Ala-ed-din (R.: 1296—1316) und Mohammed I. aus der Dynastie Tughluk (R.: 1325—1351), fast der ganze Subkontinent erobert oder zur Unterwerfung gezwungen. Das waren jedoch nur kurzlebige Errungenschaften. Das straff zentralistische Regierungssystem, das die Sultane von Delhi in Indien einführten, eignete sich nur für den nördlichen Teil des Subkontinents, während im Süden die alten ortsansässigen Hindu-Dynastien weiterhin regierten, wenn auch häufig unter muslimischer Oberhoheit. Als die Zentralregierung in der zweiten Hälfte des vierzehnten Jahrhunderts schwächer wurde, gewannen sie wieder völlige Unabhängigkeit.

Der Niedergang des Sultanats wurde durch die Eroberung Delhis durch Timur Leng (1398) noch beschleunigt. Während des fünfzehnten Jahrhunderts zerfiel Indien in mehrere Regionalstaaten; die im Norden standen unter muslimischer Herrschaft, die im Süden unter der von Hindus. Doch der muslimische Einfluß auf die Kultur verringerte sich dennoch nicht. Delhi und einige regionale Hauptstädte blieben auch weiterhin wichtige Zentren der islamischen Kunst und Theologie und der persischen Literatur und Wissenschaften. Zahlreiche Angehörige der hinduistischen Oberschicht nahmen persische Kleidung und Sitten an, und viele Mitglieder der Unterschichten konvertierten zum Islam. Doch die überwiegende Mehrheit der Bevölkerung, mit Ausnahme im Nordwesten und Nordosten, blieb weiter hinduistisch. Dennoch konnte der Islam nicht absorbiert und überwunden werden wie frühere fremde Einflüsse und bestand Seite an Seite mit dem Hinduismus weiter, wobei sich die Religionen und Kulturen wechselseitig beeinflußten.

Im sechzehnten und siebzehnten Jahrhundert erreichte

der muslimische Einfluß in Indien unter den Moguln seinen Höhepunkt.

Zwischenzeitlich hatte sich der Islam weiter ostwärts ausgebreitet, nach Südostasien und vor allem Indonesien. Hier traf er auf mehrere »Schichten« früherer kultureller Einflüsse. Der Geograph Ptolemäus hatte bereits im Jahr 150 n. Chr. das Land grob auf seiner Karte verzeichnet. Chinesische Überreste aus der Han-Zeit sind ans Licht gekommen, und Teile Vietnams standen direkt unter chinesischer Kontrolle. Aber die Haupteinflüsse waren indisch gewesen, religiös, kulturell und wirtschaftlich. Der Buddhismus hatte in all diesen Gebieten starke Missionierungsvorstöße unternommen, deren eindrucksvolle architektonische Überreste noch heute in Borobudur (achtes bis neuntes Jahrhundert) auf Java und in Angkor in Kambodscha (zwölftes Jahrhundert) zu sehen sind. Buddhistische und hinduistische Staaten entstanden von Burma bis Java, und die buddhistischen überdauerten bis ins neunzehnte und zwanzigste Jahrhundert fast auf dem ganzen Festland mit Ausnahme der malaiischen Halbinsel.

Dort und in Indonesien werden islamische Einflüsse vom späten dreizehnten Jahrhundert an erwähnt. Marco Polo berichtet, bezogen auf das Jahr 1292, daß zahlreiche Einwohner von Perlak in Nordsumatra von den ausländischen Händlern, die dort Station machten, zum Islam bekehrt worden seien. Zumeist sind sie anscheinend von Gujarat an der Westküste Indiens gekommen sowie aus dem erst kurz zuvor konvertierten Bengalen an der Nordküste. Der Transportverkehr auf dem Indischen Ozean lag zu dieser Zeit in Händen von Muslimen, und muslimische Händler exportierten Gewürze aus Indonesien, die in Europa sehr beliebt wurden.

Auch die Chinesen waren am Seehandel auf diesem Ozean interessiert, und sie unterstützten einen Fürsten, als er um 1400 die Hafenstadt Malakka errichtete, die dann den Transithandel kontrollierte, ähnlich dem nahegelegenen Singapur in späterer Zeit. Im Jahr 1414 trat dieser Fürst zum Islam über. Dieser Schritt fand ein breites Echo. Andere Herrscher von Hafenstädten und Küstenfürstentümern, deren Wohlstand sich aus dem Handel herleitete, folgten seinem Beispiel. Während des fünfzehnten Jahrhunderts und danach konvertierte die Mehrheit der Bevölkerung auf der Malaiischen Halbinsel und in Indonesien zum Islam, der sogar die abgelegenen Philippinen erreichte.

Der Islam verknüpfte auf diese Weise zuvor unabhängige Kulturen miteinander, von den Küsten des Atlantiks über das Mittelmeer und den Indischen Ozean weiter zu den Küsten des Pazifiks, halb um die Erde herum.

Den Muslimen folgten vom sechzehnten Jahrhundert an europäische Christen nach Südostasien: Forscher, Händler und Kolonisten. Doch während die spätere holländische und englische Vorherrschaft nur wenige Spuren hinterließ, ist der Islam auch weiterhin im heutigen Indonesien wie in Malaysia die Hauptreligion. Ungefähr ein Fünftel der heutigen 800 Millionen Muslime lebt in Indonesien.

7. Das europäische Zeitalter der Entdeckungen

Generationen von Historikern haben die großen europäischen Entdeckungsfahrten des fünfzehnten und sechzehnten Jahrhunderts als einzigartiges Phänomen in der Geschichte der Menschheit betrachtet. Daran ist natürlich viel Wahres, jedoch weniger als man allgemein angenommen hat. Wir haben in den vorangegangenen Kapiteln zu zeigen versucht, daß der Prozeß der Verknüpfung der Hochkulturen dieser Welt bereits ziemlich lange im Gange gewesen war, bevor die Europäer des fünfzehnten Jahrhunderts ins

Spiel kamen: Die Seevölker hatten zweieinhalbtausend Jahre früher das ganze Mittelmeer durchkreuzt, die Phönizier hatten zweitausend Jahre früher Afrika umsegelt, hellenistische und römische Einflüsse hatten fünfzehnhundert Jahre früher Indien und Zentralasien erreicht, die Wikinger hatten Amerika fünfhundert Jahre früher entdeckt, die Mongolen hatten zweihundertfünfzig Jahre früher den größten Teil Zentral- und Nordeurasiens unter eine Herrschaft gebracht, und die Muslime hatten in den Jahrhunderten vor Vasco da Gama ihre Herrschaft, Religion und Kultur nicht nur bis Indien, sondern geradewegs bis zum Rand des Pazifiks ausgedehnt. Von daher war das europäische Zeitalter der Entdeckungen weniger ein einzigartiges historisches Phänomen als vielmehr die Weiterführung des Verknüpfungsprozesses zwischen den Kulturen. Das heißt jedoch nicht, daß wir dessen Bedeutung mindern sollten: es war mit Sicherheit der Höhepunkt dieses Prozesses.

Der Geist der Renaissance befreite die Europäer des fünfzehnten Jahrhunderts von vielen religiösen Fesseln und Vorurteilen der mittelalterlichen Zeit und erlaubte ihnen, in viele Richtungen voranzuschreiten. Eine der folgenreichsten war die der geographischen Entdeckung.

Die Führung übernahmen die Länder Westeuropas und besonders die der Iberischen Halbinsel. Der Kontakt mit der Muslim-Kultur war hier besonders eng gewesen: Nicht nur war nahezu die ganze Halbinsel vorher Teil dieser Kultur gewesen, sondern bis zum Jahr 1492 bestand dort auch das muslimische Königreich Granada auf spanischem Boden fort.

Im Jahr 1415 eroberten die Portugiesen Ceuta gegenüber von Gibraltar und begannen von hier aus, die Westküste Afrikas zu erforschen. Sie suchten Handelsmöglichkeiten und Gold und hatten die Absicht, Heiden zum Christentum zu bekehren. Der Initiator und Organisator dieser

Bewegung war Prinz Heinrich der Seefahrer. Nur allmählich wandelten sich diese Ziele zu dem eindeutigen Zweck, einen Weg nach Indien zu finden. Die Mittel dazu waren bereits vorhanden: größere und seetüchtigere Schiffe, bessere Kompasse, Anker, Peilungen, Karten, Astrolabien und Quadranten. Während der langsamen Umsegelung Westafrikas wurden diese noch weiter verbessert, und Kapitäne, Besatzungen, Schiffbauer und Segelmacher erwarben mehr Erfahrung.

Im Jahr 1483 erreichte Diego Cao die Mündung des Kongo, 1488 Bartolomeo Diaz das Kap der Guten Hoffnung, 1490 kam Petro da Cavilha auf der Landroute nach Indien, 1498 schaffte Vasco da Gama dasselbe auf dem Seeweg, und 1513 lief das erste portugiesische Schiff im chinesischen Kanton ein. Die Portugiesen errichteten in Indien, an der Mündung des Persischen Golfs und an der Spitze der Malaiischen Halbinsel Stützpunkte. Ihr Ziel war nicht Eroberung, sondern Handel. Sie waren bereit, um die Kontrolle des Handels im Indischen Ozean erbittert zu kämpfen, aber nicht um den Besitz riesiger Gebiete. Dies war von Klugheit diktiert, da die Staaten Süd- und Ostasiens viel zu mächtig waren, um sich von einer kleinen portugiesischen Streitmacht unterwerfen zu lassen. Deren Stärke lag auf See, nicht zu Lande.

Spanien war wesentlich mächtiger als Portugal und wollte im Rennen um Indien und den Handel nicht als zweiter durchs Ziel gehen. Auf spanisches Geheiß segelte Christoph Kolumbus 1492 westwärts in der Annahme, dieser Weg sei eine Abkürzung nach Ostasien und Indien. Er unternahm noch drei weitere Fahrten (1493−1504) und erfuhr nie, daß er in Wahrheit einen neuen Kontinent entdeckt hatte, der die direkte Passage zum Fernen Osten blockierte. Die spanische Erforschung wandelte sich bald zur Eroberung − mit Hilfe von Feuerwaffen und Pferden, die den Bewohnern

Amerikas unbekannt waren. Hernán Cortés unterwarf 1519–1521 das Azteken-Reich in Mexiko und Francisco Pizarro 1531–1538 das Inka-Reich in Peru. Die ganze Neue Welt fiel den Spaniern in die Hände, mit Ausnahme von Brasilien, das gemäß dem Vertrag von Tordesillas[30] (1494) portugiesisch wurde.

Die Spanier hofften noch immer, aus westlicher Richtung Asien zu erreichen und die Portugiesen im Rennen um den Gewürzhandel zu schlagen. Sie sandten 1520 Fernando Magellan hinaus. Er fand einen Weg im Süden rund um Südamerika, brachte die erste Pazifiküberquerung überhaupt hinter sich und wurde auf den Philippinen getötet. Einem seiner fünf Schiffe gelang es, nach Spanien zurückzukehren und so die erste Erdumsegelung abzuschließen.

Die Portugiesen holten bald aus dem Gewürzhandel um das Kap der Guten Hoffnung herum große Gewinne heraus, und die beiden Amerika lieferten den Spaniern Silber und Gold. Andere Nationen versuchten es ihnen gleichzutun, etwa die Engländer, die 1497 John Cabot nach Nordamerika schickten, und die Franzosen, die Jacques Cartier 1534 und 1541 ebenfalls dorthin entsandten. Doch ihre Reisen zeitigten keine unmittelbaren Ergebnisse, von einer neuerlichen Erweiterung des geographischen Horizonts einmal abgesehen.

Während einige frühere Erkundungsfahrten, wie die phönizische Umsegelung Afrikas oder die Entdeckung Nordamerikas durch die Wikinger, langfristig keine Folgen hatten, war das diesmal anders. Nun war der Planet Erde in seinengroben Umrissen bekannt, und dieses Wissen geriet nie wieder in Vergessenheit. Manche entlegenen Punkte,

---

30 In diesem Abkommen verliehen die beiden Länder sich das Recht, den Erdball unter sich aufzuteilen. – Anm. d. Lektors

etwa Australien oder die Antarktis, wurden erst bei späteren europäischen Forschungsfahrten entdeckt, aber der Kontakt zwischen den verschiedenen Hochkulturen der Welt war nun auf eine sichere Basis gestellt und wurde nie mehr völlig abgebrochen.

Teil XI

Die Spätreiche in Asien

Trotz der zunehmenden Verknüpfung äußerst unterschiedlicher Hochkulturen entstanden — außerhalb der von Europa beeinflußten Gebiete — mehrere Großreiche, die ganz eigene kulturelle Züge entwickelten. Zunächst wollen wir China und Japan besprechen, und dann werden wir uns drei verschiedenen Reichen zuwenden, die alle zur Spätphase der islamischen Kultur gehörten, wobei in Indien auch starke nichtislamische Elemente eine aktive und kreative Rolle spielten. Dabei interessieren uns nicht nur die äußeren Aspekte dieser Reiche, sondern auch die zahlreichen kulturellen Ausprägungen, die sie entwickelten. Sie repräsentieren einen letzten Augenblick, in dem die alte islamische Hochkultur noch in Blüte stand und dem später eine lange Zeit des Niedergangs und der Stagnation folgte. Parallel zu diesem Niedergang setzte sich Europa an die Spitze und beeinflußte in den folgenden Jahrhunderten die islamische Welt unter kulturellem, wirtschaftlichem und politischem Gesichtspunkt. In unserer heutigen Zeit bewegt sich die islamische Welt ein weiteres Mal vorwärts, doch sie hat der abendländischen Zivilisation niemals die eigene Periode der Rückständigkeit ganz vergeben.

1. Von der Ming-Dynastie zu Mao

Nach einem Jahrhundert mongolischer Herrschaft in Südchina und nahezu fünfhundert Jahren ausländischer Dynastien in Nordchina brachen landesweit Aufstände aus. Die mongolische Yüan-Dynastie geriet stark unter Druck, und ein buddhistischer Mönch begründete zum letzten Mal ein einheimisches chinesisches Kaisergeschlecht, die Ming-Dynastie (1368–1644). Keiner der fünfzehn Ming-Kaiser erwies sich als großer Feldherr, vielleicht zum Glück für China, denn in den anbrechenden friedlichen Zeiten wurde eine nie dagewesene Zahl von Büchern gedruckt und in Umlauf gebracht, und die Schreib- und Lesefähigkeit wie auch die Volksliteratur fanden weite Verbreitung. Romane waren sehr beliebt, wenn auch nicht besonders hoch eingeschätzt.

Frieden und ökonomische Sicherheit erlaubten den herrschenden und wohlhabenden Schichten einen hedonistischen Lebensstil, der sich jedoch nicht in großen Errungenschaften auf den Gebieten Literatur, Philosophie und Kunst niederschlug. Zwar haben wir mehr Gemälde und Bauwerke aus dieser Zeit als aus jeder anderen zuvor, doch sie sind nicht innovativ und folgen Traditionen, die unter den Song im Süden aufgekommen waren. Doch zum Teil erfreuen sich Ming-Porzellan und Keramik aus jenen Tagen bei Sammlern hoher Wertschätzung. Die Gelehrten wandten sich mit Vorliebe der Geschichte zu, dem Studium der Literatur und Kunst der Vergangenheit und der Herstellung wundervoll illustrierter Bücher.

Die chinesische Hochkultur fiel nun erstmals hinter die Europas zurück. Als Marco Polo in der frühen Periode der Mongolenherrschaft China besucht hatte, war die von ihm beschriebene Zivilisation der des mittelalterlichen Europa noch immer weit überlegen. Doch am Ende der Ming-Zeit hatte sich Europa an die Spitze gesetzt und China deutlich hinter sich gelassen.

Dieser Trend wurde in der sich anschließenden Zeit der Mandschu-Vorherrschaft noch verstärkt. Die letzten Jahre der Ming-Dynastie waren chaotisch, und die Mandschu-Völker, die Nordchina bereits einmal kontrolliert hatten (1115–1235), zogen zu Anfang des siebzehnten Jahrhunderts ein weiteres Mal Richtung Süden, und diesmal erlangten sie die Macht über ganz China (1644–1911).

Nach außen hin war es eine eindrucksvolle Zeit. Chinas Grenzen waren weit gezogen und schlossen die Mongolei, Tibet und das zentralasiatische Xinjiang (Turkestan) ein, die dem Ming-Reich noch nicht angehört hatten. Sogar Birma, Vietnam und Nepal erkannten eine Zeitlang Chinas Oberhoheit an.

Zur weiteren Sicherung ihrer Macht unternahmen die Mandschu den Versuch, jede Form der Assimilation zu unterbinden: die Heirat mit Chinesen war verboten, und den Chinesen war es untersagt, sich in der Mandschurei niederzulassen.

Das achtzehnte Jahrhundert bildete den Höhepunkt ihrer Regierungszeit. Der größte Teil der Bevölkerung hatte sie mittlerweile als legitime Herren akzeptiert. Die Mandschu identifizierten sich mit der konfuzianischen Tradition und förderten gelehrte Großprojekte, etwa *Die gesammelten Gedichte der Tang-Dynastie* oder die *Geschichte der Ming*. Chinas größtes erzählerisches Werk *Der Traum der roten Kammer* – die komplexe Geschichte über den Niedergang und erneuten Aufstieg einer wohlhabenden Familie – entstand in jener Zeit. Porzellan und Lackarbeiten wurden in großen Mengen produziert und auch nach Europa und Istanbul exportiert. Anfang des achtzehnten Jahrhunderts gelang es Europa, selbst Porzellan herzustellen.

Die lange Periode des Friedens machte die Kultivierung

ausgedehnter, zuvor ungenutzter Flächen möglich. Neue Pflanzen, die aus dem Ausland importiert wurden, z. B. Mais, Süßkartoffeln und Erdnüsse, die man zu Öl verarbeitet zum Kochen benutzte, bereicherten die chinesische Küche. Die Bevölkerung vervielfachte sich und erreichte um das Jahr 1800 die 300-Millionen-Grenze − weit mehr als Europa oder Indien Bewohner zählte.

Viele dem Mandschu-Regime innewohnende Probleme wurden im neunzehnten Jahrhundert spürbar. Der konservative Konfuzianismus der Staatshierarchie war nicht in der Lage, die vielen neuen Probleme zu bewältigen, die der rasch enger werdende Kontakt mit den europäischen Mächten mit sich brachte. Während der Hof sich im abgelegenen Beijing in der nordöstlichsten Ecke des Reichs aufhielt, befand sich das kommerzielle Zentrum in Kanton, im genauso unzugänglichen tiefen Süden. Dadurch war der Kontakt zwischen beiden nur gering und mühsam. Im Süden lernte man Handel und Macht Europas kennen, doch der Norden konnte sich kein rechtes Bild davon machen. Stagnation und Korruption wurden zu Dauerübeln. Das neunzehnte Jahrhundert in China ist gekennzeichnet von Mißherrschaft, großen Rebellionen und katastrophalen Kriegen mit dem Ausland.

Während mit Rußland seit dem siebzehnten Jahrhundert ununterbrochen Kontakte bestanden hatten, stellte das eigentliche Problem im frühen neunzehnten Jahrhundert Großbritannien dar. England benötigte einen Hauptexportartikel, um die Unmengen an chinesischem Tee, Seide und Porzellan zu bezahlen, die es importierte, und fand ihn in dem in Indien produzierten Opium. Im »Opium-Krieg« (1839−1842) versuchte China, sich gegen die massenhafte Einfuhr von Opium zu wehren; Großbritannien kämpfte für freien Handel und die Einrichtung von Botschaften. Die Briten blieben Sieger. China mußte Hongkong aufgeben, fünf Häfen dem ausländischen Handel öffnen und die diplomatische Gleichberechtigung der Europäer anerkennen. Nicht alle diese Auflagen wurden erfüllt, und deshalb eroberten in einem weiteren Krieg (1857–1860) die britischen und französischen Flotten (denen sich amerikanische und russische Einheiten anschlossen) Kanton, und ihre Truppen schafften sich gewaltsam einen Weg nach Beijing. Nun mußten ihre Forderungen erfüllt werden.

Auf einer ganz anderen Ebene wurde der europäische Einfluß noch gefährlicher. Die Taiping-Bruderschaft, deren Anführer sich für den jüngeren Bruder Jesu hielt, trat als ideologischer Verfechter christlicher Dogmen auf. Die Bruderschaft hatte regen Zulauf, und ihre Truppen eroberten beinahe ganz Zentralchina, konnten jedoch Beijing nicht einnehmen (1850–1864). Sie wurde schließlich von einer nach westlichem Vorbild ausgebildeten chinesischen Streitmacht, die der britische General »Chinesen-« Gordon kommandierte (der seine Berühmtheit jedoch noch mehr der Tatsache verdankt, daß er von den Mahdi-Soldaten 1885 in Khartum ermordet wurde), vernichtend geschlagen. Die Verluste beliefen sich auf etwa 20 Millionen Menschenleben. Vielleicht hat China in diesen Jahrzehnten die Chance verpaßt, einen einfacheren Weg als den, der schließlich im zwanzigsten Jahrhundert von den Kommunisten eingeschlagen wurde, zu durch Europa inspirierten Reformen zu finden.

Am Ende des Jahrhunderts befand sich Chinas Macht in rapidem Niedergang. 1875 mußte es die Ryukyu-Inseln einschließlich Okinawa an Japan abtreten; 1885 wurde Vietnam Frankreich überlassen; 1886 ging Birma an Großbritannien und 1895 Taiwan und Rechte in Korea an Japan über. Während des sogenannten Boxer-Aufstands wurde im Jahr 1900 das diplomatische Viertel in Beijing belagert, und zwar von aufständischen wie von kaiserlichen Truppen, bis europäische Soldaten in die Hauptstadt eindrangen. Der chinesische Hof mußte sich aus seiner eigenen Hauptstadt zurückziehen. Innerhalb eines Jahrhunderts war das einst mächtige China auf den Status eines ohnmächtigen Kolosses abgesunken.

Reformversuche von oben scheiterten 1898, wodurch die revolutionären Tendenzen vor allem im fortschrittlicheren Süden weitere Stärkung erfuhren. Die Mandschu-Dynastie wurde diskreditiert und schließlich 1911 gestürzt. Der größte Teil Chinas ging schließlich in die Hände mehrerer regionaler Kriegsherren über. Aber rund um Kanton schuf Sun Yat-sen (1866–1925) das Kerngebiet eines für Reformen offenen republikanischen China. Er rief hier die Kuomintang-Partei ins Leben, die sein Nachfolger Chiang Kai-shek (1887–1975) fast im ganzen Land zum Sieg führte (1927–1928). Ihr kommunistisch inspirierter linker Flügel spaltete sich ab und errichtete nach dem »Langen Marsch« (1935) eine unabhängige Zone bei Yenan unter Mao Zedong (1893–1976). Chiang Kai-shek stand während des Zweiten Weltkriegs (der hier bereits mit einem japanischen Angriff im Jahr 1937 begann) offiziell an der Spitze Chinas, doch seine tatsächliche Macht geriet ins Schwinden, und Mao und die Kommunisten konnten 1949 das ganze kontinentale China einnehmen. Chiang und seine Anhänger zogen sich auf die Insel Taiwan zurück. Dort erwiesen sich er (der ja im eigentlichen China spektakulär gescheitert war) und seine Nachfolger überraschenderweise als sehr erfolgreich, und das kleine Taiwan wurde in eine der größten Industriemächte im asiatischen Teil des Pazifiks umgeformt. Auch die chinesisch dominierten Städte Singapur und Hongkong erlebten einen steilen Aufstieg.

Mao und sein Nachfolger Deng Xiaoping (geb. 1902) gaben China, das mittlerweile auf mehr als eine Milliarde Menschen angewachsen ist, eine strenge Führung, verwirrten die Welt jedoch mit ihrem ideologischen Zickzackkurs. Die »Hundert-Blumen«-Bewegung des Jahres 1957, der »Große Sprung nach vorn« von 1958, die katastrophale »Kulturrevolution« (1966–1976), die Öffnung der Wirtschaft durch Deng und das Massaker auf dem Platz des Himmlischen Friedens 1989 – ein jedes dieser Ereignisse schien das riesige Land in eine andere, zuvor nicht festgelegte Richtung zu treiben. Daß das Land noch nicht wieder im Chaos versunken ist und sogar eindrucksvolle wirtschaftliche Erfolge erzielt hat, sagt viel über die Fähigkeit der Chinesen zu harter körperlicher Arbeit und zur Organisation auf Dorfebene aus.

2. Japan

Die japanische Geschichte hat sich überwiegend vor dem Hintergrund chinesischer Einflüsse von erdrückendem Gewicht abgespielt. Die chinesischen Institutionen mußten den ganz anderen geopolitischen Bedingungen des japanischen Archipels, der zwar über sichere maritime Grenzen, aber auch nur über begrenzten Raum verfügt, angepaßt werden. Die Leichtigkeit, mit der Japan einerseits alle wünschenswert erscheinenden fremden Eigenarten übernahm und sich gleichzeitig allem widersetzte, was nicht zu seinen jeweiligen Bedürfnissen paßte, kam dem Land sehr zustatten, als genau diese Fähigkeit im neunzehnten und zwanzigsten Jahrhundert hinsichtlich der Einflüsse aus dem Westen gefordert war.

Die Rückführung der japanischen Reichstradition auf das Jahr 660 v. Chr. ist nicht gerechtfertigt, denn damals steckte das Inselvolk noch tief in der neolithischen Phase. Erst um 500 n. Chr. trat Japan in seine geschichtliche Zeit ein, und ungefähr fünfzig Jahre später schloß es über Korea mit dem

Buddhismus Bekanntschaft. Nun wurde die chinesische Kultur adaptiert und die chinesische Sprache sogar mehrere Jahrhunderte lang im Schriftverkehr benutzt. Doch die starken einheimischen Feudaltraditionen machten die Annahme eines dem chinesischen Beamtentum ähnlichen Systems unmöglich.

Die japanischen Kaiser regierten von 710 bis 794 in Nara, später im nahegelegenen Kioto (794—1185). Während der Nara-Zeit war der chinesische Einfluß am stärksten. Als Kaiser Kammu die Hauptstadt im Jahr 794 verlegte, wollte er damit einem zu großen Verlust an kultureller Unabhängigkeit entgegenwirken. Die Nara-Zeit markiert auch den Höhepunkt der buddhistischen Plastik in Japan, die überwiegend aus Bronze und Trockenlack gefertigt wurde. Die Architektur war ebenfalls bemerkenswert: Schon im siebten Jahrhundert wurde mit dem Bau des prächtigen Klosters Horyuji begonnen, das praktisch unversehrt bis heute die Zeiten überdauert hat. Auf dem chinesischen Festland kennen wir kein einziges Bauwerk, das ähnlich interessant oder genauso alt wäre.

Kiotos Zeit als Hauptstadt wird die Heian-Periode genannt. Die Malerei übertraf die Plastik an Bedeutung. Um 1000 schrieb Murasaki Schikibu, eine Hofdame, das größte Werk der japanischen Prosa und den ersten echten Roman: *Genji*. Die Macht der Kaiser schwand bald nach dem Tod Kammus, und im neunten und zehnten Jahrhundert wurden Mitglieder der Familie Fujiwara zu den eigentlichen Regenten. Der Kaiser blieb machtlos; die Ureinwohner der Inseln wurden unterjocht. Die Durchführung militärischer Maßnahmen wurde den Kriegergeschlechtern überlassen, bis diese schließlich die Regentschaft übernahmen. In der Kamakura-Periode (1185—1333) regierten sie das Land unter dem Titel eines »Shogun« (Stabschef). Ihr größter Triumph war die Abwehr zweier mongolischer

Invasionen (1274 und 1281), wobei sie zeitweise Hilfe von Taifunen erhielten (von denen sich der Begriff »Kamikaze« im Zweiten Weltkrieg herleitet).

Im Jahr 1200 gelangte der Zen-Buddhismus aus China nach Japan und gewann in den Zeiten sozialer Unruhen bis 1573 an Popularität. Feudalherren regierten riesige, nahezu unabhängige Gebiete. Ihre bewaffneten Begleiter hießen »Samurai«. Niemals zuvor oder danach wurde Japan so stark von Uneinigkeit und Zwist geschüttelt. Die Shogune waren fast genauso machtlos wie die Kaiser. Die einzelnen Provinzen befanden sich die meiste Zeit miteinander im Kriegszustand. Erinnerungen an diese Zeiten haben dazu geführt, daß die Japaner später immer einer starken, geeinten Regierung den Vorzug gaben.

Japan wurde in den Jahren von 1568 bis 1616 von drei Heerführern wieder vereinigt. Der zweite, Tojotomi Hidejoshi, setzte mit seinen Angriffen gegen Korea in den Jahren 1592 und 1597 eine Politik der Expansion ins Ausland in Gang und scheint auch den Plan verfolgt zu haben, Ming-China zu attackieren, doch dies schlug schließlich fehl. Er hinterließ einen Hang zu Aggressionen gegen das Ausland, der im zwanzigsten Jahrhundert erneut zum Leben erwachte. Tojotomi Hidejoshi hat zahlreiche Burgen bauen lassen, deren Ausschmückung in der Malerei einen kraftvollen Stil einführte. Landschaften waren dabei das häufigste Bildmotiv. Wandverkleidungen und -schirme, deren Goldgrund dick bemalt wurde, erfreuten sich besonders großer Beliebtheit.

Der Überseehandel florierte — zum Teil aufgrund der Ankunft der Portugiesen (seit 1542), Holländer und Engländer (seit 1600). Die Einführung von Feuerwaffen, die durch deren Hilfe erfolgte, erleichterte die Wiedervereinigung des Landes, doch die rasche Ausbreitung des Katholizismus führte auch zu neuer Uneinigkeit. Hidejoshi wandte sich gegen die neuen Christen und ließ sie verfolgen. Im Jahr 1638 probten sie den Aufstand, wurden aber besiegt und größtenteils vertrieben.

Von 1640 bis 1853 war Japan Ausländern ganz verschlossen. Nur ein paar holländische Kaufleute durften in Nagasaki Handel treiben. Die Inseln wurden in dieser Zeit von den Tokugawa-Shogunen verwaltet, deren Geschlecht im frühen siebzehnten Jahrhundert von Iejasu begründet worden war, dem dritten und letzten der drei Militärdiktatoren. Ihre Hauptstadt war Edo, das 1868 in Tokio umbenannt wurde. Das Regierungssystem war feudal. Die Samurai bildeten eine Aristokratie, die beinahe die ganze Verwaltung, Rechtsprechung und die gelehrten Berufe beherrschte. In den großen Städten jedoch nahm die Schicht der Kaufleute an Umfang und Bedeutung zu.

Der lange Frieden und relative Wohlstand führten zu einer Renaissance der Kultur. Romane, Puppenspiele und vor allem Haiku-Gedichte (die aus siebzehn Silben bestehen) waren äußerst populär. Holzdrucke wurden von vielen bedeutenden Künstlern gefertigt und erreichten mit den Landschaften von Hokusai (1760–1849) und Hiroshige (1797–1858) einen Höhepunkt. Schließlich sollten sie sogar Manet und die Impressionisten beeinflussen.

Die Bevölkerung Japans betrug im frühen neunzehnten Jahrhundert rund 30 Millionen Menschen. Neokonfuzianische Akademien verbreiteten vor allem in den Städten ein hohes Bildungsniveau. Lesen und Schreiben wurden so geläufig wie in Westeuropa. Insofern war Japan, als seine lange Abschottung nach einer Intervention der US-Navy im Jahr 1853 ein Ende fand, besser in der Lage, mit dem Westen zu konkurrieren als jede andere nichteuropäische Nation. Allerdings kam das Tokugawa-Shogunat mit dieser Aufgabe nicht zurecht, und so wurde es durch lokale Aufstände im Jahr 1868 gestürzt. Nun fiel die höchste Gewalt wieder an die Kaiser zurück, die beinahe tausend Jahre in Kioto als reine Marionetten fungiert hatten.

Unter Kaiser Meiji (1867–1912) setzt die Modernisierung Japans ein. Das Feudalsystem wurde abgeschafft, die Verwaltung zentralisiert, die Standeszugehörigkeit als Voraussetzung für Militär- oder Staatsdienst wurde fallengelassen. Ohne zu zögern wurden westliche Modelle kopiert. Man schuf ein Generalstabssystem für die kurz zuvor modernisierten bewaffneten Streitkräfte, das dem Preußens nachgebildet war. Ein großer Kredit von Großbritannien ermöglichte den Bau eines Eisenbahnnetzes und von Telegraphenverbindungen. Strategisch wichtigen Industrien wurde Vorrang eingeräumt, gefolgt von den Exportbranchen, die Devisen ins Land bringen sollten. Es war die große Zeit des westlichen Imperialismus, und Japan beschloß frühzeitig, sich auf diesem Gebiet nicht überflügeln zu lassen. Bereits 1873 wurde ein Plan zur Invasion in Korea in Betracht gezogen. Korea war auch der eigentliche Grund für den Japanisch-Chinesischen Krieg von 1894/95, in dem Japan Taiwan erhielt, und für den Russisch-Japanischen Krieg von 1904/05, in dessen Folge Japan ein Protektorat über Korea (das im Jahr 1910 offen okkupiert wurde) und dazu Südsachalin und Konzessionen in der Mandschurei erhielt. Der Sieg über Rußland war eine Sensation – zum erstenmal in der Neuzeit war eine europäische Großmacht von einer asiatischen Nation besiegt worden. Im Ersten Weltkrieg stellte sich Japan auf die Seite der Alliierten und versuchte, die Vorherrschaft über China zu gewinnen. Doch Japan war kein voller Erfolg beschieden: Es wurde mit einigen der deutschen Kolonien in China abgefunden. Die Mandschurei wurde 1931 besetzt, China 1937 angegriffen, und große Teile seines Gebiets wurden erobert, doch nicht das ganze Territorium. Der Krieg zwischen den beiden Nationen ging später im Zweiten Weltkrieg auf.

Das politische System basierte auf der Herrschaft einer kleinen, sich selbst erhaltenden Oligarchie, in deren Händen der Kaiser und die demokratischen Institutionen nicht mehr als leere Hülsen waren. Selbst die militaristischen Extremisten der dreißiger Jahre konnten sie nicht vollständig ausradieren. Im Grunde hat sich das System überraschend wenig verändert, und dies trotz der Umwälzungen infolge des Zweiten Weltkriegs und der anschließenden amerikanischen Okkupation. Japan mußte sich jedoch stark anpassen. Es ist heute eine Demokratie, doch in Wirklichkeit existiert die sich selbst erhaltende Oligarchie noch immer, nur findet man sie nun in den oberen Rängen der regierende Liberalen Demokratischen Partei.

Die nationalen Prioritäten haben sich gewandelt. Der katastrophale Ausgang des Zweiten Weltkriegs hat – einstweilen – allen Ambitionen nach überseeischen Territorien ein Ende gesetzt. Das ungeheure Organisationstalent der Japaner und ihre hohe Arbeitsmoral stehen heute im Dienst der Wirtschaft – wieder mit spektakulärem Erfolg. Japan ist inzwischen eins der drei großen Weltwirtschaftszentren, auf gleicher Stufe mit den wesentlich volkreicheren Vereinigten Staaten und dem Europäischen Gemeinsamen Markt. Japan beherrscht weltweit zahlreiche Industriezweige. Es besitzt das mächtigste Bankwesen und produziert mittlerweile mehr Automobile als die USA.

3. Das Mogul-Reich in Indien

Nach der Besetzung von Delhi durch Timur Leng im Jahr 1398 war Indien mehr als ein Jahrhundert lang in zahlreiche Fürstentümer gespalten, überwiegend muslimische im Norden und Westen und hinduistische im Süden und Osten. Die vielen Fürsten waren gebürtige Afghanen, Turkmenen, Rajputs, Telugu und auch schon Marathen. Das wichtigste Königreich war Hindu Vijayanagar im Süden, dessen Hauptstadt flächenmäßig dem Rom der Renaissancezeit entsprach und ihm auch hinsichtlich seiner kulturellen Aktivitäten nicht nachstand. Die meisten Höfe der Muslimfürsten im Norden und in der Mitte des Landes standen unter dem Einfluß der persischen Kultur.

Babur, ein Nachkomme von Timur, doch ansonsten mit überwiegend türkischem Hintergrund, fiel ab 1517 wiederholt in Indien ein, besiegte die afghanischen und Rajput-Heere, die sich ihm entgegenstellten, eroberte Delhi und errichtete im Nordwesten Indiens das Mogul-Reich.[31] Er war ein vielseitiger Fürst, der persische Gärten entwarf und noch immer lesenswerte Erinnerungen verfaßte.

Sein Enkel Akbar (R.: 1556–1605) schloß die Eroberung Nord- und Westindiens ab und organisierte das neue Reich. Da er in Heer und Verwaltung Rajputs in leitenden Stellungen zuließ, akzeptierte die Hindu-Gemeinde bald die Mogul-Regierung in gewissem Sinn als ihre eigene. Das haben weder die früheren Sultane von Delhi noch die späteren Briten geschafft. Akbar brachte in Indien imperiale Vorstellungen auf und verbesserte den kaiserlichen Staatsdienst und die Bürokratie. Er etablierte einen Monarchenkult, der ihn als halbgöttliches Wesen darstellte, dem sich zu widersetzen ein Sakrileg war. Die führenden Adligen rotierten in ihren Ämtern, womit die Bildung vererblicher Feudalherrschaften in den Provinzen verhindert werden sollte.

Die Historiker sind der Meinung, daß der Lebensstandard, verglichen mit dem im zeitgenössischen Europa, wesentlich besser war. Haupterwerbszweig war die Baumwollspinnerei und -weberei. Von der Malabarküste wurden

---

31 ›Mogul‹ leitet sich von ›Mongolen‹ her. – Anm. d. Lektors

Gewürze exportiert und von Gujarat Indigofarbe. Die Handelsbilanz mit dem Mittleren Osten und Europa scheint günstig gewesen zu sein. Die Zahl der Einwohner könnte bereits die 100-Millionen-Grenze erreicht haben.

Die Regierung waltete ihres Amtes zumeist in persischer Sprache, und tatsächlich verbreiteten die Moguln, trotz ihrer türkischen Ursprünge, in Indien hauptsächlich die persische Kultur.[32] Dies läßt sich noch immer an den Kunstwerken dieser Zeit erkennen, vor allem an den Gemälden. Es entstanden zwei Stile. Der Stil islamisch-persischen Ursprungs war eher naturalistisch, der andere, der mehr dem traditionell hinduistischen verbunden war, griff auf gewollte Einfachheit und Flachheit mit hellen Farben zurück. Letzterer stand auch nach dem Fall des Mogul-Reichs an den Rajput-Höfen in Nordindien weiter in Blüte.

Die Mogul-Architektur entwickelte sich von einer anfänglich engen Anlehnung an persische Vorbilder zu einem eigenen unabhängigen Stil weiter, wie er in vollstem Glanz vom Taj Mahal in Agra (1630–1648) repräsentiert wird. In Mogul-Zeiten bildeten sich einige moderne indische Landessprachen heraus, etwa Hindu, Benghali und Marathi. Die Wurzeln der Sikh-Religion gehen auf das sechzehnte Jahrhundert zurück.

Akbars direkte Nachfolger konnten die heikle politische Balance, die er geschaffen hatte, mit Erfolg aufrechterhalten. Sie wurde dann vom letzten bedeutenden Mogul-Herrscher, Aurangzeb (R.: 1658–1707), aufgegeben. Ihm gelang es, sein Reich beinahe auf den ganzen indischen Subkontinent auszudehnen. (Vijayanagar im Süden war bereits 1565 untergegangen.) Doch das war kein ausbalanciertes muslimisch-

---

32 Die Mogul-Herrscher benutzten für sich den persischen Titel ›Schah‹. – Anm. d. Lektors

hinduistisches Gebäude mehr, sondern ein vollständig muslimisches, und zwar sunnitisch-muslimisch, ohne schiitische Züge aus dem Persien der Safawiden. Aurangzeb wird noch heute in Pakistan hoch in Ehren gehalten, und die administrativen Fundamente für das britische und für das heute unabhängige Indien stammen ebenfalls von den Moguln.

Nach dem Tod Aurangzebs ging es mit dem Mogul-Reich bergab. Sein muslimischer Extremismus führte zum Entstehen der gleichermaßen extremen hinduistischen Marathen-Bewegung, die für kurze Zeit auf der indischen Bühne zum Hauptdarsteller avancierte.

Später im achtzehnten Jahrhundert waren es mehr und mehr die Franzosen und vor allem die Briten, die den Subkontinent zu dominieren begannen.

4. Das Reich der Safawiden in Persien

In den achthundertfünfzig Jahren zwischen dem Ende des Sassaniden-Reichs im frühen siebten Jahrhundert und dem Aufstieg der Safawiden im späten fünfzehnten Jahrhundert war ein Nationalstaat, der den ganzen Iran umfaßte, mehr die Ausnahme denn die Regel. Zumeist war Persien nur ein Teil der riesigen islamischen oder mongolischen Reiche; im späten neunten und im zehnten Jahrhundert wurde es in zahlreiche islamische Fürstentümer geteilt. Nur das Seldschuken-Reich des elften und frühen zwölften Jahrhunderts und das mongolische Ilkhanat des späten dreizehnten und vierzehnten Jahrhunderts hatten ihr Zentrum im Iran – doch die herrschende Klasse war nicht persischer Herkunft.

Unter den Seldschuken war Persien ein bedeutendes eigenständiges Zentrum der Kunst, das sich vor allem auf sakrale und weltliche Bauwerke (mit großen, häufig mit bunten Kacheln verzierten Toren) konzentrierte, einen blumigen Kalligraphiestil (der anders aussah als die früheren quadratischen kufischen Zeichen der arabischen Schriften) entwickelte und die ersten der berühmten Perserteppiche schuf.

Auch die Literatur stand in Blüte. Zwar gehören die epischen Gedichte von Firdausi einer früheren Zeit an (zehntes/elftes Jahrhundert), doch Omar Khayam (elftes/zwölftes Jahrhundert), war ein großer Poet und auch Mathematiker jener Tage, der einen verbesserten Kalender einführte. Seine vierzeiligen Gedichte reichen vom Skeptizismus bis zum Mystizismus. Saadi war im dreizehnten Jahrhundert der bedeutendste didaktische Dichter Persiens. Im vierzehnten Jahrhundert verband Hafis das Studium des Koran mit dem Schreiben von Gedichten über die Schönheit der Natur und die Freuden des Weingenusses und der homosexuellen Liebe.

Die Bewohner Persiens waren anscheinend nur zum Teil den fundamentalistischen Lehren des schiitischen Islam verhaftet. Die Mehrheit hing offenbar dem sunnitischen Glauben an. Aus der Kreuzzugsgeschichte ist allerdings die schiitische Sekte der Assassinen (was »Haschischraucher« bedeutet) gut bekannt, die zuerst in Persien entstand und schließlich auch dort von den Mongolen ausgelöscht wurde. Politik durchsetzen hieß für sie in erster Linie, herausragende Führungspersönlichkeiten des Gegners zu ermorden[33]. Ihren Emissären wurde ewiges Glück im Paradies versprochen, wenn sie, wie es wahrscheinlich war, gefangengenommen und exekutiert wurden. Diese Art Fanatismus ist in unseren Tagen im Iran Khomeinis und bei

---

33 ›Assassin‹ bedeutet im Englischen und Französischen heute noch ›Meuchelmörder‹. – Anm. d. Lektors

der Hisbollah im Libanon erneut zum Leben erwacht, und natürlich handelt es sich auch hierbei wieder um extremistische Schiiten.

Im schiitischen Islam gibt es mehrere Sekten. Die eine, die unter den Safawiden in Persien die Oberhand gewann, war die der Zwölf Imame, deren letzter der erwartete Mahdi oder Messias sein sollte. Im vierzehnten und fünfzehnten Jahrhundert verbreitete sich dieser Glaube unter den Turkmenen des Iran und Ostanatoliens. Die Safawiden bildeten anfangs, d. h. seit dem frühen vierzehnten Jahrhundert, in Aserbaidschan einen religiösen Orden. In der zweiten Hälfte des fünfzehnten Jahrhunderts organisierten sie ihre Gefolgschaft zu einer militärischen Streitmacht. Als am Ende des fünfzehnten Jahrhunderts die Koalition der turkmenischen Völker, die Westpersien kontrollierten, zusammenbrach, standen die Safawiden bereit, das entstandene Vakuum zu füllen.

Ihr jugendlicher Anführer Ismail I. (R.: 1502–1524) konnte ganz Persien wiedervereinigen und die persische Bevölkerung beinah vollständig zu seinem Glauben bekehren. Das fanatische Festhalten an der »Zwölferschia« ist seitdem ein Kennzeichen der Perser und trennte sie von ihren sunnitischen Nachbarn. Auf diese Weise gewannen sie erneut ein Gefühl nationaler Identität, das ihnen seit der Zeit der Sassaniden gefehlt hatte.

Ismail wurde bald erfolgreicher, als ihm guttat. Die rasche Ausbreitung seines Glaubens in Anatolien führte dazu, daß der osmanische Sultan Selim I. in Persien einfiel und Ismail im Jahr 1514 besiegte; beinahe hätte er den größten Teil Persiens erobert, wenn er sich nicht statt dessen 1516 gegen Syrien und Ägypten hätte wenden müssen. Persien war jedoch äußerst geschwächt, und auch Ismails Nachfolger stellte für die Osmanen in ihrer Blütezeit keine ernsthafte Bedrohung dar.

Die tatsächliche Vereinigung der Turkmenen und persischen Ackerbauern vollzog Abbas der Große (R.: 1587–1629), der bedeutendste aller Safawidenherrscher. Das Osmanische Reich hatte zu diesem Zeitpunkt seinen Höhepunkt bereits überschritten, und so war er in der Lage, Teile des Westiran und Ostirak, die zuvor verlorengegangen waren, zurückzugewinnen. Er reorganisierte das Heer mit Hilfe zweier Engländer, wobei er besonders seine Artillerie verstärkte.

Europäische Kaufleute und armenische Handwerker wurden aufgefordert, sich in Abbas' neuer Hauptstadt Isfahan niederzulassen. Die Herstellung von Seide war ein königliches Monopol, und der Export von Seide bildete eine der Haupteinnahmequellen. Das sechzehnte Jahrhundert ist die klassische Zeit für Perserteppiche, die gleichfalls in staatseigenen Werkstätten gefertigt wurden. Ihr Farbenreichtum und ihre raffinierten Muster wurden nie wieder übertroffen. Auch die Illumination von Manuskripten (meist des Koran) und das Buchbinden erlebten neue Höhepunkte. Der bekannteste Künstler in diesem Fach war Behzad. Seine Schüler sorgten für die Ausbreitung seiner Techniken in ganz Persien und Zentralasien. Isfahan war vom späten sechzehnten bis zum achtzehnten Jahrhundert das Hauptzentrum der Buchkunst. Noch berühmter war die Stadt wegen ihrer safawidischen Architektur. In Persien gibt es nichts, was sich mit den dortigen Palästen und Moscheen, mit den breiten Spitztoren und reich kolorierten Fayencekacheln vergleichen ließe. Auch die Stadtplanung für Isfahan war unter Schah Abbas weit ihrer Zeit voraus.

Bis weit ins neunzehnte Jahrhundert hinein konnte der safawidische Baustil noch in Persien, im Irak und in Samarra weiterbestehen. Der Dynastie selbst erging es weniger gut. Die meisten Nachfahren von Schah Abbas wurden im Harem aufgezogen und konnten später als Herrscher keine Erfolge verbuchen. Ihre Macht geriet im späten siebzehnten Jahrhundert ins Schwinden. Die schiitischen Religionsführer wurden nun zu ihren Hauptgegnern. Durch die Schwäche der letzten Herrscher konnten die Feudalfürsten in den Provinzen immer größere Macht erwerben, während Gewerbe und Handel verfielen.

Persien wurde von den Afghanen überrannt, die Isfahan im Jahr 1722 eroberten und besetzten. Die Safawiden-Dynastie war beendet. Persien wurde von 1729 bis 1747 von einem militärischen Abenteurer, Nadir Schah, regiert, der Afghanistan und den Nordwesten Indiens angriff. Die Kosten für sein riesiges Heer führten Persien in den Bankrott, und die hohen Steuern verursachten allgemeine Unruhen.

Nach seiner Ermordung kämpften zahlreiche Gruppierungen um die Vorherrschaft, bis eine von ihnen, die Kajar-Dynastie (1796–1925), als Sieger feststand. Die Hauptstadt wurde nach Teheran verlegt. Die großen Tage der Safawiden waren jedoch endgültig vorbei, und im Verlauf des neunzehnten und zwanzigsten Jahrhunderts war Persien zumeist nur wenig mehr als die Zielscheibe für europäische Durchdringung auf kulturellem, wirtschaftlichem und politischem Gebiet. Was letztlich das Überleben des Landes als unabhängiger Staat sicherte, war in erster Linie die Rivalität zwischen Großbritannien und Rußland.

Von einiger Bedeutung ist wahrscheinlich die Entstehung der Religionsgemeinschaft der Bahai. Ihr Gründer wurde 1850 getötet, und in den folgenden Jahren mußten auch viele seiner Anhänger ihr Leben lassen. Einige, die überlebten, wurden ins Exil geschickt, und ihre Anführer zogen nach Akkon und später nach Haifa in Palästina. Großen Erfolg mit Missionierungen konnten sie in den Vereinigten Staaten verbuchen, wo man ihre schiitischen Wurzeln gewöhnlich herunterspielt.

Auf wirtschaftlichem Gebiet wurde der Iran das erste muslimische Land, das mit seinen Ölreichtum Geld verdiente. Das erste Öl wurde 1908 gefunden. Die britische Flotte stieg (unter Winston Churchill) 1912 von Kohle auf Öl um, und England kaufte zwei Jahre später die Anteilsmehrheit an der Anglo-Persian Oil Company.

Oberst Resa Khan Pahlawi versuchte zwischen den beiden Weltkriegen sich zum persischen Atatürk aufzuschwingen, allerdings nur mit begrenztem Erfolg. Im Jahr 1941 wurde er von Großbritannien und der Sowjetunion entthront, da er sich Deutschland zuneigte. Sein Sohn Mohammad Resa (R.: 1941–1979) war letztendlich um keinen Deut erfolgreicher. Seine westlich orientierten Reformen erwiesen sich als oberflächlich. Als Ayatollah Khomeini ihn 1979 stürzte, stellte sich heraus, daß das safawidische Erbe der »Zwölferschia« noch immer die mächtigste Kraft im Iran darstellte. Unter seiner Führerschaft wurde der Iran extremer und fanatischer als jemals zuvor.

5. Das Osmanische Reich

Nach der Schlacht von Manzikert (1071) war die byzantinische Herrschaft über den größten Teil Anatoliens zusammengebrochen und das Land war von turkmenischen Völkern überrannt worden. Die ortsansässigen griechischsprechenden Christen hatten den Islam angenommen oder waren in jene Küstengebiete emigriert, die noch unter der Kontrolle von Byzanz standen. Viele Armenier zogen aus Ostanatolien nach Kappadokien im Südosten Anatoliens, wo sie das »Unterarmenien« genannte Fürstentum errichteten, und kooperierten zweihundert Jahre lang mit dem Kreuzfahrerfürstentum Antiochia. In die von ihnen verlassenen Gebiete strömten muslimische Kurden nach.

Die Oberherren des seit kurzem muslimischen Anatolien waren seldschukische Fürsten. Als die seldschukische Zentralgewalt in Bagdad und Isfahan im frühen zwölften Jahrhundert verfiel, wurde ihr anatolischer Zweig (die »Seldschuken von Rum«) unabhängig, seine Hauptstadt war Konya. Seine Architektur ist von bleibendem Interesse: monumentale Grabmäler, Moscheen mit aufwendig gestalteten Eingängen, kalligraphischen Ausschmückungen und kachelbesetzten Minaretten, festungsähnliche Karawanenstationen, massive Burgen, religiöse Lehrgebäude mit innovativen Kuppeldächern, weiterhin feine Fayencemosaiken und frühe Teppiche.

In der zweiten Hälfte des dreizehnten Jahrhunderts gerieten die Sultane von Konya unter mongolische Herrschaft, und einige ihrer abgelegenen Grenzgebiete wurden unabhängig. Wie es so oft in der Geschichte der Fall ist (Makedonien, Rom, Preußen, China), wurde das abgelegenste neue Reich mächtig und berühmt. Es lag weit im Westen, Konstantinopel gegenüber. Es wurde von turkmenischen Häuptlingen gegründet, deren zweiter, Osman (R.: ca. 1281–1326), dem späteren osmanischen Staat seinen Namen gab. Seine Herrscher verschrieben sich der Aufgabe, die byzantinischen Ungläubigen zu bekämpfen, und ein fanatischer muslimischer Geist prägte das Fürstentum. Ihm schlossen sich Flüchtlinge vor den Mongolen an, vertriebene Landbewohner, Turkmenen sowie fanatische »Heilige« Derwische, die der an seiner Grenze geführte »Heilige Krieg« anzog. Der byzantinische Machtbereich wurde zum Meer zurückgedrängt. 1326 wurde Brussa erobert und zur osmanischen Hauptstadt erhoben. Die noch vorhandenen Moscheen bilden ein Verbindungsglied zwischen der Architektur von Konya und der des imperialen Istanbul.

Die stattliche Gefolgschaft, auf welche die osmanischen Sultane zurückgreifen konnten, erlaubte ihnen, sich weiter in die Ferne zu wagen. Im Jahr 1344 zogen ihre Soldaten durch Europa, zunächst als byzantinische Hilfstruppen, dann seit 1355 auf eigene Rechnung. Bulgarien war zu diesem Zeitpunkt gerade durch die aufsteigende Macht Serbiens geschwächt, das nun von den Türken besiegt wurde. Am Ende des vierzehnten Jahrhunderts waren Makedonien, Thrakien, Bulgarien und Serbien fast völlig dem Osmanischen Reich, der späteren Türkei, einverleibt worden. Edirne (Adrianopel) wurde ihre europäische Hauptstadt. Konstantinopel wurde von Europa abgeschnitten, und das Byzantinische Reich wurde auf einen Stadtstaat reduziert. Andere byzantinische Enklaven bestanden bis zur zweiten Hälfte des fünfzehnten Jahrhunderts in Trapezunt und Mistra. Wiederholt wurden die europäischen Versuche, die Türken zurückzuschlagen, von der überlegenen Heeresstärke, Organisation und dem Kampfgeist der türkischen Truppen abgewehrt.

Konstantinopel wäre noch früher gefallen, hätte nicht der große mongolische Heerführer Timur die Osmanen zwischen 1386 und 1403 mehrfach besiegt. Seine wilde Grausamkeit wirkte auf seine zivilisierteren Gegner einschüchternd. Den europäischen Mächten gelang es jedoch nicht, die Gelegenheit zu nutzen und die türkische Bedrohung aus der Welt zu schaffen, und bald nach Timurs Tod im Jahr 1405 nahmen die Osmanen ihre Vorstöße wieder auf. Aufgrund der großen Zahl muslimischer Flüchtlinge, die vor Timur auf den Balkan geflohen waren, hatte sich das türkische Potential dort noch vergrößert. Das ganze fünfzehnte Jahrhundert hindurch bekämpften die Türken Serben, Griechen, Albaner, Ungarn und mehrere »Kreuzfahrer«-Expeditionen aus Mitteleuropa, bis am Ende des Jahrhunderts der Balkan nahezu vollständig in ihrem sicheren Besitz war.

Ihre berühmteste militärische Leistung vollbrachten sie

weit hinter ihren voranschreitenden Truppen. Sultan Mehmed II. (R.: 1451–1481) hatte das seltene Glück, seine Fehler als Herrscher und Heerführer bereits in jungen Jahren zu begehen, als sein Vater zweimal versuchte, sich in ein Kloster zurückzuziehen, doch jedesmal wieder die Macht übernehmen mußte. Als er starb, war Mehmed bereit und sicherte sich seinen Platz in der Geschichte mit der Belagerung Konstantinopels (6. April bis 29. Mai 1453). In der Stadt, die zuvor mehr als eine Million Einwohner gezählt hatte, hielt sich zu diesem Zeitpunkt nur noch knapp ein Zehntel der ursprünglichen Bevölkerung auf. Weite Teile waren zerstört, und andere wurden landwirtschaftlich genutzt. Die Soldaten reichten nicht aus, die viele Kilometer langen Wälle zu bemannen, die die Stadt umgaben. Die Türken bauten schwere Belagerungskanonen, um die Mauern zu durchbrechen, und transportierten ihre Schiffe über Land in den berühmten Hafen am »Goldenen Horn«. Als sie in die Stadt drangen, brach deren Verteidigung zusammen, und der letzte byzantinische Kaiser kam um. Das Jahr 1453 wird demzufolge von vielen Historikern als das Ende des Mittelalters und Beginn der Neuzeit betrachtet. Andere haben für diese Wende das Jahr 1492 gewählt, in dem Kolumbus Amerika entdeckte. Für einen lange andauernden Prozeß kann man jedoch nicht ein einzelnes Jahr herauspicken.

Konstantinopel wurde nun Istanbul, Justinians berühmte Hagia Sophia und zahlreiche andere Kirchen wurden in Moscheen umgewandelt, und einige ihrer wunderschönen Mosaiken wurden unbeabsichtigt der Nachwelt erhalten, indem man sie übertünchte. Die Muezzins, die zum Gebet riefen, übertönten das Läuten der kleinen byzantinischen Kirchenglocken.

Das Osmanische Reich trat jetzt in seine große Zeit. In Europa, Ostanatolien und rund ums Schwarze Meer setzten sich die Eroberungen fort. Die zahlreichen christlichen Fürstentümer der Ägäis wurden dem Reich angegliedert, so auch Trapezunt (1461).

Das Heer wurde reorganisiert. Die Janitscharenregimenter wurden auf der zwangsweisen Rekrutierung je eines Sohnes aus jeder christlichen Familie aufgebaut. Die Jungen wurden als strenggläubige Muslime aufgezogen, etwa so, wie man es mit den mameluckischen Sklavensoldaten zur Zeit des frühen Islam gemacht hatte. Sie waren griechischer, slawischer, armenischer oder walachischer Herkunft und bildeten die Eliteeinheiten der Sultansgarde und den Kern des osmanischen Heeres. Waren sie in den Provinzen stationiert, so verkörperten sie dort die Zentralgewalt des Sultans.

Die Verwaltung in Istanbul wurde zentralisierter und autokratischer, doch die Provinzen waren teilweise in Feudallehen aufgeteilt, die von hohen Militärbefehlshabern kontrolliert wurden. Der osmanische Feudalismus unterschied sich von seinem europäischen Gegenpart insofern, als die Lehen überwiegend als Einkommensquelle benutzt wurden und nicht als territoriale Basis persönlicher Macht, die auf die Erben überging. Während die politischen Tagesgeschäfte des Reichs vom Großwesir geregelt wurden, sicherte sich der Sultan die höchste Autorität, indem er die direkte Kontrolle über die Janitscharen behielt und bis zu einem gewissen Grad auch die Kontrolle über die Finanzen und die Rechtsprechung. Letztere beruhte auf dem Gesetz des Koran und wurde von Kadis und Muftis ausgeübt, die in religiösen Fragen versiert waren. Christliche und jüdische Untertanen durften sich an ihre eigenen religiösen Gerichte wenden.

Das Osmanische Reich unternahm den Versuch, der privilegierten Stellung Venedigs und Genuas im Wirtschaftsleben des Landes ein Ende zu setzen. Es hob ihre Befreiung von Steuern und Zöllen auf und förderte deren muslimische, griechische, armenische und jüdische Konkurrenten. Die Kontrolle über das Mittelmeer, die die beiden Städte bis dahin besaßen, wurde von südosteuropäischen Seefahrern bedroht, wie etwa von Barbarossa[34] und Dragut, die zum Islam übertraten und im sechzehnten Jahrhundert mehrere Haupthäfen in Nordafrika besetzten. Barbarossa diente der osmanischen Marine in ihrer Blütezeit auch als Admiral.

Das fünfzehnte und sechzehnte Jahrhundert war überwiegend eine Zeit relativen Wohlstands im ganzen Reich. Eine starke Regierung, effiziente Verwaltung und sichere Straßen erleichterten das Wachstum regionaler Textilgewerbe (Baumwolle in Westanatolien, Seide in Istanbul und Bursa, Mohair in Ankara, Teppiche in Ostanatolien) und des internationalen Handels. Jährliche Karawanen, die Gewürze und Seide transportierten, erreichten aus Arabien und Indien Bursa, und die Waren wurden von hier auf den Balkan und darüber hinaus vertrieben. Europäische Produkte aus Wolle wurden in Bursa verkauft oder weiter nach Syrien und Persien geleitet.

In spätbyzantinischer Zeit hatte Konstantinopel wie ein Kopf ohne Körper existiert. Nun, als Istanbul, gewann es seine frühere Bedeutung als Haupttor zwischen Europa und Asien und als Hauptverbindung zwischen den Ländern am Schwarzen Meer und dem Mittelmeer zurück. Im Jahr 1455 wurde sein unvergleichlicher überdachter Großer Basar eröffnet. Der kaiserliche Palast, der später den Namen Topkapi erhielt, konnte 1464 bezogen werden. Er wurde durch zahllose Mosaiken verschönert, von denen viele die architektonischen Konzepte der Hagia Sophia widerspiegeln, die ein Jahrtausend früher erbaut worden war. Der größte tür-

---

34 Vom christlichen Europa verwendeter Name für den Albaner Cheireddin – Anm. d. Lektors

kische Architekt war Sinan (1497–1588), dessen Name mit 477 Bauwerken in Verbindung gebracht wird, die er angeblich errichtet oder restauriert hat. Selbst wenn diese Zahl übertrieben ist, kann dennoch kein anderer in der Geschichte bekannter Architekt ähnliches von sich behaupten. Seine Suleymaniye-Moschee in Istanbul und seine Selimiye-Moschee in Edirne zählen zu den schönsten muslimischen Bauwerken überhaupt. Einige seiner anderen Moscheen sind reich verziert mit den wunderschönen blauen Kacheln, die die osmanische Kunst in ihrem vollen Glanz zeigen. Dem modernen Betrachter dürfte die aus dem frühen siebzehnten Jahrhundert stammende »Blaue Moschee« von Sultan Ahmet nicht nur als die größte, sondern auch als die eindrucksvollste erscheinen.

In Blüte stehende Künste sind nicht immer mit Krieg und Eroberung zu vereinbaren. Und tatsächlich schien im frühen sechzehnten Jahrhundert die osmanische Neigung zur Expansion ermattet zu sein. Doch dann beschlossen die Janitscharen, die Dinge in die Hand zu nehmen, und sie erzwangen die Thronerhebung eines kriegerischen jüngeren Sohns: Selim I. (R.: 1512–1520). In den acht kurzen Jahren seiner Regierung veränderte er nicht nur den Umfang, sondern auch das Wesen des Osmanischen Reichs vollständig. Aus einem Staat, der auf Anatolien, den Balkan und die Krim begrenzt war, machte er durch Eroberung Westpersiens, Iraks, Syriens, Palästinas, Ägyptens und des Mameluckenstaats das größte und stärkste Reich seiner Zeit. Durch ihn wurde während der nächsten Regentschaft die weitere Eroberung von Hedjas und Jemen im Süden, Ungarn im Norden und Nordafrika im Westen möglich. Das Osmanische Reich erreichte auf diese Weise eine Ausdehnung, wie man sie seit den Zeiten des Römischen Reichs rund ums Mittelmeer nicht mehr erlebt hatte.

Während der Regierungszeit Suleimans des Prächtigen

Sultan Suleiman II., der Prächtige (1485–1566).

(1520—1566) schien es einen Augenblick so, als habe das Reich keinen wirklichen Rivalen. Es sah aus, als sei der Islam dabei, einen rechten Haken im Herzen des christlichen Europa zu landen, nachdem er bei Poitiers im Jahr 732 mit seinem linken Haken fehlgeschlagen war. Doch gelang es im Jahr 1529 nicht, Wien zu erobern, das östliche Tor zu Mitteleuropa und eine der Hauptstädte des Habsburgerreichs von Karl V. Die meiste Zeit hielt sich dieser in den Niederlanden auf, sein wichtigster Stützpunkt war jedoch Spanien. von hier schuf er ein Gegengewicht zum Osmanischen Reich — durch Erforschung, Besetzung und Besiedlung weiter Teile von Mexiko, Peru und der angrenzenden Gebiete. Ein Großteil des von dort stammenden großen Reichtums floß dem Seekampf gegen die Türken im Mittelmeer zu.

Suleiman hatte hier 1522 den Stützpunkt der Johanniter auf der Insel Rhodos erobert. Karl V. verlegte die Ritter auf die Insel Malta. Suleimans Seestreitkräfte blieben weiterhin erfolgreich und okkupierten einen großen Hafen in Nordafrika nach dem anderen. Muslimische Korsaren überfielen die Küsten Spaniens und Italiens. 1535 wendete sich das Blatt erstmals, und Karl V. eroberte Tunis und vernichtete Barbarossas Flotte. Doch das Blatt wendete sich nochmals, als es ihm 1541 nicht gelang, Algier in seine Hand zu bekommen, und ein Wintersturm seine Flotte zerstörte. Nach dieser Katastrophe kehrte er dem Mittelmeer den Rücken und widmete sich fortan der Gegenreformation.

In den ersten zwei Jahrzehnten des sechzehnten Jahrhunderts beherrschten die Portugiesen den Indischen Ozean und den Handel mit dem Fernen Osten auf der Route um das Kap der Guten Hoffnung. Doch dann holte die osmanische Flotte auf, und der Handel mit Asien erfolgte größtenteils wieder über das Mittelmeer. Dadurch war Venedig nie reicher als im sechzehnten Jahrhundert, als es den Großteil der aus Indonesien bezogenen Gewürze in die Küchen Mitteleuropas brachte. Der Kampf um das Mittelmeer trat in eine neue Phase, als Barbarossa im Jahr 1543 Reggio di Calabria niederbrannte, Nizza eroberte und in Toulon überwinterte. Dragut holte sich 1551 Tripolis von den Johanniterrittern. Das Blatt wendete sich erneut, als die osmanische Flotte 1565 vergebens den Versuch unternahm, die südliche Bastion Europas, die Insel Malta, zu erobern. Ihr letzter großer Erfolg war 1571 die Einnahme der Insel Zypern, die von den Venezianern gehalten wurde. Der türkische Vormarsch wurde noch im gleichen Jahr in der Schlacht von Lepanto gestoppt. Obwohl das osmanische Reich in den folgenden Jahren seinen Besitz in Nordafrika festigte, verlor der Kampf ums Mittelmeer am Ende des sechzehnten Jahrhunderts seinen Sinn, da um 1600 holländische und englische Schiffe in den Indischen Ozean vordrangen und den Weg um das Kap der guten Hoffnung herum erneut zur Haupthandelsroute machten.

Der Mittelmeerhandel war nicht nur für Venedig und Genua, sondern auch für das Osmanische Reich die Lebensader gewesen. Das Ende des sechzehnten Jahrhunderts stellte den Scheidepunkt der türkischen Geschichte dar. Was eine aggressive Großmacht gewesen war, verwandelte sich schnell in etwas, das man im neunzehnten Jahrhundert »den kranken Mann am Bosporus« nannte. Die bislang effiziente Verwaltung brach zuerst in den entlegenen Provinzen zusammen. Örtliche Kadis und Gouverneure begannen ihre eigenen Taschen aufzuhalten, die innere Sicherheit brach zusammen, Straßenräuberei setzte dem ungehinderten Gütertransport ein Ende, die ortsansässigen Gewerbe erlebten einen Niedergang, und überraschenderweise führte der Import großer Mengen spanischen Silbers aus Amerika zu hoher Inflation.

Auf Suleiman den Prächtigen folgten nahezu ununterbrochen schwache Sultane, die ihre Heere nicht mehr selbst ins Feld führten und statt dessen die meiste Zeit ihrer Regierung im Harem verbrachten. Die Königinmutter, der Obereunuch und einige Lieblingsfrauen stiegen zu den wirklich Mächtigen hinter dem Thron auf. Die Janitscharen wurden in steigendem Maß in höfische Intrigen verwickelt und konnten das Reichsgebiet kaum mehr verteidigen.

Es gab noch immer einige militärische Erfolge: Die Türken besetzten die Insel Kreta (1669), und sie schlossen die Eroberung Podoliens[35] ab (1676). 1683 belagerten sie zum zweiten Mal Wien, doch als das fehlschlug, war der Zusammenbruch nicht mehr aufzuhalten: Österreichische Truppen eroberten Ungarn, die Russen holten sich im achtzehnten Jahrhundert die nördlichen Küsten des Schwarzen Meeres, und sie bedrohten das ganze neunzehnte Jahrhundert hindurch Istanbul selbst. Griechenland, Serbien, Montenegro, Rumänien und Bulgarien revoltierten im neunzehnten Jahrhundert und erhielten mit Unterstützung des christlichen Europas ihre Unabhängigkeit.

Regionale Führer entrissen der Zentralregierung ein gewisses Maß an Freiheit. Häufig konnten sie besiegt werden, jedoch nicht immer. Ägypten erlebte bereits in den siebziger Jahren des achtzehnten Jahrhunderts eine kurze Periode der Unabhängigkeit und wurde zu Beginn des neunzehnten Jahrhunderts unter Muhammad Ali praktisch politisch selbständig.

Manchmal intervenierte auch der europäische Kolonialismus: Algerien wurde 1830–1842 von Frankreich erobert, Ägypten durch Großbritannien 1882 (Zypern war »freiwillig« vier Jahre früher aufgegeben worden), Libyen und der Dodekanes wurden von Italien am Vorabend des Ersten Weltkriegs übernommen.

---

35 Gebiet am oberen Bug (Ukraine) – Anm. d. Lektors

Die eigentliche Überraschung ist nicht, daß das Osmanische Reich schließlich am Ende des Ersten Weltkriegs kollabierte, sondern daß es überhaupt so lange überlebte. Dies ist hauptsächlich auf die häufigen energischen Reformbemühungen zurückzuführen. Großwesire wie die aus der Familie Koprülü im späten siebzehnten Jahrhundert unternahmen erste Versuche dazu, scheiterten jedoch. Erfolge erzielten Sultan Selim III. (R.: 1789–1807), der nach europäischen Vorbild ein Heer aufstellte, und vor allem Mahmud II. (R.: 1808–1839), der im Jahr 1826 das reaktionäre Korps der Janitscharen auflöste und eine Reformperiode nach europäischen Muster einleitete, die seine Söhne fast das ganze neunzehnte Jahrhundert hindurch weiter umsetzten. Die Verwaltung wurde effektiver, die Sicherheit erhöhte sich, und einige abgelegene Gebiete wurden wieder eingegliedert.

Das Überleben des Reichs war auch Großbritannien zu verdanken, das es im ganzen neunzehnten Jahrhundert gegen alle Eindringlinge verteidigte, von Napoleon bis zu Muhammad Ali von Ägypten (1840) und wiederholt gegen die Russen, die Istanbul und Jerusalem mehr aus religiösen Gründen denn aus politischen erobern wollten.

Sultan Abdulhamid II. (R.: 1876–1909) versuchte die Bande zwischen Türken und Arabern durch eine gezielt islamische Politik zu stärken. Das wurde von den »Jungtürken«[36] zum Scheitern gebracht, die 1908/1909 die Macht übernahmen und statt dessen den türkischen Nationalismus betonten. Als Folge davon wurde auch der arabische und armenische Nationalismus gestärkt, und die letzten Bindungen, die das alte Reich zusammengehalten hatten, lösten sich auf. Die ungeschickte Allianz mit Deutschland

---

36 Name einer politischen Reformbewegung – Anm. d. Lektors

im Ersten Weltkrieg beschleunigte das unausweichliche Ende nur noch. Nach dem Krieg wurde die Türkei von Mustafa Kemal Atatürk als wesentlich kleinerer, weltlicher Nationalstaat mit Ankara als Hauptstadt neu gegründet.

Leider ist es nicht das glanzvolle Reich des fünfzehnten und sechzehnten Jahrhunderts, das ein großes Erbe (mit Ausnahme der Bereiche Architektur und Teppichherstellung) hinterließ, sondern das schwache Spätreich. Viele soziale, ethnische und politische Probleme des heutigen Balkans und Mittleren Ostens sind nur vor dem Hintergrund jahrhundertelanger türkischer Mißwirtschaft zu verstehen.

Teil XII
Die Blütezeit
der europäischen Kultur

Nach dem Ende der Kreuzzüge war Westeuropa noch immer weniger zivilisiert als etwa Byzanz oder Teile der islamischen Welt oder das China der späten Song. Selbst das muslimische Granada, auf ureigen europäischem Boden, schien weiter fortgeschritten als seine ungebildeten Nachbarn im christlichen Spanien.

Vom vierzehnten Jahrhundert an vollzog sich eine vollkommene Metamorphose. Europa begann sich auf allen Gebieten nach vorne zu schieben: in Kunst und Literatur, in Wissenschaft und Technik, im Gebrauch von Feuerwaffen und dem Bau seetüchtiger Schiffe. Im zwölften und dreizehnten Jahrhundert konnte die Macht der westlichen Christenheit den muslimischen Ländern des Mittleren Ostens nichts anhaben. Im frühen sechzehnten Jahrhundert reichte eine Handvoll Spanier aus, mit ihren fortschrittlichen Waffen und ihrer verfeinerten Kriegskunst die Reiche Perus und Mexikos zu Fall zu bringen. In dieser Zeit waren es europäische Schiffe, die auf den Meeren kreuzten. Die europäische Kunst, die nahezu das ganze Mittelalter hindurch gegenüber Byzanz kaum Eigenständigkeit gezeigt hatte, verselbständigte sich auf einmal und brachte Giotto, Leonardo und Michelangelo hervor. Die Reformation führte zu neuen konfessionellen Unterschieden und befreite den Verstand der Menschen von den mittelalterlichen Fesseln. Nationalstaaten ließen den mittelalterlichen Kampf zwischen Kaiser und Papst irrelevant erscheinen. Die Wissenschaft bewies mit Mikroskop und Teleskop die Existenz einer neuen Welt. Schließlich veränderte die industrielle Revolution die ganze Gesellschaftsstruktur.

Europa hatte sich an die Spitze gestellt und alle anderen Hochkulturen weit hinter sich gelassen.

1. Die ersten Nationalstaaten

Was unterscheidet die abendländische Zivilisation grundlegend von anderen? Ihre Vielfalt. Die Blütezeiten von Ägypten und China sind monolithisch: Ein einziges großes Reich repräsentiert die jeweilige Kultur. Sobald sich zum Beispiel in China eine Staatenvielfalt zeigt, kennzeichnet sie eine Schwächeperiode. Nicht so in der abendländischen Zivilisation. Viele verschiedene Nationalstaaten bildeten ihre Hauptstütze und das eigentliche Symbol ihrer Stärke.

Somit beginnt die Blütezeit Europas mit dem Entstehen wirklicher Nationalstaaten und eines Nationalbewußtseins.

Die Franzosen wurden sich im Lauf der langen und stabilen Regierungszeit der Kapetinger der Tatsache bewußt, daß sie französisch waren. Als König Philipp IV. der Schöne (R.: 1285–1314) den Templerorden zerschlagen und dessen großen Besitz konfisziert hatte, kam es nicht zu einem allgemeinen Aufschrei. Als er mit Papst Bonifaz VIII. (Amtszeit: 1294–1303) kollidierte, erwies sich das Papsttum, das gerade kurz zuvor seinen epischen Kampf mit den deutschen Kaisern gewonnen hatte, in Wahrheit als schwach, als es sich mit einem Nationalstaat konfrontiert sah. Philipp

---

37 Eine Vollversammlung der Repräsentanten der drei Stände: Adel, Klerus, Bauernschaft, d. h. eine Art vorparlamentarische Institution mit nicht unbedeutender Macht – Anm. d. Lektors

berief die Generalstände[37] ein und erhielt die volle Unterstützung gegen den Vatikan. Seine Agenten hielten den Papst gefangen, und Bonifaz starb einen Monat später. Das Papsttum gelangte bald darauf vollständig unter die Kontrolle Frankreichs, und sein Sitz wurde von Rom nach Avignon verlegt (1308).

Der französische Nationalismus erfuhr eine weitere Stärkung durch den Ausgang des Hundertjährigen Krieges (1338−1453) und die Rolle von Johanna von Orleans in diesem Kampf. Ganz Frankreich wurde unter der französischen Krone vereinigt. Auf der anderen Seite des Ärmelkanals stärkte der komplette Verlust der französischen Gebiete und die neuerliche Verwendung der englischen Sprache am Hof und beim Adel entsprechend das englische Nationalgefühl, das unter den Tudor-Königen (1485−1603) seinen Höhepunkt erlangte. Auf der Iberischen Halbinsel entstand durch den langandauernden und blutigen Kampf zur Rückeroberung des Landes von den Muslimen ein starkes spanisches Nationalgefühl, das sich durch Spaniens herausragende Rolle in der europäischen Politik des sechzehnten Jahrhunderts noch weiter intensivierte.

Der Nationalismus wuchs in diesen westeuropäischen Ländern weiter und wurde tiefer und stärker, ohne zunächst in anderen Teilen Europas besonders spürbar zu werden. Eine Ausnahme bildete Böhmen im fünfzehnten Jahrhundert, wo die hussitische Reformation und die fortwährenden Kriege mit den deutschsprechenden Nachbarn zum kurzen Erblühen eines tschechischen Nationalismus führten, der schließlich 1619 durch den Sieg der Habsburger unterdrückt wurde.

Es gab seit dem dreizehnten Jahrhundert natürlich auch andere Entwicklungen, wie etwa die der Schweiz, wo ein einziger Staat mehrere kulturelle Gebiete umfaßte und die Bevölkerung vier verschiedene Sprachen sprach.

Im siebzehnten Jahrhundert waren in den skandinavischen Ländern nationalistische Tendenzen weitverbreitet, und besonders in Schweden erhielt der Nationalismus durch den Aufstieg des Landes zu einer Großmacht ungeheuren Auftrieb. Nationalistische Gefühle kamen auch beim Aufstand der Niederlande gegen Spanien zum Ausdruck, und sie wurden durch den Aufstieg zur Weltmacht und durch das Aufblühen von Kultur und Wirtschaft weiter verstärkt.

Der Nationalismus wurde durch die Napoleonischen Kriege nach Mittel- und Osteuropa »exportiert«, und zwar als Folge des nationalen Widerstandes, auf den die Franzosen zunehmend stießen.

Das neunzehnte Jahrhundert war in Europa eine große Zeit nationalistischer Leidenschaft, die in dem vertraglichen Zusammenschluß von Italien und Deutschland kulminierte. Die Länder Osteuropas und auf dem Balkan strebten nun alle aktiv die nationale Unabhängigkeit an. Der Kollaps der Reiche im Osten, Österreichs, Rußlands und der Türkei führte 1918 zu den neuen Nationalstaaten Tschechoslowakei, Polen, Jugoslawien, Finnland und den baltischen Staaten.

Der europäische Imperialismus im zwanzigsten Jahrhundert rief in den meisten der betroffenen Kolonien nationalistische Widerstandsbewegungen hervor. Nationalismus war nicht länger ein rein europäisches Phänomen, er wurde global und entwickelte sich zur machtvollsten politischen Ideologie der modernen Zeit.

2. Die Renaissance

Die Renaissance war einer der großen Augenblicke des menschlichen Geistes, vergleichbar wohl nur mit Athen zur Zeit des Perikles. Außerdem war sie die Zeit, in der Europa alle anderen zeitgenössischen Hochkulturen hinter sich ließ.

Wie üblich war der Hintergrund ökonomischer Natur. Die italienischen Handelsstädte, und hier vor allem Venedig und Genua, nahmen seit den Kreuzzügen im internationalen Warenverkehr eine Führungsposition ein. Nach dem Fall von Akkon im Jahr 1291 erhielt Venedig seine Waren von den Gewürzinseln und aus dem Fernen Osten über die Häfen Ägyptens, während Genua stärker über die nördliche Route arbeitete, d. h. über die Häfen am Schwarzen Meer. Dieser Handel erwies sich auch für andere Städte in Italien als profitabel. Die Medici in Florenz beispielsweise waren bedeutende Bankiers und Textilhändler, mit Zweigstellen von London bis Venedig, die die vatikanischen Finanzen betreuten und auch weltlichen Herrschern große Geldsummen liehen. Sie waren so erfolgreich, daß sie zu den Herren von Florenz aufstiegen. Der Hof von Lorenzo I. dem Prächtigen (R.: 1469–1492) wurde zum wichtigsten Zentrum der Renaissance des fünfzehnten Jahrhunderts. Und die Medici waren nicht die einzigen. Die deutschen Fugger etwa besaßen zu Beginn des sechzehnten Jahrhunderts ein sogar noch größeres Bank- und Handelsunternehmen mit Sitz in Augsburg. Im Frankreich des fünfzehnten Jahrhunderts baute Jacques Cœur (um 1395–1456) ein ähnliches Wirtschaftsimperium auf. Der neue Wohlstand schuf einen neuen Mittelstand, zunächst in Italien, später dann jenseits der Alpen. Neue Geschmacksrichtungen, der Wunsch nach Komfort und den feineren Dingen des Lebens verdrängten die einfacheren mittelalterlichen Standards.

Stadthäuser und Landsitze wurden nun gebaut, mit Glasfenstern und exquisiten Plafonds, mit Gemälden und Regalen voller Bücher, die man seit Mitte des fünfzehnten Jahrhunderts durch das neuentwickelte Druckverfahren in Massenfertigung herstellen konnte. Inneneinrichtung und Kleidung wurden ausgefeilter und raffinierter; Künstler, Architekten und hochspezialisierte Handwerker wurden benötigt.

Michelangelo Buonarotti (1475–1564), Stich von Giulio Bonasone, 1546.

Italien wurde zur Schule Europas, genau wie Athen die Schule Griechenlands gewesen war. Das Land brachte große Dichter und Schriftsteller wie Dante, Petrarca, Boccaccio und Ariost hervor, große Denker wie Macchiavelli und Pomponazzi *(Über die Unsterblichkeit der Seele)*, bedeutende Komponisten wie Palestrina und Monteverdi, innovative Architekten wie Brunelleschi, Bramante und Palladio, einige der größten Bildhauer aller Zeiten, etwa Ghiberti, Verrocchio, Donatello und natürlich Michelangelo, und vor allem eine unvergleichliche Gruppe von Malern, zu denen Giotto, Masaccio, Perugino, Botticelli, Mantegna, Leonardo da Vinci, Raffael, Giorgione und Tizian zählten. Einige von ihnen, etwa Leonardo und Michelangelo, waren »echte Renaissance-Menschen«, die auf vielen Gebieten Hervorragendes leisteten.

In der Renaissance entstand ein neues Selbstvertrauen. Bis zum fünfzehnten Jahrhundert war Europa der gelehrige Schüler von Griechenland und Rom gewesen. Nun wagten es seine Denker, sich freizuschwimmen.

Italien war dem antiken Griechenland nicht unähnlich, denn es war ebenfalls in eine Vielzahl unabhängiger Kleinstaaten aufgespalten. Die Höfe vieler dieser Staaten boten begabten Denkern, Schriftstellern und Künstlern Herberge, allen voran der von Florenz im fünfzehnten Jahrhundert. Doch der Hof der Päpste in Rom stellte im letzten Stadium der Renaissance alle anderen in den Schatten. Hier entstanden die wichtigsten Meisterwerke von Raphael und Michelangelo. Der einzige ernstzunehmende Rivale Roms im sechzehnten Jahrhundert war Venedig, wo verfeinerte Kultur und innovative Kunst noch in Blüte standen, als sie in den restlichen Teilen Italiens bereits unterdrückt wurden.

Diese Kleinstaaten entwickelten in ihren wechselseitigen Beziehungen manche Konventionen, die später beinahe weltweit üblich wurden, etwa den unverletzlichen Status von Diplomaten. Die Intrigen und Kämpfe, die sich zwischen ihnen zutrugen, waren allerdings weniger erfreulich. Macchiavelli beschrieb in seinem *Il Principe* exemplarisch die Familie der Borgia (im fünfzehnten Jahrhundert stellte sie zwei Päpste samt ihrer Nachkommenschaft), die sich nicht scheute, Messer und Gift zur Durchsetzung ihrer Interessen zu verwenden.

Doch diesen Kleinstaaten war eine ungestörte Fortsetzung ihrer verwöhnten Existenz nicht beschieden. Das französische Königreich drang unter einigen seiner Herrscher aus dem Haus Valois ab 1494 mehrfach in Italien ein. Am berühmtesten wurden die Interventionsversuche von König Franz I. (R.: 1515–1547). Am Ende schlugen sie alle fehl, und Frankreichs Gegner, die Habsburger in Österreich und Spanien, behielten Italien in den nächsten dreihundertfünfzig Jahren unter ihrer Kontrolle. Als Folge davon ging die italienische Renaissancekultur unter (ausgenommen im unabhängigen Venedig), doch ihr Erbe beeinflußte und bereicherte das intellektuelle und künstlerische Leben in Mittel- und Westeuropa. Die Architektur im sechzehnten Jahrhundert, von Sevilla bis Polen, zeugte von diesem Einfluß, und Maler wie Cranach, Dürer, Altdorfer, Holbein, Fouquet, Clouet und Pieter Breughel führten die Renaissancetradition nördlich der Alpen fort. Doch am entscheidendsten beeinflußte die Renaissance wohl das Denken und die Religion.

3. Reformation und Gegenreformation

Nichts charakterisiert das mittelalterliche Europa so sehr wie die uniforme Bindung an die katholische Kirche. Doch war diese Einheit vielleicht überhaupt nicht so monolithisch, wie allgemein angenommen wird. In einigen der

Regionen, die das schnellste Wirtschaftswachstum zu verzeichnen hatten – etwa in Norditalien, Südfrankreich und den Tälern von Maas und Rhein –, standen Häresien in Blüte. Im Jahr 1209 mußte gegen die Sekte der Katharer in der Provence ein Kreuzzug aufgeboten werden. Die Orden der Franziskaner und Dominikaner wurden 1209 beziehungsweise 1215 gegründet, um den religiösen Enthusiasmus in für die Kirche akzeptable Richtungen zu kanalisieren. John Wycliffe (1329–1384) in England und Jan Hus (ca. 1369–1415) in Böhmen forderten eine Reformation der Kirche und drohten mit Abspaltung. Große Kirchenkonzile traten 1409, 1414 und 1431 zusammen, um die Kirche von innen heraus zu reformieren, erreichten jedoch wenig.

Das Denken der Renaissance beeinflußte die religiösen Einstellungen tief. Es gab weiterhin Frömmigkeit, doch nun wurde sie häufig zu einer »erlernten Frömmigkeit«, um mit Petrarca zu reden. Die Theologen waren mittlerweile wesentlich besser ausgebildet, viele konnten Griechisch, einige wenige sogar Hebräisch. Sie dachten über die ethischen Lehren der Bibel nach und diskutierten die Willensfreiheit. Erasmus von Rotterdam (1466–1536) veröffentlichte eine kritische Ausgabe des griechischen Neuen Testaments. Er und andere Humanisten riefen die intellektuelle Wißbegierde zahlreicher Angehöriger der neuen Mittelschicht wach.

Vielen fiel es schwer, das Verhalten der Amtsträger der katholischen Kirche mit den Lehren des Christentums zu vereinbaren. Die Liebe zum Pomp vieler Päpste, ihre Intrigen, Kriege und illegitime Nachkommenschaft, der ausschweifende Lebensstil vieler Kleriker, der öffentliche Verkauf von Ablässen standen in einem allzu großen Kontrast zur päpstlichen Unfehlbarkeit und priesterlichen Autorität. Und so öffnete Martin Luther, als er 1517 seine 95 Thesen

Martin Luther (1483–1546), Gemälde von Lucas Cranach d. Ä., 1532. Regensburg, Museum der Stadt Regensburg.

gegen den Ablaß an die Kirchentüren in Wittenberg schlug,[38] dem Wandel die Schleusentore. Luther und zahlreichen anderen Reformatoren ging es dabei nicht um stückweise Reformen, sondern um eine vollständige Veränderung. Der Wittenberger betrachtete den Papst als den Antichrist und war der Ansicht, einem Großteil der Kirche und ihrer Lehren fehle die Grundlage in der Heiligen Schrift. Er wollte das biblische Christentum wiederbeleben. Bis zu seinem Tod im Jahr 1546 kämpfte er für seine Vorstellungen in Predigten und Traktaten. Er übersetzte die Bibel ins Deutsche, damit jeder des Lesens Kundige sie studieren könne, und schuf so nebenbei eine einheitliche deutsche Sprache. Seine Ideen fanden in allen Gesellschaftsschichten in ganz Europa eine breite Anhängerschaft.

Andere predigten andere Lösungen, etwa Zwingli (1484–1531) in der Schweiz, Calvin (1509–1564) in Genf und die Wiedertäufer in der Schweiz und in Münster. Calvin beispielsweise betonte die Prädestination[39] und die Notwendigkeit kirchlicher Disziplin. Die Wiedertäufer propagierten die Erwachsenentaufe und die wortwörtliche Befolgung der Gebote, waren jedoch zu extrem und anarchisch in der Praxis, so daß sie auf lange Sicht nicht sehr wirkungsvoll waren. Die Hauptströmung der Reformation ging allerdings durch die meisten Länder Europas und zerbrach innerhalb eines halben Jahrhunderts die frühere Einheit der westlichen Christenheit.

Viele deutsche Fürsten traten schließlich zum neuen Protestantismus über. Aber Kaiser Karl V. (R.: 1519–1556)

---

38 Ob Luther seine Thesen tatsächlich öffentlich aushängte oder ob er sie lediglich verfaßte, ist umstritten. – Anm. d. Lektors

39 Das durch Gott vorherbestimmte Geschick des Menschen – Anm. d. Lektors

erwies sich in seinen späteren Jahren als aufrechter, wenn auch nicht immer erfolgreicher Beschützer der etablierten Kirche. In England attackierte Heinrich VIII. (R.: 1509–1547) Luther in gedruckter Form, brach dann aber mit Rom, um Anna Boleyn zu heiraten. In Frankreich wurde die zahlenmäßig starke hugenottische[40] Bevölkerung im Massaker der Bartholomäusnacht (1572) dezimiert. Ein spanischer Versuch, England gewaltsam wieder zum Katholizismus zu bewegen, schlug fehl, als die Armada unterging (1588).

Die katholische Kirche reformierte sich auch von innen heraus. Viele früheren Mißbräuche und die bis dahin verbreitete Gleichgültigkeit verschwanden, und an ihre Stelle trat ein harter Kampfgeist. Die ehemalige Toleranz wich der Intoleranz. Die Kirche versuchte mehrfach, zu den mittelalterlichen Vorbildern und zur Disziplin zurückzukehren. Auch setzte sie neue Instrumente wie den Jesuitenorden (1540 gegründet) und das »Heilige Offizium« der Inquisition in Rom ein. Papst Paul IV. (Amtszeit: 1555–1559) leitete die Anstrengungen der Gegenreformation äußerst entschlossen. Die zentrale Führung der katholischen Kirche verschaffte dieser Bewegung, als sie einmal voll mobilisiert war, einen entscheidenden Vorteil über die diffusen Kräfte der Reformation.

Im späten sechzehnten Jahrhundert wurden in Italien, Spanien und Frankreich die meisten Spuren des Protestantismus ausgemerzt. Zu Anfang des siebzehnten Jahrhunderts zwang Kaiser Ferdinand II. (R.: 1619–1637) Österreich und Böhmen auf die katholische Seite zurück. Sein böhmischer Feldzug wurde zum Eröffnungszug des Drei-

---

40 Hugenotten = calvinistische Protestanten in Frankreich – Anm. d. Lektors

ßigjährigen Krieges (1618–1648). Zunächst schlugen sich seine habsburgischen Heere erfolgreich unter Heerführern wie Tilly und dem eigenwilligen Wallenstein, doch eine vollständige Niederlage des Protestantismus wurde verhindert, zuerst durch die Intervention einer schwedischen Streitmacht unter König Gustav II. Adolf (R.: 1611–1632) und schließlich durch den Kriegseintritt des katholischen Frankreich auf seiten der Protestanten, um einen Sieg der Habsburger zu verhindern. Im Verlauf dieses Krieges wurde Deutschland verwüstet.

Am Ende des Krieges existierte bereits die heutige religiös-geographische Konfiguration, d. h. der größte Teil Skandinaviens, England, die Niederlande, Mitteldeutschland und die Nordschweiz waren in Händen der Protestanten, welche im Westen, Süden und Osten von einem breiten Halbmond katholischer Länder, von Irland über Spanien und Frankreich bis nach Ungarn und Polen, umgeben waren.

Mitte des siebzehnten Jahrhunderts waren die alten Streitfragen bedeutungslos geworden. Nationale Machtpolitik war wieder aktuell. Das katholische Frankreich unter Richelieu kämpfte erfolgreich mit dem ebenfalls katholischen Spanien um die Vorherrschaft in Europa. Die österreichischen Habsburger mußten sich gegen die osmanischen Türken zur Wehr setzen. Preußen versuchte, in Deutschland die dominierende Macht zu werden. Rußland vergrößerte stetig sein Gebiet.

Nur in Großbritannien war das Thema noch von Bedeutung, und der letzte männliche Stuart-König wurde vertrieben, weil er ein allzu aktiver Katholik war (1688). In Nordirland geht der Kampf zwischen Katholiken und Protestanten bis heute weiter, nahezu dreihundertfünfzig Jahre nach dem Westfälischen Frieden, der den Dreißigjährigen Krieg beendete.

Karl V. (1500–1558), Portrait von Bernart van Orley, um 1516. Paris, Louvre.
(Archiv für Kunst und Geschichte, Berlin)

4. Die europäischen Mächte im 17. und 18. Jahrhundert

Im Spätmittelalter hatte es in Europa keine vorherrschende Macht gegeben. Als Karl V. Österreich, Spanien, die Niederlande und große Teile Italiens vereinigte, war er wieder einmal nicht nur dem Titel nach Kaiser.[41] Er verbrauchte fast all seine Ressourcen in jungen Jahren in Kriegen um die Vorherrschaft im westlichen Mittelmeerraum und im Alter in Auseinandersetzungen mit den deutschen Protestanten. Infolgedessen konnte sich König Franz I. von Frankreich ihm als beinah gleichstarker Widersacher entgegenstellen. Die Religionskriege in Frankreich im späten sechzehnten Jahrhundert schwächten jedoch die Macht des Landes, und so blieb das habsburgische Spanien weiterhin bis zur Mitte des siebzehnten Jahrhunderts die dominierende Macht in Europa. Dabei kamen ihm die Reichtümer der riesigen Besitzungen in Amerika zustatten, wenn auch seine wirtschaftlichen Möglichkeiten aufgrund des Fehlens eines im Handel aktiven Mittelstands — infolge der Vertreibung von Juden und Mauren — schwanden. Das kastilische Steuersystem machte die Entwicklung eines neuen Mittelstands fast unmöglich, da es die Aristokratie von Steuern befreite und die unteren Klassen verarmen ließ. Die kostspielige Außenpolitik der Habsburger, vor allem die Philipps II. (R.: 1556—1598) mit seinen Kriegen gegen die türkischen Ungläubigen, die englischen Protestanten und die aufständischen Niederlande sowie mit seiner Unterstützung für die Katholiken in Frankreich, überstieg die finanziellen Mittel und beschleunigte den Niedergang Spaniens.

---

41 Unübersetzbares Wortspiel: Kaiser = engl. emperor, von lat. imperator = Feldherr — Anm. d. Lektors

Als nächstes kam die Reihe an Frankreich. Unter der Führung zweier Kardinäle, Richelieu (gest. 1642) und Mazarin (gest. 1661), wurde das französische Königreich reorganisiert und gestärkt. Spanien wurde entscheidend geschlagen (bei Rocroi im Jahr 1643) und verfiel in Passivität. Entlang der anderen Grenzen Frankeichs förderten die Kardinäle fleißig den Partikularismus der winzigen und harmlosen Staaten in Deutschland und Italien. Frankeich war somit ein einziger Koloß unter Pygmäen. Zweihundertdreißig Jahre lang war es zumeist die herausragende Macht in Europa (1640−1870). Doch manchmal verspielten überehrgeizige Herrscher wie Ludwig XIV. oder die beiden Napoleon schließlich die natürlichen Vorteile des Landes, und zu anderen Zeiten waren schwache Herrscher, etwa Ludwig XV. und Ludwig Philipp, nicht in der Lage, sie voll zu nutzen. Die meisten Konflikte und Kriege Europas in diesem langen Zeitraum entzündeten sich an den französischen Ambitionen − so wie die Kriege seit 1864 an den deutschen.

Die Kriege zwischen 1648 und 1789 waren gewöhnlich »zivilisiert«, soll heißen, sie wurden von kleinen Söldnerarmeen in wenigen Schlachten und mit geringen Verlusten ausgetragen. Erst die Fortschritte in der Technologie und die großen »Passionen« − revolutionäre, nationalistische, faschistische, kommunistische, demokratische − seit der Französischen Revolution haben den Krieg so umfassend und erschreckend werden lassen, daß er für die menschliche Gesellschaft untragbar geworden ist.

In diesem Kapitel beschäftigen wir uns zunächst mit den Bourbonenkönigen Ludwig XIV. (R.: 1643−1715) und Ludwig XV. (R.: 1715−1774) von Frankreich. Die Regierungszeit Ludwigs XIV. ist die längste in Europas Geschichte − zweiundsiebzig Jahre dauerte sie. Von daher erklärt sich sein enormer Einfluß auf Europa im siebzehnten und achtzehnten Jahrhundert. Französisch stieg zur neuen internationalen Sprache Europas auf und verdrängte das Lateinische. Könige und Fürsten versuchten allenthalben den Hof von Versailles zu kopieren. Französische Literatur, Architektur und Kunst wurden zum Prototyp für einen Großteil der europäischen Literatur, Architektur und Kunst. Französische Denker und Philosophen dominierten das achtzehnten Jahrhundert. Paris wurde die kulturelle Hauptstadt Europas und ist es überraschenderweise, unabhängig vom politischen Schicksal Frankreichs, weiterhin geblieben.

Während seiner langen Regierung führte Ludwig XIV. mehrere Kriege und verschob die Grenzen Frankreichs weiter nach Westen (Franche Comté und Elsaß), nach Norden (Artois) und nach Süden (Roussillon). Bis auf einige leichte Veränderungen (Nizza, Savoyen) sind dies auch heute noch die Grenzen Frankreichs. Als er in späten Jahren den Versuch unternahm, für seinen Enkel das gesamte spanische Großreich in seinen Besitz zu bringen[42], besiegten die vereinigten Streitkräfte Englands und der österreichischen Habsburger mit ihren zwei großen Generälen Marlborough und Prinz Eugen von Savoyen die Franzosen in einer Schlacht nach der anderen. Frankreich wurde heftig geschüttelt und geschwächt, und Österreich gewann die Spanischen Niederlande (das heutige Belgien) und die Vorherrschaft in Italien. Die Bourbonen erhielten zwar Spanien, jedoch unter der Bedingung, daß es nicht mit Frankreich vereinigt würde.

Ludwig XIV. hatte die Adligen zu gefügigen Höflingen reduziert. Sein Urenkel, Ludwig XV., hatte insofern weder zu Hause noch in den Kolonien viel von ihnen zu befürch-

---

42 Dies war der sog. spanische Erbfolgekrieg (1701–1713/14), dessen eigentlicher Sieger England war, denn es gewann Gibraltar und vor allem große französische Besitzungen in Nordamerika. – Anm. d. Lektors

ten, doch seine Regierung war eine Aufeinanderfolge ver-
paßter Gelegenheiten, verpfuschter Kriege und fortgesetzter
Vernachlässigung des ernsten Regierungsgeschäfts. Das war
schade, da auf kulturellem Gebiet das achtzehnte Jahrhundert mit Sicherheit ein »französisches Jahrhundert« war.
Nicht eine kontinentale Macht erhob sich, um Frankreich
seine Position ernsthaft streitig zu machen, und lediglich
das kleine Preußen unter Friedrich dem Großen zeigte sich
in der Lage, ihm ungestraft zu trotzen.

Die wichtigste Niederlage wurde Frankreich durch Groß-
britannien[43] zugefügt, das die französischen Kolonien in
Nordamerika und Indien eroberte. England war unter den
Tudors zu einer bedeutenden Macht emporgestiegen, doch
seine eigentlichen Interessen lagen von nun an im weiteren
Ausbau des Überseehandels und des Kolonialreichs.

Es ließ sich in Kämpfe auf dem europäischen Kontinent
nur hineinziehen, wenn das Gleichgewicht der Kräfte
gefährlich gestört wurde, wie es unter Philipp II. von Spanien, Ludwig XIV. und Napoleon von Frankeich und Wilhelm II. und Hitler in Deutschland der Fall war. In all diesen Fällen erwies sich die britische Intervention als entscheidend.

In Mittel- und Osteuropa waren andere Mächte auf der
Bildfläche erschienen. Das Österreichische Reich wurde
von den Habsburgern geschaffen, die bereits seit dem Jahr
1278 in Wien regiert hatten. Zumeist waren sie gleichzeitig
Kaiser von Deutschland, doch ihre eigentliche Macht leitete
sich mehr und mehr aus den Gebieten her, die unter ihrer
unmittelbaren Herrschaft standen: Österreich, Böhmen,
Kroatien, Ungarn. Leopold I. (R.: 1658–1705) faßte sie zu

---

43 Großbritannien war 1707 durch die Vereinigung der Königreiche England
   und Schottland entstanden. – Anm. d. Lektors

Friedrich II., der Große (1712–1786), Gemälde von Anton Friedrich König, 1769. Potsdam, Staatliche Schlösser und Gärten Potsdam-Sanssouci.

einem engen Staatengefüge zusammen und konnte den größten Teil Ungarns von den Türken zurückerobern. Auf diese Weise entstand ein Reich, das schließlich tief bis nach Polen im Norden reichte, weit in den Balkan im Südosten und auch nach Norditalien. Ab 1806 waren die Habsburger nur noch Kaiser von Österreich und nicht mehr von Deutschland[44]. Um das Jahr 1715 hatte das Reich ungefähr 11 Millionen Einwohner (gegenüber 19 Millionen in Frankreich, 9 Millionen jeweils in Spanien und Großbritannien und 13 Millionen in Rußland).

Doch wenden wir uns Preußen bzw. Brandenburg zu. Hier regierte seit dem Jahr 1415 das Geschlecht der Hohenzollern. Unter dem »Großen Kurfürsten« Friedrich Wilhelm (R.: 1640–1688) entwickelte sich Preußen zunächst zu einer zweitrangigen Macht, und zwar durch Kriege mit Frankreich, Schweden und Polen. Sein Sohn Friedrich I. (R.: 1688–1713) erhielt den Königstitel, sein Enkel Friedrich Wilhelm I.[45] (R.: 1713–1740) baute eine starke Armee auf, setzte sie jedoch kaum ein.

Unter Friedrich II. dem Großen (R.: 1740–1786), sollte das anders werden. Er eroberte Schlesien von Österreich und verteidigte es in mehreren Kriegen. Seinen größten Erfolg konnte er im »Siebenjährigen Krieg« (1756–1763) verbuchen, in dem er gegen die größten Mächte Europas –

---

44 Franz II., der letzte Kaiser des Heiligen Römischen Reichs Deutscher Nation, verzichtete auf diesen Titel, da er nur noch symbolischen Wert hatte. – Anm. d. Lektors

45 Die Herrscherzählung war bei den Hohenzollern etwas unübersichtlich. Friedrich I. wäre eigentlich F. III. gewesen, aber er fing noch mal von vorne an, und Friedrich Wilhelm I. hätte nach seinem Großvater eigentlich F. W. II. sein müssen. In manchen Werken findet sich diese andere Zählweise. – Anm. d. Lektors

Frankreich, Österreich, Rußland – antrat und sie wiederholt besiegte. Später hatte er an den polnischen Teilungen teil. Er hinterließ ein Preußen, das eine europäische Großmacht geworden war und das im folgenden Jahrhundert den zentralen Part bei der Vereinigung Deutschlands spielen sollte.

Schweden, die Großmacht in Skandinavien, die auch Finnland, Estland und Lettland in Besitz hatte, war während der Regierung von Gustav II. Adolf (R.: 1611–1632) ebenfalls zu einer europäischen Macht aufgestiegen. Er besiegte Dänemark, Rußland und die Habsburger Streitmächte. Schweden erhielt im Westfälischen Frieden, der den Dreißigjährigen Krieg beendete, Teile Norddeutschlands zugesprochen, dominierte die Ostsee und beeinflußte die Ereignisse in Polen. Im »Nordischen Krieg« verteidigte Karl XII. (R.: 1697–1718) diese Länder grimmig mit Invasionen in Dänemark, Norwegen, Polen und Rußland, bis er bei Poltawa (1709) vom russischen Zar Peter dem Großen besiegt wurde. Schwedens begrenzte Ressourcen standen in keinem Verhältnis zu seiner Großmachtpolitik, und nach Karls Tod wurde diese Politik aufgegeben.

Polen kontrollierte seit dem fünfzehnten Jahrhundert riesige Gebiete, spielte jedoch zumeist bei europäischen Konflikten eine passive Rolle. Im späten achtzehnten Jahrhundert wurde es zwischen Rußland, Österreich und Preußen dreimal geteilt (1772, 1793, 1795) und verschwand bis 1918 von der Landkarte.

Um 1650 zählte Europa rund 100 Millionen Einwohner; zur gleichen Zeit hatte Indien ungefähr 130 Millionen und China etwa 170 Millionen. 1815 hatte Europa seine Bevölkerung auf etwa 200 Millionen verdoppelt, die Indiens war in etwa gleich geblieben, und China hatte rund 320 Millionen Einwohner.

Nikolaus Kopernikus (1473–1543).

5. Die wissenschaftliche Revolution

Die Renaissance schuf eine Atmosphäre, in der die Menschen anfingen, Naturphänomene zu untersuchen und Fragen zu stellen. Die von der Kirche gegebenen Antworten wurden nicht mehr akzeptiert.

Als erstes Gebiet wurde die Geographie revolutioniert. Das Zeitalter der Entdeckungen bewies schlüssig, daß die Erde rund ist, und enthüllte die Existenz des amerikanischen Kontinents und des Pazifischen Ozeans sowie die Umrisse von Asien und Australien.

Als nächstes war die Astronomie an der Reihe. Nikolaus Kopernikus (1473–1543) trug in seinem Todesjahr erstmals seine heliozentrische Theorie vor, also daß die Erde um die Sonne kreist und nicht umgekehrt. (Allerdings war Aristarchus von Samos bereits um 250 v. Chr. zur gleichen Schlußfolgerung gelangt.) Galileo Galilei (1564–1642) konstruierte ein Teleskop und bewies die Behauptung von Kopernikus anhand der Phasen des Planeten Venus, die er erstmals beobachtete. Dazu entwickelte er eine Theorie der Mechanik. Johannes Kepler (1571–1630) berechnete die Planetenumlaufbahnen. Das Werk dieser Wissenschaftler stieß bei der katholischen Kirche prompt auf Ächtung, doch der Fortschritt war nicht mehr aufzuhalten. Isaac Newton (1643–1727) erarbeitete das Allgemeine Gesetz der Dynamik und erklärte die Schwerkraft. Pierre Simon Laplace (1749–1827) sagte mittels mathematischer Ableitung die Himmelserscheinungen voraus und veröffentlichte eine Theorie über die Entstehung der Planeten.

Auch die Medizin schritt voran. William Harvey (1578–1657) entdeckte den großen Blutkreislauf. Anton von Leeuwenhoek (1632–1723) fand mit selbstgebauten Mikroskopen erstmals Mikroben, Spermien und rote Blutkörperchen. Louis Pasteur (1822–1895) identifizierte die

Charles Robert Darwin (1809–1882), Stahlstich von C. Cook, um 1865.

Immanuel Kant (1724–1804), Portrait, 1786. Marbach am Neckar, Schiller-Nationalmuseum.

Mikroben als eine Hauptgruppe von Krankheitserregern.

In der Chemie entdeckte Antoine Lavoisier (1743−1794) die Natur der chemischen Verbrennung (und fiel in der Französischen Revolution der Guillotine zum Opfer), Henry Cavendish (1731−1810) erforschte die Natur der Gase. In der Physik entwickelte Alessandro Volta (1745−1827) die ersten elektrischen Geräte wie Batterien, Michael Faraday (1791−1867) entdeckte die Verbindung zwischen Magnetismus und Elektrizität, und James Clerk Maxwell (1831−1879) legte die theoretischen Grundlagen für die Entwicklung der Elektronik.

Carl von Linné (1707−1778) gab der Botanik ein Klassifizierungssystem und beschrieb die Sexualität von Pflanzen. Jean Lamarck (1744−1829) erklärte die Entwicklung von Arten in der Tierwelt. Charles Darwin (1809−1882) erweiterte diese Theorie auf die menschliche Rasse. Philosophen wie Descartes, Leibniz und Kant formulierten gleichfalls naturwissenschaftliche Theorien.

Seit jener Zeit hat sich die Wissenschaft auf allen Gebieten ständig weiterentwickelt. Wissenschaftliches Denken ist zu einem Eckstein der modernen Kultur, ja unserer ganzen geworden.

Einige der ersten Wissenschaftler standen nicht mit den Universitäten in Verbindung. Doch seit dem neunzehnten Jahrhundert ist die Wissenschaft weitgehend institutionalisiert worden. Leuchten wie Planck, Einstein oder Rutherford hatten wie selbstverständlich einen Lehrstuhl inne.

Im zwanzigsten Jahrhundert ist das Universitätswesen enorm ausgeufert, und die Mehrzahl der heutigen Wissenschaftler verbringt nahezu ihr ganzes Erwachsenenleben in der akademischen Welt. Dadurch ist ein besonderer Lebensstil entstanden mit alljährlichen Wanderungen zu Treffen und Kongressen, mit sicheren Positionen, mit Freisemestern und -jahren und mit Veröffentlichungsdruck.

Das dritte Jahrtausend n. Chr. rückt näher, und die Wissenschaft wird auf vielen Gebieten in erster Linie durch Überspezialisierung bedroht. Mehr und mehr Wissenschaftler sehen anscheinend nur noch Bäume und nicht mehr den Wald.

6. Die industrielle Revolution

Der gemächliche Gang des bäuerlichen Lebens begann sich infolge der zunehmenden Urbanisierung und des wachsenden Handels seit der Renaissance zu beschleunigen. Mehr Güter wurden benötigt, als von Hand und mit einfachen Werkzeugen produziert werden konnten. Immer mehr Maschinen mußten erfunden und gebaut werden, um dem Bedarf zu decken.

Bereits im dreizehnten Jahrhundert war von China das Schießpulver eingeführt worden. Bald revolutionierte es die Kriegführung. Ein Gewehr wird erstmals 1327 in florentinischen Aufzeichnungen erwähnt. Dem folgten Erfindungen im Schiffbau, womit das Befahren des Atlantiks möglich wurde. Der Druck mit beweglichen Metall-Lettern wurde um 1450 von Johannes Gutenberg in Mainz entwickelt. Die Herstellung von Porzellan, lange Zeit ein chinesisches Monopol, wurde im sechzehnten Jahrhundert in Italien versucht, doch der eigentliche Durchbruch gelang erst zu Anfang des achtzehnten Jahrhunderts im sächsischen Meißen.

Die industrielle Revolution setzte im achtzehnten Jahrhundert richtig ein, und dies vor allem in England, wo die Bedingungen besonders günstig waren. England besaß reichliche Eisen- und Kohlevorkommen, und seine lange Küste, die nirgendwo sehr weit von den Industriestandorten entfernt ist, stellte schnellen Zugang und Transport sicher.

Die Landwirtschaft entwickelte sich rasch durch die Einführung von Einfriedungen, welche das ehemalige System offener Felder ersetzten. Fruchtwechsel und verbesserte Viehzucht wurden nun möglich. Das Einkommen stieg, die Städte wuchsen und auch die Gesamtbevölkerung. Die Steuern waren erträglich, und die Regierung griff nicht stark ein (im Gegensatz zu den meisten kontinentalen Ländern). England war das größte Freihandelsgebiet Europas.

Der Durchbruch erfolgte im Textilgewerbe. Tausende Jahre lang hatte man mit einfachen manuellen Geräten Garn gesponnen und gewebt. Der große Bedarf an Baumwollstoffen änderte dies innerhalb relativ kurzer Zeit völlig. 1733 erfand James Kay das fliegende Schiffchen fürs Weben, 1769 baute Richard Arkwright die erste mit Wasserkraft betriebene Spinnmaschine, 1770 meldete James Hargreaves die Feinspinnmaschine zum Patent an, 1785 stellte Edmund Cartwright den mechanischen Webstuhl vor. Damit war der ganze Prozeß der Kleidungsherstellung mechanisiert und wurde in Fabriken verlegt.

Das wurde durch Erfindungen auf anderen Gebieten unterstützt. James Watt entwickelte in der zweiten Hälfte des achtzehnten Jahrhunderts die Dampfmaschine, die zuerst für Dampfkrafthämmer benutzt wurde, doch als er deren lineare Bewegung in eine kreisförmige umgewandelt hatte, konnte sie auch für Antriebsmaschinen verwendet werden, wie etwa für Webstühle oder Spinnmaschinen. Die Textilfabriken wurden auf diese Weise unabhängig von der Wasserkraft der Flüsse und konnten sich in Städten ansiedeln.

James Watt ließ sich später eine Lokomotive patentieren, doch erst 1829 begann George Stephenson mit dem Bau wirklich funktionierender Dampflokomotiven. Die erste Eisenbahnlinie wurde im Jahr 1830 zwischen Manchester und Liverpool eröffnet. Damit konnte man Passagiere und Waren rasch von einem Ort zum anderen transportieren.

Großbritannien profitierte durch die industrielle Revolution beträchtlich. Mitte des neunzehnten Jahrhunderts war sein Pro-Kopf-Einkommen etwa zweimal so hoch wie das Frankreichs oder Deutschlands. Und die Industrialisierung hatte noch weitere indirekte Folgen: Es muß bezweifelt werden, ob England die Kontinentalsperre und die Napoleonischen Kriege allgemein überlebt hätte, wenn es, anders als Frankreich, nicht bereits eine halbindustrialisierte Nation gewesen wäre.

Doch auch anderswo wurden bedeutende Erfindungen gemacht. Im Jahr 1793 erfand der Amerikaner Eli Whitney die Baumwoll-Entkörnungsmaschine und mechanisierte so auch die erste Stufe der Baumwollbearbeitung. 1798 baute er eine Fabrik für die Massenproduktion von Feuerwaffen. 1811 wurde in Pittsburgh das erste Walzwerk eröffnet. 1869 war die erste transkontinentale Eisenbahn durch die Vereinigten Staaten fertig.

Auch die Franzosen waren aktiv. Pierre Berthelot (1827–1907) entwickelte die Methode des Stoffbleichens mit Chlor, Joseph-Marie Jacquard baute zu Anfang des neunzehnten Jahrhunderts die nach ihm benannten Maschinen für das Weben komplizierter Muster, Louis Robert entwickelte einen Prozeß zur Papierherstellung in Form von Rollen. Doch die Franzosen richteten fast all ihre Energien während der Napoleonischen Zeit auf andere Gebiete.

In Belgien schritt die Industrialisierung Anfang des neunzehnten Jahrhunderts rasch voran, vor allem in den Bereichen Eisen und Kohle und beim Bau von Maschinen und Waffen. Der daraus resultierende Wohlstand und das gewonnene Selbstvertrauen bildeten einen der Hauptgründe für Belgiens erfolgreichen Unabhängigkeitskampf im Jahr 1830. In Deutschland, Norditalien, Österreich und Schweden kam die industrielle Revolution erst später im neunzehnten Jahrhundert in Schwung.

Die industrielle Revolution ist noch nicht zu Ende. Sie dauert noch an, wenn auch auf anderen Gebieten. Die Erfindung des Automobils, des Flugzeugs oder der Glühbirne, des Radios, Fernsehens, der Kernkraft, des Computers — sie alle sind nur unterschiedliche Facetten des gleichen Prozesses. Er hat das Leben mehr als jedes andere Ereignis in der alten oder neuzeitlichen Geschichte revolutioniert.

Die Folgen der industriellen Revolution in anderen Bereichen sind verblüffend gewesen. Die Weltbevölkerung hat sich vervielfacht. Die Städte sich mehr gewachsen als jemals zuvor: Ungefähr die Hälfte der Weltbevölkerung lebt heute in Städten. Die Sozialstruktur hat sich vollkommen gewandelt. Neue Beschäftigungsfelder haben sich aufgetan, während viele der alten verschwunden sind. Die Wirtschaft dieses Planeten ist revolutioniert worden. Der moderne Kapitalismus und mit ihm das moderne Banksystem sind entstanden. Der Lebensstandard ist gestiegen — doch nicht für alle und nicht überall. In manchen Gebieten hat ein Proletarisierungsprozeß weiter Bevölkerungsteile stattgefunden. Neue soziale und politische Theorien sind formuliert worden, wie diesem und anderen Problemen zu begegnen sei. Neuer Druck auf das Individuum hat sich aufgebaut, von dem die agrarische Gesellschaft früherer Zeiten nie geträumt hätte. Das Kriegsgerät ist wesentlich mörderischer geworden. Die Umweltverschmutzung, die direkt oder indirekt aus der Industrie resultiert, bedroht nun unsere Städte und Landschaften und könnte sehr wohl bald direkt unser Leben gefährden. Neue mit der Industrie in Verbindung stehende Krankheiten sind aufgetaucht. Doch auch die Wissenschaft hat sich aufgemacht, um die neuen Bedrohungen zu bewältigen.

Teil XIII

Der europäische Imperialismus

Die europäische Überlegenheit auf den Gebieten der Kultur, Wirtschaft und des Kriegswesens vom späten fünfzehnten bis zum frühen zwanzigsten Jahrhundert brachte eine in den Annalen der Menschheit einzigartige Erscheinung mit sich — die tatsächliche, physische Eroberung fast des ganzen Planeten durch eine einzelne Zivilisation und ihre wirtschaftliche und kulturelle Dominanz über die restliche Welt. Dies vollzog sich natürlich in einem allmählichen Prozeß, der seine größte Stärke im späten neunzehnten Jahrhundert erreichte.

Dieser Prozeß nahm seinen Anfang im fünfzehnten Jahrhundert mit den portugiesischen, spanischen und englischen Entdeckungsfahrten. Zunächst war es ein zielloser Prozeß, doch die Reichtümer, die durch die portugiesische Vorherrschaft auf See und Portugals Handel im Osten und durch die spanische Eroberung der beiden Amerikas im Westen zusammenkamen, gaben ihm einen neuen, globalen Impuls. Um 1600 hatten die holländischen, englischen und französischen Händler und Freibeuter von den iberischen Mächten die Herrschaft über die Meere übernommen, und während des siebzehnten und achtzehnten Jahrhunderts kolonisierten sie Nordamerika, Indien und große Teile Indonesiens und entdeckten Australien und einen Großteil des Pazifischen Ozeans.

Durch die industrielle Revolution erhielt der europäische

Imperialismus weitere Schubkraft. Die überseeischen Länder wurden nun als enormer Markt für die neuen massengefertigten Fabrikwaren begriffen. Hatte es sich bei der Eroberung Amerikas durch die Spanier bis zu einem gewissen Grad noch um einen Zufall gehandelt, so war die Eroberung Indiens und später Afrikas und von Teilen Südostasiens häufig ein bewußter Akt zur Schaffung von Märkten für in Europa hergestellte Güter. Das spätere neunzehnte Jahrhundert brachte britische und französische Interessen in scharfen Konflikt und erlebte auch, wie kurz zuvor geeinte Nationen wie Italien und Deutschland ins Rennen um koloniale Besitzungen eintraten, weshalb dieser Wettlauf noch hektischer wurde.

Im Verlauf dieser Jahrhunderte stieg die Bevölkerung Europas beträchtlich, und etliche seiner wagemutigsten, habgierigsten, grausamsten und idealistischsten Söhne zogen aus zu den Enden der Welt, um Abenteuer zu erleben, reich und mächtig zu werden oder ihrem Gott im Prozeß von Entdeckung, Eroberung, Besiedlung und Verwaltung ihrer neuen Besitzungen zu dienen. Ihr Unternehmen hatte zwei Gesichter.

Auf der einen Seite die brillante Leistung, den ganzen Planeten unter einer einzigen Zivilisation zu vereinigen; die Erkenntnisse und Fertigkeiten ihrer Wissenschaft, Technologie, Kultur und administrativen Fähigkeit in Gebiete zu bringen, die ihnen hierin unterlegen waren und sie benötigten; weite Teile nahezu unbewohnten Landes wie Australien und fast ganz Nord- und Teile Südamerikas zu besiedeln; eine Weltwirtschaft mit den spezifischen Produkten einer einzelnen Zivilisation, die in alle anderen importiert wurden, zu schaffen; und alte Plagen der Menschheit wie die Pest und die Cholera durch Einführung der modernen Medizin in deren Hauptverbreitungsgebieten wie etwa Indien auszurotten.

Auf der anderen Seite wurde in diesem Prozeß bereits im sechzehnten Jahrhundert ein großer Teil der eingeborenen Bevölkerung der beiden Amerikas direkt oder indirekt ausgelöscht; das gleiche passierte später auch anderswo, beispielsweise in Teilen Ozeaniens oder auf Tasmanien; europäische Krankheiten wurden in fremde Länder eingeschleppt und exotische zurück nach Europa gebracht; Schwarzafrika wurde die Geißel des Sklavenhandels aufgezwungen; vielen fremden Kulturen wurde ein Minderwertigkeitskomplex vermittelt, dessen Konsequenzen noch heute vor allem in der islamischen Gesellschaft virulent sind; die Chinesen und die Indianer kamen aus Profitinteresse der Europäer in Kontakt mit Alkohol bzw. Opium; und von den Kolonialherren wurde eine Nation auf die andere gehetzt, nach dem altbewährten Motto »Teile und herrsche«.

Kein anderes Vorkommnis in der Geschichte scheint die Menschheit so auf den Kopf gestellt zu haben wie dieser europäische Aufbruch und in seiner Folge die jahrhundertelange Kolonialherrschaft sowie das westliche Übergewicht allgemein. Selbst in China, das nie ganz von Europa erobert wurde, hatten westliche Ideologien wie die pseudochristliche Taiping-Bewegung im neunzehnten Jahrhundert oder der Kommunismus im zwanzigsten Jahrhundert die Bevölkerung völlig im Griff; in Indien erfreut sich die englische Sprache noch immer weiter Verbreitung, obwohl die englische Herrschaft seit langem vorbei ist; die Japaner vermochten die abendländische Zivilisation so gut zu imitieren, daß sie zuerst die Europäer militärisch zu überbieten versuchten, und als dies nicht funktionierte, alle anderen durch Leistung auf wirtschaftlichem Gebiet übertrafen; die islamische Gemeinschaft ist in weiten Teilen noch tief in einem fanatischen Fremdenhaß gegenüber dem ehemals überlegenen Westen gefangen; die afrikanische Stammesgesellschaft südlich der Sahara wurde von der europäischen Kolonialherrschaft so nachhaltig entwurzelt, daß sie sich auf der Suche nach Neuorientierung noch immer im Zustand des Aufruhrs befindet.

Europa selbst war am Ende dieses Prozesses stark in koloniale Rivalitäten verwickelt, daß diese neben anderen Ursachen zum Auslöser für den Ersten Weltkrieg und in der Folge auch für den späteren weltweiten Bedeutungsverlust Europas wurden.

1. Portugal

Während die deutschen und italienischen Kolonialreiche nur mehrere Jahrzehnte lang Bestand hatten, das belgische knapp ein Jahrhundert hielt und viele britische Kolonien in Afrika, Malaya und anderswo ebenfalls nicht lange währten, existierte das portugiesische Überseereich mehr als fünfhundert Jahre – länger als jedes andere.

Auch entstand es früher als alle anderen, nämlich im Jahr 1415 mit der Eroberung des nordafrikanischen Stützpunkts Ceuta. Das setzte sich – noch immer früher als bei allen anderen – mit den Entdeckungsreisen um Westafrika unter Prinz Heinrich dem Seefahrer (gest. 1460) fort, dann mit der Entdeckung und Besiedlung der Azoren, Madeiras und der Kapverdischen Inseln sowie der Eroberung Tangers im Jahr 1471, und es erreichte seinen triumphalen Höhepunkt, als Bartolomeo Dias 1487/88 das Kap der Guten Hoffnung umsegelte und Vasco da Gama 1498 nach Indien vorstieß.

Die Blütezeit des portugiesischen Großreichs war das frühe sechzehnte Jahrhundert. Die Vorherrschaft im Indischen Ozean leitete den Handel mit Gewürzen aus dem Fernen Osten und Indonesien auf der Route um Afrika nach Lissabon um. Unter Kapitänen wie Almeida und Albuquerque erreichten die Portugiesen Seestützpunkte und Handelsniederlassungen in Goa (Indien, 1510), Malakka (bei Singapur, 1511), Hormus (an der Einfahrt in den Persischen Golf, 1515) und Diu (Südindien, 1515). 1517/18 wurde Ceylon besetzt und 1528 die Molukken. Auch die ersten europäische Niederlassung in China – in Macao – wurde von Portugiesen gegründet.

Die Regierungszeit König Manuels I. des Glücklichen (1495–1521) betrachtete man später als die große Zeit Portugals und seiner Kolonialunternehmungen. Luís de Camoes (1524–1580) feierte sie in den *Lusiaden,* dem großen Nationalepos Portugals, das Vasco da Gamas Reise nach Indien beschreibt.

Die große Abwanderung in die Kolonien hatte Portugal jedoch geschwächt. Die Zahl seiner Einwohner verringerte sich außerdem durch die Seuchenepidemie des Jahres 1521 und die Vertreibung der produktivsten Bevölkerungsgruppen, der Juden und Moslem, weiter von zwei auf eine Million Menschen.

Das geschwächte Portugal konnte seine Macht im Indischen Ozean nicht halten, und die osmanische Seemacht errang ab den zwanziger Jahren des sechzehnten Jahrhunderts dort einen gleichen und manchmal mehr als gleichen Status, wobei sie einen großen Teil des Handels zurück ins Mittelmeer verlegte. Das war der Grund für den Altweibersommer mittelmeerischer Größe, an dem das Türkische Reich ebenso wie seine katholischen Gegner Spanien, Venedig und Genua partizipierten.

Die Herrscher Portugals nach Manuel waren schwächer, gerieten immer mehr unter den Einfluß der Jesuiten und der Gegenreformation, und ihre Politik war dem Kolonialreich nicht unbedingt förderlich. In einem fatalen Kreuzzug gegen Marokko verloren der portugiesische König und sein Thronerbe ihr Leben, und zwei Jahre später schluckten die Spanier Portugal (1580–1640). Das Kolonialreich wurde vernachlässigt, und der Handel im Indischen Ozean wurde um 1600 eine leichte Beute englischer und holländischer Händler. Sie erzielten entscheidende Seeüberlegenheit, besetzten fast alle portugiesischen Stützpunkte und übernahmen deren Handel.

Das war jedoch noch nicht das Ende des portugiesischen Kolonialreichs. Betrachten wir im folgenden Portugals Hauptkolonien, zunächst die in Amerika, danach die afrikanischen.

Brasilien war Portugal im Vertrag von Tordesillas (1494) zugeschlagen worden, bevor es überhaupt entdeckt war. Als erste erreichten Diarte Pacheco 1498 und dann im Jahr 1500 Pedro Alvares Cabral das Land. Anfänglich diente es lediglich als Zwischenstation auf dem Weg nach Indien, später nutzte man das brasilianische Holz. Brasiliens Besiedlung begann im Jahr 1532; Bahia wurde 1549 gegründet und blieb bis 1763 die Hauptstadt. Rio de Janeiro wurde in einer Enklave errichtet, die von 1555 bis 1567 in französischer Hand gewesen war.

Die Indianer wurden getauft oder getötet oder vertrieben. Man befand, sie seien für die harte Arbeit, die auf den Zuckerrohr- und Baumwollplantagen anfiel, weder bereit noch geeignet, und so importierte man in großer Anzahl schwarze Sklaven aus Afrika.

Als Portugal 1580 an Spanien fiel, wurde der Vertrag von Tordesillas ungültig, und die portugiesischen Siedler dehnten die Grenzen Brasiliens bis zu den Anden im Westen, weit über die ehemalige Grenzlinie hinaus aus. Das ganze Amazonasbecken wurde okkupiert, wenn auch nur spärlich besiedelt. Als im achtzehnten Jahrhundert Gold und Diamanten entdeckt wurden, nahmen Einwanderung und Besiedlung stark zu.

Im siebzehnten Jahrhundert kam es aufgrund der holländischen Versuche, den Norden Brasiliens zu übernehmen, zu ausgedehnten Feindseligkeiten. Im achtzehnten Jahrhundert bekämpften die Spanier die Portugiesen wegen des heutigen Uruguay im Süden. 1807 wurde Portugal selbst während der Napoleonischen Kriege von den Franzosen angegriffen. Zwar wurde das Land schließlich erfolgreich von Wellington[46] verteidigt, doch der Hof zog nach Brasilien um (1808). Unter der direkten Regierung entwickelte sich das Land wesentlich schneller. Als der König 1820 nach Portugal zurückkehren mußte, schloß sich sein Sohn Pedro den revolutionären Kräften in Brasilien an und wurde Kaiser des Landes. Die Bande zu Portugal wurde danach schnell und relativ leicht gekappt.

In Afrika hatten die Portugiesen zunächst ein Königreich nahe dem Kongo, den sie 1483 erreicht hatten, unter ihren Einfluß gebracht. Sein König trat zum Christentum über und regierte von 1506 bis 1543 als Don Alfonso I. Priester, Kunsthandwerker und sogar Drucker wurden hier angesiedelt, und die einheimischen Adligen reisten zu ihrer Bildung nach Portugal. Selbst die Hofetikette wurde der in Lissabon nachgebildet. Aber dieses interessante Experiment wurde nicht ernsthaft weiterverfolgt – der Sklavenhandel erwies sich als wesentlich profitabler.

Unter portugiesischen Einfluß gerieten ursprünglich vor allem Gebiete entlang der Küsten: Westafrika von Senegal bis Sierra Leone, weiter im Südosten auf beiden Seiten des Niger-Deltas (einschließlich der Inseln Principe und Sao Tomé), weiter im Süden zu beiden Seiten des Kongo sowie in Ostafrika von Sofala[47] im Süden bis nach Somaliland im Norden.

---

46 Dem späteren Sieger von Waterloo – Anm. d. Lektors

47 Im heutigen Moçambique – Anm. d. Lektors

Als später andere Kolonialmächte ankamen, behielt Portugal im Nordwesten lediglich seine Inseln und Portugiesisch-Guinea und konzentrierte sich auf die Entwicklung Angolas und Moçambiques[48] im Süden. Luanda, die Hauptstadt Angolas, wurde 1576 gegründet. Seine Hauptbedeutung lag im blühenden Sklavenhandel: Luanda war der größte Sklavenhafen in Afrika. Von 1580 bis 1836 wurden allein aus Angola etwa drei Millionen Sklaven exportiert, hauptsächlich nach Brasilien. Wenn sie auf die Schiffe gebracht wurden, nahm man zumeist eine Massentaufe vor. Der größte Händler war gewöhnlich der Gouverneur selbst. Einige holländische Beobachter aus dem siebzehnten Jahrhundert behaupteten, die portugiesischen Sklavenhändler seien humaner als andere gewesen. Dennoch kamen regelmäßig ungefähr 20 bis 30 Prozent der in Angola eingeschifften Sklaven während der Überfahrt ums Leben.

In Moçambique war der Handel über den Indischen Ozean zunächst das Hauptobjekt des wirtschaftlichen Interesses; dazu kam in geringerem Umfang die Gold- und Silberförderung im inländischen Manica. Beide erlebten im siebzehnten Jahrhundert einen Niedergang, und im achtzehnten Jahrhundert war der Sklavenhandel auch in Moçambique zum Hauptgewerbe aufgestiegen. Bis zum Jahr 1800 wurden jährlich um die 10 000 Sklaven exportiert, später etwa 15 000. In den Jahren 1840–1850 kletterte die Zahl sogar auf 25 000.

Von Pombal[49] in Portugal im dritten Viertel des achtzehnten Jahrhunderts eingeführte Reformen fanden auch in

48 Damals zunächst der Name einer einzelnen Niederlassung – Anm. d. Lektors

49 Sebastião P., portugiesischer Staatsmann und einer der bedeutendsten Vertreter des aufgeklärten Absolutismus – Anm. d. Lektors

den Kolonien Widerhall, vor allem Angola wurde zum ersten Mal gründlich organisiert und verwaltet. Der Sklavenhandel wurde 1836 offiziell verboten, doch in den Kolonien hatte dies kaum einen Effekt. Es war starker Druck von seiten der Briten notwendig, bevor er wirklich von der Bildfläche verschwand, und zwar erst zu Anfang des zwanzigsten Jahrhunderts.

Als in der ersten Hälfte des zwanzigsten Jahrhunderts die Aufteilung Afrikas stark beschleunigt wurde, lief Portugal Gefahr, von stärkeren Rivalen aus Afrika vertrieben zu werden. Genau dies geschah tatsächlich in einigen von ihm beanspruchten Gebieten am Kongo-Delta. Doch weiter südlich schien es den Großmächten am Ende passend, Portugal die Möglichkeit zu geben, das Landesinnere von Angola und Moçambique zu entwickeln, damit die beiden Länder nicht in die Hände gewichtigerer Konkurrenten fielen. Einen Augenblick lang sah es so aus, als dürfe Portugal seine beiden Kolonien quer durch den Kontinent verbinden, doch das hätte Großbritannien daran gehindert, die Achse Kairo—Kap zu realisieren, und so wurde dies schließlich unterbunden.

Fraglich bleibt, ob Angola und Moçambique für das Mutterland, das die ganze Zeit hindurch eines der ärmeren Länder in Europa blieb, eine Bereicherung oder nicht vielmehr eine Belastung darstellten. Wie auch immer, die Portugiesen hielten in der Mitte des zwanzigsten Jahrhunderts noch immer an ihren Kolonien fest, selbst als das restliche Afrika bereits entkolonialisiert worden war. In der Zwischenzeit hatte sich Portugal selbst 1910 in eine Republik verwandelt und 1926 in eine Diktatur. Ein Abrücken vom Kolonialismus vertrug sich nicht besonders mit der imperialen Mentalität von Salazars autoritärem Regime (1932–1968), doch Aufstände in Angola (von 1961 an) und Moçambique (seit 1964) zwangen Portugal schließlich, 1975 Afrika zu verlassen, und an seine Stelle traten quasi-kommunistische Regime.

In Portugal selbst wurde die Diktatur durch zunehmend links-gerichtetere Regierungen ersetzt, doch 1975 wurde eine Machtübernahme der Kommunisten verhindert und eine demokratische Regierung eingeführt, so daß das Land im Januar 1985 der Europäischen Gemeinschaft beitreten konnte.

2. Spanien

Im späten fünfzehnten Jahrhundert entstand als Folge der Heirat (1469) von Königin Isabella von Kastilien (R.: 1474–1504) und König Ferdinand II. von Aragon (R.: 1479–1516) erstmals ein spanischer Staat. Kastilien war im Grunde ein kontinentales Land, dessen Geschichte unentwirrbar mit der Reconquista verbunden war, der Rückeroberung der Iberischen Halbinsel von den Moslems. Deren letzter Schritt war im Jahr 1492 die Eroberung von Granada. Aragon[50] andererseits blickte auf eine lange Tradition mediterranen Handels und Engagements zurück, regierte seit 1282 Sizilien, seit 1324 Sardinien und seit 1442 das große Königreich Neapel. Einige andalusische Händler hatten sich mit den Portugiesen bei den ersten Fahrten nach Westafrika einen Wettstreit geliefert. Als Kolumbus Amerika entdeckte, war dies in gewisser Weise ein Glücksfall, da dadurch rein zufällig dem im Werden begriffenen spanischen Kolonialismus ein Kontinent eröffnet wurde.

---

50 Aragon bildete ein Dreieck, im Norden von den Pyrenäen und im Westen von der Mittelmeerküste etwa von Barcelona bis Alicante (samt der vorgelagerten Balearen) begrenzt. Kastilien umfaßte den großen Kern der Iberischen Halbinsel zwischen Portugal und Aragon. – Anm. d. Lektors

Die Eroberung Amerikas klingt wie eine erstaunliche Saga, vollzogen von einer Handvoll zäher kastilischer Soldaten unter Führung einiger weniger nachgeborener Söhne des Adels. Hernán Cortés (1485–1547) stürzte das Aztekenreich in Mexiko (1519–1522) mit Hilfe von lediglich 600 Soldaten und 16 Pferden; Francisco Pizarro (ca. 1476–1541) radierte das Inka-Reich in Peru mit nur 180 Mann und 37 Pferden aus (1531–1538). Andere Hidalgos[51] und ihre Mannen erfüllten ihre Aufgabe anderenorts, von Nordmexiko bis Chile im Süden. Vasco Núñez de Balboa (ca. 1475–1519) erreichte 1513 als erster Spanier den Pazifik – ein weiteres Gebiet spanischer Expansion, von wo aus ab 1564 die Philippinen okkupiert wurden. Ein Versuch, auch die Molukkischen Inseln zu erobern (die bereits in portugiesischem Besitz waren), schlug fehl.

Spanien wurde seit 1516 von den Habsburgern regiert. Karl V. (1516–1556)[52] war gleichzeitig deutscher Kaiser, regierte über die Niederlande und Teile Italiens und ließ sich durch seinen Bruder in Wien vertreten. Noch nie zuvor war Spanien das Zentrum eines so riesigen oder komplizierten Staatssystems gewesen. Kriege wurden geführt gegen die Türken im Mittelmeer, gegen den Papst in Rom, gegen die Protestanten in Deutschland. Spaniens neuer imperialer Stellung kam großes Prestige zu – allerdings waren damit auch hohe finanzielle Ausgaben verbunden. Ein Großteil dessen, was in Amerika nach der Eroberung geschah, muß vor dem Hintergrund des konstant großen

---

51 Angehörige des niederen spanischen Adels – Anm. d. Lektors

52 Als König von Spanien war er Karl I. und regierte von 1516 bis zu seinem Tod 1556, als deutscher Kaiser (seit 1530) war er Karl V. – Anm. d. Lektors

Geldbedarfs der Habsburger für ihre imperiale Politik verstanden werden.

Die »Conquistadores« (=Eroberer) gründeten in Amerika neue Ortschaften, teilten anfänglich untereinander die Gebiete des Landes auf und versuchten die Indianer zu versklaven. Die Rechte der Indianer wurden jedoch von spanischen Mönchen verteidigt, die von 1523 an nach Amerika kamen und manchmal den Indianern überraschend erfolgreich ein neues Zivilisationsmodell vermitteln konnten. Bartolomé de Las Casas (1474–1566) und andere Kleriker widmeten ihr Leben der Aufgabe, eine gerechte Behandlung der Indianer sicherzustellen. Zwei königliche Dekrete unterstützten sie dabei, und ihren Bemühungen war teilweise Erfolg beschieden.

Die spanische Krone vermochte schließlich mit überraschender Effektivität ihre Autorität in den riesigen eroberten Gebieten durchzusetzen, indem sie verhinderte, daß einzelne Konquistadoren sich dort großen Grundbesitz sichern konnten, und auch dafür sorgte, daß sich keine örtliche erbliche Feudalaristrokratie etablierte. Doch die Einkünfte aus den Silberminen und aus den Steuern der Plantagen waren für die habsburgischen Schatzkammern außerordentlich wichtig, und für beide mußte deshalb die erforderliche billige Arbeitskraft durch den Import von schwarzen Sklaven aus Afrika gesichert werden. Deren Schicksal irritierte das Gewissen der spanischen Führung nicht so stark wie das der Indianer – die Geldnot war zu akut.

Die moderne Forschung geht davon aus, daß die Gesamtbevölkerung der beiden Amerika um 1500 mehrere zehn Millionen Indianer betragen haben muß, von denen ein großer Prozentsatz während des sechzehnten Jahrhunderts starb, teilweise infolge der Mißhandlung durch die Kolonialherren, doch größtenteils aufgrund von Krankheiten wie

Grippe, Tuberkulose, Lungenentzündung und Masern, gegen die die Europäer eine gewisse Immunität besaßen, die Indianer jedoch nicht. Dies war eine demographische Katastrophe, der in den Annalen der Menschheit nichts gleichkommt. Am Ende jenes Jahrhunderts hatten nur einige wenige Millionen Indianer überlebt.

Da die Eroberer nur von wenigen Frauen begleitet wurden, zeitigten intime Beziehungen zwischen Weißen und Indianern (Mestizen) und Weißen und Schwarzen (Mulatten) bald Folgen. Die Gesamtzahl der Einwohner scheint nach der enormen Reduzierung der Indianer in den ersten einhundertdreißig Jahren der Kolonialherrschaft kaum gestiegen zu sein, verdoppelte sich jedoch in den letzten einhundertfünfundsiebzig Jahren. Während die Indianer bis 1650 noch eine riesige Übermacht darstellten, verringerte sich ihre Zahl bis zum Ende der Kolonialherrschaft auf eine Minderheit von kaum mehr als einem Drittel der Gesamtbevölkerung, und statt dessen stellten Schwarze, Mestizen und Mulatten die Mehrheit.

Das sechzehnte und das frühe siebzehnte Jahrhundert stehen für die Glanzzeit der spanischen Geschichte. Spanien war die dominierende Macht in Europa, und seine Soldaten blieben bei ihren kriegerischen Auseinandersetzungen häufig Sieger. Ein Gefühl der Euphorie ging mit der Regierung der ersten Habsburger einher. Es ist auch die Blütezeit Spaniens auf den Gebieten der Architektur, Kunst und Literatur — das Zeitalter von El Greco, Velázquez, Zurbarán und Murillo bei den Malern und von Lope de Vegas, Calderón und Cervantes bei den Schriftstellern. Der Gang durch die Säle des Prado in Madrid ist wie ein Eintritt in das Wunderland einer Kunst, die hinter der von Florenz oder Rom keineswegs zurücksteht. Cervantes' Romanheld Don Quijote ist eine literarische Ausnahmeerscheinung, der nur wenige andere gleichkommen.

Diego Velázquez (1599–1660), Selbstportrait, Detail aus »Die Übergabe von Breda«, 1635. Madrid, Prado.

Es gab in der spanischen Gesellschaft einige deutlich sichtbare Schwachpunkte. Dem Land fehlte, außerhalb von Städten wie Barcelona, ein echter Mittelstand. Die Vertreibung der Juden im Jahr 1492 und der Mauren in den Jahren 1502 und 1570 beraubte Spanien der Gesellschaftsschicht, die das Land am meisten benötigt hätte. Infolgedessen verblieben die Reichtümer der Neuen Welt nicht in Spanien, sondern wanderten rasch weiter zu den wirtschaftlich entwickelteren Nachbarstaaten. Derselbe katholische Extremismus, der für diese Vertreibungen verantwortlich war, verwickelte Spanien später, in der Zeit Philipps II. (R.: 1556–1598), in Kriege mit dem protestantischen England und führte 1566 zum Aufstand der Niederlande. So war das Land politisch zu sehr expandiert und lebte ökonomisch über seine Verhältnisse. Im siebzehnten Jahrhundert konnte es keine Führungspersönlichkeiten von Rang vorweisen, und schließlich wurde Spanien durch das Frankreich Richelieus in die Knie gezwungen und auf eine sekundäre Rolle in Europa und der Welt zurückgeworfen. Im Spanischen Erbfolgekrieg (1702–1713) war das Land lediglich ein Spielball in den Händen stärkerer und dynamischerer Mächte geworden. Am Ende folgte in Spanien die Herrschaft der Bourbonen (hier ein so fraglicher Segen wie später in Frankreich), und es ging seiner Besitzungen in Italien und Belgien verlustig.

Im neunzehnten Jahrhundert verkam die Geschichte Spaniens zu einer komischen Oper voller inkompetenter Könige, libidinöser Königinnen, rebellischer königlicher Onkel und militärischer Muskelprotze.

Spanien regierte weiterhin zentralistisch von Madrid aus seine Kolonien in Amerika und auf den Philippinen. Regionale Selbstbestimmung wurde nirgendwo zugelassen. Das enorme Gebiet von Südchile bis Nordmexiko wurde ohne örtliche Unterschiede verwaltet: Überall galten dieselben Gesetze und dieselben administrativen Prinzipien.

Die steigende Zahl von Kreolen (im Land geborenen Weißen)[53] führte im achtzehnten Jahrhundert zur wachsenden
Entfremdung der Kolonien vom Mutterland. Die Festland-
kolonien wurden nach längeren Kämpfen im frühen neunzehnten Jahrhundert unabhängig, im Jahr 1898 verlor Spanien die Philippinen und Puerto Rico an die USA, und
auch Kuba wurde schließlich unabhängig. Nur Spanisch-Marokko und die Goldküste in Nordwestafrika blieben bis zur zweiten Hälfte des zwanzigsten Jahrhunderts
spanisch.

3. Die Niederlande

Seit dem vierzehnten und fünfzehnten Jahrhundert waren
die Niederlande, Belgien und Luxemburg neben dem Italien der Renaissancezeit ein zweites Wirtschafts- und Kul-
turzentrum. Flandern, Brabant und Holland gehörten zu
den am meisten urbanisierten und fortgeschrittenen Regionen Europas. Bankwesen und Tuchherstellung in diesem
Raum waren die höchstentwickelten des Kontinents. Maler
wie Jan van Eyck, Rogier van der Weyden, Pieter Breughel
und Hieronymus Bosch rivalisierten mit den großen
Namen Italiens. Während des vierzehnten und fünfzehnten
Jahrhunderts wurden diese Städte, Provinzen und privilegierten Gruppen Schritt für Schritt unter der Herrschaft
der Herzöge von Burgund vereinigt. Die holländische Sprache wurde fast überall im Land gesprochen, doch im wallo-
nischen Süden und am Hof sprach man französisch. Die

---

53 Im portugiesischen Brasilien bezeichnete der Ausdruck Kreolen die Nachkommen der Negersklaven. – Anm. d. Lektors

Habsburger waren vielleicht keine großartigen Eroberer, doch sie waren mit Sicherheit die größten Erben der Geschichte. Sie erbten nicht nur Spanien, sondern auch die Niederlande. Karl V. leitete von hier aus die Angelegenheiten seines weltumspannenden Reichs. Er organisierte die Niederlande, Belgien und Luxemburg in siebzehn Provinzen und kappte deren alte Bindungen an das Heilige Römische Reich Deutscher Nation, dessen Kaiser er war. Er trug sich mit der Absicht, aus ihnen einen starken eigenen Staat zu formen, der auch in Zukunft ein Eckstein der habsburgischen Besitzungen sein würde.

Dieser Plan wurde durch das Vordringen der Reformation in dieses Gebiet, und vor allem in den nördlichen Teil, durchkreuzt. Karl V. und sein Nachfolger Philipp II. versuchten mit allen Mitteln, den neuen Glauben auszumerzen. Doch damit verloren sie die zuvor bestehende Loyalität der Bevölkerung. Und auch das Verhältnis des Adels zu Philipp war nicht besonders gut, da letzterer seinen Regierungssitz nach Spanien verlegt hatte (1559). Vom Jahr 1566 an kam es zu weitverbreiteten Revolten gegen König und Kirche. Der Herzog von Alba wurde von Spanien entsandt, um die Herrschaft der Habsburger wiederherzustellen, und er hatte auch Erfolg – mit nicht gerade zimperlicher Anwendung von Gewalt. Wilhelm von Oranien organisierte vom Ausland aus den Aufstand von Adel und Bourgeoisie und konnte sich mit Hilfe der »Wassergeusen«,[54] seiner Marine, einen Brückenkopf im Land schaffen, von dem aus er 1572 die Provinzen von Holland und Seeland

---

54 Der Begriff Geusen (von frz. gueux = Bettler) war zunächst ein Spott-, dann ein Ehrenname für die Aufständischen gegen Spanien; die Wassergeusen waren gefürchtete Freibeuter, die sich in den Dienst von Wilhelm von Oranien stellten. – Anm. d. Lektors

befreite. 1576 befand sich fast das ganze Land in seiner Hand. Doch die katholische Aristokratie im Süden kooperierte nur halbherzig, und so gelang es Spanien in den Jahren von 1579 bis 1585, den katholischen Süden vom protestantischen Norden zu trennen. Diese Spaltung wurde in den folgenden Jahren unwiderruflich, und es entstanden zwei Staaten, die Spanischen Niederlande (später Belgien) im Süden und die Republik der Vereinigten Niederlande im Norden. Spanien versuchte bis 1609, als ein Waffenstillstand erzielt wurde, und erneut fast während des ganzen Dreißigjährigen Krieges, die Situation zu revidieren und den Norden zurückzuerobern, doch vergebens.

Während zuvor der Süden wirtschaftlich und kulturell fortgeschrittener war, war es nun im siebzehnten Jahrhundert der unabhängige Norden, der die Führung übernahm. In seiner Blütezeit war er alles andere als ein geeinter Staat – er blieb eine lose Konföderation von Provinzbesitzungen, von denen jede einen eigenen Statthalter hatte, der jedoch zumeist ein Abkömmling des Hauses Oranien war. Trotz dieser aussichtslosen und schwerfälligen politischen Struktur konnten sich hier die für Europa im siebzehnten Jahrhundert brillantesten Errungenschaften eines Staats entwickeln. Die Republik der Vereinigten Niederlande wurde die fortschrittlichste Bank-, Handels- und Industrienation des Kontinents – und die reichste obendrein.

Wenn heute die Frage nach dem Geburtsort des modernen Kapitalismus gestellt wird, so kann man das Florenz des fünfzehnten Jahrhunderts oder das London des neunzehnten Jahrhunderts anführen. Die Handels- und Bankenmetropole Amsterdam im siebzehnten Jahrhundert bietet sich allerdings als Geburtsort genausogut an.

Der Wohlstand lag nicht mehr länger in Händen einer winzigen Gruppe von Aristokraten, sondern in denen einer breiten Bourgeoisie. Ihre kulturellen Vorlieben können wir

Rembrandt Harmensz van Rijn (1606–1669), Selbstportrait im Alter von 63 Jahren. London, National Gallery.

heute noch in den Gemälden der großen Künstler dieser Zeit – Frans Hals, Rembrandt, Vermeer und einer Vielzahl anderer – bewundern. In der liberalen Atmosphäre der Niederlande vermochten Denker wie Spinoza ungehindert zu arbeiten.

Durch die Auseinandersetzungen mit Spanien kamen die ersten holländischen Handelsfahrten zustande, zumeist im Indischen Ozean und zwischen den indonesischen Inseln, doch zum Teil auch nach Amerika. Seit Mitte des sechzehnten Jahrhunderts hatten Schiffe von Antwerpen viele Waren aus Asien von Lissabon in die Häfen Nordeuropas transportiert. Während der holländischen Kriege mit Spanien wurden die Handelskontore großenteils von Antwerpen nach Amsterdam evakuiert. Als Philipp I.[55] den Hafen von Lissabon für Niederländer schloß (Portugal stand zu jener Zeit unter spanischer Herrschaft), bauten diese den direkten Handel um das Kap der Guten Hoffnung herum in den Indischen Ozean auf. 1596 legten ihre Schiffe zum erstenmal in den Haupthäfen von Indonesien an, und von da an nahm dieser Handel enorm zu. Gewürze, etwa Muskatblüte, Muskatnuß und Gewürznelken, bildeten die Hauptfracht. Die Holländer schlossen Allianzen mit mehreren einheimischen moslemischen Herrschern gegen die Portugiesen und besiegten letztere zwischen 1597 und 1602 in mehreren Seeschlachten. Die zahlreichen Handelsgesellschaften, die diese Expeditionen durchführten, wurden im Jahr 1602 zur Vereinigten Ostindischen Kompanie verschmolzen. Die Portugiesen wurden nun rasch aus dem Feld geschlagen, und so blieben nur noch die Briten als

---

55 Identisch mit Philipp II. von Spanien. Nach der Besetzung Portugals (1580) erhielt er zusätzlich zu seiner spanischen Königswürde den Titel Philipp I. König von Portugal. – Anm. d. Lektors

Hauptkonkurrent übrig. Im Jahr 1619 war ihr Versuch, die Holländer aus Indonesien zu vertreiben, zurückgeschlagen worden, und danach bildete dieses Gebiet mit der Hauptstadt Batavia (=Jakarta) den Hauptstützpunkt des holländischen Handels und Kolonialismus.

Doch das war noch nicht alles. Die Niederländer vertrieben die Briten 1623 aus Malaya, hielten Taiwan von 1624 bis 1662 und Ceylon von 1658 bis 1795, errichteten im Jahr 1641 nahe Nagasaki in Japan eine Handelsniederlassung und entdeckten im Jahr 1605 Australien.

Im Norden von Südamerika geht die erste niederländische Siedlung auf das Jahr 1580 zurück, 1596 und 1626 folgten weitere Gründungen. Daraus entstand später die Kolonie Surinam. Während des siebzehnten Jahrhunderts jagten die Holländer den Portugiesen riesige Gebiete im Norden Brasiliens ab, mußten sie allerdings später wieder räumen. 1634 eroberten sie die Insel Curaçao (vor der Küste von Venezuela). Weiter nördlich erforschten sie das Gebiet des heutigen New York (seit 1609) und besiedelten es 1614, verloren es jedoch 1664 an die Briten.

Während Europa im Dreißigjährigen Krieg versank, wurden die Vereinigten Generalstaaten[56] durch ihren Handel mit Südostasien reicher als jemals zuvor. Als das benachbarte Frankreich unter Ludwig XIV. am Ende des siebzehnten Jahrhunderts zu stark wurde und die weitere Existenz der unabhängigen Niederlande bedrohte, bekamen die Oranier die Oberhand: Sie konnten ihr Land tatsächlich erfolgreich verteidigen und eine Koalition bilden, die Frankreich schließlich besiegte. Doch die große Ära der holländischen Geschichte ging mit dem Anfang des achtzehnten Jahrhunderts ihrem Ende zu.

---

56 Anderer Name für die Vereinigten Niederlande — Anm. d. Lektors

Die Ostindische Kompanie war, da sie sich allzu sehr für ihre Monopolstellung engagierte, am Ausgang des achtzehnten Jahrhunderts nicht mehr so erfolgreich. Im Jahr 1798 wurde sie aufgelöst. Während der Napoleonischen Kriege wurden die Niederlande von Frankreich und ihre Kolonien von England okkupiert. Im Jahr 1814 räumten die Franzosen die Niederlande, und 1816 wurde Indonesien den Holländern zurückgegeben. Im Verlauf des neunzehnten Jahrhunderts dehnte die Kolonie sich auf die Grenzen des heutigen Staats Indonesien aus. Hauptstützpunkt blieb die Insel Java, von der die Holländer klugerweise vorrangig wertvolle tropische Produkte bezogen, sie also nicht nur als Absatzmarkt für im Mutterland hergestellte Waren betrachteten. Der Zuckerrohr-, Tee- und Tabakanbau und die Gewinnung von Kautschuk nahmen rapide zu. Später wurde diese Politik auch auf anderen Inseln verfolgt. Die Grundlagen für den heutigen Wohlstand Indonesiens als eine der Pazifik-Nationen reichen bis in diese spätkoloniale Zeit zurück. Im Jahr 1900 war das holländische Kolonialreich Indonesien mit seinen 65 Millionen Einwohnern das drittgrößte der Welt.

Die Niederlande unternahmen niemals den Versuch, Indonesien kulturell zu assimilieren (wie es z.B. in den französischen Kolonien der Fall war), und zwangen ihren Untertanen auch nicht das Christentum auf. Infolgedessen ist Indonesien ein hauptsächlich moslemisches Land geblieben.

In den Jahren 1940–1945 wurden die Niederlande von Nazi-Deutschland okkupiert und 1942–1945 Indonesien von den Japanern. Holländische Versuche, nach dem Ende des Krieges wieder die vollständige Kontrolle über ihre Kolonie zurückzuerhalten, scheiterten, und im Dezember 1949 wurde Indonesien offiziell unabhängig. Mit 180 Millionen Einwohnern steht es heute unter den bevölkerungsreichsten Nationen der Erde an fünfter Stelle.

Die Niederlande selbst hatten 1897 fünf Millionen Einwohner. Nicht einmal ein Jahrhundert später ist diese Zahl auf 16 Millionen angewachsen, und sie sind (zusammen mit Bangladesch) der am dichtesten bevölkerte große Staat der Welt geworden.

4. Frankreich

Manche Nationen dürfen *eine* Periode der Kreativität und Größe durchleben, Frankreich wurde dieses Glück gleich mehrfach zuteil. Da gab es das mittelalterliche Frankreich der Kreuzfahrer und Troubadoure, das Frankreich im Kampf gegen England und der Johanna von Orleans, und das Renaissance-Frankreich von Franz I. und Rabelais.

Es gab bei den Franzosen auch Zeiten des Niedergangs und der Uneinigkeit. Eine solche trat im späten sechzehnten Jahrhundert ein, als die protestantischen Hugenotten mit der katholischen Bevölkerungsmehrheit zusammenprallten. Die Hugenotten waren die Händler und, mit Admiral Coligny an der Spitze, die Seeleute Frankreichs. Hätten sie gewonnen, hätten sie vielleicht Frankreich ein Jahrhundert früher in Richtung Seehandel und Kolonialismus gelenkt und später den Wettlauf mit der englischen Seemacht gewinnen können. Doch sie wurden 1572 in dem Massaker am Sankt-Bartholomäus-Tag zu Tausenden ermordet.

Es hatte einige frühe koloniale Unternehmungen in Kanada gegeben, etwa im Jahr 1608 die Gründung von Quebec und 1625 die Ankunft der ersten Jesuitenmissionare. Ernsthafte Kolonialisierungsversuche setzten in der zweiten Hälfte des siebzehnten Jahrhunderts ein, einer weiteren kreativen Periode – die Zeit von Corneille, Racine und Molière in der französischen Literatur. Der Initiator der kolonialen Unternehmungen war Jean-Baptist Colbert (1617–1683), der Direktor der Finanzen und Minister für Marineangelegenheiten von Ludwig XIV. Seine merkantilistischen Theorien führten zu einer aktiven, von der Regierung kontrollierten Kolonialpolitik in Amerika, Asien und im Pazifischen Ozean.

Französische Forschungsreisende erreichten 1673 den Mississippi und folgten im Jahr 1682 seinem Lauf hinunter zum Golf von Mexiko. Die französischen Besitzungen im Inneren des amerikanischen Kontinents wurden nach König Ludwig (frz. Louis) Louisiania benannt. 1750 reichten die französischen Kolonien von Labrador im Norden bis zum Golf von Mexiko, gesichert wurden sie mittels einer Kette von Forts. Sie kreisten somit in einem weiten Halbrund die englischen Siedlungen entlang der Küste ein. Das sah auf den Karten in Paris recht eindrucksvoll aus, doch in Wirklichkeit war dieses riesige Gebiet bis auf die Provinz Quebec nur dünn besiedelt. Französische Holzfäller und Jesuitenmissioinare rodeten die Wälder und versuchten, mit den Indianern freundschaftliche Beziehungen zu unterhalten. Tierhäute waren die für den Handel wertvollsten Produkte.

Im Lauf des siebzehnten Jahrhunderts besiedelten französische Freibeuter mehrere der Westindischen Inseln, auf denen die Spanier nur schwache Besatzungen stationiert hatten. Der erste Marinestützpunkt der Franzosen war auf der kleinen Insel Tortuga. Später bevorzugten sie das größere Haiti, wo noch heute französisch gesprochen wird. Nach 1680 verlagerten sie einen Teil ihrer Aktivitäten in den Pazifik und operierten dort in erster Linie von den Galapagosinseln aus. Während des achtzehnten Jahrhunderts ließ die Aktivität dort jedoch nach. Nun sandte die französische Regierung erneut Entdecker aus. Louis-Antoine Bougainville überquerte 1767–69 den Pazifik und erreichte Tahiti und die Salomonen. Andere Franzosen segelten in die entgegengesetzte Richtung, von West nach Ost. Im frühen neunzehnten Jahrhundert kartierten sie die Melanesischen Inseln.

Während des siebzehnten Jahrhunderts gründeten die Franzosen mehrere Marinestützpunkte entlang der Westküste Afrikas. In den Jahren 1642/43 gründeten sie eine Niederlassung auf der Insel Madagaskar und nutzten sie anschließend als Ausgangspunkt für ihre Unternehmungen in Indien. Colbert gründete 1644 eine französische Ostindienkompanie. 1672 wurde Pondichery bei Madras okkupiert und diente von da an als Hauptstützpunkt auf dem Indischen Subkontinent. Ein weiterer Vorposten wurde an der Ganges-Mündung errichtet. Im Verlauf des achtzehnten Jahrhunderts gelangte die Rivalität zwischen England und Frankeich in Indien wie in Nordamerika an einen Höhepunkt. 1746 vermochten die Franzosen die englische Basis Madras zu erobern.

Danach verloren sie während des Siebenjährigen Krieges (1756–1763) all ihre Besitzungen – in Indien wie in Nordamerika – an England. Der Grund dafür lag in erster Linie in der Überlegenheit der britischen Seemacht, in Amerika auch an der wesentlich größeren Zahl von englischen Siedlern und in Indien an der Fähigkeit von Robert Clive, dem britischen Oberbefehlshaber.

Frankreich mußte beim Aufbau eines neuen Kolonialreichs im neunzehnten Jahrhundert beinah bei Null beginnen. Während in früherer Zeit Amerika das Hauptziel der kolonialen Bestrebungen gewesen war, stieg im neunzehnten Jahrhundert Afrika zum Objekt der Begierde auf, das von den Großmächten aufgeteilt wurde. Frankreich wußte sich dabei sehr gut zu behaupten und eroberte schließlich ein größeres Stück des Schwarzen Kontinents als alle anderen Mächte.

Die Franzosen fuhren, um sich die Kontrolle über den Gummihandel zu sichern, schon sehr früh das Tal des Senegal-Flusses hinauf, sie eroberten ab 1830 Algier, und sie errichteten später nördlich des Kongo eine Niederlassung. Von diesen Stützpunkten aus drangen sie ins Innere vor, wo sie mehr von Westafrika an sich brachten als all ihre Rivalen zusammen. Doch als Frankreich versuchte, auch noch eine West-Ost-Achse durch Afrika zu treiben, wurde es kurz vor Faschoda (1898) im Sudan durch die stark überlegenen Truppen unter Kitchener gestoppt, der für die Briten den Versuch unternahm, längs durch den Kontinent eine Nord-Süd-Achse einzurichten. Doch das setzte der französischen Expansion noch kein Ende. Im Jahr 1881 wurde Tunis eingenommen und zwischen 1907 und 1911 Marokko besetzt.

Ein weiteres Hauptziel der französischen Bestrebungen war Indochina, dessen Okkupation 1852 mit der Besetzung von Saigon begann und dreißig Jahre später mit der Eroberung von Laos abgeschlossen wurde. Am anderen Ende Asiens, im Südwesten, erhielt Frankreich nach dem Ersten Weltkrieg Syrien und den Libanon als Mandatsgebiete.

Die Gesamtgrößte des französischen Reichs zwischen den Weltkriegen betrug knapp 12 Millionen Quadratkilometer, 10 750 000 davon in Afrika. Damit lag Frankreich auf dem dritten Platz hinter dem britischen Empire und der Sowjetunion.

Zu Anfang versuchte die französische Administration ihre Kolonien direkt zu regieren. Vor 1870 beschlagnahmte sie große Areale, die von Algeriern bewohnt waren, um dort eine breitangelegte französische Besiedlung zu ermöglichen. Später ging man zu indirekteren Methoden über. In Marokko, Tunis, Annam, Kambodscha und anderen Kolonien durften die alten etablierten Dynastien die Regierungsgeschäfte weiterführen — jedoch unter strenger Kontrolle seitens der Franzosen.

Frankreich widmete sich bewußter als die anderen Kolonialmächte dem, was es »Zivilisierungsaufgabe« nannte, und was zumeist die Einführung der französischen Sprache, den Unterricht in französischer Geschichte und Literatur für die oberen Schichten sowie die Aufzwingung französischer Vorstellungen und Institutionen bei der eingeborenen Bevölkerung bedeutete. Die Franzosen wollten ihre Besitzungen letztlich kulturell assimilieren.

Als sie nach dem Zweiten Weltkrieg fast ihr ganzes Reich aufgeben mußten, blieb infolgedessen die französische Sprache in zahlreichen ehemals französischen Kolonien weiterhin weitverbreitet. Die einflußreiche Glaubensgemeinschaft der Maroniten im Libanon beispielsweise verwendete das Französische bis weit in die achtziger Jahre des zwanzigsten Jahrhunderts hinein als Erstsprache. In manchen ehemaligen afrikanischen Kolonien haben sich die Überbleibsel der französischen Kultur vermutlich als wichtiger und wohltuender erwiesen als die Abwesenheit derartiger europäischer Spuren in vielen der nichtfranzösischen Exkolonien.

5. Das Britische Empire

Die Engländer waren schon immer eine Nation von Seefahrern gewesen. Als einziger der nichtiberischen Staaten Europas waren sie an den ersten großen Entdeckungsreisen beteiligt; John Cabot erreichte 1497 Neufundland und 1498 Neuengland in Nordamerika. Im sechzehnten Jahrhundert beuteten die Engländer die Fischgründe vor Neufundland aus.

Heinrich VIII. (R.: 1509–1547) schuf die Royal Navy, mit Schiffen, die vor allem für den Kampfeinsatz ausgerüstet und speziell für das Kreuzen im Atlantik gebaut wurden.

Damit befand sich England im Vorteil gegenüber seinen Rivalen, die anfänglich entweder keine professionelle Kriegsmarine besaßen oder nur Einheiten aus Rudergaleeren für den Einsatz im Mittelmeer. Diesen frühen Vorteil konnten die anderen europäischen Mächte niemals ganz wettmachen, und er erklärt größtenteils Englands späteren Erfolg als Überseehändler und Kolonialmacht.

Unter Elisabeth I. (R.: 1558—1603) fanden die Energien Englands, die sich in früheren Jahrhunderten wenig einträglich auf Eroberungen in Frankreich gerichtet hatten, ihr eigentliches Ventil, indem sie sich von Europa ab- und den Meeren und dem Überseehandel zuwandten. Bedroht durch das katholische Spanien Philipps II. reagierte England mit einem Angriff auf spanische Häfen, Schiffe und Kolonien — vor allem in Amerika — unter Kapitänen wie Hawkins und Drake. Francis Drake umsegelte als erster Engländer die Erde und attackierte die nicht verteidigten spanischen Häfen entlang der Westküste Südafrikas (1577—1580). Der Piraterie folgte der Handel und brachte den Wohlstand nach England. Die Euphorie des Elisabethanischen Zeitalters strahlte auch auf das Gebiet der Kultur aus und leitete die Glanzzeit der Literatur ein, mit Christopher Marlowe, Ben Jonson und William Shakespeare.

Die englische Vorherrschaft zur See führte unter den Tudors (1485—1603) zu den ersten Kolonialplänen, die jedoch erst seit der Zeit der Stuarts (1603—1714) tatsächlich durchgeführt wurden. Während die Niederlassungen auf den Westindischen Inseln in der Folgezeit keine besondere Rolle spielten, erwiesen sich die Koloniegründungen entlang der Küsten Nordamerikas als von alles überragender Bedeutung. Sie entwickelten sich zunächst zu einem der wichtigsten Teile des britischen Kolonialreichs und bildeten später das Fundament für die Schaffung der Vereinigten Staaten von Amerika.

Elisabeth I. (1533–1603), Gemälde von Nicholas Hilliard. (Archiv für Kunst und Geschichte, Berlin)

Im Jahr 1607 wurde Jamestown in Virginia gegründet; Plymouth schloß sich 1620 als Gründung von Separatisten an; 1630 folgte Massachusetts und zog eine große Zahl puritanischer Siedler an; in den dreißiger Jahren des siebzehnten Jahrhunderts wurden Rhode Island und Connecticut besiedelt; und im Jahr 1633 nahm die Kolonisation von Maryland ihren Anfang. So wurden die beiden Hauptzentren der englischen Besiedlung, das nördliche in Neuengland durch religiöse Dissidenten und das südliche in Virginia, errichtet. In der Mitte zwischen den beiden entstanden schwedische und holländische Kolonien, die jedoch 1664 von den Briten erobert wurden. 1682 gründete William Penn Pennsylvania und 1733 folgte Georgia. Auf diese Weise ist nahezu die ganze Ostküste der späteren Vereinigten Staaten in wenig mehr als einem Jahrhundert besiedelt worden. Überall setzten die Siedler auch zu langsamen Expansion in Richtung Westen an.

Während die französische Kolonisation fast durchweg von der Administration in Paris geplant wurde, war die englische Variante großenteils eine private Angelegenheit, die von Handelsgesellschaften geleitet und durch den Unternehmungsgeist von einzelnen weiter vorangetrieben wurde. Dies und die britische Seemacht waren die Gründe, warum das Ganze letztlich so erfolgreich verlief.

Im Jahr 1600 wurde in London die Ostindienkompanie gegründet. Englische Händler drangen ungefähr zur gleichen Zeit in den indischen Ozean vor, fanden den Zugang zum attraktiven Gewürzhandel mit Indonesien jedoch bald durch die Holländer blockiert. Deshalb wandten sie sich nach Indien und gründeten seit 1611 an dessen Ostküste Niederlassungen. Die größte, nämlich in Madras, wurde im Jahr 1641 errichtet. Am meisten interessiert zeigten sich die Engländer an Salpeter sowie Pfeffer und anderen Gewürzen, die nicht sperrig, jedoch ausreichend teuer waren, so daß ihr Transport auf den kleinen Schiffen jener Zeit profitabel war. Bombay an der Westküste wurde 1668 der Kompanie übergeben und wuchs schnell zu einem riesigen und bedeutenden Handelszentrum heran, dessen Hauptabnehmer das Mogul-Reich war. Am Ende des siebzehnten Jahrhunderts wurden Bombay und Madras stark befestigt, und was einmal lediglich ein Handelswagnis gewesen war, begann politische Aspekte zu entwickeln. Kalkutta wurde 1698 als befestigte Niederlassung errichtet.

Im achtzehnten Jahrhundert rückte in Indien, wie in Amerika auch, der Wettstreit mit Frankreich in den Vordergrund. Beide Länder knüpften Beziehungen zu den einheimischen Herrschern, hoben vor Ort Truppen aus und besaßen bald Klientelstaaten und richtiggehend Kolonien. Während des Siebenjährigen Krieges 1756–63 wurden die Franzosen vernichtend geschlagen und aus Indien vertrieben. Von nun an breitete sich die Herrschaft der Engländer über den ganzen Subkontinent aus. Unter all den zahlreichen Kolonien, die Großbritannien während des achtzehnten und neunzehnten Jahrhunderts erwarb, stach Indien als die bei weitem volkreichste und bedeutendste hervor.

Nach dem muslimischen Aufstand von 1857 gab die Ostindienkompanie die Herrschaft über Indien an einen Vizekönig ab, der von London ernannt wurde. Etwa zwanzig Jahre später wurde die Königin von England Kaiserin von Indien. Eine eigene Verwaltung und ein eigenes Heer wurden aufgebaut. Die Hauptstadt war New Delhi. Einige Maharadschas regierten weiterhin ihre Fürstentümer, doch unter britischer Aufsicht. Das riesige Gebiet von Belutschistan bis Burma und von Kaschmir bis Ceylon stand zum einzigen Mal in der Geschichte unter *einer* Regierungsgewalt, wenn auch nicht unter einer gemeinsamen Verwaltung.

Eine andere wichtige Region der britischen Expansionsbestrebungen war im achtzehnten Jahrhundert der Pazifik. Kapitän Cooks ausgedehnte Entdeckungsfahrten (1768–1779) öffneten diese Region dem Handel und der Kolonisation. Nachdem er einen großen Teil der australischen Küste erkundet hatte, erfolgte in Sydney Cove im Jahr 1788 eine erste Besiedlung (durch Sträflinge). Im Landesinneren wurde vorzugsweise die Zucht von Schafen betrieben, deren Wolle von ausgezeichneter Qualität war. Mehrere eigenständige Kolonien entstanden und wurden schließlich politisch vereinigt.

Einige Pazifikinseln wurden von Australien aus besiedelt oder kolonisiert. Doch die meisten der ersten Siedler von Neuseeland waren in England sorgfältig ausgesucht worden. Sie siedelten sich dort seit 1840 planmäßig an. In der zweiten Hälfte des neunzehnten Jahrhunderts ereigneten sich mehrere blutige Zusammenstöße mit der ansässigen Maoribevölkerung. Doch die Maori waren kulturell weit genug fortgeschritten, um sich später gut in die Gemeinschaft zu integrieren, während dies den weniger entwickelten Aborigines in Australien äußerst schwer fiel. Die Ureinwohner von Tasmanien wurden vollständig ausgerottet.

In Nordamerika wurde im Lauf des Siebenjährigen Krieges das französische Quebec erobert und dem britischen Empire angegliedert. Allerdings wurde dort weiterhin französisch gesprochen. Nach dem amerikanischen Unabhängigkeitskrieg gegen das Mutterland (1775–83) avancierte Kanada zur britischen Hauptkolonie in Nordamerika. Britische und andere Siedler erschlossen das Land, bis die Besiedlung auch den Pazifik erreicht hatte. Die dichtbesiedelten Regionen lagen alle im Süden, nahe der Grenze zu den neuen Vereinigten Staaten, während die kalten nördlichen Gebiete kaum berührt wurden.

Großbritannien hatte aus dem Unabhängigkeitskrieg gelernt, daß den Kolonien, in denen die weißen Siedler die

Mehrheit bildeten, ein gewisses Maß an Selbstbestimmung eingeräumt werden mußte. Dies versuchte man 1867 mit der Errichtung des Dominions[57] Kanada. Gleicherweise wurde Australien im Jahr 1900 ein Dominion. 1909 erhielt auch Südafrika, wo die Kapkolonie bereits 1806, aber Transvaal und der Oranje Freistaat erst nach einem langwierigen und schwierigen Krieg zwischen 1899 und 1902 erobert wurde, den Dominionstatus. Alle Dominions (einschließlich Neuseeland) erhielten völlige Unabhängigkeit, wenngleich sie nominell weiterhin der Krone unterstanden (ausgenommen Südafrika).

Nachdem der Konkurrent Frankreich während des Siebenjährigen Krieges und nochmals während der Napoleonischen Kriege ausgeschaltet worden war, beherrschte England die Meere weltweit, und ihre Seemacht versetzte die Briten in die Lage, wo sie wollten, Kolonien zu errichten. Die industrielle Revolution verschaffte dem Land eine ausreichende Menge an Produkten, die rund um den Globus zu verkaufen waren, wohingegen andere Nationen erst im späten neunzehnten Jahrhundert aufzuholen anfingen. Es war in erster Linie die zurückhaltende Einstellung mehrerer Regierungen in London, die das Land davon abhielt, das Kolonialreich noch rascher und umfangreicher zu erweitern. Dennoch wurde 1704 Gibraltar besetzt, 1800 Malta, 1806 Sierra Leone in Afrika und einige Westindische Inseln, 1819 wurde Singapur gegründet, 1833 wurden die Falkland-Inseln besetzt, 1839 Aden und 1841 Hongkong. Im späten neunzehnten Jahrhundert machte England mit viel Energie bei der Aufteilung Afrikas mit.

---

57 Wörtl. Herrschaftsgebiet. Der Ausdruck bezeichnet ein besonderes staatsrechtliches Verhältnis zwischen Kronkolonie und britischem Mutterland. – Anm. d. Lektors

Forschungsreisende wie Mungo Park, der in den Jahren 1795–1797 und 1806–1807 den Niger hinaufsegelte, David Livingstone, der zwischen 1853 und 1873 Zentralafrika bereiste, John Speke, der die Quellen des Nil (1858–1864) und zahlreiche andere Quellen entdeckte, sie alle bildeten die Speerspitze der späteren Kolonisation Afrikas. Die tatsächliche Okkupation folgte bald. Die Goldküste (Ghana) wurde 1874 Kolonie, Ägypten wurde 1882 besetzt, und die meisten anderen Kolonien wurden zwischen 1886 und 1892 errichtet. Horatio Kitchener eroberte 1898 den Sudan und vereitelte den Versuch Frankreichs, das Entstehen einer durchgehenden Achse vom britischen Kairo bis zum britischen Kap zu verhindern. Nach dem ersten Weltkrieg kamen die meisten ehemals deutschen Kolonien zum britischen Empire, womit diese Achse Realität wurde, und daneben auch Palästina, Transjordanien und der Irak – zuvor türkische Provinzen.

Das britische Empire war so zum weitaus größten Reich in der Geschichte der Menschheit angewachsen. Zwischen den Weltkriegen umfaßte es annähernd 40 Millionen Quadratkilometer (doppelt soviel wie das zweitgrößte, die Sowjetunion), und die Zahl seiner Einwohner betrug rund 500 Millionen (zehn Prozent mehr als in China, das in dieser Hinsicht Rang zwei innehatte). Mehr als ein Viertel des Festlandes unseres Planeten stand unter britischer Herrschaft und fast ein Viertel der Erdbevölkerung.

In den Spätjahren des Empires tauchte weitverbreitete Opposition gegen die Kolonialherrschaft auf, und Großbritannien wurde aus nahezu allen früheren Kolonien hinausgezwungen. War dies gerechtfertigt? Die Geschichte Afrikas nach dem Ende des Kolonialismus legt nahe, daß in rückständigen Ländern, wie in denen südlich der Sahara, es wohl besser gewesen wäre, die Kolonialherrschaft hätte erst später geendet. In einem Fall, nämlich Hongkong, wäre es für Großbritannien vielleicht vorteilhafter gewesen, der Kolonialstatus wäre früher beendet worden, bevor er die Baumwollindustrie von Lancashire in den fünfziger Jahren des zwanzigsten Jahrhunderts ruinierte.

Auf einem Gebiet, nämlich der Ausübung einer effizienten Verwaltung bei einem Minimum an Ausgaben, erwies sich Großbritannien als sehr erfolgreich. In beinahe jeder Exkolonie ist die Qualität der Verwaltung gesunken, in zahlreichen Fällen sogar katastrophal.

Auf politischem Gebiet war die Kolonialverwaltung weniger erfolgreich. Um die Ausgaben nicht zu sehr in die Höhe zu treiben, wurde in vielen Kolonien das alte Prinzip »Teile und herrsche« angewandt, gewöhnlich nicht offiziell, sondern eher unterderhand, stärker von seiten der Geheimdienste und weniger von den Verwaltungsbeamten. Das hatte in manchen Fällen tragische Folgen. Hierzu drei Beispiele: Die Unterstützung des Kampfes der muslimischen Minderheit in Indien gegen die Hindu-Mehrheit in dem vergeblichen Versuch, Indien dadurch britisch zu halten; in Palästina das Aufstacheln der Araber gegen die jüdische Unabhängigkeitsbewegung; und die Unterstützung der winzigen türkischen Minderheit auf Zypern, um das Streben der griechischen Mehrheit nach Enosis (Vereinigung mit Griechenland) zu stoppen. Mit den Tragödien, die daraus entstanden sind, müssen wir heute noch leben.

Welche Auswirkungen hatte die Schaffung des riesigen Empires auf das Mutterland selbst? Aufgrund seines weltweiten Handels und der industriellen Revolution war Großbritannien im neunzehnten Jahrhundert ein äußerst blühendes Land geworden, dessen Wohlstand sich auf eine ziemlich breite Mittelklasse verteilte. Viele Angehörige dieser Schicht konnten in der Verwaltung der Kolonien Beschäftigung finden und den damit einhergehenden hohen Lebensstandard genießen und eine bedeutende Stellung erreichen. Die Kolonien waren für den britischen Export sichere Märkte. Das Zentrum des weltweiten Bankwesens lag in der City von London.

Überraschenderweise vollzog sich in der gleichen Zeit, als soviel Energie in die Schaffung und Erhaltung des Reichs gesteckt wurde, in Großbritannien selbst eine nicht weniger wichtige Entwicklung: die Herausbildung demokratischer Institutionen und einer Volksvertretung. Wie das britische Empire nicht nach einem Plan, sondern durch Zufall geschaffen wurde, so auch dieser Bereich. Die schwache Leistung der Stuart-Könige des siebzehnten Jahrhunderts führte zu einer Stärkung des Parlaments gegenüber der Krone. Die Tatsache, daß die ersten Herrscher im achtzehnten Jahrhundert aus dem Haus Hannover stammten, d. h. Ausländer waren, beschleunigte die Entwicklung des Parlamentarismus. Starke Premierminister wie Walpole und Pitt der Ältere waren schließlich mehr auf eine Mehrheit im Unterhaus als auf die Zustimmung der Könige angewiesen. Der Versuch von Georg III. (R.: 1760–1820), diesen Trend umzukehren, schlug wegen seines Mißerfolgs in Amerika fehl. Das Unterhaus war allerdings häufig nicht wirklich repräsentativ, da kleine Gruppen von Aristokraten es mit Hilfe der sog. »heruntergekommenen Wahlbezirke«, die sie kontrollierten, manipulieren konnten. Es wurde jedoch reorganisiert, und die bewußten Wahlbezirke wurden im Reformgesetz von 1832 aufgelöst. Von nun an lagen die Bürger und die Aristokraten, umbenannt in Liberale und Konservative, im Wettstreit um die Wählerstimmen der Mittelklasse. Das Ergebnis war ein starkes und stabiles Regierungssystem in einer Zeit, als die meisten Länder Europas noch inmitten von Revolutionen und Krisen eine geeignete Lösung suchten. Das britische Parlamentsystem wurde im späten neunzehnten Jahrhundert zum Vorbild für die Liberalen im restlichen Europa. Starke Premierminister wie Peel, Palmerston, Disraeli und Gladstone bewiesen, daß eine Regierung auf der Grundlage des parlamentarischen Systems genauso entschieden agieren konnte wie ein Monarch. Das System selbst wurde durch Erweiterung des Wahlrechts der sich wandelnden sozialen Wirklichkeit angepaßt, so daß es zunächst auch die Arbeiterklasse zur Wahl zuließ (1867, 1884) und später, nach langem und bitterem Kampf, auch die Frauen (1918, 1928).

Eine weitere Facette Großbritanniens auf der Höhe seiner Macht war die Blütezeit der Literatur. Während in anderen Ländern, etwa in Frankreich unter Napoleon oder in Deutschland unter Bismarck und Hitler, mit Perioden großer Macht zumeist ein Verstummen der literarischen Muse einherging, war dies zwischen dem achtzehnten und dem zwanzigsten Jahrhundert mit Sicherheit in England nicht der Fall. Namen wie Defoe, Swift, Pope, Johnson, Boswell, Burns, Blake, Byron, Shelley, Keats, Jane Austen, Dickens, Thackeray, Tennyson, die Brontës, George Eliot, Hardy, Housman, Bennett, Lawrence, Shaw, T. S. Eliot, Virginia Wolfe, Yeats etc. etc. vermitteln ein Bild davon, wie erstaunlich Quantität und Qualität des literarischen Schaffens in jener Zeit waren.

Die Blüte der Literatur förderte auch die Entwicklung des Englischen zur Weltsprache. Im zwanzigsten Jahrhundert wird Englisch nicht nur in Amerika, Kanada, Großbritannien, Irland, Australien, Neuseeland und Südafrika gesprochen, sondern es ist sogar in Indien Amtssprache geblieben und ist weltweit so etwas wie eine Universalsprache. Es ist ferner die Sprache der Technik, der internationalen Kongresse (mit Ausnahme der in Paris stattfindenden) und des Luftverkehrs, um nur einige wenige Aspekte seiner Vorrangstellung zu erwähnen.

Fassen wir zusammen: Der herausragende Erfolg Großbritanniens auf so vielen unterschiedlichen Gebieten zu

Jean Austen (1775–1817), zeitgenössische Miniatur von Andrews of Maiden-head. Privatbesitz. (Archiv für Kunst und Geschichte, Berlin)

mehr oder weniger der gleichen Zeit − die Initiierung der industriellen Revolution, die Schaffung des modernen parlamentarischen Systems, das Durchleben einer langen Periode hervorragender literarischer Kreativität und der Aufbau des größten Reiches aller Zeiten − ist in den Annalen der Menschheit eine staunenswerte und unübertroffene Leistung einer einzelnen Nation.

6. Rußland

Rußland blieb in gewisser Weise das Stiefkind der europäischen Zivilisation. Viele Historiker halten das Land für einen Außenseiter, der überhaupt nichts mit der abendländischen Zivilisation zu tun habe, und zwar aufgrund seiner Wurzeln in der byzantinischen und griechisch-orthodoxen Vergangenheit und der späteren mongolischen und türkischen Einflüsse, die hier vielleicht tatsächlich eine Neigung zu autokratischen Herrschaftsformen und weitverbreiteter Leibeigenschaft haben aufkommen lassen. In den Auseinandersetzungen Rußlands mit dem katholischen Polen seit dem Spätmittelalter repräsentierte ersteres stets den fremden Osten.

Die Anfänge waren bescheiden. Das erste Fürstentum Kiew wurde im frühen dreizehnten Jahrhundert durch die Invasion der Mongolen unterworfen. Das Fürstentum Moskau betrat in der späteren Zeit dieses Jahrhunderts die Bühne der Geschichte, blieb jedoch noch ein Ableger des mongolischen Nachfolgestaats. Im Jahr 1326 übersiedelte der Metropolit[58] nach Moskau und verschaffte dem Fürstentum dadurch einen Sonderstatus. Die Großfürsten nah-

---

58 Hier: das Oberhaupt der russisch-orthodoxen Kirche − Anm. d. Lektors

men in der ersten Hälfte des sechzehnten Jahrhunderts den Titel Zar (soviel wie: Kaiser) an. In der Zeit Iwans IV. des Schrecklichen (R.: 1533–1584) begann die territoriale Expansion diesen neuen Titel zu rechtfertigen. Iwan besiegte die Tataren und versuchte vergeblich zur Ostsee vorzudringen. Doch er herrschte bereits über nahezu das ganze Gebiet des europäischen Rußland, vom Weißen bis zum Kaspischen Meer, jedoch nicht über Weißrußland und den größten Teil der Ukraine.

Kurz vor Iwans Tod erfolgte der entscheidende Schritt zur Schaffung des Russischen Reichs. Iwan hatte an den Ostgrenzen einer Kaufmannsfamilie mit Namen Stroganow Ländereien zugestanden, die zum Kern eines privaten Handelsreichs werden sollten. Russische Siedler zogen im Auftrag der Stroganows in Richtung Sibirien und erjagten Pelze, arbeiteten in Salzbergwerken und beuteten Erzlagerstätten aus. Der Weg noch weiter nach Osten war jedoch noch immer von dem Tatarenkhanat Sibir blockiert, einem der Nachfolgerstaaten des Mongolenreichs von Dschingis Khan. 1582 besiegte eine Streitmacht von 800 Kosaken unter Jermak die Tataren mit Feuerwaffen und machte so den Weg frei nach Sibirien. Jermaks Leistung läßt sich durchaus mit der von Cortés oder Pizzaro in Amerika vergleichen und war sogar noch folgenreicher, wenn man sie an der Größe des eroberten Gebiets mißt. Ganz Sibirien fiel nun an Rußland. Vom siebzehnten bis neunzehnten Jahrhundert wurde es langsam besiedelt. Tobolsk wurde 1587 gegründet, Tomsk 1604, Krasnojarsk 1628, Irkutsk am Baikalsee 1652, Wladiwostok im Fernen Osten allerdings erst 1860. Westsibirien wurde von Tobolsk aus verwaltet, der östliche Teil von Irkutsk.

Im Jahr 1648 umsegelte der Kosak Deschnjew die Ostspitze Sibiriens. Der dänische Forscher Bering leitete 1740 eine Expedition, welche das Meer, das nun nach ihm

Katharina die Große (1729–1796), Gemälde von Johann Baptist Lampi d. Ä.,
1793. St. Petersburg, Eremitage.

Leo Tolstoi (1828−1910), Lithographie von Wilhelm Georg v. Timm, 1858/60. Moskau, Staatliches Literaturmuseum.

benannt ist, und die Küsten im Süden von Alaska kartierte. Alaska selbst wurde von den Russen im neunzehnten Jahrhundert besiedelt, im Jahr 1867 allerdings für nur 7 200 000 Dollar den USA verkauft.

Sibirien blieb für lange Zeit eine Region, für die die zentralrussische Verwaltung wenig Interesse aufzubringen vermochte, und wurde für die Deportation von Strafgefangenen und später von politischen Dissidenten genutzt.

Zwei Herrscher, Peter I. der Große (R.: 1682–1725) und Katharina II. die Große (R.: 1762–1796), brachten Rußland in engeren Kontakt mit Europa. Ihre Regierungszeiten trennen die Epochen des alten Moskau und des imperialen Rußland. Peter besiegte Schweden und eroberte einen Zugang zur Ostsee und zum Westen. Dort erbaute er St. Petersburg (wie das zwischenzeitliche Leningrad jetzt wieder heißt), das nach Europa blickte. Katharina besiegte die Türken, eroberte beinahe die ganze Ukraine und Weißrußland und war an der polnischen Teilung beteiligt. Rußland reichte plötzlich weit nach Europa hinein und ist seitdem stets eine europäische Großmacht geblieben. Die Heere von Zar Alexander I. drangen 1814 sogar bis nach Paris vor.

Einige Angehörige der russischen Aristokratie teilten das Interesse der großen Zaren an der europäischen Kultur, erlernten die französische Sprache, bereisten Westeuropa und nahmen westliche Vorlieben an. Doch der größte Teil der Bevölkerung kam mit diesen Einflüssen kaum in Berührung. Die erste Druckerpresse, die in Moskau aufgestellt wurde, fiel dem dortigen Mob zum Opfer. An Literatur interessiert zeigten sich lediglich die oberen Klassen. Und dennoch hat die russische Literatur seit dem frühen neunzehnten Jahrhundert Großes vorzuweisen. Die Gedichte von Puschkin (1799–1837) und Lermontow (1814–1841), die Gesellschaftssatiren von Gogol (1809–1852), die Romane Turgenjews (1818–1883), Dostojewskis (1821–1881) und

Tolstois (1828−1910) und die Erzählungen von Tschechow (1860−1904) gehören unbestritten zu den Meisterwerken der europäischen Literatur. Auf dem Gebiet der Musik hat Rußland so große Komponisten wie Tschaikowski (1840−1893), Mussorgski (1839−1881), Rimski-Korsakow (1844−1908), Prokofiew (1891−1953) und Schostakowitsch (1906−1975) hervorgebracht.

Diese Leistungen sind um so bemerkenswerter, als sie in einem rückständigen Land entstanden sind, in dem die Leibeigenschaft erst 1861 abgeschafft wurde. Das Fehlen eines breiten Mittelstands, der miserable Zustand von Schulen und Ausbildung, der geringe Ertrag der Landwirtschaft, die mangelnde Motivation der Arbeiter und die weitverbreitete Abhängigkeit vom Wodka erwiesen sich als nahezu unüberwindliche Hindernisse für den sozialen und wirtschaftlichen Fortschritt.

Und doch gelang es Rußland im neunzehnten Jahrhundert, die Grenzen des Reichsgebiets noch weiter auszudehnen. 1801 wurde Georgien okkupiert, 1809 Finnland, 1812 Bessarabien, 1813 wurde Aserbaidschan von Persien erworben, 1814 Mittelpolen, in den Jahren 1868 bis 1881 das muslimische Zentralasien erobert, 1860 gab China den ganzen Unterlauf des Amur auf, 1875 Japan die Insel Sachalin. Nirgendwo sonst existierte ein ähnlich großes zusammenhängendes Reichsgebiet. Großbritannien betrachtete Rußland als Hauptbedrohung seiner indischen Kolonien und unterstützte wiederholt das kränkelnde türkische Reich gegen Rußland; russische Hoffnungen, die weitreichenden panslawistischen Träume realisieren und Konstantinopel und Jerusalem, den Balkan, Anatolien und Persien erobern zu können, riefen die Opposition der Briten hervor.

Die ungenügende soziale Struktur Rußlands blieb hinter den imperialen Ambitionen zurück. Das Reich wurde von England und Frankreich im Krimkrieg (1853−1856) besiegt und von dem kleinen Japan 1904/05. Die neue Intelligenzija wurde zunehmend radikal und wandte sich gegen die autokratische Herrschaft des Zaren. Der Aufstand von 1905 und russische Niederlagen im Ersten Weltkrieg bereiteten die Russische Revolution vor.

Das Russische, dann Sowjetische Reich wurde allerdings nur zeitweilig durch den Ausgang des Krieges und die Revolution geschwächt. Unter Stalin wurden nach dem Zweiten Weltkrieg alle alten europäischen und panslawistischen Ambitionen der Zaren Wirklichkeit. Die Staaten in Osteuropa und auf dem Balkan wurden Satelliten unter straffer sowjetischer Kontrolle. Um so überraschender ist der vollständige Zusammenbruch des Sowjetreichs seit 1989.

Teil XIV

Die großen Revolutionen

Die unter der Erdoberfläche liegenden tektonischen Platten rufen bei ihrer langsamen Wanderung von Zeit zu Zeit große Erdbeben und Vulkanausbrüche hervor. Dasselbe läßt sich von der Geschichte der Menschheit sagen. Neue Entwicklungen, wie die industrielle Revolution oder das Zeitalter der Aufklärung, erfordern Kursberichtigungen, die sich manchmal gewaltsam vollziehen.

Dabei gleichen sich die unmittelbaren Auslösefaktoren für Revolutionen häufig: ein schwacher und unkluger Herrscher, wie Karl I. oder Jakob II. oder Georg III. von England, Ludwig XVI. oder Karl X. oder Ludwig Philipp von Frankreich oder Nikolaus II. von Rußland, zu einer Zeit und an einem Ort, wo ein starker und kluger Regent vonnöten wäre.

Doch die Ergebnisse können völlig unterschiedlich ausfallen: die Entstehung eines neuen Staates, wie die Vereinigten Staaten von Amerika, oder die Einführung einer Einmanndiktatur, wie die Cromwells in England oder Napoleons in Frankreich, oder die Einführung einer Diktatur der Ideologie, wie die des Marxismus in der Sowjetunion.

Das Abschlußergebnis ist nur selten endgültig – weder der Diktatur Cromwells oder Napoleons noch der des sowjetischen Kommunismus war Langlebigkeit beschieden – wenn auch letztere länger hielt als die ersteren.

Allen Revolutionen ist ein Merkmal gemeinsam: Sie verlaufen durchweg chaotisch, brechen unvorhergesehen aus und gehen höchst verschwenderisch mit Menschenleben um. Es ist interessant, über sie zu lesen, und schwierig, sie zu durchleben.

1. Die Revolutionen in England

Der Krone gegenüber Gehorsam zu zeigen war in der Tudor-Zeit selbstverständlich. Was ging also kurz danach, unter den Stuarts, schief? Wie zumeist in der englischen Geschichte gibt es nur wenige Ursachen von Rang, und die Gründe für den Ausbruch sind aus dem zufälligen Auftreten von Ereignissen und Persönlichkeiten zu verstehen. Die Folgen waren um so einschneidender und bedeutsamer.

Die Hauptgründe waren zweifacher Natur — religiöser in Schottland und sozialer in England. Jakob I. (R.: 1603—1625) erbte beide Kronen und beide Probleme. In Schottland strebte die neu errichtete presbyterianische Kirche die Kontrolle über den Staat an. In England erwarb der niedere Adel zunehmend Bildung und betrachtete ein starkes Parlament als Möglichkeit, die eigenen Fähigkeiten zu entfalten. Beide Probleme hätten nicht zu einer Revolution führen müssen, doch die unsensible Art und Weise, in der sie Jakob und vor allem sein Sohn Karl I. (R.: 1625—1649) angingen, führte genau zu diesem Effekt, der anfänglich von niemandem gewünscht worden war.

Für Jakob I. war die Außenpolitik allein sein Vorrecht, doch das dafür benötigte Geld mußte vom Unterhaus bewilligt werden. Da sich das Parlament nicht kooperativ zeigte, brachte der König das Geld mit diversen Hilfsmitteln auf, die von der Öffentlichkeit zwar kritisiert wurden, während seiner friedlichen Regierung jedoch nicht von entscheidender Bedeutung waren. Karl I. war waghalsiger, aber nicht sehr erfolgreich. Er benötigte größere Geldsummen für seine glücklosen Kriege mit Spanien und Frankreich, und das Parlament, angeführt von Männern wie Edward Coke, John Eliot, John Hampden und John Pynn, zeigte sich immer weniger kooperativ. In der Petition of Right aus dem Jahr 1628 wurde es für ungesetzlich erklärt, ohne Zustimmung des Parlaments Geld einzuziehen. Karl löste das Parlament auf und versuchte elf Jahre lang, allein zu regieren, mußte jedoch feststellen, daß er ständig mehr auf Kollisionskurs mit dem niederen Adel und der Kaufmannsschicht geriet. Seine Berater, zunächst Buckingham und später Strafford weltlicherseits und auf kirchlicher Seite Erzbischof Laud (der Initiator der später so genannten Hochkirche), stießen auf starke Verachtung und den Haß immer breiterer Kreise der Öffentlichkeit.

Auf Lauds Rat hin wurde im presbyterianischen Schottland das anglikanische Gebetbuch eingeführt. Schottland revoltierte, und der König brauchte zur Niederschlagung so dringend Geld, daß er 1640 das Parlament wieder einberufen mußte. Die Parlamentarier wandten sich als erstes Strafford zu, der des Verrats für schuldig erklärt und 1641 hingerichtet wurde. Das Unterhaus verkündete nun, daß es ohne eigene Zustimmung nicht aufgelöst werden könne, und erklärte die verschiedenen königlichen Hilfsmittel zur Geldbeschaffung für illegal. Karl I. versuchte 1642 fünf führende Mitglieder des Unterhauses zu verhaften, scheiterte damit, und es brach der Bürgerkrieg aus. Der überwiegende Teil des Hochadels, das Heer und die ländlichen Distrikte im Norden und Westen unterstützten den König, während der wohlhabendere Süden und Osten auf seiten des Parlaments Stellung bezogen.

Zunächst behielten die erfahreneren Truppen des Königs die Oberhand, doch seine Gegner fanden in Oliver Cromwell einen begnadeten Befehlshaber, der die »New Model

Army«, das Parlamentsheer, organisierte und die Royalisten vernichtend schlug. Die stark religiösen Puritaner, die den größten Teil der Soldaten und der höheren Führung stellten, vermittelten seinem Heer eine hohe Kampfmoral.

Karl flüchtete zu den Schotten, die ebenfalls von Cromwell besiegt wurden. Karl wurde wegen Hochverrats verurteilt und am 30. Januar 1649 hingerichtet − als erster einer Reihe königlicher Persönlichkeiten, die in den großen Revolutionen den höchsten Preis zahlen mußten.

Das Parlament gelangte bald zu der Ansicht, daß es einen uneffektiven Herrscher gegen einen wesentlich stärkeren und gefährlicheren ausgetauscht hatte. 1653 wurde es nämlich gewaltsam von Cromwell aufgelöst, der weiterhin als Lord-Protektor regierte und auf diese Weise die Fallstricke einer Rückkehr zum Königtum vermied, was sich später in einer ähnlichen Situation als äußerst abträglich für den guten Namen Napoleons erweisen sollte.

Cromwell war auf den Gebieten der Außenpolitik und Kriegführung äußerst erfolgreich. Er unterdrückte den Widerstand in Irland und Schottland, bezwang Spanien (wobei er die Insel Jamaika erwarb) und kämpfte mit Erfolg gegen die Niederlande.

Er versuchte England seine Vision eines Staates der Auserwählten aufzuzwingen − mit unterschiedlichen Ergebnissen. Die Puritaner sollten daran eineinhalb Jahrhunderte lang mit Befriedigung zurückdenken und dies in literarischen Werken wie Bunyans *Pilgerreise* und Miltons *Das verlorene Paradies* feiern. Doch die normale Bevölkerung reagierte auf seinen Puritanismus, Militarismus, Imperialismus und die drückenden Steuern zunehmend desillusioniert. Nach seinem Tod im Jahr 1658 brach sein Regierungssystem zusammen, und 1660 wurde Karl II. aus dem Exil zurückgeholt.

Dieser erwies sich als die Ausnahme unter den männlichen Stuarts, denn er war ein fähiger Herrscher. Er war populär und seine Kolonialpolitik verlief erfolgreich. Das große Problem bestand in der Neigung seines Bruders und Erben Jakob zum katholischen Glauben. In der Frage, ob er von der Thronfolge auszuschließen sei, waren die Meinungen geteilt, was in der Bildung der zwei großen Parteien des späteren britischen parlamentarischen Systems resultierte — der Tories und der Whigs (im neunzehnten Jahrhundert neu definiert als Konservative und Liberale).

Die Tories gewannen, Jakob II. bestieg den Thron (1685) und verspielte rasch seine eigenen Chancen und die seines Geschlechts, indem er resolut versuchte, England zum Katholizismus zu bekehren. Die Tories verbündeten sich nun mit den Whigs und forderten Wilhelm von Oranien, den Statthalter der Niederlande (und Ehemann einer Stuart-Prinzessin), auf, die Krone Englands zu übernehmen. Jakob II. mußte das Land verlassen (kämpfte jedoch ohne Erfolg im katholischen Irland weiter).

Die »Glorreiche Revolution« von 1689 bezeichnet den gelungenen Abschluß des englischen Experiments mit Revolutionen. Es war eine Seltenheit: eine Revolution, die mit einem Kompromiß endete, und infolgedessen eine erfolgreiche Revolution. Das Parlament hatte viel erreicht, jedoch nicht alles. Die Krone blieb erhalten, doch man war nun allgemein der Ansicht, daß ihr nicht mehr die absolute Macht zustehe. Ein Parteiensystem war im Entstehen begriffen, das vom achtzehnten Jahrhundert an zum Hauptfundament der parlamentarischen Regierungsform werden sollte. Die Habeas-corpus-Akte garantierte die Freiheit der Untertanen.

Bald danach wurde die Bank of England gegründet, und England und Schottland gingen 1707 im Vereinigten Königreich Großbritannien auf.

Wenn im siebzehnten Jahrhundert England exemplarisch

für Revolution und Gewalt gewesen war, so wurde es im achtzehnten Jahrhundert zum Muster einer stabilen Regierung und von Freiheit, ein Vorbild, das bewundert und nachgeahmt wurde.

2. Die Aufklärung

Die Feuer der Gegenreformation hatten sich am Ende des siebzehnten Jahrhunderts selbst verzehrt. Das achtzehnte drehte Fragen der Religion den Rücken und versuchte mit profaneren Dingen fertig zu werden. Ein Großteil Europas war noch in mittelalterlichen Fesseln gefangen, die nun immer breiteren Kreisen anachronistisch erschienen. Die hohe Aristokratie in Frankreich war von Ludwig XIV. an den Hof gezogen worden und stand nicht mehr an der Spitze von Verwaltung und Militär. Die Bourgeoisie stieß in das von der Aristokratie zurückgelassene Vakuum vor, litt jedoch unter der mangelnden Wertschätzung und der fehlenden Anerkennung ihrer Aktivitäten. Die Schicht der Handwerker hatte noch immer mit Überbleibseln der mittelalterlichen Gildenordnung zu kämpfen, und die Bauern waren häufig nur nominell besser gestellt als Leibeigene. Der Großteil der Steuerlast ruhte auf den Schultern der unteren, schwächeren Klassen, während die Adligen fast vollkommen von der Steuer befreit waren – ohne jedoch der Gesellschaft irgendeinen wirklichen Dienst zu leisten.

In einer derartigen Situation mußte im relativ gebildeten, rational denkenden Westeuropa des achtzehnten Jahrhunderts Nachdenken einsetzen und Kritik aufkommen. Die Öffentlichkeit war durch das Werk englischer Denker wie John Locke (1632–1704), der die englische Revolution miterlebte, über Toleranz schrieb und einer der Begründer des englischen Empirismus war, vorbereitet worden. In Frankreich wurde die öffentliche Meinung von Werken wie Pierre Bayles *Historisches und kritisches Lexikon* (1690er) und vor allem von Denis Diderots *Enzyklopädie* (1750–1772) stark beeinflußt, die nicht nur zu informieren, sondern implizit zu einer aufgeklärten Einstellung, zu Vernunft, Toleranz, Freiheit und Gleichheit anzuleiten versuchte. Dahinter stand die Vorstellung, zu bilden, um zu reformieren.

Voltaire (1694–1778) ging in zahllosen philosophischen, historischen und politischen Büchern, Aufsätzen und Pamphleten auf direkte Art vor. Er attackierte die Kirche, die Aristokratie und selbst die Monarchie (in verschleierter Form wegen der Zensur, doch mit beißendem Sarkasmus), und er wurde der allgemein anerkannte Führer im Kampf um Aufklärung.

Den Rücken stärkten ihm Philosophen wie Charles Montesquieu (1689–1755), dessen *Vom Geist der Gesetze* sich ausgehend von der antiken Lehre der drei Staatsformen mit den Vorzügen einer konstitutionellen Monarchie befaßte und eine Gewaltenteilung von Exekutive, Legislative und Justiz forderte. Jean-Jacques Rousseau (1712–1778), der jüngste unter den großen Denkern des achtzehnten Jahrhunderts, wandte sich vom reinen Rationalismus ab und dem emotionalen Ansatz der sich bereits abzeichnenden Romantik zu. Das Herz des Menschen galt ihm wesentlich mehr als der Verstand. Aufrichtigkeit und Offenheit sind seiner Meinung nach einer intellektuellen Weltsicht, die sich an Äußerlichkeiten orientiert, vorzuziehen. Sein Einfluß im neunzehnten und zwanzigsten Jahrhundert war immens. Selbst die Wurzeln mancher faschistischer Theorien lassen sich zu ihm zurückverfolgen.

Die Physiokraten in Frankreich und Adam Smith (1723–1790) in England forderten eine Überprüfung der überkommenen Werte auf dem Gebiet der Wirtschaftslenkung. Produktion und Bergbau von den Steuern zu befreien, freien Handel zuzulassen – dies wurde als Allheilmittel angesehen. Eine Reformierung des Strafrechts forderte mit großer Leidenschaft der Italiener Cesare Beccaria (1738–1794).

Im letzten Drittel des achtzehnten Jahrhunderts wurden die neuen Theorien des öfteren in der Praxis erprobt. Sebastião Pombal entschloß sich in Portugal zu einer aufgeklärten Haltung der Regierung und warf die Jesuiten hinaus, Friedrich der Große in Preußen pflegte eine Freundschaft mit Voltaire, Joseph II. von Österreich versuchte eine liberale Revolution von oben durchzuführen und scheiterte, in Genf putschten die freien Stadtbürger, in Belgien und Polen brachen Revolten aus. Frankreich wurde zunehmend wohlhabender, doch seine antiquierten Gesetze und althergebrachten Privilegien führten die Regierung an den Rand des Bankrotts.

Die zu Anfang des achtzehnten Jahrhunderts noch originellen Ideen waren bis zu seinem Ende zum Gemeinplatz geworden. Nahezu alle Welt war zu diesem Zeitpunkt davon überzeugt, daß alle Menschen gleich seien und daß die zum Teil mittelalterlich anmutende Sozialstruktur dringend verändert werden müsse. Die Zeit war reif für Revolutionen.

3. Die Revolution in Amerika – der Unabhängigkeitskrieg

Die amerikanische Revolution gegen das englische Mutterland stand am Anfang einer Reihe von revolutionären Entwicklungen, die schließlich den ganzen Globus erfassen und hundertsiebzig Jahre lang immer von neuem aufflackern sollten. Es war eine nationalstaatliche, keine soziale Revolution. Doch zum ersten Mal erwiesen sich egalitäre und republikanische Prinzipien als erfolgreich, und so wurde der amerikanische Unabhängigkeitskrieg zum Ideal und Prototyp, dem andere zu folgen suchten.

Die englischen Kolonisten legten nur so lange Wert auf den Schutz durch das Mutterland, wie Franzosen und von diesen ausgerüstete Indianer sie bedrohten. Nach dem Siebenjährigen Krieg war dies nicht mehr der Fall. Kanada und das Gebiet bis hinunter zum Mississippi war erobert oder von den Franzosen aufgegeben worden, und zwar vollständig. Als London im Jahr 1763 das Land westlich der Appalachen den Indianern überließ, verscherzte es sich das Wohlwollen seiner Kolonisten. Noch mehr Unmut zog sich die britische Regierung zu, als sie auf ihrem Recht der Gesetzgebung in den Kolonien pochte, diesen verschiedene Steuern auferlegte und auf amerikanischem Boden bewaffnete Truppen beließ. Die Kolonisten meinten, London habe kein Recht, ihnen ohne eigene politische Mitsprache Steuern aufzuzwingen.

Die amerikanischen Kolonisten bewaffneten sich, und es kam zu immer schwereren Zusammenstößen mit den Briten, vom »Boston Massacre« 1770 über die »Boston Tea Party« 1773 bis zu den Auseinandersetzungen in Lexington und Bunker Hill im Jahr 1775. Mittlerweile waren in London die »nicht tolerierbaren Gesetze« verabschiedet und der Hafen von Boston zur Strafe geschlossen worden. Diese Maßnahmen führten unter den dreizehn Kolonien zu unerwarteter Einigkeit. Am 1. September 1774 trat in Philadelphia ein Kontinentalkongreß zusammen, dessen Leitung Männer wie Thomas Jefferson, Alexander Hamilton und John Adams hatten und in dessen Verlauf das Recht der Kolonisten auf »Leben, Freiheit und Eigentum« propagiert und George Washington zum Oberbefehlshaber ernannt wurde. Seine Truppen waren nicht sehr umfangreich und zudem nur unzureichend ausgebildet, doch sie kannten das Land und wußten, wie sie das Terrain zu ihrem Vorteil nutzen konnten. Die englische Taktik war häufig zu penibel vorgegeben und unrealistisch. Die Soldaten der Briten waren großenteils Söldner aus Deutschland, deren Kampfmoral nicht so groß war wie die der Kolonisten. Washington vertrieb 1776 die Briten aus Boston und New York (die Schlachten von Trenton und Princeton).

Der Kontinentalkongreß verabschiedete am 4. Juli 1776 die Unabhängigkeitserklärung, der Kriegszustand wurde offiziell ausgerufen. Die britische Nordarmee hatte keinen Erfolg, und ihr General Burgoyne kapitulierte bei Saratoga. Als nächstes unternahmen die Briten einen Versuch im Süden, doch inzwischen hatte sich Frankreich auf die Seite der im Entstehen begriffenen Vereinigten Staaten geschlagen – in der Erwartung, so für die Niederlage im Siebenjährigen Krieg Rache nehmen zu können –, und Lord Cornwallis mußte sich 1781 in Yorktown zur Kapitulation bereitfinden. Damit war der Krieg zu Lande in Amerika beendet. Im Pariser Friedensvertrag vom 3. September 1783 erhielten die USA ihre Unabhängigkeit und das ganze Gebiet im Süden Kanadas bis zum Mississippi.

Die amerikanische Revolution war damit allerdings noch nicht zu Ende. Ein konstitutionelles Regierungssystem auf der Basis der Legitimierung durch die Regierten harrte noch seiner Verabschiedung. Es wurde die Erstellung einer Verfassung in Auftrag gegeben, die auf dem Kräftegleichgewicht zwischen Exekutive, Legislative und Jurisdiktion basieren sollte. Die Legislative sollte aus zwei Kammern bestehen, wobei im Senat alle Bundesstaaten gleich stark vertreten sein sollten, während die Sitze im Repräsentantenhaus entsprechend der Einwohnerzahl der jeweiligen Staaten zugeteilt wurden. Die Befugnisse der nationalstaatlichen Regierung wurden genau eingegrenzt, so daß die einzelnen Bundesstaaten über ein großes Maß an Selbstbestimmung verfügten.

Dieses System war höchst kompliziert, doch es hat bis heute mehr als zweihundert Jahre lang mit nur geringfügigen Änderungen überraschend gut funktioniert.

4. Die Französische Revolution

Einige langfristige Ursachen für den Ausbruch der Französischen Revolution haben wir bereits im Kapitel über die Aufklärung besprochen. Historiker wie Thiers, Mignet, Michelet, de Toqueville und zahlreiche andere haben viele weitere Ursachen aufgezeigt, so daß es im zwanzigsten Jahrhundert üblich wurde, sie in Schulen wie die »Marxisten«, die »Revisionisten« etc. zusammenzufassen. Doch die Geschichte verläuft nicht immer so geordnet und bequem, wie die Historiker es gerne hätten. Es ließen sich auch Argumente dafür anführen, daß die Revolution überhaupt nicht hätte ausbrechen müssen und weniger wegen triftiger Gründe begann als vielmehr ganz zufällig. De Toqueville etwa hat behauptet, daß »die durch die Revolution zerstörte soziale Ordnung fast stets besser ist als die unmittelbar darauf folgende, und die Erfahrung lehrt, daß einer schlechten Regierung im allgemeinen in dem Augenblick am meisten Gefahr droht, in dem sie Reformen durchführt«.

Und in der Tat, wäre Ludwig XVI. stärker, entschlossener und weniger wohlmeinend und stümperhaft gewesen, hätten die Dinge einen ganz anderen Verlauf nehmen können. Auf Druck der Notabelnversammlung[59], deren adlige Mit-

---

59 Notabeln: Angehörige der privilegierten Oberschicht der drei Stände –
   Anm. d. Lektors

glieder damit ihre Steuerprivilegien absichern wollten, berief er 1789 die Generalstände ein[60] — obwohl der Staat bedrohlich auf den Bankrott zuschritt, eben weil er es nicht schaffte, diejenigen zu besteuern, die wirklich vermögend waren. Die Schwäche des Königs und die Kurzsichtigkeit der Aristokratie erhielten rasch ihren verdienten Lohn. Das konfuse Vorgehen der Generalstände veranlaßte die Delegierten des Dritten Standes[61], sich selbst zur Nationalversammlung auszurufen (17. Juni 1789) und den Schwur zu leisten (20. Juni 1789), nicht auseinanderzugehen, bevor Frankreich eine schriftlich fixierte — von der nunmehr Verfassungsgebenden Nationalversammlung erarbeitete — Verfassung besitze. Der König selbst zwang den Adel und den Klerus, sich dieser Versammlung anzuschließen.

Als man Zweifel hegte, ob der König nicht doch seine Meinung ändern würde, erstürmte der Mob von Paris die Bastille, um sich zu bewaffnen (14. Juli 1789), ein Ereignis, das einen höheren symbolischen Wert erlangte, als den ihm zugrundeliegenden Absichten zukam.

Der König verlor mehr und mehr die Kontrolle, während die Versammlung sich zunehmend stärker mit den Regierungsgeschäften befaßt sah. Sie schaffte das Feudalsystem ab, verstaatlichte den kirchlichen Grundbesitz und verkündete eine »Deklaration der Menschen- und Bürgerrechte«. Eine neue Verfassung wurde ausgearbeitet, die die Regierungsgewalt der eingeschränkten Monarchie und einer Gesetzgebenden Versammlung überließ.

---

60 Die Generalstände waren 1615 zum letzten Mal einberufen worden. — Anm. d. Lektors

61 1. Stand: Klerus, 2. Stand: Adel, 3. Stand: ›Volk‹. — Bei der Ausrufung der Nationalversammlung schloß sich der niedere Klerus dem 3. Stand an. — Anm. d. Lektors

Ludwig XVI. wurde gezwungen, von Versailles nach Paris umzuziehen; später unternahm er mit seiner Familie einen Fluchtversuch (1791), der allerdings genauso scheiterte wie all seine anderen Aktionen. Als man ihn nach Paris zurückbrachte, war die bislang lediglich als möglich erscheinende republikanische Lösung auf einmal Wirklichkeit geworden.

Die Französische Revolution durchlief mehrere Phasen. Zunächst kooperierten die liberalen Angehörigen der Aristokratie mit dem Mittelstand. Später wurden die Männer, die an der Spitze der Revolution standen, zunehmend extremistischer. Die radikalen Jakobiner, die von Männern wie Marat, Danton, Saint-Just und Robespierre geführt wurden, brachten die gemäßigten Girondisten zum Schweigen. Das Wahlrecht erhielten als erste lediglich die Grundbesitzer, später durften praktisch alle Bürger wählen.

Die Radikalisierung war zum Teil eine Folge des Krieges, der zwischen Frankreich auf der einen Seite und Preußen und Österreich auf der anderen ausbrach. Es herrschte die Meinung, die Girondisten seien damit nicht fertig geworden und die Jakobiner seien bestimmt entschlossener und rücksichtsloser. Die Invasion der Preußen war bei Valmy gestoppt und Belgien erobert worden. Doch dies veranlaßte Großbritannien, die Niederlande und Spanien, der Koalition gegen Frankreich beizutreten. Die Franzosen gerieten nun ernsthaft in Schwierigkeiten, und dies wiederum bewirkte zum Teil eine Radikalisierung der Revolution.

Am 10. August 1792 wurden die Tuilerien besetzt, und die Monarchie wurde gestürzt. Im folgenden Monat kam es zu den »September-Massakern«, in deren Verlauf 1 100 Pariser Gefängnisinsassen vom Mob umgebracht wurden – unter anderem aus Panik infolge der Einnahme Verduns durch die Preußen. Nun war die Zeit der Schreckensherrschaft gekommen. Am 21. Januar 1793 wurde Ludwig XVI. hingerichtet. Daraufhin revoltierten die Vendée, die Bretagne und Lyon, die royalistisch gesinnt waren. Als dann die Girondisten hingerichtet wurden, brachen in ihren Hochburgen Marseilles und Bordeaux Revolten aus. Der Hafen Toulon fiel in die Hände der Briten.

In dieser Stunde der Krise griffen die Revolutionäre zu extremen Maßnahmen für einen Gegenschlag. Der Militärdienst wurde Pflicht. Carnot organisierte, ähnlich wie Trotzki in der Russischen Revolution, das französische Heer. Ein Revolutionstribunal wurde eingerichtet, das sich mit den mutmaßlichen Verrätern im Inland befassen sollte, und daneben auch das Komitee für innere Sicherheit, das schließlich zahlreiche Regierungsaufgaben an sich riß. Diese extremen Maßnahmen wurden von der Bevölkerung von Paris mitgetragen. Doch mit extremistischen Theoretikern, wie etwa Hébert und Babeuf, deren Theorien den späteren Sozialismus ahnen ließen, hatte man wenig Geduld.

Die Städte, die im Süden revoltiert hatten, wurden unter großem Blutvergießen zurückerobert (so wurden in Lyon 3 000 Personen guillotiniert oder erschossen). Noch höheren Blutzoll forderte in den Jahren 1793–94 der royalistische Aufstand in der Vendée – man schätzt, daß etwa 400 000 Menschen ihr Leben verloren.

Die Jakobiner führten revolutionäre Neuerungen ein, etwa einen neuen Kalender, der – wenig bescheiden – mit ihrer Machtergreifung im Jahr 1792 als »Jahr I« begann, weiter einen Kult des Höchsten Wesens, der an die Stelle der abgeschafften Religion treten sollte, und es wurden auch Verordnungen erlassen, jedermann nur noch mit »Bürger« oder »Bürgerin« anstatt mit »Monsieur« oder »Madame« anzureden.

Die Zeit der Schreckensherrschaft dauerte bis zum Sommer 1794. Ungefähr 2 600 Adlige und andere potentielle »Feinde der Revolution« wurden in Paris guillotiniert, in den Provinzen lag die Zahl noch wesentlich höher (beispielsweise 2 000 Personen in Angers; in Nantes wurden Hunderte ertränkt). Bald zerstritten sich die Führer der Jakobiner. Marat wurde in seiner Badewanne von einer Frau ermordet. Hébert und Danton wurden hingerichtet. Robespierre und Saint-Just herrschten absolut – allerdings nur für kurze Zeit.

Viele ihrer Mitstreiter fürchteten nun um ihr Leben – die Revolution fraß ihre Kinder, so schien es –, und die Bevölkerung von Paris war nicht länger gewillt, ihretwegen zu den Waffen zu greifen. Robespierre und Saint-Just wurden am 28. Juli 1794 guillotiniert.

Die Französische Revolution war so chaotisch und wurde infolgedessen so unterschiedlich interpretiert, daß wir an dieser Stelle darauf nicht näher eingehen können. Doch von allen Revolutionen, die in Teil XIV dieses Buchs erwähnt werden, ist sie zur klassischen Revolution schlechthin aufgestiegen, von der sich zahlreiche andere herleiten und mit der alle anderen Revolutionen verglichen werden.

Der Terror war vorbei, und die Verdächtigen wurden aus der Haft entlassen. Die Gemäßigten saßen wieder im Sattel. Sie schufen das »Direktorium« (1795–1799), das die meiste Zeit von Paul Barras dominiert wurde, sich jedoch von den Linken und Rechten durch Aufstände bedroht sah (die mit Hilfe des jungen Generals Bonaparte und einem seiner Stellvertreter niedergeschlagen wurden). Die Verfassung von 1795 gab erneut dem Mittelstand das Wahlrecht.

Das Direktorium war weder effizient, noch besonders rechtschaffen, noch sehr populär – aber es war besser als die frühere Schreckensherrschaft. Niemand hätte geglaubt, daß es in der Lage sein würde, erfolgreich einen schweren Krieg durchzustehen. Doch der blinde Zufall, der in allen Entwicklungen der Französischen Revolution eine so herausragende Rolle gespielt hatte, griff wieder einmal ein.

5. Napoleon

In den Augen der Historiker des neunzehnten Jahrhunderts war Napoleon nur stets eins von beiden: der größte Soldat aller Zeiten oder ein Kriegsverbrecher, ein Genie oder ein Unmensch, ein echter französischer Patriot oder ein gewissenloser Karrierist, weiß oder schwarz. Doch in einem war man sich einig: Er war drei Meter groß, ein Supermann. In der Historiographie des zwanzigsten Jahrhunderts hat sich sein Bild gewandelt. Neu aufgefundene Tagebücher, Briefe und andere Quellen vermittelten andere Einschätzungen und unerwartete Einblicke. Die Forschung hat sich im Detail mit jeder seiner Karrierestufen befaßt. Mehr als eine Viertelmillion Bücher und längere Aufsätze sind über ihn geschrieben worden — mehr als über jede andere Persönlichkeit der Geschichte. Und noch wichtiger: Viele Quellen aus der Restaurationszeit sind in Mißkredit geraten, und die seriösen Historiker lassen heute deren pikante Histörchen beiseite.

Das Ergebnis ist ein ganz anderer Napoleon, nur 1,68 Meter groß, jedoch nicht weniger faszinierend. Er wurde 1769 in Ajaccio auf der Insel Korsika geboren. Seine Muttersprache war italienisch und nicht französisch. Korsika war in jener Zeit gerade von Frankreich annektiert worden, und so konnte er eine französische Militärschule besuchen. Er lernte hier die neuesten Theorien der Kriegführung kennen und wurde zum Leutnant der Artillerie befördert. Während viele adlige Offiziere Frankreich während der Revolution den Rücken kehrten, stellte sich Napoleon, wie andere mittellose junge Offiziere, in den Dienst der Revolution. Zunächst versuchte er auf seiner Heimatinsel Karriere zu machen und erwarb umfangreiche und wertvolle Erfahrungen in seinen dortigen militärischen und politischen Abenteuern, die allerdings durchweg scheiterten. Nachdem

Napoleon I. (1769–1821), Napoleon Bonaparte als Erster Konsul, Gemälde von Jean Auguste Dominique Ingress, 1804. Lüttich, Musée des Beaux-Arts.

man ihn hinausgeworfen hatte, landete er in Südfrankreich und schloß sich dem Feldzug zur Eroberung Toulons an. Da gerade kein anderer professioneller Artillerist zur Hand war, erhielt er das Kommando und stellte auf einmal seine Begabung für Kriegstaktik unter Beweis. Ihm ist es in erster Linie zu verdanken, daß der Hafen eingenommen werden konnte. Innerhalb weniger Monate avancierte er vom Hauptmann zum Brigadegeneral und Stabschef der Italien-Armee. Dort hatte er genug Zeit, sich in Muße mit ihren Problemen vertraut zu machen. Da er mit den Brüdern Robespierre befreundet war, wurde er nach deren Sturz inhaftiert. Wieder entlassen, begab er sich in Paris auf die Suche nach einer neuen Aufgabe, als Paul Barras gerade einen General mit antimonarchistischer Einstellung brauchte, der einen royalistischen Aufstand niederschlagen sollte. Das tat Napoleon mit ein paar Kanonen, und er erhielt dafür zunächst den Oberbefehl über die Armee des Inneren, danach den Oberbefehl in Italien und dazu die Hand Josephines, der abgelegten Mätresse von Barras.

Im Lauf der Revolution konnten viele meteorhaft Karriere machen, Napoleons Aufstieg war jedoch bei weitem der steilste. Aber er hielt, was man sich von ihm versprach. Nach seiner Ankunft in Italien ging er daran, den Krieg[62] für Frankreich zu gewinnen. Er hatte das große Glück, auf einen Kriegsschauplatz entsandt worden zu sein, den er bereits im Detail kannte und wo er Pläne umsetzen konnte, die er dort bereits als Stabschef entworfen hatte. Er und seine Mitgeneräle waren jung und energiegeladen, während die österreichische Generalität auf der Gegenseite zumeist doppelt so viele Jahre auf dem Buckel hatte. In den Jahren

---

62 Gemeint ist der im vorigen Abschnitt schon erwähnte sog. 1. Koalitionskrieg gegen Preußen und Österreich. − Anm. d. Lektors

1796 und 1797 schlug er sie in einer Schlacht nach der anderen, bis er ganz Norditalien erobert hatte und auf dem Weg nach Wien war. Österreich mußte einen Friedensschluß unterzeichnen.

Und wieder kam ihm ein Glücksfall zu Hilfe: Man beließ ihn in Norditalien, das er regieren sollte und für dessen Probleme er großes Verständnis hatte, er war ja selbst Italiener. Hier erwarb er sich umfangreiche und wertvolle Kenntnisse in Fragen der Zivilregierung.

Weitere Erfahrung auf diesem Gebiet sammelte er in Ägypten, wohin er sich – vorrangig aus politischen Gründen, um nämlich nicht aus dem Bewußtsein der Öffentlichkeit zu verschwinden, bis die Zeit reif war, das Direktorium von Frankreich abzusetzen – hatte entsenden lassen. Das Direktorium stimmte nur zu gerne zu, es wollte ihn loswerden. Das wäre ihm auch beinahe gelungen: Er eroberte zunächst ohne Schwierigkeiten Ägypten, damals eine türkische Provinz, wurde dann jedoch von jeder Verbindung abgeschnitten, als Admiral Nelson seine ganze Flotte vor Abukir versenkte.

Als Ausweg unternahm Napoleon Anfang 1799 eine an Alexander den Großen erinnernde Expedition nach Syrien und Persien, offenbar in der Hoffnung, dort ein eigenes Reich begründen zu können. Einige französische Offiziere brachten für seine persönlichen Pläne jedoch nicht so viel Enthusiasmus auf, und der Expedition gelang es nicht, den Provinzhafen Akkon einzunehmen. Napoleon erwies sich als ziemlich schwach im Belagerungskrieg und mußte sich nach Ägypten zurückziehen. Dort ließ er seine Soldaten im Stich und kehrte nach Frankreich zurück. Hier eilte ihm die Nachricht von seinem letzten Sieg über eine türkische Einheit, gleichfalls bei Abukir, voraus, während der Fehlschlag von Akkon wegerklärt wurde.

Und erneut hatte er Glück: Er kam gerade rechtzeitig,

um sich einer Verschwörung gegen das mittlerweile diskreditierte Direktorium anzuschließen, und verschaffte sich am 18. Brumaire (9. November) 1799 die Kontrolle über Frankreich. Rasch entließ er seine Mitverschwörer und wurde Erster Konsul. Nun folgten seine großen Jahre. Er überraschte jedermann mit seinem Verständnis für zivile Angelegenheiten, obwohl das aufgrund seiner vorausgegangenen Erfahrungen eigentlich kaum verwundern konnte. Seine große und dauerhafte Leistung war der Ausbau des in der Revolution Erreichten. Die Verwaltung Frankreichs wurde reorganisiert, die Wirtschaft gestärkt, ein Kompromiß mit der katholischen Kirche geschlossen und die Kodifizierung der Gesetze, die bereits vor seiner Zeit begonnen hatte, wurde nun erfolgreich abgeschlossen (der zu Recht so berühmte Code Napoléon). Der Mittelstand avancierte zur eigentlichen Stütze des Staats. Diese Errungenschaften haben den Test der Zeiten bestanden und Napoleon und seine Regierungszeit überdauert.

Napoleon war äußerst populär — vielleicht mehr als ihm guttat. Denn an die Stelle der attraktiven, schlanken Gestalt des jungen Ersten Konsuls, der so friedliebend war, so schwer und effizient arbeitete, trat jetzt die wesentlich weniger sympathische des Kaisers (1804), der ständig in weit entfernten Ländern Krieg führte und von ein paar Mätressen, einem Hof, einer neuen Aristokratie und, am schlimmsten von allem, seiner riesigen zänkischen italienischen Familie umgeben war.

Als erstes ging er sein berühmtestes Abenteuer an, die Eroberung Europas. Er und sein Marschälle standen nun auf dem Höhepunkt ihrer militärischen Fähigkeiten und hatten genau die richtige Art des Offensivkampfs, ihre eigentliche Stärke, entwickelt. Bei Ulm besiegte er die Österreicher, bei Austerlitz die Österreicher und die Russen (1805), bei Jena die Preußen (1806), bei Friedland die Russen (1807). Europa war sein — in einem Umfang, den die Geschichte des Westens noch nicht erlebt hatte. Viele Errungenschaften der Französischen Revolution wurden nun auch in anderen Ländern Europas eingeführt. Sein Traum eines geeinten Europas ist heute wieder von großer Bedeutung, da man gerade das gleiche Ideal mit ganz anderen Methoden zu erreichen versucht.

Für Napoleon waren die Jahre nach 1807 Jahre des erbarmungslosen Abstiegs, und er konnte nur sich selbst dafür verantwortlich machen. Er schien den Kontakt mit der Wirklichkeit zu verlieren und übernahm sich. Um seinen einzigen verbliebenen Gegner, Großbritannien, in die Knie zu zwingen, versuchte er mit Hilfe der Kontinentalsperre die Briten von den europäischen Märkten abzuschneiden. Er verlor dadurch jedoch das Wohlwollen des europäischen (nicht nur des französischen) Mittelstands. Für die umfassende Durchsetzung der Blockade marschierte er zunächst in Spanien (1808) und später in Rußland (1812) ein und fand in beiden Ländern primitive Zustände vor, die ihm nicht erlaubten, seine logistischen Probleme auf die übliche Weise — indem er sich aus dem Land versorgte — zu lösen, und er traf auch nicht auf ein mit ihm sympathisierendes Bürgertum. Seine Armeen wurden größer, doch in diesem Umfang waren sie nicht mehr richtig zu leiten und zu versorgen; sie waren nicht mehr das fein gestimmte Instrument seiner früheren Kampagnen. Er schaffte es immer noch, seine Schlachten zu gewinnen, doch er begann die Feldzüge zu verlieren. Insgesamt blieb er in 59 von 65 Schlachten Sieger, allerdings nur in sieben von vierzehn Feldzügen — auf so hohe Zahlen hat es in der Geschichte kein anderer General jemals gebracht; das ist zwar im Hinblick auf die Schlachten enorm, was die Feldzüge angeht, allerdings recht kläglich.

Bilder zeigen ihn in seiner späten Regierungszeit als

dicken kleinen Mann. Der Glanz in seinen Augen war erloschen. Er war von Speichelleckern umgeben, und wenn man ihm widersprach, geriet er manchmal fürchterlich in Rage, schrie herum, trat seine Untergebenen und warf Tische um. Sein Reich begann nach seinem Rückzug von Moskau zu wanken, die Kirche zeigte sich verletzt, die Wirtschaft befand sich in chaotischem Zustand, und seine Popularität war sogar in Frankreich im Schwinden begriffen.

1813 kämpfte er in ganz Deutschland, wurde jedoch schließlich in der Schlacht bei Leipzig geschlagen und mußte sich nach Frankreich zurückziehen. Ein Jahr später führte er in Frankreich selbst einen großen Feldzug mit wesentlich kleineren und handlicheren Armeen, wurde aber letztlich von den weit stärkeren Preußen, Russen und Österreichern besiegt und mußte abdanken. Die Bourbonen kamen wieder an die Macht und waren bald so unpopulär wie früher. 1815 kehrte Napoleon noch einmal zurück und riß erneut ganz Frankreich an sich – nur um bei Waterloo von den Briten und Preußen besiegt zu werden, die mittlerweile gelernt hatten, seinen taktischen Zügen zu begegnen.

Die ihm noch verbleibenden Jahre verbrachte er auf St. Helena, wo er sich mit dem Gouverneur herumstritt und seine Memoiren diktierte, in denen er sein Leben und seine Regierungszeit in einer Weise uminterpretierte, die die Historiker verwirren und seinem Neffen helfen sollte, die Krone Frankreichs zurückzugewinnen.

6. Die Befreiung Lateinamerikas

Es ist fraglich, ob Lateinamerika zu Anfang des neunzehnten Jahrhunderts wirklich bereit für die Unabhängigkeit war. Doch die Napoleonischen Kriege zwangen dem Kontinent die Unabhängigkeit mehr oder weniger auf.

Haiti errang seine Unabhängigkeit nach einem längeren Aufstand (1791–1804), in dessen Verlauf Napoleons Schwager, der die französischen Truppen befehligte, dem Fieber erlag. Französisch blieb dort weiterhin Amtssprache.

Als Napoleons Armeen im Jahr 1807 auf Lissabon zumarschierten, floh der Prinzregent mit rund 15 000 Höflingen nach Rio de Janeiro und errichtete dort eine Zentralregierung nicht nur über Brasilien, sondern über das ganze Portugiesische Reich. Die alten Handelsmonopole wurden abgeschafft, Handel und Manufakturen blühten auf. Das kulturelle Leben gewann an Lebendigkeit, es entstanden Presseorgane, eine öffentliche Bibliothek und eine Akademie der schönen Künste. 1821 kehrte der Regent nach Lissabon zurück – mit fast der ganzen Barschaft der Bank von Brasilien. Unter Kronprinz Pedro erklärte Brasilien seine Unabhängigkeit (1822) und ersterer sich selbst zum Kaiser. 1831 ging er ins Exil, und sein Sohn Pedro II. folgte ihm als Kaiser auf den Thron (1831–1889). Unter seiner Regierung durchlebte Brasilien eine Zeit der Stabilität und Ruhe, die in den Annalen Lateinamerikas nahezu einzigartig ist.

In den Jahren 1806 und 1807 versuchte die britische Navy zweimal Buenos Aires einzunehmen und wurde zweimal zurückgeschlagen, nicht von den Spaniern, sondern von der Stadtbevölkerung. Diese militärische Leistung hallte in ganz Spanisch-Amerika wider. Als Napoleon 1807 in Spanien einmarschierte, wurden in Lateinamerika wiederholt Forderungen laut, den Vereinigten Staaten nachzueifern und um Unabhängigkeit zu kämpfen. An der Spitze der

Bewegung stand der Venezueler Miranda, dem ein einziges geeintes Land mit Namen Kolumbien vorschwebte, das vom Mississippi bis zum Kap Horn reichen sollte. Doch in der Realität gelangten in allen Provinzhauptstädten regionale Juntas an die Macht, denen die Regierungsgeschäfte oblagen, während Spanien mit dem Kampf gegen die Franzosen beschäftigt war.

In Mexiko führte ein ansässiger Priester namens Hidalgo den Aufstand der Indios (1810) an, er wurde jedoch vom dortigen Adel besiegt und hingerichtet. Die tatsächliche Unabhängigkeit erreichte das Land in einer zweiten Revolution unter Augustine de Itúrbide im Jahr 1821.

In Südamerika konnten die Royalisten, nachdem sie von Spanien nach dem Ende der Napoleonischen Kriege wieder unterstützt wurden, in allen Provinzzentren, ausgenommen in Buenos Aires, die Macht erneut an sich reißen. In Caracas kapitulierte Miranda (1812). Sein Leutnant Simón Bolívar führte die Revolution jedoch vom heutigen Kolumbien aus fort. 1813 eroberte er Caracas zurück, verlor es allerdings bereits ein Jahr später ein weiteres Mal. 1816 versuchte er es erneut, und diesmal gelang es ihm, mit Hilfe von etwa 5 000 britischen Freiwilligen, Venezuela, Kolumbien und Ecuador zu befreien. Dann marschierte er nach Peru, wo er auf General San Martín stieß, der vom unabhängigen Argentinien über die Anden nach Chile vorgedrungen und dann nach Norden gezogen war. Der Sitz des spanischen Vizekönigs war Lima gewesen, und mit dessen Eroberung und der Befriedung von Peru durch Bolívar (1825) war die Befreiung Südamerikas abgeschlossen.

Doch Bolívar konnte in den zahlreichen Ländern, die er befreit hatte, nicht die Macht erringen, und bald zerfiel Südamerika in neun separate spanischsprechende Länder.

Ihre Entwicklung ist nicht glücklich verlaufen. Wir können hier nur ein paar besonders signifikante Episoden erwähnen. Der politische Aufbau dieser neuen Staaten war häufig problematisch. In Argentinien dauerte es bis 1880, bis die Provinzen zustimmten, daß Buenos Aires Hauptstadt wurde. Uruguay mußte gegen all seine Nachbarn kämpfen, um die eigene Unabhängigkeit zu sichern (1828). In den Jahren 1865–1870 kämpfte der paraguayische Diktator López gegen die vereinigten Streitkräfte Brasiliens, Argentiniens und Uruguays, bis die männliche Bevölkerung seines Landes nahezu ausgelöscht war.

Der größte Teil Lateinamerikas wurde von Diktatoren, die man Caudillos nannte, beherrscht. Der Diktator in Mexiko, Lopez de Santa Ana (vier Regierungszeiten von 1833 bis 1855) bekämpfte die Vereinigten Staaten wegen Texas (1846) und mußte ihnen dann das riesige Gebiet, das heute Kalifornien, New Mexico, Arizona, Nevada und Utah umfaßt, überlassen. Napoleon III. unternahm 1864 den Versuch, in Mexiko den österreichischen Erzherzog Maximilian als Kaiser einzusetzen, doch der indianische Präsident Juárez besiegte ihn vier Jahre später und ließ ihn hinrichten. 1876–1911 wurde Mexiko von einem der zähesten Caudillos regiert, von Porfirio Díaz. Er brachte dem Land Stabilität und in der Folge auch einen gewissen wirtschaftlichen Fortschritt.

Wegen Panama kam es zu einem weiteren Konflikt. Die USA waren bestrebt, hier einen Kanal zu bauen, der die beiden Ozeane miteinander verbinden sollte. Sie zwangen Kolumbien, Panama die Unabhängigkeit zu garantieren (1903) und drückten den Bau des Kanals durch, der 1914 für die Schiffahrt geöffnet wurde. Im Jahr 2000 wollen sich die Vereinigten Staaten aus der Kanalzone zurückziehen. Argentinien und Chile entwickelten ihre Ökonomien schneller als die anderen Länder. Fleisch und Wolle avancierten zu den Hauptartikeln der argentinischen Exporte nach Europa und begründeten den Wohlstand des Landes.

1895 zählte Argentinien vier Millionen Einwohner. Vor allem englische Kredite und Technologien förderten seine Entwicklung. Im Jahr 1912 hatte das Land Eisenbahnstrecken von mehr als 30 000 Kilometer Länge. In Buenos Aires wurde ein Straßenbahnnetz gebaut. Chiles Wirtschaft basierte auf dem Export von Nitrat, das für Düngemittel und Kupfer gebraucht wird. Es besiegte 1879–1883 Peru und Bolivien und konnte so seine Nitratabbaugebiete nach Norden ausweiten.

Die Exporte Brasiliens bestanden zunächst aus Gummi und später aus Kaffee, doch es blieb dennoch im Grunde ein armes Land. Dasselbe Schicksal war auch den verbliebenen Republiken in Lateinamerika beschieden, deren Volkswirtschaften beinahe durchweg von kleinen Oligarchien kontrolliert wurden.

Eine Ausnahme bildete Venezuela, das seit den Tagen des Diktators Juan Gómez (R.: 1908–1929) über große Einnahmen aus dem Öl, das man dort gefunden hatte, verfügt. Schwerwiegende Probleme trafen das benachbarte Kolumbien, wo rund 300 000 Menschen in den Jahren 1946 bis 1957 in Auseinandersetzungen zwischen Rechten und Linken getötet wurden. Später korrumpierten die sagenhaft reichen Drogenproduzenten einen großen Teil der Verwaltung und ließen ihre Widersacher umbringen.

Der Krieg des Jahres 1899 zwischen den USA und Spanien brachte der Insel Kuba die Unabhängigkeit, wohingegen Puerto Rico den USA einverleibt wurde. In der zweiten Hälfte des zwanzigsten Jahrhunderts erprobten – nicht allzu erfolgreich – Fidel Castro in Kuba und die Sandinisten in Nicaragua kommunistische Regimes.

In Argentinien bewies der populistische Diktator Juan Péron (R.: 1946–1955 und 1973/74), wie eine von Grund auf gesunde Wirtschaft durch laienhaftes Herumdoktern ruiniert werden kann. Die Inflation stieg von 30 auf 950

Prozent pro Jahr, und der Überschuß an Devisen von fünf Milliarden Dollar im Jahr 1945 hatte sich in ein Defizit von fast drei Milliarden verwandelt. In Chile versuchte der linkslastige Präsident Allende (R.: 1970–1973) ähnliche Maßnahmen durchzusetzen, wurde jedoch von General Pinochet (R.: 1973–1990) gestürzt und getötet. Pinochet sandte, wie auch die Armeen in Peru, Argentinien und anderswo, Todesschwadronen aus, um die Opposition zum Schweigen zu bringen. In Argentinien besetzte General Galtieri 1982 die Falklandinseln, wurde allerdings schnell von den Briten wieder vertrieben und danach des Amtes enthoben.

Bolivien brachte es fertig, seinen florierenden Zinnexport in den Ruin zu treiben, als es Paraguay angriff und den sich anschließenden Chaco-Krieg (1932–1935) verlor.

Die Indios der Anden hielten sich zumeist von der Geldwirtschaft fern, doch in den letzten Jahren produzieren die peruanischen Kleinbauern rund 60 Prozent der Kokablätter, die kolumbianische Dealer zu Kokain verarbeiten.

Es ist fraglich, ob das Proletariat Brasiliens besser dran ist als die andischen Indios. In Städten wie São Paulo und Rio de Janeiro sind die verlassenen Kinder nur allzu zahlreich, und ein Großteil der armen Bevölkerung lebt in Slums, denen es selbst an den einfachsten hygienischen Einrichtungen mangelt. Brasiliens Auslandsverschuldung ist die höchste der Welt. Mexico-City und São Paulo zählen heute zu den größten Städten der Welt, scheinen jedoch in ihren ärmeren Vierteln völlig unregierbar geworden zu sein. In einigen südamerikanischen Städten inszenierten Studenten und Arbeiter einen Stadtguerilla-Krieg gegen die Obrigkeit. Sie sympathisierten häufig eher mit der Anarchie als mit dem Marxismus. In Montevideo wurden diese Guerilleros, die erstmals 1967 öffentlich in Erscheinung traten, Tupamaros genannt.

Diese pessimistische Aufzählung ist allerdings nur ein Teil der Wahrheit. In nahezu allen Ländern Lateinamerikas ist ein Mittelstand herangewachsen, und das Bildungsniveau hat sich stark gehoben. Am besten zu erkennen ist der sich vollziehende Wandel zum Besseren daran, daß in fast jedem lateinamerikanischen Land die einstigen Diktatoren in der zweiten Hälfte des zwanzigsten Jahrhunderts verschwunden sind und eine Art demokratische Regierung an ihre Stelle getreten ist.

Der Einfluß Südamerikas auf den Rest der Welt ist, im Verhältnis zu der großen Bevölkerung, gering gewesen. Doch der Kontinent hat einige interessante Romanschriftsteller hervorgebracht, einige große Maler in Mexiko – etwa Diego Rivera, José Orozco und Alfaro Siqueiros – und einige innovative Architekten, so Oscar Niemayer in Brasilien. Am bekanntesten wurde Lateinamerika allerdings durch den Fußball. Namen wie Pelé und Maradona sind aller Welt geläufig.

7. Klassizismus und Romantik

In Spanien und Großbritannien fielen die Zeiten größter politischer und kolonialer Aktivitäten mit den wichtigsten Entwicklungen in Literatur und Kunst zusammen. In Deutschland und Frankreich war dies nicht der Fall. Deutschland war, seit der Zeit Bismarcks bis zu der Hitlers, auf zahlreichen Gebieten kaum originell und sehr unproduktiv, das gleiche gilt für Frankreich unter Napoleon I. Die deutsche Literatur, Philosophie und Musik erlebte jedoch genau zu dem Zeitpunkt eine Blüte, als sich in dieser Hinsicht in Frankreich ein Niedergang anbahnte.

Gotthold Ephraim Lessing (1729–1781) war der erste Gigant der deutschen Literatur; er nahm sich Shakespeare

Johann Wolfgang von Goethe (1749–1832), »Goethe in der Campagna«,
Gemälde von Johann Heinrich Wilhelm Tischbein, 1788. Frankfurt, Städel.

zum Vorbild. Seine Schauspiele *Minna von Barnhelm* und
Nathan der Weise werden auch heute noch aufgeführt.

Der Größte ist allerdings Johann Wolfgang von Goethe
(1749–1832). Seine Lyrik, sein *Werther,* sein Drama *Götz
von Berlichingen* und vor allem sein *Faust* sind nur die
bekanntesten seiner zahlreichen und unterschiedlichen
Werke. Daneben stand er an der Spitze der Verwaltung des
kleinen Fürstentums Weimar.

Ein Zeitgenosse von ihm war der bedeutendste deutsche
Philosoph, Immanuel Kant (1724–1804). In seiner *Kritik
der reinen Vernunft* ging er vom Versagen der spekulativen
Vernunft, die Wahrheit zu finden, aus und schuf eine

Johann Sebastian Bach (1685–1750), Portrait von Elias Gottlob Haußmann. Leipzig, Museum für Geschichte der Stadt Leipzig.

Gleichstellung idealistischer und materialistischer Standpunkte. Auf seinen Werken bauten spätere deutsche Philosophen wie Arthur Schopenhauer (1788–1860) auf. Unter den Schriftstellern sind der Dramatiker Friedrich Schiller (1759–1805) und der Dichter Heinrich Heine (1797–1856) einer besonderen Erwähnung wert. Heine und Schopenhauer gehören allerdings bereits zu einer jüngeren Generation.

Weit über die Grenzen des deutschen Sprachraums hinaus verbreitete sich der Ruhm der deutschen Komponisten. Das Werk von Johann Sebastian Bach (1685–1750) umfaßt in erster Linie Kirchenmusik. Er erzielte eine Synthese aus der vorausgegangenen polyphonen Musik mit den damals neuen italienischen Harmonien. Zu seinen besten Werken zählen seine Choräle, Kantaten und Passionen. Seine Zeitgenossen schätzten ihn vornehmlich als hervorragenden Cembalo- und Orgelspieler.

Wolfgang Amadeus Mozart (1756–1791) spielte bei der Einführung des klassischen Stils in der Komposition eine entscheidende Rolle. Er schrieb viel Kirchenmusik, zahlreiche Klavierkonzerte und Symphonien, doch am bekanntesten sind seine Opern. Joseph Haydn (1732–1809) entwickelte ebenfalls den klassischen Stil und schuf 104 Symphonien, fast 80 Streichquartette, mehr als 50 Sonaten, 31 Klaviertrios und die österreichische Kaiserhymne.

Ludwig van Beethoven (1770–1827) vollzog den entscheidenden Schritt, nicht mehr nur ein begrenztes Publikum an den Rokoko-Höfen anzusprechen, sondern sich an die Allgemeinheit zu wenden. Er verband klassische Formen mit einer großen Tiefe des persönlichen Ausdrucks und erweiterte das Konzept der Symphonie, so daß es das Medium der profundesten musikalischen Ideen des Komponisten wurde. Er ging bei der Sonate bis an deren Grenze, vertraute in großem Maß auf Modulation und Dissonanz und

Ludwig van Beethoven (1770–1827), Kreidezeichnung von August von Kloeber, 1818. (Archiv für Kunst und Geschichte, Berlin)

ist bis heute der populärste klassische Komponist geblieben.

Auf die Epoche des Klassizismus folgte die der Romantik. Sie verstand sich als Reaktion auf Rationalismus und reinen Intellekt, als Versuch, das Gefühl und nicht das Denken in den Vordergrund zu rücken. Ihre Inspiration bezog die Romantik aus der Natur und nachklassischen Geschichte. Ihre theoretischen Grundlagen hatte bereits lange Zeit zuvor der Philosoph Baruch Spinoza (1632–1677) gelegt. In den sechziger Jahren des achtzehnten Jahrhunderts bildete sich eine Vorliebe für Wildgärten und gotische Architektur heraus. Schauerliteratur wurde populär.

Die Romantik tauchte erstmals auf dem Gebiet der Literatur in England auf und wurde sichtbar in Werken solcher Poeten wie Thomas Gray (1716–1771), Robert Burns (1756–1796), William Blake (1757–1827), Samuel Taylor Coleridge (1772–1834), William Wordsworth (1770–1850), Lord Byron (1788–1824), Percy Bysshe Shelley (1792–1822) und John Keats (1795–1821). Der Erwähnung wert ist auch ein Anhänger des Neomittelalters wie Sir Walter Scott (1771–1832).

In Frankreich gelang der Romantik der Sprung von der Literatur und Kunst zur Politik. Chateaubriand (1768–1848) und Alphonse de Lamartine (1790–1869) waren nicht nur Schriftsteller, sondern auch Politiker, und beide hatten die Position des Außenministers inne. Lamartine war einer der Anführer der Revolution von 1848. Der Romancier Victor Hugo (1802–1885) verbrachte viele Jahre im politischen Exil. Auf diese Weise entstand eine Tradition politischen Engagements, die noch immer bei den französischen Schriftstellern en vogue ist. Man könnte allerdings die Frage stellen, ob dies tatsächlich ihrem Werk zuträglich war. Die Nachwelt hat ihnen weniger öffentlich engagierte Autoren wie Stendhal (1783–1842) oder Honoré de Balzac (1799–1850) vorgezogen.

Honoré de Balzac (1799–1850), Bronzefigur von Auguste Rodin, 1898. Paris, Place Bréa-Vavin.

Zu den deutschen romantischen Schriftstellern, die hier anzuführen sind, zählen Friedrich Hölderlin (1770–1843), E. T. A. Hoffmann (1776–1822) und Heinrich von Kleist (1777–1811).

Von den Italienern ist Alessandro Manzoni (1785–1873) mit seinen *I promessi sposi* (»Die Verlobten«) zu nennen. Bei den Russen ist der Dichter Alexander Puschkin (1799–1837) ein echter Romantiker, unter den Polen der Romancier Adam Mickiewicz (1798–1855).

Man kann behaupten, daß es romantische Schulen in der Historiographie – mit Thomas Carlyle (1795–1881) als Repräsentant – gab, in der Ästhetik – mit John Ruskin (1819–1900) – und selbst in der Ökonomie im Deutschland des frühen neunzehnten Jahrhunderts.

Zu den wichtigsten Malern der Romantik gehören Jean Louis Theodore Géricault (1791–1824) und Eugène Delacroix (1798–1863), doch die größten Maler jener Zeit – Goya (1746–1828) in Spanien und William Turner (1775–1851) in England – sind keine Romantiker.

Die Musik ist dem romantischen Gefühl noch wesentlich zugänglicher, wie zahlreiche Komponisten bezeugen, etwa Franz Schubert (1797–1828), Robert Schumann (1810–1856), Felix Mendelssohn-Bartholdy (1809–1847), Gaetano Donizetti (1797–1848), Vincenzo Bellini (1801–1835), Hector Berlioz (1803–1869), Frederic Chopin (1810–1849) und Franz Liszt (1811–1886).

Die Romantik stärkte in Mittel- und Osteuropa aufkommende nationalistische Gefühle. Dies trifft vor allem auf Deutschland, Italien, Polen und Ungarn zu, jedoch auch auf andere Länder. Das Sammeln von Märchen diente dazu, den Menschen die eigene Vergangenheit bewußter zu machen. Diese neue Bewußtheit wurde später zur motivierenden Kraft hinter den politischen nationalistischen Bewegungen des neunzehnten Jahrhunderts.

8. Die Revolutionen von 1830 und 1848

Die Alliierten, die Napoleon bezwungen hatten, trafen in den Jahren 1814/15 zum Wiener Kongreß zusammen, der die Grenzen und Grundlagen Europas neu definieren sollte. Letztere bestanden in der Legitimität der Dynastien, der In-Schach-Haltung Frankreichs und einem neuen Mächtegleichgewicht. Die Sieger waren zutiefst reaktionär – neue Kräfte und Strömungen wie etwa den Nationalismus, der Europa bald beherrschen sollte, nahmen sie nicht zur Kenntnis –, und dennoch waren sie höchst erfolgreich: Immerhin gelang es ihnen, ein Jahrhundert lang Europa vor überregionalen Kriegen zu bewahren. Der Österreicher Metternich war der Hauptarchitekt des Friedens und blieb weiter bis 1848 im Amt.

In Frankreich kamen die Bourbonen wieder ans Ruder und sahen sich gezwungen, viele äußerst wichtige Errungenschaften der Revolution beizubehalten. Einige Jahre lang war die Bevölkerung glücklich damit, in Frieden und Ruhe zu leben, doch nur allzu bald geriet eine heranwachsende Generation in den Bann der Napoleonischen Legende, und die unheroischen Herrscher wurden zutiefst unpopulär.

In ganz Europa erfreuten sich liberale Ideen steigender Beliebtheit. Die Mode der Romantik ließ die reaktionären Vereinbarungen von 1815 unmodern erscheinen. Die von Zar Alexander organisierte »Heilige Allianz« schien der aufsteigenden Mittelschicht in West- und Mitteleuropa sinnlos zu sein. Die repressive Gesetzgebung fand bei den seit kurzem wohlhabenden Klassen kaum Verständnis. Neue radikale Zeitungen attackierten die französische Regierung.

Der Nationalismus hob sein Haupt zunächst in einer unerwarteten Ecke. Die Griechen revoltierten gegen die türkische Herrschaft und Mißwirtschaft. Sie erklärten im Jahr

1822 ihre Unabhängigkeit, wurden jedoch beinahe geschlagen. Hin und her gerissen zwischen den Prinzipien der Legitimität und der modernen Bewunderung des antiken Griechenland, eilten die europäischen Großmächte Griechenland schließlich zu Hilfe und zerstörten bei Navarino die türkische Flotte (1827). Im Anschluß marschierte Rußland auf eigene Rechnung in der Türkei ein, besetzte Rumänien und eroberte Adrianopel. Nun (1829) mußten die Türken die Unabhängigkeit Griechenlands und Serbiens und die Autonomie Rumäniens anerkennen. Ihr Rückzug vom Balkan hatte begonnen.

In Frankreich bestieg Karl X. im Jahr 1824 den Thron und hatte sich bald mit seiner aktiv reaktionären und kirchenfreundlichen Politik alle Sympathien verscherzt. Seine Eroberung Algeriens 1830 schien ihn zu stärken, und so veröffentlichte er die reaktionären »Juliordonanzen«[63]. Zuvor hatte er sich militärisch ausreichend abgesichert, um sie auch durchsetzen zu können. Studenten, Arbeiter und einige Veteranen der Napoleonischen Kriege erhoben sich in Paris zum Aufstand, und es flogen Pflastersteine. Einige Truppenteile desertierten, und Karl X. mußte abdanken. Die Erinnerungen an die Schreckensherrschaft von 1793 waren noch zu frisch, als daß man die Republik ausgerufen hätte, und so wurde statt dessen Ludwig Philipp aus einer liberalen bourbonischen Seitenlinie zum König gekrönt (R.: 1830–1848).

Es kam nicht überall zur Revolution, doch Belgien revoltierte und konnte die niederländische, seit 1815 bestehende Herrschaft abschütteln. Auch in Polen brach ein Aufstand los, doch Rußland eroberte das Land zurück und behan-

---

63 Verfassungsänderungen, die die Aufhebung der Pressefreiheit und eine Abänderung des Wahlrechts vorsahen – Anm. d. Lektors

delte es äußerst hart. In Italien unterdrückte Österreich Unruhen. Doch das generelle Szenario, das 1848 wiederholt werden sollte, war ausprobiert worden.

In den folgenden Jahren blieb Frankreich weiterhin das zentrale Problem. Ludwig Philipp versuchte sich in der Rolle des netten konstitutionellen Monarchen, doch stellte sich heraus, daß genau dies die Franzosen nicht haben wollten. Die Glorifizierung der Napoleonischen Feldzüge verstärkte sich stetig, je mehr die Erinnerungen an das tatsächliche Geschehen schwanden. Die Rückführung der sterblichen Überreste Napoleons von St. Helena im Jahr 1840 entwickelte sich zu einer riesigen bonapartistischen Massenkundgebung.

In ganz Europa wurden die nationalistischen Gefühle ständig stärker. Die Tschechen und Magyaren entdeckten erneut ihre nationalen Wurzeln, und die Italiener, Deutschen und Polen folgten ihnen noch energischer.

Die 1815 getroffene Regelung schien weniger und weniger zu dem neuen, wohlhabenden Europa zu passen, in dem die industrielle Revolution stetige Fortschritte machte, und die alte reaktionäre Ideologie schien keinerlei Bezug zur neuen Situation zu besitzen. Zum erstenmal wurden nicht nur die Interessen des Mittelstands, sondern auch die der Arbeiter formuliert, die immer zahlreicher wurden, je weiter die Industrialisierung in Europa voranschritt.

Die Revolution brach im Februar 1848 aus, wie üblich in Paris. Ludwig Philipp flüchtete nach England. Diesmal wurde die zweite Republik ausgerufen. In der provisorischen Regierung saß zum erstenmal auch ein Vertreter der Arbeiter (Louis Blanc). Doch die Agitation von der äußersten Linken ängstigte den Mittelstand, und als sich ein Aufstand ereignete, stellte sich der Mittelstand hinter General Cavaignacs Unterdrückungsmaßnahmen. Bonapartistische Gefühle führten zur Wahl von eben dessen Neffen zum Präsidenten, und dieser schuf zur rechten Zeit das »Zweite Kaiserreich« und regierte als Napoleon III. (1852–1870).

Überall in Europa brachen in verschiedenen Gegenden Revolutionen los. In Wien wurde der alte Metternich abgesetzt und ein neuer Kaiser (Franz Joseph, R.: 1848–1916) gekrönt. In Deutschland kam es in Berlin und anderswo zu Aufständen, und es wurde ein ernsthafter Versuch von längerer Dauer unternommen, ein föderalistisches, liberales und geeintes Deutschland zu schaffen. Wäre dies gelungen, hätte die Geschichte des neunzehnten und zwanzigsten Jahrhunderts vielleicht ganz anders ausgesehen.

Auch in Ungarn, Prag und Italien ereigneten sich Aufstände. Der König von Piemont griff Österreich an, um es aus Italien zu vertreiben, wurde besiegt und mußte abdanken. In Rom standen Mazzini und Garibaldi an der Spitze der Revolution.

Der Erfolg der Revolution erwies sich als kurzlebig. Bald reorganisierten sich die Herrscher von Österreich, Preußen, Rußland und Frankreich und schlugen zurück. Die Franzosen intervenierten in Rom, die Russen in Ungarn, die Österreicher in Böhmen und Italien. Die Revolutionäre waren einfach nicht so zäh wie die von 1789 und 1917 und wurden rasch vollständig besiegt. Die große liberale Revolution war fehlgeschlagen. Doch einige Traditionen sollten in den betroffenen Ländern weiterleben; neue Kräfte erschienen nun auf der Bildfläche, die die politischen Tendenzen Europas in andere Richtungen lenkten.

9. Die Schaffung der Nationalstaaten: Italien und Deutschland

Die Führung der nationalistischen Bewegung ging in der zweiten Hälfte des neunzehnten Jahrhunderts von den liberalen Revolutionären an konservative Staatsmänner über.

Die zentrale Gewalt auf der europäischen Bühne in den fünfziger und sechziger Jahren des neunzehnten Jahrhunderts war Napoleon III. Um sich seine Beliebtheit in Frankreich zu erhalten, mußte er eine aktive Außenpolitik vertreten und seinen großen Onkel zu imitieren suchen. Das Ergebnis seiner nur mangelhaft durchdachten Pläne erwies sich am Ende als höchst abträglich für die Interessen Frankreichs. Richelieu und Mazarin hatten die Größe des Landes auf der politischen Kleinstaaterei Italiens und Deutschlands begründet. Nun war es an Napoleon III., ihr Werk zunichte zu machen.

Der italienische Nationalismus war während der Zeit Napoleons I. zum Leben erwacht und im Lauf der Romantik zu einer immer potenteren politischen Bewegung geworden. Das italienische »Risorgimento«[64] führte 1848 zu verbreiteten Revolten in zahlreichen kleinen Fürstentümern der Halbinsel. Nachdem sie fehlgeschlagen waren, wechselte die Führung der Bewegung von den republikanisch gesinnten Liberalen wie Mazzini zum Premierminister von Piemont, Camillo Cavour (1810–1861). Dieser zeigte eine ungewöhnliche Begabung für die Manipulation der Großmächte Europas und der kleinen Fürstentümer in Italien. Um sich Frankreich und England wohlgesinnt zu

---

64 Wiedererstehung; Bestrebungen zur Herstellung der politischen Einheit Italiens und Rückgewinnung der einst herausragenden Position in Europa – Anm. d. Lektors

halten, nahm er am Krimkrieg teil. Später gelang es ihm, Frankreich zur Unterstützung in seinem Krieg gegen Österreich zu bewegen, indem er Napoleon III. mit der Abtretung Savoyens und Nizzas an Frankreich bestach. Dann konnte er Österreich zu einer Kriegserklärung provozieren (1859). Prompt wurden die Österreicher bei Solferino besiegt (woraufhin das Rote Kreuz gegründet wurde), und Cavour erhielt die reiche Lombardei mit ihrer Hauptstadt Mailand. Napoleon III. hatte sich in dieser Phase bereits eines anderen besonnen und seine Unterstützung aufgekündigt, doch mittlerweile war seine Hilfe nicht mehr nötig. Das ganze Gebäude der winzigen unabhängigen italienischen Staaten, das die Österreicher bislang aufrechterhalten hatten, geriet ins Schwanken. Garibaldi setzte sich an die Spitze einer republikanischen Expedition, die Süditalien und Sizilien überrollte (1860). Um ihm zuvorzukommen, entsandte Cavour eine piemontesische Armee nach Mittelitalien; ein großer Teil des Vatikanstaats wurde eingenommen (allerdings Rom selbst nicht, das französische Truppen halten konnten − wodurch Napoleon III. sich auch noch den letzten verbliebenen Rest italienischen Wohlwollens verscherzte), alle mittelitalienischen Fürstentümer wurden geschluckt, und in Süditalien hatte Garibaldi keine andere Wahl, als seine Eroberungen zu übergeben.

Das geeinte Italien mit einem piemontesischen König, Victor Emanuel II., an der Spitze war Wirklichkeit geworden. Turin wurde die erste Hauptstadt, Florenz die zweite, und nach 1870 wurde es als dritte und letzte Rom. Das (seit den Napoleonischen Kriegen) im Besitz der Österreicher befindliche Venetien wurde 1866 erworben, Triest und Südtirol 1918.

Italien blieb lange Zeit trotz seiner Einigung ein relativ armes Land, das nicht ganz vollwertig zur Gruppe der europäischen Großmächte gehörte. Um dies zu kompensieren,

baute Italien in Libyen, Eritrea, Somaliland und dem Dodekanes ein Kolonialreich auf, wurde aber schmählich
geschlagen, als es Äthiopien zu erobern versuchte (1896).
Wichtiger war der große Fortschritt in der Lombardei, dem
industrialisiertesten Teil Italiens, wo der Lebensstandard auf
eine nahezu gleiche Stufe mit dem in Frankreich und
Deutschland stieg. An Süditalien auf der anderen Seite ging
die Entwicklung weiterhin vorbei; dort fehlte ein echter
Mittelstand, und der Landesteil schien zu einer anderen
Welt zu gehören als der blühende Norden.

Die Einigung Deutschlands kam auf ähnliche Weise zustande. Auch hier machte sich eine dominierende Macht,
nämlich Preußen, an diese Aufgabe, und ein einzelner
dominierender Staatsmann, Otto von Bismarck
(1815–1898), führte sie mit überlegener Sachkenntnis
durch. Seine Politik aus »Blut und Eisen« prägte Deutschland viele Jahre lang. Ihm zur Seite stand dabei ein herausra-
gender Militär, Helmuth von Moltke (1800– 1891), der die
Siege über Dänemark (1864), Österreich (1866) und Frankreich (1870/71) möglich machte, welche wiederum als
Sprungbretter zur Vereinigung und zur Schaffung des
»Zweiten Deutschen Reiches« dienten. Österreich mußte
von Deutschland ausgeschaltet werden, damit Preußen freie
Hand hatte. Danach half Napoleon III. mit seiner Feindse-
ligkeit Deutschland genauso stark, wie er Italien mit seiner
Freundschaft beigestanden hatte. Den Deutschen kamen
weniger Winkelzüge als vielmehr die Stärke ihrer Armee
zugute, die von jetzt an in Europa eine Vormachtstellung
einnahm. Im Deutsch-französischen Krieg wurden die
Franzosen bei Sedan und Metz vernichtend geschlagen,
Napoleon III. wurde gefangengenommen. Im Januar 1871
wurde das Deutsche Reich proklamiert, mit dem preußi-
schen König als Kaiser Wilhelm I. an der Spitze.

Otto von Bismarck (1815—1898), Gemälde von Franz von Lenbach. (Jürgens Ost-Europa Photo)

Elsaß-Lothringen wurde Deutschland angegliedert, womit ein Zankapfel für die Zukunft geschaffen worden war.

Deutschland wurde die vorherrschende Macht in Europa, nicht nur politisch, sondern auch wirtschaftlich. Seine Industrialisierung im späten neunzehnten Jahrhundert vollzog sich schnell und tiefgreifend. Im Jahr 1900 hatte Deutschland Großbritannien wirtschaftlich überholt.

Die deutsche Nation empfand glühend nationalistisch und zog aus der Art und Weise, wie die Einigung zustande gekommen war, den Schluß, daß eine Armee unter starker rechter Führung das beste Mittel der Diplomatie darstellte. Solange Bismarck amtierte, wurde diese Tendenz durch dessen Erfahrung und Klugheit gemäßigt, doch unter Wilhelm II. (R.: 1888–1918) wurde Deutschland zum Störenfried Europas.

So wurde in den Jahren 1859 bis 1871 die Landkarte Europas völlig neu gezeichnet. Die letzten Verästelungen wurden erst im zwanzigsten Jahrhundert deutlich. Die beiden Weltkriege lassen sich unter anderem als ein Ergebnis der Vereinigung Deutschlands erklären.

10. Realismus, Impressionismus, Sozialismus

Europa veränderte sich im Lauf des neunzehnten Jahrhunderts mehr als jemals zuvor. Die industrielle Revolution brachte Fabriken hervor; die Landarbeiter zog es in der Hoffnung auf ein besseres Leben in Massen in die Städte; da die Zahl ihrer Einwohner stetig stieg, mußten die alten Befestigungsanlagen niedergerissen werden, und die Städte wucherten in ihre Vorstädte aus; die Eisenbahn transportierte mit zuvor niemals erwarteter Geschwindigkeit Reisende von Ort zu Ort; Dampfschiffe reduzierten die Entfernungen zwischen den Kontinenten. Eine neue Welt war im

Entstehen begriffen. Der Adel verlor viel von seiner wirtschaftlichen Bedeutung, während reiche Industrielle, Kaufleute und Bankiers nun die Volkswirtschaften ihrer Länder kontrollierten; der Mittelstand verbreiterte sich, und die Zahl der Industriearbeiter stieg immer steiler an. Neue soziale Probleme traten auf, aber auch neue Technologien und neue wissenschaftliche Fortschritte wurden erlangt.

Dies war eine stimulierende Zeit für alle, und Schriftsteller, Philosophen, Naturwissenschaftler und Komponisten wurden angesichts der neuen und bislang unvorstellbaren Herausforderungen auch tatsächlich angeregt. Selten, wenn überhaupt jemals, hatte es eine Zeit gegeben, in der sich auf all diesen Gebieten neue Schulen und bedeutende neue Werke so stark vermehrten.

In Literatur und Kunst hatte Paris noch immer die Führung inne. Zu den »Realisten« gehörten Schriftsteller wie Gustave Flaubert (1821–1880), Guy de Maupassant (1850–1893), Alphonse Daudet (1840–1893) und vor allem Emile Zola (1840–1902). Große realistische Maler waren Théodore Rousseau (1812–1867), Camille Corot (1796–1875), Jean-François Millet (1814–1874), Honoré Daumier (1810–1879) und Gustave Courbet (1819–1877).

Auf der Suche nach Realismus vollzog sich in der Kunst eine plötzliche Transformation. Es reichte nicht mehr aus, Formen und Gestalten zu malen – das Sonnenlicht mußte auf die Leinwand gebannt werden. Die Impressionisten waren aufgetaucht – Edouard Manet (1833–1883), Claude Monet (1840–1926), Edgar Degas (1834–1917), Auguste Renoir (1841–1920), Alfred Sisley (1839–1899) und Camille Pissaro (1830–1903). Dies war einer der größten Augenblicke in der Geschichte der Kunst, vergleichbar mit der Epoche der antiken griechischen Plastik oder der Malerei der Renaissance. Ihnen folgen Neoimpressionisten wie Georges Seurat (1860–1891); die wegbereitenden Einzel-

Paul Cezanne (1839–1906), Selbstportrait. 1875/77. München, Neue Staatsga-
lerie.

Vincent van Gogh (1853–1890), Selbstbildnis mit grauem Hut, 1887. Amsterdam, Stedelijk Museum.

gänger Paul Cézanne (1839–1906), Vincent van Gogh (1853–1890), Paul Gauguin (1848–1903) und Henri de Toulouse-Lautrec (1864–1901); die »Fauves« (wilden Tiere) wie Henri Matisse (1869–1954), Andé Derain (1880–1954) und Maurice Vlaminck (1876–1958); und die Kubisten wie Pablo Picasso (1881–1973) und Georges Braque (1882–1963).

Im Zeitraum von zwei Generationen wurden alle früheren Konventionen der Kunst und Ästhetik umgeworfen. Kandinsky und Mondrian erprobten die abstrakte Kunst. In München stand vor dem Ersten Weltkrieg eine aufregende Schule deutscher Expressionisten in Blüte. Aus Rußland kamen einige der Großen aus der »Schule von Paris« wie Marc Chagall (1887–1985) und Haim Soutine (1894 bis 1943), und aus Italien Amedeo Modigliani (1884–1920). Doch in den dreißiger Jahren des zwanzigsten Jahrhunderts schien die große Zeit der Kunst der Auszehrung anheimgefallen, mit Ausnahme einiger schwächerer Arbeiten von Künstlern, die lange lebten, etwa Chagall oder Picasso.

Die großen Komponisten dieser Zeit waren ihrer Nationalität nach viel weiter gestreut als die Künstler. Einige waren Deutsche oder Österreicher, wie Gustav Mahler (1860–1913), Richard Strauss (1864–1949) und Arnold Schönberg (1874–1951). Edward Grieg (1843–1907) stammte aus Norwegen, Claude Debussy (1862–1918) aus Frankreich und Guiseppe Verdi (1813–1901) und Giacomo Puccini (1858–1924) aus Italien.

Wenn auch nur relativ kleine Bevölkerungskreise Kunst und Literatur zu schätzen wissen, so beschäftigten sich in dieser Zeit doch sehr viele Menschen mit den Ideen der Philosophen und Erfinder. Comte Henri de Saint-Simon (1760–1825) in Frankreich und Robert Owen (1771–1858) in England waren Propheten einer neuen industriellen Ordnung und des frühen Sozialismus. Georg Wilhelm Fried-

362

rich Hegel (1770–1831) in Deutschland entwarf eine Geschichtsphilosophie. Sein Schüler war Karl Marx (1818–1883), der *Das Kapital* schrieb und die Theorie des »Historischen Materialismus« entwickelte. Sein Einfluß auf die spätere Geschichte war immens. Einen Schritt weiter ging der Russe Michael Bakunin (1814–1876), der Vater des Anarchismus. Als im späteren Verlauf des neunzehnten Jahrhunderts die ersten sozialistischen und Arbeiterparteien gegründet wurden, waren sie zumeist weniger doktrinär gefärbt als die Lehren von Marx und fußten stärker auf dem praktischen Sozialismus von Ferdinand Lassalle (1825–1864), der 1863 die erste deutsche sozialistische Partei ins Leben rief. Die Labour Party in Großbritannien wurde in den Jahren 1900–1906 gegründet, aber erst 1918 zu einer erklärtermaßen sozialistischen Partei. Die ersten Versuche, sozialistische Theorie in revolutionäre Praxis umzusetzen, unternahmen die Pariser Kommune von 1871 (ein Nebenprodukt des Deutsch-Französischen Krieges) und 1905 die erste russische Revolution (nach der Besiegung Japans). Die große Stunde des Marxismus schlug nach dem Ersten Weltkrieg.

Andere Philosophen bereiteten rechtsgerichteten Ideologien den Weg. Schopenhauer behauptete, der Wille sei die motivierende Kraft des Universums. Hegel glaubte, der überlegene Führer stehe über der Moral des gewöhnlichen Menschen, und sagte voraus, daß »Deutschlands Stunde« kommen und es seine Mission sein werde, die Welt zu erneuern. Nietzsche schrieb: »Die Starken, die Meister, gewinnen das reine Gewissen eines Raubtieres wieder; mit Freude erfüllte Ungeheuer, können sie von einer schrecklichen Aneinanderreihung von Mord, Brandstiftung, Vergewaltigung und Folter mit Freude im Herzen zurückkehren« – was sich bereits wie eine Beschreibung der nationalsozialistischen Exzesse im Zweiten Weltkrieg liest.

Der Komponist Richard Wagner (1813—1883) ebnete dem deutschen nationalistischen Extremismus den Weg. Hitler sagte über ihn: »Wer das nationalsozialistische Deutschland verstehen will, muß Wagner kennen.« Was natürlich nicht bedeutet, daß an Wagner nicht viel mehr gewesen wäre.

Der Historiker Heinrich Treitschke (1834—1896) glorifizierte Staat und Krieg und betrachtete die Untertanen als wenig mehr denn Sklaven: »Der Begriff des Staates impliziert den Begriff Krieg, denn die Essenz des Staates ist die Macht. ... daß Krieg jemals aus der Welt verbannt würde, ist eine nicht nur absurde, sondern zutiefst unmoralische Hoffnung.«

Die verheerenden Ereignisse des zwanzigsten Jahrhunderts waren also von einigen Denkern des neunzehnten Jahrhunderts vorbereitet worden.

11. Der Amerikanische Traum

Nur wenigen Nationen war soviel Glück beschieden wie den Amerikanern. Einen Kontinent besiedeln zu können, keine mächtigen Nachbarn zu haben, die meiste Zeit in tiefem Frieden zu leben, eine ziemlich homogene Gruppe von Menschen mit ähnlichen Werten zu sein — diese Vorteile haben nur wenige Nationen am Beginn ihrer Geschichte genießen dürfen. Kein Wunder, daß die Amerikaner ein optimistisches Volk gewesen sind, das auf privater wie nationaler Ebene stets leichten Erfolg erwartete. Im Vergleich mit den Bevölkerungen der meisten anderen Nationen waren sie gut bezahlt und wohlgenährt. Für sehr lange Zeit waren die USA das Land der reichsten Millionäre und optimistischsten Träume.

Am Anfang der neuzeitlichen amerikanischen Geschichte stand die Besiedlung des riesigen Landes. Die

Grenze verschob sich stetig weiter nach Westen. Neue Gebiete wurden von Siedlern erschlossen, neue Orte gegründet, neu hinzugekommene Territorien erhielten eine administrative Struktur und wurden zum richtigen Zeitpunkt Bundesstaaten mit gleichem Status wie die ursprünglichen dreizehn. 1796 waren Kentucky und Tennessee hinzugekommen, bald darauf folgte Ohio. 1803 schloß Jefferson den »Louisiana-Kauf« mit Frankreich ab – für 15 000 000 Dollar erhielten die USA die Kontrolle über das ganze zentrale Flußsystem des Kontinents. Im Jahr 1820 waren Indiana und Illinois im Norden und Alabama und Mississippi im Süden Bundesstaaten geworden.

Der rauhe Pioniergeist der Besiedlungsphase übte in diesen Jahren der Formung einen starken Einfluß auf den amerikanischen Charakter aus. Er lehrte Selbstvertrauen, aggressives Selbstbewußtsein und Ablehnung von Disziplin und Unterordnung. Die Indianer auf dem Weg wurden beiseite gewischt. Ein wichtiger Verkehrsweg nach Westen war der Erie-Kanal, der 1825 fertiggestellt wurde und New York in seiner Stellung als führendes Zentrum des Handels und Finanzwesens Amerikas stärkte. Die Siedler, die ihn entlangfuhren, erbauten Buffalo, Cleveland, Detroit und Chicago. Yankees zogen auf ihm in die nördlichen Gebiete, während die Südstaatler Alabama und Mississippi besiedelten, bis sich beide als Konkurrenten in Ohio, Indiana und Illinois trafen. Die Forschungsexpedition von Lewis und Clark, die Jefferson entsandt hatte, erreichte erstmals den Pazifik (1804–1806). In ihrem Gefolge entstanden Pelzfirmen. Siedler zogen über den Santa-Fé-Trail nach Südosten und auf dem Oregon-Trail nach Nordwesten. Utah wurde anfangs von Mormonen besiedelt.

Die Amerikaner überschritten die Grenze in mexikanisches Gebiet. Die Siedler von Texas erhielten 1835 ihre Unabhängigkeit und wurden zehn Jahre später in die

Union aufgenommen. Andere Amerikaner zogen nach Kalifornien. Als Folge des Mexikanischen Krieges wurden die südwestlichen Territorien übernommen. Die Goldfunde im Jahr 1849 in Kalifornien zogen so viele Siedler an, daß das Gebiet 1850 als Staat eingegliedert wurde.

In den Jahren zwischen 1860 und 1890 wurde die Lücke zwischen dem Mississippi und Kalifornien besiedelt. Die Büffelherden wurden ausgerottet, die Indianer unterworfen, das Land gerodet. Eisenbahnstrecken wurden von Osten und Westen durch den Kontinent vorangetrieben und trafen sich erstmals 1869. Zunächst wurde in den riesigen Gebieten Viehzucht und Bergbau betrieben. Die Farmer kamen erst später. Am Ende des Jahrhunderts war die »frontier«, die Grenze zum unbekannten Neuland, so gut wie verschwunden.

Industrien wurden hauptsächlich im Norden gegründet, Landwirtschaft wurde im Norden wie im Süden betrieben, wobei man in letzterem Sklaven zur Arbeit einsetzte. Der Kampf zwischen den Sklavenhaltern im Süden und den Verfechtern der Abschaffung von Sklaverei (Abolitionisten) im Norden führte, nachdem mehrere Kompromißlösungen fehlgeschlagen waren, zur Abspaltung der Südstaaten, als Abraham Lincoln zum ersten republikanischen Präsidenten gewählt wurde (1860). Der sich anschließende Bürger- oder Sezessionskrieg dauerte bis zum Jahr 1865; er war wesentlich größer als jeder andere Krieg bislang, sowohl der Zahl der aufgebotenen Soldaten nach wie hinsichtlich des Ausmaßes und der Qualität des eingesetzten Geräts. Hatte Napoleon erstmals Formationen in Corps-Größe in den Kampf geschickt, so wurden nun zum erstenmal ganze Armeen eingesetzt. Dadurch ähnelte der Bürgerkrieg stärker dem Ersten Weltkrieg als den Napoleonischen Kriegen.

Zunächst besaßen die Südstaatenarmeen unter Befehlshabern wie General Robert E. Lee die bessere Führung. Das

Übergewicht des Nordens an Soldaten und Material machte sich aber deutlich bemerkbar, als so begabte Generäle wie Ulysses S. Grant und William T. Sherman das Kommando übernahmen. 1863 fühlte sich Lincoln stark genug, die Abschaffung der Sklaverei zu verkünden, und 1865 war der Süden besiegt, verheert und erobert. Es dauerte nahezu einhundert Jahre, bis die Südstaaten wieder zu den Nordstaaten Anschluß gefunden hatten, sowohl auf wirtschaftlichem wie auf politischem Gebiet (etwa mit einem Zweiparteiensystem oder der Nominierung eines Präsidenten).

Der Krieg hatte die Industrie immens stimuliert. Hier hat das moderne Amerika des Big Business seine Wurzeln. In erster Linie wurde die Industrie von Zentren wie New York kontrolliert. Im Jahr 1890 produzierte Amerika mehr Eisen und Stahl als England, 1900 mehr als England und Deutschland zusammen. Riesige Industrieunternehmen entstanden, etwa Rockefellers »Standard Oil« oder Fords Automobilfabrik. Vanderbilt und andere verbanden Eisenbahnstrecken zu regionalen Netzmonopolen. J. P. Morgan schuf sein Bankenimperium. Neue amerikanische Millionäre begannen das »alte Geld« Europas in den Schatten zu stellen. Übergroße Monopole führten 1890 zur Verabschiedung des Sherman-Antitrust-Gesetzes.

Amerika war durch die zwei Ozeane von den Ereignissen in der restlichen Welt abgeschottet. Sein dominierender wirtschaftlicher Status verwickelte die Vereinigten Staaten demzufolge erst sehr spät in globale Ereignisse. Es waren Präsidenten wie Theodore Roosevelt (R.: 1901–1908), Woodrow Wilson (R.: 1912–1920) und Franklin Delano Roosevelt (R.: 1933–1945), die auf der Weltbühne eine zunehmend beherrschende Rolle zu spielen begannen. Wenn auch dazwischen Perioden des Rückzugs und Isolationismus lagen, wuchsen die USA doch zu einer weltweit führenden Macht heran.

Amerika war materialistisch orientiert und ist es bis zu einem gewissen Grad auch geblieben. Erfolg im Leben ist dort gewöhnlich mit dem Einkommen gleichgesetzt worden. Doch im zwanzigsten Jahrhundert hat sich auch das Interesse an Literatur und Kunst verstärkt, und es ist tatsächlich zu einem Aufblühen der amerikanischen Literatur und Malerei gekommen. Doch der stärkste Einfluß Amerikas ist vermutlich vom Gebiet der Architektur ausgegangen. Louis H. Sullivan (1856–1924) erbaute in den neunziger Jahren des vergangenen Jahrhunderts in Chicago die ersten Wolkenkratzer; Frank Lloyd Wright (1867–1959) wird allgemein als einer der vier herausragenden Architekten des zwanzigsten Jahrhunderts angesehen; ein anderer dieser vier, der Deutsche Mies van der Rohe, erbaute seine wichtigsten Gebäude in den USA, und seine Schüler und Nachahmer haben das Gesicht eines großen Teils von Manhattan in seinem Geist verändert. Nirgendwo sonst sieht die moderne Hochhausarchitektur überzeugender aus als im Zentrum New Yorks.

Den meisten anderen Großstädten der USA erging es weniger gut. Während überall sonst auf der Welt, und vor allem in Europa, die Stadt der eigentliche Sitz der Zivilisation ist, trifft dies für Amerika nicht mehr zu. Schrumpfende Down-Town-Gebiete sind heute häufig von einem breiten Gürtel Niemandsland umgeben, in dem jeder Fußgänger Gefahr läuft, überfallen zu werden oder noch Schlimmeres zu erleiden. Das eigentliche Zentrum des amerikanischen Lebens liegt jenseits dieses Gürtels, in den grünen Vororten mit ihren Einkaufszentren und riesigen Parkplätzen. Ein Tourist ohne Wagen findet es nahezu unmöglich, das wahre Amerika zu erkunden.

Die besten Universitäten Amerikas nehmen auf vielen Gebieten weltweit eine Führungsposition ein, besonders auf dem der wissenschaftlichen Entdeckungen. Die Ameri-

kaner haben wesentlich mehr Nobelpreise in den Naturwissenschaften erhalten als andere Nationen.

Die Wirtschaftsszene hat sich in den letzten Jahren
enorm verändert. Beinahe im ganzen zwanzigsten Jahrhundert wurde die industrielle Fertigung von der Automobilindustrie in Detroit beherrscht. Heute nicht mehr. Die Stahl-
produktion nimmt ab, und andere Fertigungsindustrien
und neue Dienstleistungsbranchen haben sich an die Spitze
geschoben. IBM und die Computertechnologie sind geworden, was General Motors und die Autoherstellung vor wenigen Jahren noch waren. Nun, am Ende des zwanzigsten
Jahrhunderts, sieht sich Amerika einem harten wirtschaftlichen Wettbewerb mit Europa und den asiatischen Pazifik-
staaten gegenüber. Es beherrscht noch immer die Unter-
haltungsbranche, doch die industrielle Produktion nicht
mehr. Das ist vielleicht der Grund, warum die Rede vom
»Amerikanischen Traum« in einer Zeit wieder angebracht
ist, in der die Disney Corporation für Amerika geworden
ist, was General Steel vor einem Jahrhundert einmal war.

12. Die Oktoberrevolution

Rußland war vor der Revolution eine Autokratie und
wurde nach der Revolution von neuem eine solche. Es hatte
zuvor eine berüchtigte Geheimpolizei und eine noch
schlimmere danach. Es litt in der Regierungszeit von Nikolaus II. unter einer aufgeblasenen Bürokratie, unter Stalin
wurde die Bürokratie sogar noch größer und noch uneffi-
zienter. Eine kleine Gruppe Adliger vereinigte fast den ganzen Wohlstand auf sich und besetzte nahezu alle leitenden
Positionen in der Verwaltung vor 1917, und einige Jahre
später erfreute sich eine gleichermaßen exklusive Clique
von Parteimitgliedern zahlreicher Sondervergünstigungen,

genoß einen besseren Lebensstandard als der Rest der Bevölkerung und hatte zu den meisten leitenden Regierungsfunktionen Zugang. Der Historiker kann sich nur wundern, warum in Rußland überhaupt eine Revolution stattfand, wenn diese Charakteristika so tief in der russischen Seele verankert liegen, daß sie nicht zu ändern sind. Keine andere Revolution, die hier besprochen wird, scheint so wenig verändert zu haben.

Die Revolutionäre konnten natürlich nicht wissen, daß sie auf lange Sicht gesehen scheitern würden. Sie waren von liberalen, marxistischen und anarchistischen Ideologien geleitet, die größtenteils aus dem Westen importiert waren, und hofften, ein neues Rußland zu schaffen, das ganz anders aussähe als das alte. Im zaristischen Rußland bestanden kaum Möglichkeiten zur legalen Agitation, und so standen den angehenden Reformern fast nur geheime Aktivitäten und Terrorakte als Mittel zur Durchsetzung ihrer Ziele zur Verfügung. Zar Alexander II. wurde 1881 von Terroristen ermordet. Sein Enkel, Nikolaus II., lebte zeit seines Lebens unter der Bedrohung durch ein möglicherweise ähnliches Schicksal; der ältere Bruder Lenins wurde wegen eines Anschlags auf ihn gehängt. Unter der Herrschaft von Nikolaus II. verlor die zaristische Regierung an Stärke und Entschlossenheit. Wie wir am Beispiel von England im siebzehnten Jahrhundert und Frankreich im achtzehnten Jahrhundert gesehen haben, fordert nichts eine Revolution mehr heraus als eine schwache Autokratie.

Zu den ersten Oppositionsgruppen zählten die Narodniki, die an eine »Rückwendung« zum Bauerntum glaubten, um auf diese Weise eine geeinte Opposition zu schaffen. Aus ihren Reihen rekrutierten sich die späteren Sozialrevolutionäre. Eine Gruppe waren die Marxisten, die von Plechanow geführt wurden. Zu seinen Schülern gehörten sowohl Lenin wie auch Trotzki. Plechanow glaubte, daß eine Revolution erst möglich würde, wenn Rußland weiter industrialisiert und ein Proletariat entstanden wäre, das er für den geeigneten Nährboden für sozialistische Revolutionäre hielt. Im Juli des Jahres 1903 wurde zunächst in Brüssel und später in London ein Delegiertentreffen organisiert, auf dem die Frage diskutiert werden sollte, ob die marxistische Partei demokratisch geführt werden sollte, wie Martow vorschlug, oder als in sich geschlossene Diktatur, wie Lenin meinte. Mit Hilfe eines Tricks gewann Lenin mit einer Mehrheit von zwei Stimmen, die Partei spaltete sich, und seine Gruppe nahm den Namen Bolschewiki (Mehrheitler) an, während Martows Gruppierung in die Geschichte als die Menschewiki (Minderheitler) eingegangen ist. Lenin organisierte seine Anhänger in Form eines Teams, das seiner direkten und straffen Kontrolle unterstand – der Prototyp für die Struktur der Sowjetunion, nachdem Lenin an die Macht gelangt war.

Als Rußland 1904/05 von Japan besiegt worden war, brach eine erste Revolution aus, an deren Spitze Trotzki in St. Petersburg stand, der einen Zentralrat oder Sowjet einsetzte. Auch in anderen großen Städten kam es zu Revolten, und in Moskau wurde ein zweiter Sowjet gebildet. Doch der Aufstand fiel in sich zusammen, zunächst in St. Petersburg und dann auch in Moskau. Trotzki und andere führende Personen wurden verhaftet. Doch das allgemeine Szenario hatte seine Generalprobe erlebt und wurde 1917 in größerem Rahmen wiederholt.

In den Jahren des Ersten Weltkriegs bewies die zaristische Regierung nur zu deutlich, daß sie nicht in der Lage war, effizient Krieg zu führen, und ihre Armeen wurden von den Deutschen mehrfach besiegt. Soldaten wie Zivilisten waren des Krieges gleichermaßen müde und von der Leistung des Zaren enttäuscht. »Die »Februar-Revolution« (nach dem Julianischen Kalender gerechnet) brach am

7. März 1917 aus. Petrograd[65] füllte sich mit Industriearbeiten und Ersatzregimentern, denen nicht allzuviel daran lag, in den Kampf geschickt zu werden. Der Zar war soeben an die Front abgereist, und man hatte eine Brotrationierung eingeführt. Es fanden Streiks und Demonstrationen statt, die in Unruhen ausarteten. Der riesigen Menschenmenge wurde mit einem Schlag die eigene Macht bewußt, Bäckereien wurden geplündert, die Polizei versuchte vergeblich die Menge vom Stadtzentrum fernzuhalten, die Kosaken[66] rührten keinen Finger, Polizeireviere und Gefängnisse wurden angegriffen. Am 12. März begannen Soldaten sich den Aufständischen anzuschließen, und aus dem Arsenal wurden Waffen geholt und verteilt. Die Regierung brach zusammen, die Duma (Volksvertretung, seit 1905) verweigerte trotz einer Anweisung des Zaren die Auflösung, ein Sowjet wurde eingesetzt, Nikolaus konnte nicht in seine Hauptstadt zurückkehren und dankte am 15. März ab.

An seine Stelle trat eine provisorische Regierung. Ihre treibende Kraft war Kerenski. Hätte er Erfolg gehabt, hätte Rußland vielleicht den schwierigen, aber vielversprechenderen Weg in Richtung eines demokratischen Regierungssystems eingeschlagen. Doch er beging den entscheidenden Fehler, den Krieg fortzuführen.

Lenin traf, mit deutscher Hilfe per Eisenbahn aus der Schweiz kommend, am 16. April in Rußland ein. Eine

---

65 St. Petersburg hieß von 1914 bis 1924 Petrograd, danach bis 1991 Leningrad. − Anm. d. Lektors

66 Die K. waren ursprünglich tatarische Raubkommandos, dann ostslawische Kriegergemeinschaften und bis zum Ende des Zarenreichs mobile Reiterverbände im russischen Heer mit Privilegien und Sonderaufgaben (vor allem Grenzsicherung und Sicherung der inneren Ordnung). − Anm. d. Lektors

große Menschenmenge empfing ihn, und er forderte sofort, daß der Krieg beendet würde. Im Sommer 1917 entwickelte sich der Krieg für Rußland stetig schlechter, und so bedeutete Lenins fortwährende Forderung nach einem Waffenstillstand seine Fahrkarte zum Sieg.

Ein erster Versuch, die Regierung Kerenski zu stürzen, schlug am 16./17. Juli fehl. Ende Oktober hatten die Bolschewiki in Rußland ungefähr 400 000 aktive Anhänger, und viele von ihnen waren in Bataillonen der Roten Garden (Arbeitermilizen) organisiert. Trotzki überzeugte Teile der Petrograder Garnison, sich ihnen anzuschließen. Die »Oktober-Revolution« brach am 7. November aus, die Bolschewiki übernahmen Petrograd, während Kerenski, wie Nikolaus, an die Front gefahren war. Die Regierung stürzte, und nach mehrtägigen verworrenen Kämpfen floh Kerenski, und Lenin gelangte an die Macht (16. November).

Fast der ganze europäische Teil Rußlands fiel in die Hände der Bolschewiki, doch im Don-Gebiet und in Sibirien übernahmen konterrevolutionäre Truppen die Kontrolle. Lenin verlegte die Hauptstadt nach Moskau, damit sie außer Reichweite der vordringenden deutschen Truppen war. Am 25. November fanden Wahlen statt, bei denen die Bolschewiki von 41,7 Millionen Wahlberechtigten nur 9,8 Millionen Stimmen erringen konnten, während die Sozialrevolutionäre 20,8 Millionen erhielten. Lenin sabotierte die gewählte Konstituierende Versammlung und regierte Rußland ohne sie. Selbst in dieser frühen Phase hatte das Rad bereits den vollen Kreis von einer Autokratie zur nächsten durchlaufen.

Die Abgeordneten der Bolschewiki errichteten auch in anderen Schlüsselstädten Verwaltungen, die Arbeiter erhielten die Kontrolle über die Fabriken, das Eigentum von Kirche und »Konterrevolutionären« wurde beschlagnahmt.

In Brest-Litowsk schlossen die Bolschewiki mit Deutschland und Österreich einen Separatfrieden (3. März 1918), in dem sie die ihnen gestellten harten Bedingungen voll und ganz akzeptierten. Doch mit dem Kollaps der Mittelmächte später im selben Jahr waren einige dieser Bestimmungen nicht mehr länger von Bedeutung. Aber weite Gebiete im Westen, die Katharina die Große erworben hatte, blieben dennoch verloren.

Die Revolution selbst war eine relativ simple und unblutige Angelegenheit, verglichen mit dem Bürgerkrieg, der von 1918 bis 1921 wütete. Das bolschewikische Regime in Moskau mußte gegen die oppositionellen »weißen« Armeen kämpfen, die Sibiren, einen Großteil der Ukraine, die Krim, den Kaukasus und Gebiete rund um Petrograd kontrollierten. Auf Initiative Winston Churchills landeten im Juni 1919 englisch-französische Truppen in Murmansk, die auch Archangelsk einnahmen, sich jedoch im Oktober des gleichen Jahres zurückziehen mußten. 1920 vertrieb die Rote Armee die polnischen Truppen aus Kiew, das sie besetzt hatten, drang nach Polen vor, wurde allerdings zurückgeschlagen.

Lenin konnte seine Herrschaft in Moskau erfolgreich ausbauen, während Trotzki die Rote Armee an zahlreichen Fronten führte, bis die weißen Truppen von Rußlands Boden vertrieben oder vernichtet waren.

Die russische Revolution inspirierte kurzlebige Versuche einer kommunistischen Machtübernahme in Ungarn und Bayern, doch die sowjetischen Hoffnungen auf verbreitete Revolutionen, vor allem in Deutschland, erfüllten sich nicht. Nur in der weit abgelegenen Mongolei gelangte ein kommunistisches Regime an die Macht.

Rußland wurde vom Bürgerkrieg noch wesentlich stärker verwüstet als durch den Ersten Weltkrieg. Hunger und Epidemien forderten anschließend weitere Millionen Menschenleben. Und obendrein erfolgte niemals die versprochene Demokratisierung und Liberalisierung. Die Erfordernisse des Krieges ließen Lenins Regierung immer diktatorischer werden. Nach seinem Tod (1924) ging die Führung nicht wie erwartet an Trotzki über, sondern an den Generalsekretär der Kommunistischen Partei, Joseph Stalin, einen gebürtigen Georgier. Seine Persönlichkeit und Regierungszeit (1924–1953) ließen selbst Iwan den Schrecklichen sympathisch erscheinen. Unter seiner Herrschaft wurden etwa zehn Millionen Kulaken (Mittel- und Großbauern) deportiert oder umgebracht. Die Kulaken waren die besten und erfolgreichsten Bauern Rußlands gewesen, und ihre Eliminierung aus ideologischen Gründen (da sie sich der Kollektivierung widersetzten) war ein Schlag, von dem sich die sowjetische Landwirtschaft bis heute nicht erholt hat.

In den dreißiger Jahren des zwanzigsten Jahrhunderts hatte Stalin die Führung der Kommunistischen Partei und der Roten Armee »gesäubert« (dem fielen auch der Generalstabschefs Tuchaschewski und mehr als die Hälfte der Generäle zum Opfer). Rund sieben Millionen Menschen wurden verhaftet, von denen etwa drei Millionen umkamen. Viele andere wurden in Arbeitslager in der Arktis und Sibirien geschickt.

Doch die starke Energie und das Durchsetzungsvermögen des Regimes halfen ihm, trotz all seiner Verbrechen, zu überleben, während das etwas wohlwollendere zaristische Regime in erster Linie auf Grund seiner Schwäche und seines Mangels an Entschlossenheit gestürzt worden war.

Es überdauerte rund siebzig Jahre, jedoch nicht länger. Gorbatschows »Zweite Russische Revolution« muß vor dem Hintergrund des völligen Versagens der ersten verstanden werden, die russische Autokratie und Bürokratie zu ändern, die Wirtschaft effektiver zu machen und, vor allem, den Lebensstandard der Bevölkerung zu erhöhen.

Teil XV

Das Ende der Großreiche

Ist es mit der Vorrangstellung der abendländischen Zivilisation nach fünfhundert Jahren vorbei? Vor nicht allzu langer Zeit hat der Historiker Arnold Toynbee die Meinung vertreten, alle anderen Hochkulturen seien vollkommen von der Bildfläche verschwunden und von der siegreichen abendländischen Zivilisation absorbiert worden. Am Ende des zwanzigsten Jahrhunderts ist ziemlich deutlich, daß diese Diagnose nicht zutreffend war. Die islamische Kultur beispielsweise besteht weiterhin und nimmt einen ganz eigenen Weg. Der westliche Imperialismus hat sich von praktisch all seinen Kolonialbesitzungen und -vorposten zurückgezogen, die er einmal besaß. Den Spuren des Westens, die dieser in den früheren Kolonien Afrikas und Südostasiens hinterlassen hatte, ist es anscheinend nun beschieden zu verschwinden. Das Afrika südlich der Sahara scheint eher vor einer neuen Periode des Tribalismus zu stehen als sich westlichen Standards weiter anzunähern. Die asiatischen Länder des Pazifiks haben sich auf ihr eigenes kulturelles Erbe besonnen, um den Westen in der Wirtschaftsproduktion zu überholen.

Doch der Westen ist gewiß noch nicht am Ende, wie Oswald Spengler zu Anfang des zwanzigsten Jahrhunderts angenommen hatte. Amerika und Westeuropa geht es besser als je zuvor. Von den drei großen Wirtschaftszentren der Welt sind zwei – die USA und Westeuropa – Teil der abendländischen Zivilisation. Allerdings lenken sie mit Sicherheit nicht mehr länger allein die Geschicke unseres Planeten.

1. Auf dem Weg zur Selbstzerstörung

Die europäischen Großmächte waren sich nicht ausreichend der Tatsache bewußt, daß die industrielle Revolution das Kriegswesen von Grund auf verändert hatte. Vormals hatten siegreiche Kriege als höchstes Zeichen des Erfolgs von Herrschern und Nationen gegolten. Die begrenzten Kriege in Europa seit 1815 waren nicht allzu schrecklich gewesen, und mit Sicherheit nicht für die Sieger, wie etwa Deutschland in den von Bismarck geführten Kriegen. Doch der amerikanische Sezessionskrieg hatte bereits anklingen lassen, wie fürchterlich ein zukünftiger Krieg werden könnte; Europa zeigte sich davon allerdings wenig beeindruckt. Deshalb mußten die Nationen Europas und ihre politischen Führer erst am eigenen Leib erfahren, wie entsetzlich ein richtiggehender überregionaler Krieg im Gefolge der industriellen Revolution ist, bevor sie begriffen, daß so ein Krieg an den Rand des Selbstmords führen kann. Einige Nationen, etwa Frankreich und England, haben nach dem Ersten Weltkrieg ihre Lektion gelernt, doch Deutschland und Japan benötigten den Zweiten Weltkrieg, um dies zu begreifen.

Die zwei Weltkriege zerstörten Europa nicht vollständig, doch sie vernichteten dessen Kolonialreiche und beendeten seine dominierende Stellung in der Welt.

Nur sehr wenige prophetische Köpfe sahen derartige Folgen vor 1914 voraus. Und so gönnten sich die Großmächte eine fröhliche Runde internationaler Intrigen und bauten ein Netz von Allianzen auf, mit dem sichergestellt wurde,

Wilhelm II.
(1859–1941),
Gemälde von
L. Noster, 1900.

daß jeder bewaffnete Konflikt, sollte tatsächlich ein Krieg ausbrechen, nicht mehr lokal eingrenzbar sein würde.

Im Zentrum dieses Geflechts stand Deutschland unter Wilhelm II. (R.: 1888–1918). In der Rückschau kann man sich nur fragen, was Deutschland mit einem Krieg gewinnen konnte – es schien bereits alles zu besitzen. Es war reich, hatte großzügig bemessene Grenzen im Westen wie im Osten, und Bismarck hatte gezeigt, daß sich dies mit relativ guten Beziehungen zu den meisten Nachbarn verbinden ließ.

Nur Frankreich bildete eine Ausnahme, doch das Land befand sich in einer verwundbaren Position. Es war die einzige Macht, die mit einem Krieg etwas gewinnen konnte – die Rückeroberung von Elsaß-Lothringen. Bismarck hatte die Politik verfolgt, Frankreich so weit wie möglich zu isolieren. Die französische industrielle Expansion konnte mit der der anderen Großmächte nicht mithalten, und die Bevölkerung wuchs nicht mehr.

Deutschland war sicherlich die führende Macht Europas. Doch Wilhelm II. und seinen Beratern und Untertanen war das noch nicht genug. Sie strebten die Weltherrschaft an. Zu diesem Behuf griff man sich in Afrika so viele Kolonien wie nur möglich, wenn auch deren Nutzen für Deutschland unklar schien. Eine starke Marine wurde aufgebaut – die Wilhelm gewohnheitsmäßig »meine Marine« nannte –, die aber Großbritannien, Preußens ältesten Verbündeten seit den Kriegen Friedrichs des Großen und Napoleons, nur gegen Deutschland aufbringen konnte. Wilhelm sah sich selbst als »Werkzeug der Vorsehung« und verfiel gerne in eine Arroganz, die in Deutschland höchst populär war und im Ausland als kriegstreiberisch interpretiert wurde.

Die Deutschen lebten nach der Einigung von 1871 ihre nationalistischen Empfindungen aus und wollten dem Rest Europas zeigen, wer der neue starke Mann war. Hatten die Franzosen nicht jahrhundertelang, als Deutschland schwach und zersplittert war, dasselbe getan? Das Problem lag darin, daß die Zeit für so eine Einstellung vorbei war: Es gab keine kleinen Kriege im Stil Ludwigs XIV. mehr – Krieg bedeutete jetzt allgemeine Vernichtung.

Wilhelm II. erneuerte den 1887 mit Rußland ausgehandelten Rückversicherungsvertrag nicht. 1894 kam, zum Teil in Reaktion auf Wilhelms Eskapaden, eine franko-russische Allianz zustande. Deutschland mußte sich infolgedessen auf einen Zweifrontenkrieg einstellen, eine Situation, die Bismarck stets zu vermeiden gesucht hatte. Von nun an konnten sich Wilhelm und seine Minister lautstark über eine »Einkreisung« beschweren, und das taten sie auch.

Doch Deutschlands Truppen schienen noch immer stärker als die Frankreichs und Rußlands zusammen. Das änderte sich, als Wilhelms Aggressivität, seine Kolonialambitionen und vor allem sein Flottenbau England langsam ins gegnerische Feld trieben. Großbritannien hatte alte Kolonialkonflikte mit Frankreich, doch diese wurden nach der Faschoda-Krise (um die Herrschaft im Sudan) 1898/99 freundschaftlich beigelegt. Die englische Rivalität mit Rußland war sogar noch älter und aus der Bedrohung entstanden, die Rußland für die britische Lebensader zum indischen Kolonialreich darstellte. Allerdings wirkte Nikolaus II. weniger aggressiv als seine Vorgänger, und die Beziehungen zu Rußland besserten sich. Großbritannien wurde durch die Bedrohung des europäischen Gleichgewichts gestört, und genau wie in den Tagen Ludwigs XIV. und Napoleons traf es nun Vorbereitungen, sein Pfund in die Waagschale der schwächeren und weniger aggressiven Seite zu werfen. Es fanden strategische Gespräche mit Frankreich statt, doch es kam zu keiner offiziellen Allianz. England war allerdings einer der Garanten für Belgiens Neutralität, die vom deutschen Schlieffen-Plan bedroht wurde, der vorsah, im Fall eines Krieges in einem massiven rechten Haken den Angriff auf Frankreich durch Holland und Belgien zu führen, um die französische Festungslinie in einer Flanke zu umgehen.

Zu Anfang des zwanzigsten Jahrhunderts sah sich Deutschland unter den Großmächten ziemlich isoliert und tat folglich sein Bestes, die Allianz mit dem moribunden Österreich-Ungarn zu stärken. Ferner versuchte es, das genauso moribunde Osmanische Reich auf seine Seite zu ziehen. Deutschland erbte so die zahlreichen unlösbaren Probleme dieser beiden Verbündeten, vor allem auf dem Balkan, wo nationalistische Kräfte die Herrschaft der Türkei wie Österreichs abzuschütteln suchten.

In den fünfzehn Jahren vor dem Ersten Weltkrieg schien eine Krise die andere zu jagen. Wilhelms Besuch in Jerusalem im Jahr 1898 in der Verkleidung eines »Kreuzfahrers« erschien den anderen Mächten als Einmischung eines Neulings in einem Gebiet, in dem sie seit Jahrhunderten in Rivalität gefangen waren. Im Jahr 1905 unternahm Wilhelm eine ähnliche Visite in Tanger, um die marokkanische Unabhängigkeit zu unterstützen, als Frankreich gerade versuchte, das Land zu besetzen. Infolgedessen schloß sich England enger an Frankreich an. 1908 annektierte Österreich Bosnien, das seine Truppen seit 1878 besetzt hielten, und bedrohte damit Serbien und verärgerte Rußland. Ein Jahr später zwang Deutschland Rußland, diese Annexion anzuerkennen, und ließ den Zaren so noch enger zu Frankreich und England rücken. Die Serben in Bosnien starteten eine Kampagne antiösterreichischer Terrorakte. Es folgten mehrere Balkankriege, in deren Verlauf die Türkei nahezu ganz aus Europa vertrieben wurde. 1911 kam es zu einer weiteren Marokko-Krise, als Deutschland das Kanonenboot »Panther« nach Agadir sandte, um seine äußerst geringen kommerziellen Interessen dort zu schützen, die angeblich

Adolf Hitler (1889–1945). (Bilderdienst Süddeutscher Verlag, München)

durch die Expansion Frankreichs bedroht wurden. Doch es war Großbritannien, das sich durch diese Demonstration der Stärke so nahe bei Gibraltar alarmiert zeigte. Auch diese Krise wurde beigelegt; sie bewirkte jedoch, daß in London zum erstenmal das Heeresministerium und die Admiralität den möglichen Kriegsfall erörterte.

Auf diese Weise hatte Deutschland Europa auf eine Sache vorbereitet, die im Grunde niemand herbeisehnte: einen umfassenden Krieg. Aber da mehrere deutsche Initiativen gescheitert waren, fühlte sich die Nation mehr und mehr durch die »Einkreisung« bedroht, die sie selbst heraufbeschworen hatte. Die Deutschen begannen, einen kleinen, kurzen Krieg als eine gute Möglichkeit zu betrachten, um aus der diplomatischen Ecke, in die sie sich selbst manövriert hatten, auszubrechen.

Die Bühne war bereit. Europa war reicher denn je und besaß größere Kolonialreiche als jemals zuvor. Man konnte ohne Reisepapiere von einem Ende des Kontinents zum anderen reisen. Die Geschäftsbeziehungen waren international. Der Wissenschaft waren neue Entdeckungen gelungen, von der Quantenphysik bis zur Relativität, von der Genetik bis zur Psychoanalyse. Neue Erfindungen hatte man gerade gemacht, etwa das Automobil, das Flugzeug, das Radio. Jedermann hatte sich an ein Jahrhundert tiefen Friedens gewöhnt, so daß kaum jemand glaubte, es könne ein allgemeiner, langjähriger Krieg ausbrechen. Doch genau dies geschah.

2. Der Erste Weltkrieg

Am 28. Juni 1914 wurde der österreichische Thronfolger Erzherzog Franz Ferdinand von serbischen Nationalisten in Sarajevo ermordet. Österreich stellte Serbien ein hartes

Ultimatum, und Serbien überraschte alle Welt damit, daß es die meisten darin enthaltenen Forderungen akzeptierte. Die Österreicher beschlossen daraufhin dennoch, diese Chance zu ergreifen und einen Versuch zu unternehmen, den für sie ungünstigen Lauf der Dinge auf dem Balkan umzukehren, und sie erklärten den Krieg. Serbiens großer Verbündeter Rußland ordnete die Mobilmachung der Truppen an (ein langsamer Prozeß, weshalb darüber überstürzt entschieden wurde). Österreichs großer Verbündeter Deutschland wiederum rief, um nicht zurückzustehen, ebenfalls die Mobilmachung aus und erklärte obendrein Rußland (am 1. August) und Frankreich (am 3. August) den Krieg. Der Schlieffen-Plan wurde sofort umgesetzt, und die Deutschen marschierten in Belgien ein, weshalb dann Großbritannien Deutschland den Krieg erklärte. Die Türkei und Bulgarien schlossen sich später den Mittelmächten (Deutschland und Österreich) an, Japan, Italien, Rumänien und die USA den Alliierten.

Deutschland verfolgte die Strategie, im Westen rasch die Kriegsentscheidung zu suchen und anschließend die Truppen nach Osten zu verlegen. Doch neue Verteidigungswaffen, etwa das Maschinengewehr, machten den Angriff kostspielig und die Verwendung der Kavallerie unmöglich. Die deutschen Truppen waren zu schwerfällig; ihnen fehlte ein Heeresgruppen-Kommando. Die Erste Armee auf dem äußersten rechten Flügel öffnete eine Lücke, in die das britische Expeditionskorps vorstieß. Der Schlieffen-Plan hatte eine britische Armee nicht einkalkuliert und geriet rasch ins Schwimmen. In der ersten Marneschlacht (5. bis 11. September 1914) brachte Frankreich für einen Gegenangriff Truppenverstärkungen, zum Teil in Pariser Taxis, herbei, und die Deutschen wurden gestoppt.

Das war vermutlich die kriegsentscheidende Schlacht, da sie den Übergang vom Bewegungs- zum Stellungskrieg markierte. In den folgenden vier Jahren zog sich eine durchgehende Linie von Schützengräben und verminten Stacheldrahtsperren von der schweizerischen Grenze bis zum Meer. Die Angriffe wurden aufwendiger, als man sich in den vorangegangenen Kriegen jemals hätte vorstellen können. Auch neue Waffen wie Giftgas, das die Deutschen erstmals bei Ypern im Jahr 1916 einsetzten, oder Tanks (auf Anordnung Churchills von der Admiralität entwickelt, da das Heereskommando sich dafür als zu engstirnig erwies), die zum erstenmal im gleichen Jahr an der Somme zum Einsatz gelangten, schafften es nicht, eine Entscheidung zu erzwingen, und trugen nur weiter zur Grausamkeit des Grabenkriegs bei.

Im Osten überraschten die zahlenmäßig relativ kleinen deutschen Truppen alle Welt, als sie die umfangreichen russischen Streitkräfte zurückschlugen und bei Tannenberg sogar eine russische Armee vollständig aufrieben. Der kommandierende General war der alte Hindenburg, aber die eigentlich Verantwortlichen für den Sieg waren anscheinend sein Stabschef Ludendorff und der General Hoffmann. Die beiden ersten übernahmen später die militärische Gesamtleitung des Kriegs, nachdem Kaiser Wilhelm sich hinter seinem Gebrüll als schwaches Rohr entpuppt hatte, und letzterer wurde Stabschef der späteren Operationen im Osten, die Rußland schließlich zur Aufgabe zwangen.

Auf dem Balkan wurde 1915/16 Serbien von den Mittelmächten überrannt. Der Hartnäckigkeit von Winston Churchill war 1915 der Versuch einer britischen Landung bei Gallipoli zu verdanken, um Istanbul einzunehmen und eine kurze Nachschublinie für das schwankende Rußland aufzubauen, doch die Türkei unter Mustafa Kemal (dem späteren Atatürk) vereitelte das Unternehmen, und schließlich mußten die fast durchweg australischen Einheiten evakuiert werden. Statt dessen wurden von den Alliierten zwei andere Fronten errichtet, eine bei Saloniki, um Bulgarien zu bedrohen, und eine in Palästina, um die Türken vom Suezkanal fernzuhalten.

Italien, das ursprünglich auf seiten der Mittelmächte gestanden hatte, entschied sich nun für die Alliierten. Doch es wurde von den Österreichern mit deutscher Hilfe mehrfach geschlagen und mußte von französischen und englischen Truppen unterstützt werden, um der Kapitulation zu entgehen.

Die deutschen Kolonien wurden schnell von britischen Truppen überrannt, mit Ausnahme von Tanganjika[67], das die Deutschen teilweise bis zum Kriegsende halten konnten.

Ein entscheidender Aspekt des Krieges war die engmaschige Blockade der Nordsee durch die Royal Navy. Die Folge waren Hunger und Epidemien in Mitteleuropa, als der Krieg sich dem Ende näherte. Die deutsche Flotte unternahm nur einen größeren Durchbruchsversuch und war in der Schlacht vor dem Skagerrak (1916) relativ erfolgreich, doch im restlichen Verlauf des Krieges rostete ihre kostspielige Flotte in den Heimathäfen. Aktiver waren die deutschen Unterseeboote, die die Frachter zur Versorgung Großbritanniens angriffen, doch sie wurden gerade noch rechtzeitig durch das Konvoisystem und andere Gegenmaßnahmen abgewehrt. Außerdem zog die Erklärung des unbegrenzten U-Bootkrieges auch die USA in den Krieg hinein (1917). Diese spielte bald eine wesentliche Rolle bei der Produktion ungeheurer Mengen an Munition und anderem Kriegsgerät.

Die wichtigsten politischen Führer der Alliierten waren gegen Kriegsende Lloyd George in Großbritannien, Woo-

---

67 Heute Teil von Tansania – Anm. d. Lektors

drow Wilson in den USA und Georges Clemenceau in Frankreich. Alle Truppen der Alliierten in Frankreich standen zum erstenmal unter einem gemeinsamen Oberkommando, dem von General Foch.

1918 versuchten die Deutschen erneut eine Entscheidung an der Westfront zu erzwingen, indem sie dorthin den Großteil ihrer Truppen aus Rußland verlegten. Sie konnten die Marne überschreiten, wurden jedoch am Ende zurückgeschlagen (15. bis 20. Juli). In steigendem Maß kamen amerikanische Soldaten in Frankreich an und versetzten so die Alliierten in die Lage, im Herbst zunächst langsam, dann schneller vorzurücken.

Zur gleichen Zeit marschierten die alliierten Streitkräfte auch von Saloniki nach Norden und von Palästina nach Syrien. Bulgarien forderte als erstes Land einen Waffenstillstand, dem sich die Türkei und Österreich dann anschlossen. Der Waffenstillstand mit Deutschland trat am 11. November 1918 in Kraft.

Hätte Deutschland den Krieg gewinnen können? Wahrscheinlich. Wenn Rußland als erstes angegriffen und die Grenze zu Frankreich defensiv gehalten worden wäre, bis Rußland besiegt war, wären Großbritannien und Amerika vielleicht nicht in den Krieg eingetreten. Frankreich wäre nicht in der Lage gewesen, einem konzentrierten Angriff aller deutschen Streitkräfte zu widerstehen. Doch der Schlieffen-Plan hatte die deutsche Führung hypnotisiert.

Die Ergebnisse des Krieges waren schrecklich. Mehr als zehn Millionen Europäer waren umgekommen, nicht mitgezählt die weiteren Millionen, die 1918 und 1919 an der Epidemie starben, die in Mitteleuropa aufgrund von Unterernährung ausbrach. Zu den Toten zählte die Blüte der europäischen Jugend. Wer sich über die in den Zwischenkriegsjahren begangenen Fehler wundert, muß bedenken, daß die Mehrzahl der potentiellen Führer getötet worden war. Frankreich beispielsweise hatte die Hälfte seiner männlichen Bevölkerung zwischen zwanzig und dreißig Jahren verloren. Auch viele derjenigen, die wieder heimkehrten, waren veränderte Menschen. Der Optimismus der Generation vor 1914 war für viele Jahre verschwunden. Amerika zog sich in »Normalität« und Isolationismus zurück, Rußland war mit dem Kommunismus und der stalinistischen Diktatur beschäftigt.

Eine weitere Folge des Krieges war die Balkanisierung Osteuropas. Schwache neue Staaten entstanden infolge des Versailler Friedensvertrags, etwa Jugoslawien, die Tschechoslowakei, Polen, die baltischen Staaten und ein vergrößertes Rumänien. Dies war zwar ein Triumph des nationalistischen Gedankens, doch diese Staaten vermochten sich später nicht dem Vordringen des nationalsozialistischen Deutschland und der stalinistischen Sowjetunion zu widersetzen. Ferner sorgte die harsche Behandlung der Deutschen durch den Versailler Vertrag dafür, daß die Deutschen es noch einmal versuchen sollten. Der »Krieg, um den Krieg zu beenden«, führte so zu einem weiteren Weltkrieg.

3. Die Jahre zwischen den Weltkriegen

Diese Jahre waren eine Zeit des ideologischen Kampfes zwischen Kommunismus und Faschismus sowie zwischen diesen totalitären Ideologien und der Demokratie. Das Schlachtfeld war die ganze Welt.

In Ungarn lösten die Kommunisten unter Béla Kun im März 1919 die demokratische Regierung ab, nur um selbst im November des gleichen Jahres durch Admiral Horthy, den letzten Oberkommandierenden der österreichisch-ungarischen Marine im Ersten Weltkrieg, ersetzt zu werden. Er errichtete die erste Nachkriegsdiktatur in Europa, die bis 1944 dauerte, als er auf Befehl seines vormaligen Verbündeten Hitler verhaftet wurde.

Ein weiterer starker Militär war Marschall Pilsudski (1867–1935), der die sowjetischen Truppen aus Polen vertrieb (1920) und von 1926 bis 1935 das Land praktisch als Diktator regierte.

Das erste richtige faschistische Regime errichtete Benito Mussolini (1883–1945) in Italien. In jungen Jahren war er sozialistischer Journalist und Agitator gewesen. Doch der Krieg änderte seine Anschauungen, und er baute rechtsgerichtete radikale Gruppen auf, die dann in der Faschistischen Partei aufgingen. Der Name wurde von den Rutenbündeln (Fasces) übernommen, die in der Antike die römischen Magistrate als Zeichen ihrer Amtswürde und Strafgewalt getragen hatten, und erstmals 1919 verwendet. Ein Teil der faschistischen Ideologie stammte von dem Dichter Gabriele d'Annunzio (1863–1938), der einen Trupp Freiwilliger geführt und mit ihnen 1919 die Stadt Fiume besetzt hatte und der den Gruß mit der erhobenen rechten Hand einführte, den später die Faschisten, Nazis und Falangisten übernahmen.

Nach Mussolini stand Faschismus für Nationalstolz, Ablehnung des Marxismus, Verachtung der Demokratie und der alten Ordnung sowie Gehorsam gegenüber einem Führer. In Italien wirkte er manchmal wie Schmierentheater. Doch der Mittelstand favorisierte Mussolini, da man in diesen Kreisen eine marxistische Machtübernahme fürchtete. Im Jahr 1921 kam es zu schweren Unruhen in Mailand, Bologna und Florenz. Mussolini inszenierte seinen »Marsch auf Rom« im Oktober 1922, reiste in Wirklichkeit jedoch im Schnellzug, und auch seine Anhänger führten in Rom lediglich eine Parade auf, nachdem Mussolini von König Victor Emanuel III. (R.: 1900–1946) mit der Bildung einer Regierung betraut worden war.

Schritt für Schritt verwandelte er Italien in eine faschistische Diktatur und nahm den Titel Duce (Führer) an. Sein Regime basierte weitgehend auf Gewalt, auf Schlägern der »Schwarzhemden«, auf der Zensur der Presse, auf Zerschlagung der Gewerkschaften und Unterdrückung aller anderen Meinungen. Nach außen wirkte Italien effizienter — »die Züge fuhren pünktlich« —, und die katholische Kirche wurde durch die Lateranverträge von 1929 besänftigt, mit denen der unabhängige Vatikanstaat ins Leben gerufen wurde.

Mussolinis Image machte eine aggressive Außenpolitik erforderlich, und so begann er im Jahr 1935 nicht ohne Schwierigkeiten mit der Invasion und Eroberung Abessiniens. Der Völkerbund schaffte es nicht, ihn zu stoppen. 1939 annektierte er Albanien. Seit 1936 bildete er mit Berlin die »Achse«.

Deutschland erlebte 1923 eine galoppierende Inflation, die die Ersparnisse eines Großteils des Mittelstandes dahinraffte. Das wirtschaftliche Chaos der zwanziger Jahre schwächte die Weimarer Republik auf fatale Weise. Parteien des rechten und linken Flügels erfreuten sich auf Kosten einer stabilen Demokratie wachsender Beliebtheit. Adolf Hitler (1889–1945) war Österreicher und hatte im Ersten Weltkrieg bei den deutschen Truppen gedient. 1919 trat er der neugegründeten »Nationalsozialistischen Deutschen Arbeiterpartei« bei und stieg in der Folge zu ihrem unumstrittenen Führer auf. Später machte er sich einen Namen mit antisemitischen Tiraden und Angriffen gegen den Vertrag von Versailles. 1923 führte er den sog. Hitler-Putsch in München durch, scheiterte jedoch und wurde verhaftet. Im Gefängnis schrieb er *Mein Kampf*. Die Depression von 1929 und die sich anschließende Weltwirtschaftskrise machten seine Partei zur zweitstärksten in Deutschland und führten 1933 zu Hitlers Ernennung zum Reichskanzler durch Präsident Hindenburg. Hitler setzte sofort ein Einparteiensystem durch, eliminierte potentielle Rivalen im Röhm-Putsch von 1934 und übernahm auch die höchste Position des Staates als »Führer«.

Mittels intensiver Propaganda wurde die öffentliche Meinung manipuliert, die intellektuellen Werte, die in Deutschland so großes Gewicht hatten, wurden zurückgedrängt, moderne Kunst wurde als degeneriert oder entartet verdammt, die Juden wurden verfolgt und in Konzentrationslager geschickt, »Rassenreinheit« wurde proklamiert, »Braunhemden«-Schläger terrorisierten die Opposition.

1934 ließ Hitler Dolfuss, den österreichischen Diktator, ermorden und startete ein intensives Wiederbewaffnungsprogramm, das Deutschlands wirtschaftliche Stellung verbesserte und seine eigene Popularität steigerte.

Werfen wir einen Blick auf die noch verbliebenen Demokratien. In Frankreich erwies sich die Dritte Republik (seit 1870) als kein besonders großer Erfolg. Die Parteistrukturen waren schwach, es gab eine Vielzahl von Fraktionen, und es mangelte an verantwortungsbewußten Politikern; die Regierungen waren kurzlebig; vierundvierzig Kabinette zwischen 1918 und 1940, an deren Spitzen zwanzig verschiedene Premierminister standen! Dennoch war die demokratische Tradition in Frankreich stark, und weder Kommunismus noch Faschismus vermochten zu einer wirklichen Bedrohung zu werden. Paris war weiterhin die Metropole des Westens, in der mehr Schriftsteller und Maler als jemals zuvor um die Aufmerksamkeit der Öffentlichkeit warben. Viele waren politisch engagiert. Picasso malte dort zum Beispiel *Guernica* als Protest gegen die faschistischen Bombardements in Spanien.

Auch in England mangelte es an fähigen Politikern, wie Premierminister mäßigen Kalibers, etwa Stanley Baldwin und Neville Chamberlain, beweisen. Die Liberale Partei spaltete sich und war keine Alternative zu den Konservativen mehr, und so trat an ihre Stelle die Labour-Partei. Es folgten mehrere unruhige Jahre, die im Generalstreik des Jahres 1926 gipfelten. Die Depression in den dreißiger Jahren wirkte sich auf die öffentliche Moral negativ aus. Der Glaube an das demokratische System schien manchmal nicht mehr so fest, wie er sich später im Zweiten Weltkrieg erwies. Sowjetische Spitzenspione waren in der Lage, eine überraschend hohe Zahl von Studenten in Cambridge anzuwerben, die später den britischen Geheimdienst infiltrierten. 1936 erlebte Großbritannien den Schock der Abdankungskrise, als Edward VIII. die Liebe einer zweimal geschiedenen amerikanischen Lady der Krone vorzog.

Die USA zogen sich nach dem Ende des Ersten Weltkriegs in Isolationismus zurück und weigerten sich, dem Völkerbund beizutreten. Durch das hartnäckige Bestehen auf voller Begleichung der Kriegsschulden und durch die Errichtung von Zollschranken trugen sie ihren Teil zum wirtschaftlichen Chaos nach dem Krieg in Europa bei. In den zwanziger Jahren wurden die Regierungseingriffe auf ein Mindestmaß reduziert und den Wirtschaftsunternehmen freie Hand gelassen. Zwischen 1921 und 1929 verdoppelte sich der Wirtschaftsausstoß nahezu. Produkte wie Autos, Radios, Staubsauger und Kühlschränke überschwemmten den Markt. Die Unterhaltungsindustrie lief zu großer Form auf, und Filme aus Hollywood fanden weltweite Verbreitung. Die Zeitungen berichteten eingehend über die Eheprobleme von Stars wie Jean Harlow und John Barrymore, brachten jedoch nur Kurzmeldungen über faschistische oder Nazi-Greueltaten in Europa. Die Prohibition (1919–1930) konnte den Alkoholkonsum kaum stoppen, gab aber der Mafia und dem Gangstertum im allgemeinen einen Vorsprung, den die Gesetzesmacht bis heute nicht ganz wettzumachen vermochte.

Der Börsenkrach des Jahres 1929 stieß die Wirtschaft in eine noch nie dagewesene Depression. Bis 1932 hatten sich die Industrieprodukte und das Nationaleinkommen um die Hälfte reduziert. 15 Millionen Menschen waren ohne Arbeit. Die schwache Leistung von Präsident Hoover stellte das Fortbestehen des traditionell demokratischen Lebensstils in Frage. Durchaus vorstellbar, daß Amerika sich einem populistischen Agitator wie Senator Huey Long von Louisiana zugewandt hätte, wäre nicht Franklin Delano Roosevelt (R.: 1933–1945) als Retter aufgetaucht. In nur hundert Tagen ließ er fünfzehn Verordnungen vom Kongreß verabschieden. Seine Entschlossenheit und seine Politik des »New Deal« brachten den USA ihr Selbstvertrauen wieder. Die nationale Regierung wurde stärker als je zuvor. Dennoch sollte in Amerika erst durch den Zweiten Weltkrieg wieder großer Wohlstand einkehren.

Spanien wurde in den Jahren 1923 bis 1930 von einem faschistischen Diktator, Primo de Rivera, regiert. Sein Sohn gründete 1933 die faschistische Falange-Partei. Die Monarchie war 1931 abgeschafft worden, und die republikanische Regierung war schwach und gespalten. Die Armeegeneräle revoltierten 1936, und dann zog für drei Jahre der Spanische Bürgerkrieg die Aufmerksamkeit der ganzen Welt auf sich. Ideologische Differenezen wurden hier mit der Waffe in der Hand ausgefochten. Deutschland und Italien unterstützten General Franco, und die Sowjetunion half den Republikanern. Viele wohlmeinende Europäer traten den Internationalen Brigaden bei, wo sie zu spät herausfanden, daß diese in Wirklichkeit unter kommunistischer Kontrolle standen. Als die Sowjetunion 1939 ihre Unterstützung zurückzog, brach die Widerstandskraft der republikanischen Truppen zusammen und ihre letzten Hochburgen in Barcelona und Madrid fielen. Franco regierte Spanien diktatorisch bis zu seinem Tod im Jahr 1975. Die Spanier verdanken ihm einiges, auch wenn ihre Historiker dies nicht zugeben wollen. Als einziger aller politischen Führer des Jahres 1939 schaffte er es, sein Land aus dem Zweiten Weltkrieg herauszuhalten. Ferner bescherte er seiner Nation nahezu vierzig Jahre der Ruhe, des Friedens und einer effizienten Regierung, die der spanischen Geschichte in den vorangegangenen zweihundertfünfzig Jahren völlig gefehlt hatten. Dadurch ermöglichte er die Entwicklung eines breiten Mittelstands, der das Fundament für die demokratische Entwicklung nach seinem Tod bildete.

In den letzten Jahren vor dem Zweiten Weltkrieg war Hitler zur zentralen Gestalt in Europa aufgestiegen. 1936 remilitarisierte er das Rheinland, im März 1938 vereinnahmte er im »Anschluß« Österreich. Er schaffte es, Neville Chamberlain und Edouard Daladier im September 1938 in München unter Druck zu setzen und zu überzeugen, ihn das deutschsprachige Sudetenland in der Tschechoslowakei besetzen zu lassen. Doch Chamberlains Glaube an »Appeasement« (Beschwichtigung) und »Peace in our Time« erwies sich bald als kurzsichtig: Hitler okkupierte im März 1939 Prag und kurz darauf Memel in Litauen. Im Pakt zwischen Nationalsozialisten und Sowjets vom August 1939 ebnete Hitler den Weg für die Besetzung Danzigs und den Angriff auf Polen (1. September 1939). Als England und Frankreich den Krieg erklärten (am 3. September), hatte der Zweite Weltkrieg begonnen. Die Sowjetunion okkupierte ihren Anteil von Polen und daneben die baltischen Republiken und Bessarabien.

4. Der Zweite Weltkrieg

Es ist verblüffend zu sehen, daß Hitler und seine Ratgeber die Hauptlektion des Ersten Weltkriegs nicht begriffen hatten — daß ein großer Krieg, was Menschenleben und Sachwerte anging, unerschwinglich geworden war. Die Folge war ein zweiter grausamer Konflikt, der Europa verwüstete — am meisten Deutschland und Rußland, die beiden Hauptinitiatoren.

Polen wurde 1939 von den deutschen Armeen innerhalb eines Monats überrannt, wogegen England und Frankreich nicht einschritten. Im April 1940 wurde von den Deutschen Dänemark besetzt und Norwegen erobert; die britische Intervention verpuffte wirkungslos. Nun wurde Neville Chamberlain abgesetzt, und der Veteran Winston Churchill trat als Premierminister an seine Stelle. Im Mai 1940 marschierten die Deutschen in Holland und Belgien ein, jagten die Briten aus Dünkirchen und zwangen, mit einem Schwenk nach Süden, die Franzosen zur Kapitulation. Der größte Teil Frankreichs wurde okkupiert und Marschall Pétain als Marionette der Deutschen eingesetzt.

Hitler erlebte seinen ersten Rückschlag im Spätsommer 1940, als die deutsche Luftwaffe in der Schlacht um England besiegt wurde und die geplante Invasion Englands damit fehlschlug. Italien trat in den Krieg ein, in der festen Annahme, die Deutschen hätten bereits gewonnen, aber seine Armee in Libyen wurde prompt von den in Ägypten stationierten Briten bezwungen und ein Angriff gegen Griechenland abgewehrt. Deutschland kam im Frühjahr 1941 Italien zu Hilfe, besetzte Jugoslawien und nahm Griechenland und die Insel Kreta ein. Die deutsche Kriegsmaschinerie verlor in diesen Feldzügen allerdings wertvolle Wochen.

Hitler marschierte am 22. Juni 1941 mit Unterstützung

Josef Stalin (links), Franklin D. Roosevelt (Mitte) und Winston Churchill (rechts).
(National Archives, Washington D. C.)

Finnlands (das einen russischen Angriff 1939–40 teilweise zurückgeworfen hatte), Ungarns, Rumäniens und Italiens in Sowjetrußland ein. Diese unprovozierte und letztlich selbstmörderische Attacke gegen die Sowjetunion erhellt Hitlers Unfähigkeit, aus der Geschichte zu lernen. Er verwickelte sich selbst in einen Zweifrontenkrieg, was Deutschland schon den Ersten Weltkrieg hatte verlieren lassen, und marschierte in Rußland ein, was weder Karl XII. von Schweden noch Napoleon mit Erfolg gelungen war. Und tatsächlich wurden die Deutschen, trotz all ihrer Blitz-Vormärsche durch die bloße Größe Rußlands, die winterlichen Wetterbedingungen und den hartnäckigen Widerstand der russischen Soldaten gestoppt, bevor sie Moskau oder Leningrad einnehmen konnten.

Es gibt eine weitere Parallele zwischen Hitler und Napoleon: Auch Hitler regierte für kurze Zeit über nahezu ganz Kontinentaleuropa. Doch sein barbarisches Verhalten gegenüber den eroberten Nationen und vor allem gegenüber der sowjetischen Zivilbevölkerung, die er als Untermenschen betrachtete, ließ seinen neuen Untertanen eine Herrschaft der Deutschen nicht unbedingt empfehlenswert erscheinen. In der Sowjetunion existierten durchaus viele Feinde Stalins und des Kommunismus, die bereit gewesen wären, sich auf die Seite der Deutschen zu stellen, und damit vielleicht den Krieg an der Ostfront hätten mitentscheiden können. Unter General Wlassow wurde sogar mit sowjetischen Deserteuren eine Armee aufgestellt. Doch als die Sowjetbürger das volle Ausmaß der deutschen Barbarei und Verachtung für sie erlebten, verloren sie rasch alle Illusionen, die sie vielleicht gehegt hatten.

Hinter der Front war die deutsche SS[68] damit beschäftigt, die jüdische Bevölkerung Europas zu liquidieren. In der Geschichte ist kein ähnlicher Fall derart kaltblütigen Genozids an einem Volk bekannt, das nicht einmal gegen seine Mörder gekämpft hatte. Dieser Holocaust brachte etwa sechs Millionen Juden — beinahe zwei Fünfteln aller Juden auf der Welt — in Konzentrationslagern und Gaskammern den Tod. In den meisten okkupierten Ländern Europas half die ansässige Bevölkerung den Nazis beim Zusammentreiben der Juden, allerdings gab es auch einige Ausnahmen, allen voran Dänemark.

Am 7. Dezember 1941 trat Japan mit dem Angriff auf

---

68 Abk. f. Schutzstaffel. Selbständige Gliederung innerhalb der NSDAP (ursprünglich zum persönlichen Schutz Hitlers) mit zahlreichen Untergruppen. Für die Judenvernichtung war das »Rasse- und Siedlungshauptamt« verantwortlich. Führer der SS war Heinrich Himmler. — Anm. d. Lektors

Pearl Harbor in den Konflikt ein (die Japaner hatten sich bereits seit 1937 im Kriegszustand mit den Chinesen befunden). Zwar waren die Vereinigten Staaten bis dahin hoffnungslos in Isolationisten und Interventionisten gespalten, doch die Japaner schafften es, sie über Nacht hinter Präsident Roosevelts Kriegspolitik zu einen. Deutschland erklärte – um nicht zurückzustehen – den USA ebenfalls den Krieg. Beide Achsenmächte begingen einen fatalen Fehler, als sie Amerikas enormes Potential für die Kriegsproduktion nur unzulänglich berücksichtigten. Erst einmal auf volle Touren gebracht, vermochte die Industrie der USA jährlich Zehntausende Panzer und Flugzeuge und Hunderte von Schiffen zu produzieren. Deutschland und Japan konnten nicht einmal annähernd gleichziehen. Ferner begann Amerika, angeregt durch Wissenschaftler wie Einstein, mit dem Bau der Atombombe, die den Krieg auf jeden Fall entschieden hätte. Doch so, wie die Dinge sich entwickelten, wurde der Krieg in Europa entschieden, noch bevor die Bombe fertig war.

Bis Mitte des Jahres 1942 blieb die Achse überall siegreich. Die Japaner überrannten Burma, Malaya, Indonesien, Siam, Indochina und die Philippinen und nahmen Singapur, Hongkong und die meisten Inseln im Westpazifik ein. Nur auf der philippinischen Halbinsel Bataan leistete General MacArthur mutig Widerstand, und Teile von Neuguinea wurden erfolgreich von den Australiern verteidigt.

Die Deutschen griffen 1942 in Südrußland an und erreichten Stalingrad und den Kaukasus. In Libyen intervenierte General Rommel, und im Sommer 1942 drang er tief nach Ägypten vor.

Doch dann wendete sich das Blatt des Schicksals, um Churchill zu zitieren. Riesige Mengen amerikanischer Waffen, Panzer und anderen Kriegsmaterials rollten an. Rommel wurde bei el-Alamein von Montgomery besiegt (23. 10.

bis 4. 11. 1942) und trat den Rückzug nach Tunis an, wo die Reste seiner Armee im Mai 1943 gefangengenommen wurden. Amerikaner und Briten landeten unter dem Oberbefehl von General Eisenhower in Nordafrika (am 8. 11. 1942). Die Russen kesselten die 6. deutsche Armee bei Stalingrad ein (5. 9. 1942–31. 1. 1943), und es begann der lange Rückzug der Deutschen aus Rußland. Im Pazifik wurden die Japaner in der Seeschlacht bei den Midway-Inseln besiegt (4. 6. 1942) und von da an immer weiter zurückgedrängt.

Roosevelt und Churchill beschlossen, der europäischen Bühne Vorrang einzuräumen, aber die amerikanischen Ressourcen waren so immens, daß der Pazifikkrieg fast ebenso aufwendig wie der Krieg gegen die Deutschen geführt werden konnte. In mehreren wichtigen Treffen zwischen Roosevelt, Churchill und Stalin in Teheran (28. 11. bis 1. 12. 1943), Jalta (4. bis 11. 2. 45) und Potsdam (16. 7. bis 2. 8. 1945) wurden die Kriegsstrategie und die allgemeinen Grundzüge einer Nachkriegsordnung diskutiert. Der Kompromiß aus unterschiedlichen Auffassungen erwies sich dabei des öfteren als erfolgreich. So wollte zum Beispiel Amerika eine vorgezogene Invasion Europas im Jahr 1942 starten, wogegen Churchills Wunsch stand, nur Europas »weichen Unterleib« anzugreifen; der vernünftige Kompromiß war: Sizilien und Italien wurden im Sommer 1943 angegriffen (worüber das Regime Mussolinis zusammenbrach), und die Hauptinvasion des Kontinents wurde in der Normandie am 6. Juni 1944 begonnen. Die Sowjets protestierten gegen diese Verzögerung, da sie es in der Zwischenzeit mit dem Großteil der deutschen Wehrmacht allein aufnehmen mußten, doch sie hatten ja auch Hitler in den Jahren 1939–1941 unterstützt. Stalin, der brutale Tyrann, entpuppte sich als höchst effektiver Kriegsführer, und sei es auch nur, weil seine Soldaten die Brutalität seines Regimes noch mehr fürchteten als die Deutschen. Die Rote Armee wurde eine hervorragende Kampftruppe, die in der größten Panzerschlacht der Geschichte die Deutschen bei Kursk (5. bis 15. 7. 1943) besiegte und dann quer durch Osteuropa marschierte, bis sie im Frühjahr 1945 Berlin und Wien erreichte.

Weit hinter der Front begannen von Frankreich bis Rußland regionale Widerstandsgruppen die Deutschen zu bekämpfen. Vielleicht am erfolgreichsten waren die Partisanen Titos in Jugoslawien.

Amerikanische, englische, französische und polnische Truppen drangen 1943–1945 den italienischen Stiefel hinauf. Amerikanische, englische, kanadische und französische Sreitkräfte marschierten 1944 von der Küste der Normandie nach Paris und an die deutsche Grenze. Die Deutschen unternahmen einen letzten Versuch, eine Gegenoffensive in den Ardennen (16. 12. 1944 bis 16. 1. 1945), wurden jedoch abgewehrt und nach Deutschland zurückgedrängt.

Hitler beging am 30. 4. 1945 Selbstmord in den Ruinen Berlins, zwei Tage nachdem sich die Sowjets und die westlichen Alliierten an der Elbe getroffen hatten. Am 7. Mai kapitulierten die Deutschen. Mussolini, der Vater des Faschismus, fand sein verdientes Ende: Während eines Fluchtversuchs in die neutrale Schweiz wurde er von Partisanen seines eigenen Staates getötet. Sein Leichnam und der seiner Geliebten wurden nach Mailand gebracht, wo man sie an den Füßen an einer Tankstelle aufhängte.

Die Japaner waren von den Briten aus Burma vertrieben und von den Amerikanern in der größten Seeschlacht der Geschichte im Leyte-Golf besiegt worden (24. bis 26. 10. 1944). Unter General Nimitz und General MacArthur veranstalteten die Amerikaner nach Norden hin ein »Inselhüpfen«, bis sie Iwo Jima und Okinawa erreichten. Auch so verzweifelte japanische Maßnahmen wie die Selbstmordangriffe der Kamikaze-Piloten konnten am Ergebnis nichts mehr ändern. Die nächste Phase sollte die Invasion Japans werden, doch zunächst wurden am 6. 8. 1945 die erste Atombombe über Hiroshima abgeworfen, dazu griffen die Russen die japanischen Truppen in der Mandschurei an, und schließlich gab Japan am 14. 8. 1945 auf.

Dem Sieg folgten deutsche und japanische Kriegsverbrecherprozesse. In Nürnberg wurden 177 Personen unter Anklage gestellt und 25 zum Tod sowie 117 zu unterschiedlich langen Gefängnisstrafen verurteilt. Auch anderswo gab es viele Schuldsprüche, doch gemessen am Ausmaß der deutschen Greueltaten in Europa, und vor allem in der Sowjetunion, erscheinen die Zahlen äußerst gering.

In den letzten Phasen des Krieges waren die sowjetischen Armeen von politischen Motiven geleitet worden, die der Alliierte Oberkommandierende, General Eisenhower, nicht klar erkannte. Daher gerieten ganz Polen, Rumänien und Ungarn sowie große Teile Deutschlands und Österreichs unter sowjetische Kontrolle und wurden (mit Ausnahme Österreichs) in sowjetische Satelliten umgewandelt. Nur Churchills engagierter Intervention ist es zu verdanken, daß Griechenland vor einem ähnlichen Schicksal bewahrt blieb.

In Japan war General MacArthurs Kontrolle allumfassend, doch Nordkorea fiel in die Hände der Kommunisten.

Im April 1945 wurde bei einer Konferenz in San Francisco die Gründung der Vereinten Nationen beschlossen.

Deutschland und Österreich und ihre Hauptstädte wurden jeweils in vier Besatzungszonen aufgeteilt, wobei Frankreich unter General de Gaulle als nach außen hin gleichberechtigter Partner an die Seite der drei anderen Alliierten trat.

5. Der Zusammenbruch des europäischen Kolonialismus

Die beiden Weltkriege kosteten Europa seine Kolonialreiche. Was sie zusammengehalten hatte, waren nicht so sehr die in den Kolonien stationierten bewaffneten Truppen, als vielmehr das große Prestige des weißen Mannes, seiner Kultur und Institutionen. Dieses Prestige wurde durch das Spektakel der europäischen Mächte, die sich gegenseitig bekämpften, schwer angeschlagen, und noch mehr durch Japans leichte Siege zu Anfang des Zweiten Weltkriegs über Niederländisch-Indonesien, die amerikanischen Philippinen, Britisch-Malaya und Burma. Nachdem die dortige Bevölkerung die Überlegenheit der japanischen Waffen erlebt hatte, war sie, als die Kolonialmächte nach dem Krieg wieder Fuß zu fassen suchten, nicht mehr gewillt, eine erneute Herrschaft des weißen Mannes zu akzeptieren.

Manchmal kam es nicht zum Kampf. Amerika beispielsweise garantierte den Philippinen am 4. 7. 1946 die volle Souveränität.

In Indonesien lief es hingegen anders. Achmed Sukarno (1901–1970) hatte 1927 eine Indonesische Nationalistische Partei gegründet. Er verbrachte dreizehn Jahre in niederländischen Gefängnissen, ging aus der japanischen Besetzung jedoch als De-facto-Präsident Indonesiens hervor. Die Holländer versuchten 1947, die Inseln gewaltsam zurückzuerobern, und bombardierten 1948 Jakarta schwer, doch letztendlich mußten sie deren Unabhängigkeit 1949 anerkennen. Im Jahr 1963 zogen sie sich auch aus Westneuguinea zurück. Sukarno herrschte als Diktator, bis er von General Suharto 1967 gestürzt wurde.

Die Briten gründeten 1946 eine Malaiische Union, wandelten sie allerdings 1948 in den loseren Malaiischen Bund um und erweiterten diesen 1963 wiederum zu Malaysia, zu dem auch Nordborneo und Sarawak gehörten. Ein Versuch der Chinesen, einen Dschungelkrieg zu führen, wurde von den Briten mit Unterstützung der Malaysier in den Jahren 1950 bis 1960 unterdrückt. Singapur erhielt 1959–1963 ein großes Maß an Selbstbestimmung als Staat Singapur, trat 1963 dem Malaiischen Bund bei, verließ diesen aber schon zwei Jahre später wieder aufgrund der Diskriminierung der Chinesen und wurde unabhängig. Seine Geschicke lagen bis 1990 in den starken Händen von Lee Kuan Yew. Burma wurde von seiten Großbritanniens im Jahr 1947 die Unabhängigkeit garantiert.

Das benachbarte Indien, die wichtigste und volkreichste aller Kolonien, mußte wesentlich länger um nationalstaatliche Unabhängigkeit kämpfen. Der Indische Nationalkongreß wurde 1885 ins Leben gerufen – als Bildungsvereinigung. Doch bald forderten führende Persönlichkeiten wie B. G. Tilak (1856–1920) auch politische Aktivitäten. Der japanische Sieg über Rußland im Jahr 1905 und die Entscheidung, die Provinz Bengalen in zwei Teile zu trennen, verstärkten diese Richtung und verwandelten den Kongreß in eine politische Partei. Die Briten antworteten darauf mit Verhaftungen, Hinrichtungen und dem Versuch, die umfangreiche muslimische Volksgruppe als Verbündete gegen die hinduistischen Nationalisten zu gewinnen. 1906 wurde die Muslim-Liga gegründet. Im Jahr 1909 machte ein Reformgesetz es möglich, daß Inder in die legislativen, beratenden und ausführenden Gremien gewählt werden konnten. Für die Muslime wurden separate Wahlkreise gebildet. Nach neuerlichen Agitationen, an denen sich zeitweise Muslime beteiligten (da sie die Feldzüge Englands gegen die muslimische Türkei im Ersten Weltkrieg ablehnten), wurden mit einem weiteren Gesetz 1919 ein Zweikammernparlament für Indien und legislative Gremien in den Provinzen eingeführt, die von Indern gewählt wurden.

Mohandas Karamchand Gandhi (1869–1948) trat nun als Führer der Kongreß-Bewegung auf. Er predigte passiven Widerstand, den Boykott britischer Waren und zivilen Ungehorsam. Als er inhaftiert wurde, nahm er Zuflucht zu Hungerstreiks. Er war bald weltbekannt und trieb die Briten stark in die Defensive. Seine Anhänger betrachteten ihn als Heiligen und nannten ihn »Mahatma«, die »Seele, die groß ist«. Einer seiner Mitarbeiter war Motilal Nehru (1861–1931), der Begründer einer Dynastie, die Indien seit der Unabhängigkeit die meiste Zeit regierte. Sein Sohn Jawaharlal Nehru (1889–1964) kümmerte sich um die eher praktischeren Aspekte des Unabhängigkeitskampfs der indischen Kongreß-Bewegung. Während des Zweiten Weltkriegs wurden die meisten Kongreß-Führer inhaftiert, doch die britische Labour-Regierung stimmte nach dem Krieg der vollen Unabhängigkeit der wichtigsten britischen Kolonie zu. Der Kongreß forderte ein geeintes Indien, doch die Muslime, unter Führung von M. A. Jinnah (1876–1948) verlangten eine Teilung und die Schaffung von Pakistan. In den Wahlen nach dem Krieg gewannen die Anhänger Jinnahs fast jeden Sitz in den muslimischen Gebieten. Während heftige Diskussionen über die Grenzziehung zwischen Pakistan und Indien geführt wurden, favorisierte Jinnah »direktes Handeln«. Als Indien und Pakistan 1948 ihre Unabhängigkeit erhielten, wurden bei der chaotischen Umsiedlung von Muslimen und Hindus sehr viele Menschen getötet. Eins der Opfer war Gandhi, er wurde von einem fanatischen Hindu ermordet. Jawarhalal Nehru wurde Premierminister des unabhängigen Indien, ihm folgten später seine Tochter Indira Gandhi (1966–1984) und sein Enkel Rajiv Gandhi (1984–1991). Ostpakistan strebte die Unabhängigkeit an, und nach einem Krieg zwischen Indien und Pakistan im Jahr 1971 hatte es Erfolg und wurde ein eigener Staat mit Namen Bangladesch.

Die Entscheidung, Indien gehen zu lassen, hieß zugleich, daß es für Großbritannien nicht viel Sinn hatte, an weit weniger bedeutenden Kolonien und Territorien festzuhalten, wenn diese ihre Unabhängigkeit wünschten. Dennoch wurde für einige der strategisch wichtigeren Kolonien ein bewaffneter Kampf notwendig.

In Palästina hatte in den Jahren 1936–1939 ein arabischer Aufstand stattgefunden, den die Briten mit jüdischer Hilfe niederschlugen. Im Zweiten Weltkrieg besiegelte die Anti-Einwanderungspolitik Großbritanniens das Schicksal von Hunderttausenden von Juden im von den Nazis kontrollierten Europa, die ansonsten in Palästina eine Zufluchtstätte hätten finden können. Infolgedessen begann die Widerstandsbewegung Irgun Zwai Leumi unter Menahem Begin von 1943 an, gegen die britischen Armeestützpunkte und Verwaltungssitze vorzugehen; zeitweise schlossen sich ihr zwei weitere Untergrundorganisationen an. 1947 mußte Großbritannien in dem kleinen Palästina hunderttausend Soldaten stationieren – so viele wie in Indien –, und die britische Verwaltung hatte sich in einige wenige Lager zurückgezogen, die durch Stacheldraht geschützt wurden. Großbritannien gab noch im gleichen Jahr sein Mandat für Palästina an die Vereinten Nationen zurück, die beschlossen, das Land in zwei Staaten zu teilen. Dies wurde von den Juden begeistert aufgenommen, von den Arabern jedoch abgelehnt. Diese wiederum griffen 1948 den neugegründeten Staat Israel an, konnten aber zurückgeworfen werden. Das benachbarte Jordanien übernahm den Hauptteil dessen, was ein arabischer Staat hatte werden sollen.

Auf der nahegelegenen Insel Zypern forderte die griechischsprechende Bevölkerungsmehrheit in der Volksbewegung »Enosis« die Vereinigung mit Griechenland. Die Briten nutzten die kleine türkische Minderheit als Vorwand, um Konzessionen so lange wie möglich zu vermeiden. Die Griechen organisierten die EOKA-Bewegung unter Führung von Oberst Griwas (1898–1974), die einen Guerillakrieg gegen die Kolonialregierung führte. 1959 entschlossen sich die Briten, der Insel Unabhängigkeit zu garantieren, und Erzbischof Makarios III. (1913–1977), der griechische Führer, wurde Präsident (1960–1974). 1974 marschierten die Türken auf Zypern ein und riefen ein Jahr später den »Türkischen Föderationstaat von Zypern« auf zwei Fünfteln der Insel aus. Dort ansässige griechische Familien mußten in den griechischen Teil der Insel fliehen.

In Afrika verlief die Entkolonialisierung für Großbritannien wesentlich glatter. Dennoch ging zwischen 1952 und 1956 die teilweise terroristische, teilweise magisch-religiöse Mau-Mau-Bewegung des Kikuju-Stamms in Kenia gegen die britischen Siedler vor. 1963 wurde Kenia die Unabhängigkeit gewährt. Der Sudan war bereits 1956 und Ghana 1957 unabhängig geworden. Großbritanniens andere afrikanische Kolonien folgten dem Beispiel kurze Zeit später. Probleme ergaben sich in erster Linie in Südrhodesien, das von einer weißen Minderheit beherrscht wurde. Sein Führer, Ian Smith, fungierte von 1964 bis 1980 als Premierminister und weigerte sich, die Macht mit der afrikanischen Mehrheit zu teilen. Als er einseitig die Unabhängigkeit erklärte, lehnte Britannien es ab, militärisch zu intervenieren, verhängte jedoch Handelsbeschränkungen und ein Ölembargo. Die Schwarzen begannen mit Guerilla-Aktivitäten, und es wurden 20 000 Menschen getötet. Auf Smith wurde so lange internationaler Druck ausgeübt, bis er einlenkte. 1980 wurde das unabhängige Simbabwe proklamiert.

Die volkreichste britische Kolonie in Afrika, Nigeria, erhielt 1960 den Status eines Domions und wurde drei Jahre später Republik.

Eine besonders böse Sache war die Unabhängigkeit von Belgisch-Kongo. Ursprünglich war es durch den Forscher

Stanley für König Leopold II. von Belgien (1885) in Besitz genommen worden. Die königliche Verwaltung entfachte so viele Skandale wegen ihrer Ausnutzung der Eingeborenen, daß der König das Gebiet 1908 an sein Königreich verkaufen mußte. Der Bevölkerung wurden alle politischen Rechte verweigert, und auch für ihre Bildung wurde nicht viel getan. 1960 beschlossen die Belgier, dem Land die Unabhängigkeit zu gewähren, nahezu vorbereitungslos und ohne einen ausreichend langen Zeitraum bis zur Übergabe. Zwischen Präsident Kasawubu (1917–1969) und seinem Premierminister Lumumba (1925–1969) brach ein Bürgerkrieg aus, und obendrein zwischen beiden und dem Führer der reichen Bergwerksprovinz Katanga, Tchombé (1919–1969). Letzterer stellte weiße Söldner für seine Kämpfe an und wurde eine Zeitlang Präsident von Zaire, wie das Land nun genannt wurde. Der Generalsekretär der Vereinten Nationen, Dag Hammarskjöld (1905–1961), verlor sein Leben bei dem Versuch, eine Lösung auszuhandeln. Am Ende gelangte ein ehemaliger Hauptfeldwebel der belgisch kontrollierten Streitkräfte an die Macht, Seko Mobuto (geboren 1930), setzte Lumumba ab und ließ Tchombé in Abwesenheit zum Tod verurteilen.

Die Entkolonialisierung des Französischen Reichs durchlief mehrere Phasen, die durch zwei große Kriege gekennzeichnet waren. Die französische Nachkriegsregierung war wesentlich weniger bereit, sich von ihren Kolonien zu trennen, als die Labour-Regierung in Großbritannien. In den Jahren 1944–45 wurde Frankreich aus Syrien und dem Libanon durch Aufstände vertrieben, die bis zu einem gewissen Grad von den Briten unterstützt wurden. Doch die erste große Herausforderung war Indochina. Hier war 1925 eine Vietnamesische Nationalistische Partei gegründet worden. Später kam es zu vereinzelten Aufständen. Doch wirklichen Schaden fügte die japanische Besatzung im

Zweiten Weltkrieg (1941−1945) den Franzosen zu. Die Viet-Minh-Widerstandsbewegung kämpfte seit 1942 gegen die Japaner, und bei deren Aufgabe im September 1945 wurde in Hanoi eine vietnamesische Republik mit Ho Chi Minh (1890−1969) an der Spitze proklamiert. Die Franzosen kehrten mit einem starken Aufgebot nach Saigon zurück und bekämpften die Viet Minh 1946−54 in einem richtiggehenden Krieg. Letztere wurden von General Giap (geb. 1912) kommandiert − einem der erfolgreichsten Militärbefehlshaber des zwanzigsten Jahrhunderts, da er drei Großmächte besiegte: Frankreich, die USA und China. Die Hauptschlacht gegen die Franzosen ereignete sich im Jahr 1954 bei Dien Bien Phu in der Nähe von Hanoi, wo 16 500 Fallschirmjäger auf rund 3000 Mann dezimiert wurden, bevor sie aufgaben. Zwei Monate später unterzeichnete Frankreich einen Waffenstillstand und zog sich aus Vietnam zurück.

Nach wiederholten Unruhen gewährte Frankreich 1956 Marokko und Tunesien die Unabhängigkeit. Guinea trennte sich 1958 vom französischen Reich. In den Jahren danach erhielten die meisten anderen afrikanischen Kolonien die Unabhängigkeit, häufig verbunden mit großzügiger Hilfe von seiten Frankreichs. Besonders erfolgreich war die Elfenbeinküste, die unter der Regierung von Präsident Houphouët-Boigny (geb. 1905) stand, der den wichtigen Vorzug für sich verbuchen konnte, zuvor Mitglied des französischen Kabinetts gewesen zu sein. Als Libyen im Tschad einmarschierte, erhielt dieser von Frankreich Unterstützung.

Eine Ausnahme bildete Algerien, das ein unmittelbarer Teil Frankreichs und keine Kolonie war und von vielen Franzosen besiedelt wurde. Im Jahr 1947 versprach Frankreich den Algeriern volle Teilnahme am politischen Leben ihres Landes, doch aufgrund der Unnachgiebigkeit der französischen Armee vor Ort wurde dieses Versprechen niemals eingelöst. Infolgedessen kam es in den Jahren 1954–62 zu einem heftigen Bürgerkrieg zwischen der algerischen FLN und den Franzosen. Die Armee in Algerien stürzte im Mai 1958 mit Hilfe der weißen Siedler die Vierte Republik und setzte Charles de Gaulle ein. Doch auch dieser sah keine Alternative zu einer Übereinkunft mit der FLN und drückte diese trotz zweier weiterer Militärrevolten (1960 und 1961) durch. 1962 wurde Algerien unabhängig.

Mit Ausnahme einiger Pazifikinseln, des britischen Hongkong und des portugiesischen Macao (die beide China zurückgegeben werden sollen) sind nahezu alle Kolonien von der Landkarte verschwunden.

Etliche der unabhängig gewordenen Staaten, etwa Indonesien, Malaysia, Syrien, Israel, Singapur und Marokko haben nur zu gut ihre Fähigkeit, sich selbst zu regieren, unter Beweis gestellt. Bei einigen Ländern wie Indien, Pakistan, Tunesien oder Ägypten steht eine endgültige Beurteilung noch aus. Doch die große Mehrheit, vor allem der afrikanischen Staaten, hat wenig geleistet und steckt in chaotischen Zuständen. Die einheimischen Führer bereichern häufig nur sich selbst, während die vorhandene Infrastruktur wie Straßen, Häfen und Industrien einfach verrottet. Hungersnöte und Epidemien (Aids beispielsweise) gehören zum täglichen Leben. Die demokratischen Institutionen wurden sofort nach der Unabhängigkeit abgeschafft. Unter den Diktatoren waren so bizarre Persönlichkeiten wie Idi Amin in Uganda (1971–1979) und »Kaiser« Bokassa in der Zentralafrikanischen Republik (R.: 1966–1979), der später unter der Anklage des »Mordes, Kannibalismus und Betrugs« zum Tod verurteilt wurde.

Stammesgruppen bekämpfen sich oft gegenseitig. Leider scheint es in armen Ländern in bezug auf Regierungen eine Gesetzmäßigkeit zu geben: Je vernünftiger deren Wirt-

410

schaftspolitik ist, desto unpopulärer sind sie im eigenen Land. Ein Großteil Afrikas südlich der Sahara ist zu Zuständen zurückgekehrt, die denen ähneln, bevor der weiße Mann erschien, die jedoch noch verschlimmert wurden durch neue Krankheiten, tödlichere Waffen, sich ausdehnende Wüsten und das Verschwinden der Fauna und Flora.

6. Der Kalte Krieg

Optimisten wie Präsident Roosevelt hatten gehofft, die enge Beziehung zur Sowjetunion würde über das Ende des Zweiten Weltkriegs hinaus weiter fortbestehen. Sie irrten sich. Noch lange bevor der Krieg vorbei war, begann die Sowjetunion, die früheren Verpflichtungen zu mißachten, um in dem von der Roten Armee besetzten Gebiet kommunistische Regime zu installieren.

Im Jahr 1940 hatten die Sowjets bei Katyn 10 000 polnische Offiziere umgebracht. Die Rote Armee kam dem Aufstand im Warschauer Getto im Jahr 1944 nicht zur Hilfe und ließ damit zu, daß die Deutschen etwa 15 000 Polen töteten. Sobald Polen erobert war, wurde dem Land eine kommunistische Regierung aufgezwungen, mit dem russischen Marschall Rokossowski als Kriegsminister, der ein Auge auf die Entwicklung haben sollte. So überzeugte Kommunisten wie Bierut (1948–1956), Gomulka (1956–1970) und Gierek (1970–1980) wurden zu Premierministern ernannt, um Polen auf Linie zu halten, trotz der Streiks und Erhebungen in den Jahren 1956, 1970 und 1980.

Auch in Ungarn wurde eine ähnliche Methode verfolgt, doch 1956 brach unter Premierminister Imre Nagy ein richtiggehender Aufstand aus. Russische Panzer eroberten Budapest zurück, Nagy wurde hingerichtet und János

Kádár zum Premierminister erhoben (R.: 1956–1988). Er konnte zahlreiche Reformen durchführen, vor allem auf ökonomischem Gebiet.

In Bulgarien wurde ein kommunistisches Regime unter Dimitrow errichtet, nachdem das Land 1944 erobert worden war. Die wirkliche Macht lag später in den Händen des Sekretärs der Kommunistischen Partei, Todor Schiwkow (R.: 1956–1989).

Der größte Teil der Tschechoslowakei wurde von den Russen eingenommen, doch Pattons Dritte Armee erreichte 1945 Pilsen. Ein Aufstand in Prag wurde von dem zuvor pro-nationalsozialistischen Wlassow Army unterstützt. Präsident Beneš kehrte aus dem Exil zurück und Jan Masaryk wurde Außenminister. In einem Staatsstreich gelangte im Februar 1948 der kommunistische Politiker Gottwald an die Macht und ließ Jan Masaryk aus dem Fenster stürzen. Das Sowjetregime war hier besonders repressiv, wie die Slansky-Prozesse 1953 bewiesen. Als Premierminster Dubček 1968 versuchte, ein wenig Freiheit und Demokratie einzuführen, marschierten Divisionen des Warschauer Pakts in die Tschechoslowakei ein, und die kommunistische Regierung wurde wiederhergestellt.

In Deutschland taten die Sowjets im Gegensatz zu den anderen Besatzungsmächten nichts zur Bildung eines geeinten Staates und errichteten statt dessen in dem von ihnen besetzten Teil die kommunistische Deutsche Demokratische Republik (1949), zunächst unter Walter Ulbricht (R.: 1949–1971) und später unter Erich Honecker (R.: 1971–1989). Die Massendemonstrationen des Jahres 1953 wurden unterdrückt. Die DDR konnte eine höhere Industrieproduktion und einen besseren Lebensstandard erzielen als die anderen Satellitenstaaten. Am stärksten war sie allerdings auf dem Gebiet sportlicher Wettkämpfe, wo Ostdeutschland oftmals unangefochten an der Spitze stand.

Was in Osteuropa geschah, beschrieb Winston Churchill am 5. März 1946 in einer Rede als das Niedergehen eines Eisernen Vorhangs. Der Begriff »Kalter Krieg« wurde von Bernard Baruch in einer Rede am 16. April 1947 geprägt.

Die USA versuchten, das sowjetische Vordringen in Europa durch ein finanzielles Hilfsprogramm für die westlichen Länder Europas zu erschweren (der Marshallplan von 1947). Die geleistete Unterstützung belief sich in den Jahren 1948−52 auf insgesamt 17 Milliarden Dollar und war ein großer Erfolg, vor allem in Westdeutschland, wo sie das »Wirtschaftswunder« auslöste. 1949 wurde die Bundesrepublik Deutschland mit Bonn als Hauptstadt proklamiert, und Konrad Adenauer wurde ihr erster Bundeskanzler (R.: 1949−1963). Während Ostdeutschland bis zu einem gewissen Grad die autokratischen Aspekte des alten Preußen und Deutschlands unter Bismarck, Wilhelm II. und Hitler fortführte, wurde in der Bundesrepublik ein tatsächlich neuer Weg eingeschlagen, und zum erstenmal erwies sich eine demokratische Regierung in Deutschland als höchst erfolgreich. Die Bundesrepublik stieg zur führenden Wirtschaftsmacht Westeuropas auf. Bei den auswärtigen Beziehungen legten enge Bande mit Frankreich die Grundlage für den Europäischen Markt und die Europäische Gemeinschaft. Die wichtigsten späteren Bundeskanzler waren Willy Brandt (R.: 1969−1974), Helmut Schmidt (R.: 1974−1982) und Helmut Kohl (seit 1982).

Die zweite Großmacht in Westeuropa war Frankreich, wo de Gaulle (1890−1970) die taumelnde Vierte Republik durch die Fünfte Republik mit einer Stärkung der präsidialen Kompetenzen ersetzte, die sich unter Präsidenten wie Georges Pompidou (R.: 1969−1974), Giscard d'Estaing (R.: 1974−1981) und François Mitterrand bewährt hat.

Der Kalte Krieg führte zu einer Reihe von Krisen. Die Sowjets versuchten 1948, die westlichen Alliierten durch

Verhängung der Blockade aus Berlin zu treiben. Die Amerikaner und Briten reagierten darauf im Winter 1948/49 mit dem Aufbau einer Luftbrücke für Lebensmittel und Heizmaterial.

1949 hatten die Sowjets ebenfalls die Atombombe entwickelt, zum Teil anscheinend durch Diebstahl von wissenschaftlichem Know-how bei den Amerikanern. Aufgrund der russischen Bedrohung gründeten die USA und ihre europäischen Verbündeten noch im gleichen Jahr die NATO (der später auch Griechenland, die Türkei und Westdeutschland beitraten). Die Sowjets antworteten 1955 darauf mit der Gründung des Warschauer Pakts. Europa wurde auf diese Weise in zwei bewaffnete Lager geteilt, zwischen denen ein mit Waffen ausgetragener Konflikt nur allzu gut möglich erschien.

Zum Krieg kam es in Wirklichkeit jedoch ganz woanders. 1950 griff das von der Sowjetunion kontrollierte Nordkorea den südlichen Teil des Landes an, der von den Amerikanern unterstützt wurde. Da die Sowjetunion in jener Zeit gerade die Sitzungen des UN-Sicherheitsrats boykottierte, konnte Amerika ein Mandat für die Hilfe Südkoreas durchsetzen. Fünfzehn Nationen entsandten Truppen, die unter das Kommando von General MacArthur gestellt wurden. Obwohl nahezu ganz Südkorea vom Norden überrannt worden war (mit Ausnahme des Gebiets um den Hafen Pusan), startete MacArthur bei Inchon, weit hinter der Front, eine Gegeninvasion von See aus. Die Nordkoreaner mußten sich zurückziehen, und der größte Teil ihres Landes wurde besetzt. Das kommunistische China intervenierte im November 1950, und die Amerikaner wurden sechzig Meilen weit hinter die bisherige Grenze zurückgetrieben. Eine neue UN-Offensive versetzte die Grenzlinie 1951 nahe an die alte Grenze, die die beiden Koreas seitdem trennt. Die Verluste an Menschenleben waren sehr hoch, möglicherweise starben vier Millionen Menschen (einschließlich 142 000 amerikanischer Militärangehöriger).

In Europa zog ein konstanter Flüchtlingsstrom von Ost nach West. Um diesen Aderlaß zu stoppen, wurde 1961 die Berliner Mauer gebaut — das eigentliche Symbol des Kalten Krieges.

Fidel Castros Machtergreifung im Jahr 1959 auf Kuba führte dazu, daß sich die USA auf einmal aus nächster Nähe bedroht sahen. Das »Schweinebucht-Unternehmen« im Jahr 1961, ein Versuch, Castro zu stürzen, schlug fehl, teilweise weil die ursprünglich vorgesehene Luftunterstützung nicht stattfand. Der Kalte Krieg wandelte sich beinahe zu einem heißen Krieg, als 1962 die US-Aufklärung entdeckte, daß die Sowjets Raketen auf Kuba stationierten, die die ganzen USA hätten erreichen können. Präsident Kennedy verhängte eine Seeblockade, die sowjetischen Schiffe mit weiteren Raketen drehten ab, und die bereits aufgebauten Raketen wurden demontiert. Ein Dritter Weltkrieg war nie näher.

Dann folgte der Vietnamkrieg (1965–1975). Amerika versuchte, Südvietnam zu einer Barriere gegen die Ausbreitung des Kommunismus in Südostasien auszubauen, und mußte unter Präsident Johnson in steigendem Maß eigene Truppen einsetzen. Rund 400 000 amerikanische Soldaten wurden bis Ende 1968 dorthin entsandt. Doch General Giap gelang es unter Ausnutzung der Möglichkeiten eines Dschungelkriegs, Amerikas enorme Waffenüberlegenheit zu neutralisieren. Der zunehmende Widerstand gegen den Krieg in den USA selbst führte zu einer Kürzung der militärischen Ausgaben unter Nixon (R.: 1969–1974), zur Evakuierung der amerikanischen Truppen und schließlich zur Eroberung Südvietnams durch die kommunistischen Vietkong (1975).

Um ja nicht weniger Fehler zu begehen als andere, marschierten die Sowjets 1979 zur Stützung ihrer dortigen Gefolgsleute in Afghanistan ein. Sie waren nicht viel erfolgreicher, als die Amerikaner es in Vietnam gewesen waren, und aufgrund des wachsenden Drucks der muslimischen Mujaheddin (der »heiligen Krieger«) und ihrer eigenen Staatskrise zu Hause evakuierten sie 1988/89 ihre Truppen wieder.

In den siebziger Jahren weitete sich der Kalte Krieg auf Afrika aus, wo Angola, Moçambique und Äthiopien zu sowjetischen Satelliten wurden. In Angola zum Beispiel waren 50 000 kubanische Soldaten, 1100 sowjetische Berater und 500 Millionen Dollar jährlich notwendig, um das Regime gegen die UNITA-Rebellen zu stützen, die zunächst von Südafrika und dann von den USA Hilfe erhielten. In den Kämpfen verloren rund 200 000 Menschen ihr Leben.

Ein weiteres Gebiet, in dem sich der Kalte Krieg aufheizte, war der Mittlere Osten. In Ägypten und Syrien waren seit den fünfziger Jahren sowjetische Militärberater tätig, und die dortigen Truppen waren mit sowjetischen Flugzeugen, Panzern und anderem sowjetischem Gerät ausgerüstet. Um dieser Situation etwas entgegenzusetzen, wurde 1957 die Eisenhower-Doktrin[69] verkündet und umgesetzt. So griffen die USA König Hussein von Jordanien unter die Arme, und 1958 landeten 10 000 US-Marines in Beirut. Während des Jom-Kippur-Kriegs (1973) brachten die Sowjets große Mengen an Gerät über eine Luftbrücke nach Ägypten, und die Amerikaner noch größere nach Israel.

---

69 Ermächtigung des US-Präsidenten, zur Wahrung lebenswichtiger US-Interessen im Nahen Osten militärisch zu intervenieren, auch wenn kein unmittelbarer Angriff auf die USA bevorsteht. – Anm. d. Lektors

Der Kalte Krieg war im Zeitalter atomarer Waffen mit Sicherheit ein gefährliches Abenteuer. Als hauptverantwortlich für diese gespannte Lage sind die Sowjets anzusehen, doch was sie von den Nationalsozialisten unterscheidet, ist die Tatsache, daß daraus nie ein heißer Krieg wurde. Chruschtschows gefährliches Spiel mit den Raketen auf Kuba endete mit seiner Absetzung durch seine eigenen Leute.

7. Die Westmächte seit dem Zweiten Weltkrieg

Nach der Zeit der Depression und den Schrecken des Zweiten Weltkriegs erlebte der Westen eine Periode bislang nicht gekannten Friedens und Wohlstands. Neue Prinzipien schienen seine Geschicke zu leiten. Es waren nicht mehr länger die Mächte mit den größten Armeen, dem größten Gebiet und den reichsten Kolonien, die sich am besten stellten. Deutschland und Japan begriffen, daß sie einer Chimäre nachgejagt waren, sie erwarben ihren Wohlstand nicht mehr mit Mitteln der Gewalt und Waffen, sondern durch harte Arbeit, effizienten Ausbau ihrer Industrien und gute Beziehungen zur Arbeiterschaft. Die Kolonialmächte verloren ihre Kolonien und stellten fest, daß sich ihr Lebensstandard dennoch steigerte.

Während der Suez-Krise 1956 versuchten Großbritannien und Frankreich zum letztenmal, das Spiel der Großmacht zu spielen, und mußten einsehen, daß sie nicht mehr zu dieser Liga zählten.

Die USA waren die einzige verbliebene Großmacht im Westen und merkten, daß dies eine äußerst kostspielige Ehre war. Der Rüstungs- und Prestigewettlauf mit der Sowjetunion führte sie an den Rand des Bankrotts. Die Entwicklung der Wasserstoffbombe und anderer Waffensysteme, der Wettlauf im Weltraum und zum Mond wurden ständig teurer. Einige Präsidenten wie Eisenhower (R.: 1953–1961) und Carter (R.: 1977–1981), ließen sich lieber so wenig wie möglich in die Rivalität mit der Sowjetunion ziehen. Andere, etwa Truman (R.: 1945–1953), Kennedy (R.: 1961–1963), Johnson (R.: 1963–1969) und Reagan (R.: 1981–1989) schienen eine aggressivere Politik zu verfolgen. Reagans Pläne für einen »Krieg der Sterne«, wenn auch vermutlich ein Luftschloß, sind anscheinend der letzte Nagel gewesen, der den Willen der Sowjetunion zur Fortsetzung des Wettrennens gebrochen hat.

Viele Jahre lang blieb Amerika weiterhin die herausragende Wirtschaftsmacht. Doch in den achtziger Jahren des zwanzigsten Jahrhunderts überholten Japan und Deutschland die USA auf vielen Gebieten. Da sie nicht eine ähnlich große Belastung durch ihre Militärausgaben auf sich nehmen mußten, war ihnen für lange Zeit der Erfolg sicher. Die USA sind noch immer eine Konsumgesellschaft, aber andere verkaufen auf ihren Märkten mehr als sie selbst. Amerika scheint die wirtschaftliche Schlacht außerdem auch auf den Feldern Bildungsniveau, Finanzkraft und Innovation zu verlieren.

In der amerikanischen Gesellschaft haben sich zahlreiche grundlegende Veränderungen vollzogen. Die Bürgerrechtsbewegung hat viel dazu beigetragen, den Status der Schwarzen zu verbessern. Der Oberste Gerichtshof erklärte 1954 die Rassentrennung in öffentlichen Schulen für ungesetzlich und versetzte damit der Rassentrennung allgemein einen Schlag. In den sechziger Jahren kamen »Sit-ins« und andere Formen direkter politischer Aktion auf, und der weiße Rassismus im Süden wurde allmählich überwunden. Der erste Präsident aus dem amerikanischen Süden seit dem Bürgerkrieg, Johnson, setzte die entscheidenden Gesetze durch, die eine rassistische Diskriminierung bei Beschäftigungsverhältnissen, Schulbildung, Wahlrecht und im öffentlichen Wohnungswesen für ungesetzlich erklärten. Doch wenn auch der Rassismus auf dem Rückzug ist, so hat sich trotzdem das Los vieler Schwarzer nicht unbedingt verbessert.

Die Frauen erreichten mehr Gleichberechtigung, doch sie zahlten auch dafür – die Familie als Grundeinheit der Gesellschaft ist geschwächt worden, die Scheidungsrate liegt bei 50 Prozent, Alleinerziehende sind keine exotische Kuriosität mehr. Die Weißen sind weniger dominant – der Anteil der Hispanos, Schwarzen und Asiaten steigt kontinuierlich.

Einige dieser sozialen Phänomene treffen auch auf Europa zu. Doch es war häufig Amerika, das die Führung innehatte, und Europa folgte ihm einfach. Vielfach sind es die Medien, wie Hollywoods Filme und das Fernsehen, mittels derer für eine Verbreitung der amerikanischen Werte gesorgt wird.

Die kulturelle Angleichung hat Europa in die Lage versetzt, sich auf das neue Experiment eines Europäischen Markts und einer Europäischen Gemeinschaft einzulassen. Die ursprünglichen Initiatoren waren französische Politiker wie Robert Schuman und Jean Monnet. Die Differenzen zwischen den verschiedenen Mitgliedstaaten sind nicht mehr unüberbrückbar riesig. Auch die Erfahrungen des Zweiten Weltkriegs – häufig weit entfernt von Elogen oder Heroismus – haben es den Staaten Europas möglich gemacht, bei ihren Versuchen zu einer Vereinigung flexibler vorzugehen. Wenn Großbritannien so oft als Außenseiter erscheint, könnte dies von der Tatsache herrühren, daß sein Verhalten im Krieg weitgehend untadelig war.

Großbritannien ist in der Produktivität zurückgefallen. Während früher »Made in England« für Qualität stand, ist das in den letzten fünfundzwanzig Jahren nicht mehr der

Fall. Länder wie Frankreich, Italien und selbst Spanien haben die Briten auf ökonomischem Gebiet überholt. Das Hauptproblem Großbritanniens war, daß anscheinend nicht nur seine Arbeiterschaft weniger motiviert ist, sondern seine Führungsschicht sogar in noch stärkerem Maß – ursprünglich vielleicht aufgrund der hohen Einkommensteuern. Der Thatcherismus hat einiges bewirkt, doch zum Besseren hat sich nicht viel gewandelt. Die Menschen in vielen anderen Ländern Europas sind einfach gewillt, härter zu arbeiten.

Die Europäische Gemeinschaft bildet eines der drei Hauptzentren der wirtschaftlichen und politischen Macht in der Welt von heute, auf gleicher Stufe mit den USA und Japan; sie ist außerdem in der Lage, auf eine wesentlich größere Reserve an Arbeitskräften zurückzugreifen als die Konkurrenten.

Deutschland ist zur führenden Wirtschaftsmacht Europas aufgestiegen, und seit der Wiedervereinigung im Jahr 1990 mit Ostdeutschland ist auch seine politische Macht stark angewachsen. Manchmal kann der Historiker nur das Gefühl hegen, daß Westeuropa wieder dort angelangt ist, wo es vor tausend Jahren angefangen hat, mit Deutschland als dem eigentlichen Zentrum.

8. Frauen ergreifen die Macht

Das letzte Drittel des zwanzigsten Jahrhunderts eröffnete weltweit mehr Frauen als jemals zuvor eine Erweiterung ihrer Möglichkeiten, es brachte ihnen die Respektierung ihrer Rechte und Beachtung ihrer Ansichten. Eine Folge dieser neuen Situation bestand in der eindrucksvollen Zahl von Frauen, die die höchste Führungsposition ihres Landes übernahmen. Zwar hatte es seit Hatschepsut im Ägypten des fünfzehnten Jahrhunderts v. Chr. immer wieder erfolgreiche Königinnen gegeben, hingegen bis in unsere heutige Zeit keine weiblichen Premierminister oder Präsidenten. Das hat sich nun geändert.

Die erst Frau im Amt des Premierministers war Sirimawa Bandaranaike in Sri Lanka (R.: 1960—1977), der bald in Indien Indira Gandhi (R.: 1966—1984) folgte, die sich als beeindruckendster Premier entpuppte, den das unabhängige Indien bislang gesehen hat. Allerdings waren sie die Frau bzw. Tochter früherer Premierminister und wären ohne diesen Hintergrund nicht in diese Positionen aufgestiegen. Golda Meir in Israel (R.: 1969—1974) war die erste weibliche Premierministerin, die es ganz allein schaffte. Sowohl von Frau Meir wie von Frau Gandhi forderten die Umstände, schwierige Kriege zu führen, und sie bewältigten diese Aufgaben mit Erfolg.

Der erste weibliche Präsident war Maria Estela Péron in Argentinien (R.: 1974—1976), allerdings war sie alles andere als erfolgreich (allerdings war Pérons erste Ehefrau, Evita, die eigentliche Kraft hinter dem Aufstieg ihres Mannes zur Macht gewesen).

Eine wirklich bewegende und verändernde Kraft war Margaret Thatcher (R.: 1979—1990), die der am längsten amtierende britische Premier der letzten hundertsechzig Jahre und eine der herausragendsten Persönlichkeiten ihrer Zeit war. Ihr Charakter und ihr Sieg im Falkland-Krieg trugen ihr den Beinamen Eiserne Lady ein, und ihre wirtschaftlichen und sozialen Vorstellungen wurden mit einer Umkehrung des Niedergangs der britischen Wirtschaft belohnt und gingen in die Geschichte als Thatcherismus ein.

Weitere weibliche Premiers der jüngsten Zeit waren Frau Gro Harlem Brundtland in Norwegen (R.: seit 1986 mehrfach), deren letztes Kabinett zur Hälfte aus Frauen bestand,

421

Benazir Bhutto im streng muslimischen Pakistan (R.: 1988–1990) und Kazimiera Prunskiene in Litauen (R.: 1989–1991), die mit an der Spitze der baltischen Unabhängigkeitsbewegung stand.

Zwei Präsidentinnen, deren Weg an die Macht weltweit als sensationell empfunden wurde, waren Corazon Aquino auf den Philippinen, die 1986 einen Diktator stürzte, und Violeta Chamorro in Nicaragua, die 1990 in freien Wahlen das kommunistische Regime schlug.

Im gleichen Jahr wurde Mary Robinson zur Präsidentin des katholischen Irland gewählt. In Frankreich war Edith Cresson 1991–92 Premierministerin; in Polen war es Hanna Suchocka 1992–93. In Bangladesch waren bei den Parlamentswahlen im Februar 1991 beide politischen Führer Frauen: Begum Khaleda Zia, Ehefrau eines vormaligen Diktators, erzielte eine beachtliche Mehrheit und bildete die Regierung.

Die größte Errungenschaft dieser Frauen ist die, daß in Zukunft der Aufstieg einer Frau in die politische Spitzenstellung ihres Landes keine Sensation mehr sein wird (zumindest außerhalb der USA).

9. Die Wiederbelebung des islamischen Fundamentalismus und Fanatismus

Seit dem sechzehnten Jahrhundert wurden die islamischen Länder von der abendländischen Zivilisation an den Rand gedrängt. Dadurch ist ihnen ein tiefsitzender Groll gegenüber dem Westen geblieben, trotz der Tatsache, daß sie in der zweiten Hälfte des zwanzigsten Jahrhunderts wiedererhielten, was ihnen zusteht. Sie wurden von der westlichen Zivilisation nur peripher berührt. Ihre eigenen Werte haben intakt überlebt und werden nun erneut bestärkt.

Ayatollah Khomeini (um 1900–1989).
(Sipa-press, Foto: Setboun)

Vom Atlantik bis zum Pazifik wird dies von Tausenden schlanker Minarette proklamiert, die auch heute noch in traditionellem Stil erbaut werden.

Es ist richtig, daß einige Grenzstaaten, wie etwa die Türkei, Malaysia oder Indonesien, bestrebt sind, auf wirtschaftlicher Ebene zu einer Zusammenarbeit zu gelangen, erstere mit dem Europäischen Markt, letztere mit den wohlhabenden asiatischen Pazifik-Staaten. Der Islam unter den 155 Millionen Muslimen in Indonesien ist sowieso etwas verwässert – es wird ungestraft Alkohol konsumiert, die Frauen genießen große Freiheit, und der Islam ist nicht offizielle Staatsreligion.

Dies gilt allerdings für beinahe alle anderen islamischen Nationen nicht. Ein Extremfall ist der Iran. Extremer Fundamentalismus und religiöser Fanatismus sind für Persien typisch, seit Ayatollah Khomeini (R.: 1979–1989) an die Macht gelangte. Alle Gesetze des Koran müssen unbedingt befolgt werden. Ganze Regimenter unausgebildeter Jugendlicher wurden im ersten Golfkrieg gegen die modernen Waffen des Irak geworfen, Hunderttausende von ihnen wurden getötet oder zum Krüppel gemacht. Gerechtfertigt wurden diese Opfer damit, daß die Getöteten als Kämpfer im Heiligen Krieg des Islam direkt ins Paradies eingehen würden. Khomeini war auch bereit, die Grenzen seines Landes zu überschreiten, als er zum Beispiel den in England lebenden Romancier Salman Rushdie wegen dessen »Blasphemie gegen den Islam« zum Tod verurteilte oder als er entgegen der anerkannten Regel der diplomatischen Immunität 1979 dreiundsechzig Mitglieder der amerikanischen Botschaft in Teheran in Geiselhaft nehmen ließ.

Doch Persien steht damit nicht allein. Ähnliche fundamentalistische Doktrinen leiten große und einflußreiche Gruppierungen in den meisten islamischen Ländern. In Jordanien, im Sudan und in Algerien haben sie in den letz-

ten Jahren bei Wahlen überraschende Erfolge erzielen können. Doch in den meisten islamischen Ländern gibt es
keine Wahlen oder zumindest keine, die nicht manipuliert
werden (wie kürzlich in Pakistan). Die meisten werden von
Diktatoren beherrscht, etwa Gaddhaffi in Libyen, Assad in
Syrien oder Saddam Hussein im Irak.

Im Südlibanon führt die fanatische Hisbollah-Fraktion
Selbstmordaktionen durch, ähnlich denen der »Assassinen«
im selben Gebiet zur Zeit der Kreuzzüge. Die Hisbollah ist
verantwortlich für die Autobomben 1985 in Beirut und für
die dortige Geiselnahme westlicher Bürger in den achtziger
Jahren. Normale humanitäre Überlegungen greifen hier
nicht.

Auch in einem derart vernünftigen und respektablen
Land wie Saudi-Arabien, dessen Gesetzeskodex der Koran
ist, werden Dieben die Hände abgehackt, Alkoholkonsu-
menten öffentlich ausgepeitscht und dürfen Frauen nicht
einmal ein Auto steuern. Und Saudi-Arabien ist eins der
reichsten Länder der Erde mit enormen Auslandsvermögen
und riesigem internationalem Einfluß auf wirtschaftlichem
Gebiet.

Der Islam ist in bezug auf andere Religionen so intolerant
wie vor tausend Jahren. Die »assyrische« Minderheit im
Irak wurde beispielsweise in den dreißiger Jahren dieses
Jahrhunderts durch die regierenden Muslime ausgelöscht.
Die Kurden in diesem Land haben seit langer Zeit unter
Verfolgung zu leiden, und einige ihrer Ortschaften hat Saddam Hussein mit Giftgas angreifen lassen. Die kleine, von
Christen dominierte Republik Libanon ist seit 1975 von
ihren muslimischen Bürgern, die an die Macht gelangen
wollten, zerstört worden. In dem blutigen Bürgerkrieg, der
anschließend wütete, intervenierte zunächst die Palästinensische Befreiungsfront (PLO) und später die syrische
Armee. Die Bedingungen wurden so untragbar, daß viele

Christen das Land verließen und es nun eine muslimische Bevölkerungsmehrheit hat. Als Israel im Jahr 1982 zu intervenieren versuchte, um den Christen beizustehen und die PLO-Basen zu eliminieren, von denen aus Attacken gegen Israel geführt wurden, wurde der Christenfüher und gewählte Präsident Bashir Gemayel prompt von muslimischen Terroristen ermordet, und Israel mußte sich zurückziehen.

Einige islamische Länder, wie Bangladesch und Ägypten, sehen sich mit der furchteinflößenden Bedrohung durch eine Überbevölkerung konfrontiert. Doch der Islam widersetzt sich der Geburtenkontrolle fast genauso stark wie die katholische Kirche. Die Chance ist gering, daß sie mit Erfolg erzwungen wird. Andere Länder, wie der Irak, Saudi-Arabien und die Scheichtümer am Golf, ermutigen in Wirklichkeit noch zu höheren Geburtenraten. Die Zahl der Beschäftigungslosen, von Marokko bis Jordanien, ist ungeheuer groß (40 Prozent der erwachsenen männlichen Bevölkerung in Tunesien). Die Bevölkerungsexplosion trägt noch weiter zur gefährlichen Instabilität der islamischen Welt bei. In so einer Gesellschaft zählt ein Menschenleben wenig. In dem zehn Tage dauernden Bürgerkrieg des Jahres 1986 im Südjemen verloren 10 000 Menschen ihr Leben. Die Höhe der Verluste im Krieg zwischen Irak und Iran betrug weit über eine Million Menschen.

Doch der islamische Fanatismus beschränkt sich nicht nur auf religiöse Fragen. In der arabischen Welt beherrscht er auch die Politik. Westliche Vorstellungen von diplomatischem Anstand haben hier keine Entsprechung. Diktatoren wie Gaddhaffi in Libyen oder Assad in Syrien gehören zu den wichtigsten Helfern internationaler Terrororganisationen. Assad ließ Tausende Einwohner der Stadt Hama massakrieren, als es dort Anzeichen für Unruhen gab. Saddam Hussein marschierte in Kuwait ein, das ihn während

während des ersten Golfkriegs finanziell unterstützt hatte, als er meinte, er brauche die Einkünfte aus dessen Erdölfeldern.

Am extremsten wird der arabische Fanatismus, sobald es um den Zionismus oder Israel geht. Die Araber von Palästina organisierten gegen die ansässigen Juden bereits 1920, 1921 und 1929 Pogrome, in deren Verlauf viele ihr Leben verloren. Weitere Angriffe trugen sich in den Jahren 1936–39 und nochmals 1948 zu, als sich die Briten aus Palästina zurückzogen. Als die Juden standzuhalten vermochten, wurden die Palästinenser durch die regulären Armeen Ägyptens, Syriens, des Irak und Jordaniens verstärkt. Auch diese wurden geschlagen, und der Staat Israel wurde geboren. Seit damals sieht er sich einem ständigen Kleinkrieg von seiten seiner arabischen Minderheit und Bedrohungen durch seine arabischen Nachbarn ausgesetzt. Präsident Nasser von Ägypten schloß den Suezkanal und das Rote Meer für israelische Schiffe, und im daraus resultierenden Sechstagekrieg (1967) eroberte Israel die Sinai-Halbinsel und nach einem Angriff durch König Hussein von Jordanien auch die West Bank (das Westufer des Jordan) und die Golanhöhen von Syrien. Als Israel den Vorschlag machte, diese Gebiete im Austausch gegen einen Friedensvertrag zurückzugeben, wurde dies abgelehnt. 1973 wurde Israel am religiösen Fest Jom Kippur von Ägypten und Syrien angegriffen, konnte deren Attacken jedoch erneut abwehren. 1977 stimmte der ägyptische Präsident Sadat einem Separatfrieden zu, und der Sinai und alle Ölfelder Israels wurden ihm zurückgegeben. Er wurde jedoch prompt von einem muslimischen Fanatiker für diesen »Verrat« umgebracht. Die Intifada-Bewegung hat seit 1987 versucht, nationalistische palästinensische Gefühle durch Angriffe auf israelische Zivilisten und Soldaten zu festigen, wobei auf beiden Seiten erhebliche Verluste an Menschenleben zu beklagen sind.

Die arabische und islamische Unnachgiebigkeit ist vermutlich die größte Gefahr für den Frieden in der Zeit nach dem Kalten Krieg, wie Saddam Husseins Einmarsch in Kuwait im Jahr 1990 zeigt. Dieser blieb nicht unbeantwortet. Die USA gelangten dadurch nach dem Zusammenbruch der Sowjetunion in eine noch nie dagewesene Position unumstrittener Weltführung. Und George Bush, der amerikanische Präsident, machte sinnvollen Gebrauch von dieser Tatsache, als er eine breitgefächerte Allianz europäischer wie mittelöstlicher Staaten unter UN-Schirmherrschaft formierte und sofort amerikanische Truppen entsandte, die Saudi-Arabien und seine Erdölfelder gegen eine weitere irakische Bedrohung verteidigen sollten.

Saddam Hussein lehnte es ab, sich aus Kuwait zurückzuziehen, und so wurde der zweite Krieg am Persischen Golf unausweichlich. In den letzten Monaten des Jahres 1990 erfolgte ein noch nie dagewesener Aufmarsch an Truppen und Material in Saudi-Arabien. Ungefähr die Hälfte der Soldaten waren Amerikaner, während die andere Hälfte aus Großbritannien, Frankreich, Saudi-Arabien, Ägypten und Syrien und siebzehn anderen Ländern stammt. Bush umging zahlreiche diplomatische Ablenkungsmanöver der Sowjets, Frankreichs, des Iran und der UNO. Als Hussein auch das letzte Ultimatum nicht erfüllte, gab Bush am 17. Januar 1991 grünes Licht für konzentrierte Luftangriffe gegen den Irak. Sie dauerten fünf Wochen und legten wirkungsvoll den größten Teil der irakischen Armee und sein Potential zur Kriegführung in Schutt und Asche. Saddam Husseins Luftwaffe floh größtenteils in den Iran. Seine Hauptgegenmaßnahmen bestanden in Angriffen mit Scud-Raketen gegen Saudi-Arabien und das neutrale Israel, in der Abfackelung der kuwaitischen Ölquellen und der Verseuchung des Persischen Golfs mit Öl.

Die enthusiastische verbale Unterstützung für Saddam

George Bush (geb. 1924).
(dpa, Frankfurt/Main)

Hussein in den meisten arabischen Ländern konnte die Ereignisse kaum beeinflussen. Am Ende benötigten die alliierten Bodenstreitkräfte nur einhundert Stunden (24.–28. Februar), um die irakische Armee zu besiegen. Ein Scheinangriff von See aus dem Osten band viele irakische Einheiten, andere wurden durch einen Frontalangriff nach Kuwait hinein überrannt, den vorwiegend US-Marines und arabische Divisionen ausführten. Die Hauptbedrohung kam an der Wüstenflanke im Westen, wo Truppen der Amerikaner, Franzosen und Briten in einem blitzschnellen Vorstoß durch ideales Panzerterrain die in Kuwait kämpfende irakische Armee einkreisten und abschnitten. Die irakischen Soldaten gaben zu Tausenden auf.

Als Bush die Kriegshandlungen einstellte, war der größte Teil der irakischen Armee (jedoch nicht die ganze) vernichtet und Kuwait befreit worden. Amerika, Großbritannien und Frankreich schwelgten in Euphorie. Gemischte Gefühle herrschten in Ländern wie Deutschland und Japan vor, die sich in diesem Fall als reine Papiertiger gezeigt hatten.

Saddam Hussein gelang es, weiterhin an der Macht zu bleiben und unter großem Blutvergießen Aufstände im schiitischen Süden des Irak und im kurdischen Norden niederzuschlagen. Es mußten amerikanische Truppen eingesetzt werden, um Tausenden fliehender Kurden das Leben zu retten. Viele Araber verehrten weiterhin Saddam Hussein, der sich gegen Amerika und den »feindlichen« Westen erhoben hatte – wenn auch ohne Erfolg. In Kuwait wurden Hunderte früherer irakischer Kollaborateure (zumeist Palästinenser) hingerichtet.

In den USA war das Erbe des Selbstzweifels und der Uneinigkeit aus dem Vietnamkrieg nun überwunden: Amerika hatte aller Welt bewiesen, daß es nur noch eine Supermacht gab. Dennoch sahen sich die USA außerstande,

Hussein zu zwingen, sein Nuklearpotential, seine Scud-Raketen und einen großen Teil seiner anderen Waffen vollständig zu zerstören. Bald bedrohte die Uneinigkeit zu Hause wieder Amerikas neue Stellung. Die wirtschaftlichen Probleme schoben sich in den Vordergrund und der Isolationismus drohte erneut Einzug zu halten.

10. Der Aufstieg der asiatischen Pazifikstaaten

Eine der interessantesten Entwicklungen in jüngster Zeit ist der Aufstieg einiger Staaten des Fernen Ostens in eine Position des Wohlstands und wirtschaftlicher Bedeutung. Sie rivalisieren nun mit den USA und Westeuropa als Industrie- und Handelszentren und stellen letztere als Bankzentren bereits in den Schatten. In einer Zeit, in der wirtschaftliche Stärke an die Stelle militärischer Macht getreten ist, hat sich der Pazifikgürtel zu einer der einflußreichsten Zonen der Welt aufgeschwungen.

Die Speerspitze dieser Entwicklung bildet Japan. Zwischen 1953 und 1965 legte sein Bruttosozialprodukt jährlich zehn Prozent zu. Auf vielen Gebieten, vom Schiffbau bis zur Computertechnologie, wurde es zur führenden Industriemacht auf der Welt. Heute sind seine Banken weltweit die größten und seine Millionäre die reichsten. Die Japaner besaßen 1984 rund zwanzig Prozent der internationalen Bankeinlagen, und 1990 hatte sich ihr Anteil auf vierzig Prozent verdoppelt. Ihre Bankeinlagen haben sich im Umfang zwischen 1980 und 1988 (gemessen in Yen) und zwischen 1986 und 1988 (in Dollars) verdoppelt. Japanische Banken besaßen 1990 vier der zehn größten Banken Kaliforniens. Auf Hawaii erzählen Leute den Witz, daß die Japaner auf Pearl Harbor keine Bomben mehr abwerfen würden — es gehöre ja nun ihnen.

Das Geheimnis ihres Erfolgs ist ein zweifaches. Die Arbeiterschaft Japans war zum einen äußerst motiviert. Konfuzianisches Ethos inspirierte Angestellte und Arbeiter zu größeren Anstrengungen als in Amerika oder Europa üblich. Die Japaner erkannten, daß nicht Streiks, sondern größere Produktivität zu einem höheren Lebensstandard führen würde. Das zweite Geheimnis ist die andersgeartete Struktur ihrer Industrie. Während Amerika glaubt, freies Unternehmertum bedeute Kampf eines jeden gegen jeden, und diese Vorstellung in seinen Antitrust-Gesetzen festgeschrieben hat, vertritt man in Japan die enge Zusammenarbeit zwischen Regierung und Big Business. In einer Epoche, in der Amerika nicht mehr länger wirtschaftlich überragend ist und verschiedene Länder auf den Weltmärkten miteinander konkurrieren, erscheint das amerikanische Konzept überlebt und das japanische wesentlich effektiver. Diese Art der Zusammenarbeit ist jedoch nicht von jedem, der es wünscht, über Nacht zu erreichen, denn seine Wurzeln reichen weit in die japanische Vergangenheit und soziale Kultur zurück. Japanische Firmen haben stets versucht, innerhalb der Firma einen Konsens zu schaffen und Loyalität gegenüber der Firma aufzubauen. Die Amerikaner bevorzugen den Kampf aller gegen alle nach dem Motto »Der Beste gewinnt«. Häufiger Arbeitsplatzwechsel gehört bei amerikanischen Managern zum Lebensstil. Bereits in der Schule wird dem amerikanischen Kind nicht beigebracht, zusammenzuarbeiten, sondern es lernt, zu konkurrieren.

Japan ist nicht allein geblieben. Auch Südkorea, Taiwan und Singapur haben sich nach vorne geschoben, haben ihre Industrien und Banken ausgeweitet und ihre Exporte wie ihren jeweiligen Lebensstandard erheblich erhöht. Da die Löhne und Gehälter in Japan in die Höhe kletterten und das Land dadurch an Wettbewerbsfähigkeit verlor, ist ein

Mao Zedong (1893–1976).
(amw Pressedienst GmbH, München)

großer Teil der eigentlichen Produktion nach Taiwan und Südkorea vergeben worden. Dieser Prozeß dauert noch an. Hongkong läßt einen Teil seiner Produktion in der nahegelegenen chinesischen Festlandprovinz Guangdong fertigen, wo der Lebensstandard infolgedessen wesentlich höher ist als im Rest des Landes. Japan, Korea, Taiwan und Australien verlagern die Güterfertigung nach Indonesien, Thailand und Malaysia, wo die Lohnkosten noch niedriger sind. Die Philippinen werden bislang aufgrund ihrer politischen Instabilität und Länder wie Vietnam aufgrund ihrer kommunistischen Regime gemieden.

Hongkong und Singapur geht es mittlerweile besser als ihren vormaligen britischen Kolonialherren. Taiwan hat heute ein Durchschnittseinkommen von 10 000 Dollar und ausländische Währungsreserven in gleichem Umfang wie Japan. Der Durchschnittstaiwaner wird doppelt so wahrscheinlich eine Universität besuchen wie sein britischer Gegenpart. Die Lebenserwartung für Frauen in China und Indonesien stieg von 59 bzw. 45 im Jahr 1965 auf 71 bzw. 63 Jahre im Jahr 1989.

China besetzt eine besondere Nische. Mit seinen 1,25 Milliarden Einwohnern ist es potentiell das wichtigste Land des Fernen Ostens. Doch die zahlreichen ideologischen Winkelzüge und Zickzackkurse der Politik unter Mao Zedong haben das Land weit ins Hintertreffen gebracht. Unter Deng Xiaoping wurde ein ganz anderer Weg beschritten als der in der Sowjetunion unter Gorbatschow. Die Wirtschaft wurde mit Erfolg von den meisten ideologischen Fesseln befreit, doch der große Versuch, auch politische Freiheit zu erringen, wurde im Massaker auf dem Tianmen-Platz (1989) blutig unterdrückt. Trotz der starken Kritik aus dem Westen belegen die Folgen, daß Deng richtig entschieden hat. Während die Sowjetunion kollabiert ist und ihre Bevölkerung nicht ernähren kann, scheint China auf dem Weg zu einer wesentlich verbesserten wirtschaftlichen Zukunft zu sein.

11. Der Zusammenbruch des Sowjetreichs

Als 1953 Stalin starb, geriet die Sowjetunion in gewissem Grad in Unordnung. Chruschtschow (1894–1971) brandmarkte Stalin auf dem XX. Parteitag der Sowjetischen Kommunistischen Partei (1956), doch als er sich noch im gleichen Jahr dem ungarischen Aufstand gegenübersah, zeigte sich, daß auch er die Macht und den Willen besaß, Rußlands Position in Osteuropa aufrechtzuerhalten. Doch er genoß nicht Stalins Prestige, was sich auf die Beziehungen mit der anderen großen Kommunistenmacht, China, auswirkte. Der Bruch zwischen den beiden veränderte den Charakter des kommunistischen Blocks, der nicht mehr länger geeint oder monolithisch war. China wurde die dritte Supermacht. Diese Tatsache spielte der US-Außenpolitiker Henry Kissinger gekonnt aus, um die von der Sowjetunion ausgehende Bedrohung zu vermindern.

Chruschtschow erwies sich als unberechenbarer Führer. Er lockerte auf der einen Seite im Inland die Repressionen, schwankte aber auf der anderen Seite im Ausland zwischen friedlichen Gesten und Drohungen und begann schließlich die furchteinflößende kubanische Raketenkrise. Infolgedessen wurde er (1964) durch den konservativeren Breschnew (1906–1982) ersetzt, der einen Mittelweg zwischen Stalins Exzessen und Chruschtschows Reformversuchen steuerte. Unter ihm erreichte Sowjetrußland den Gipfel seiner Macht, vor allem während der schwachen US-Präsidentschaft von Jimmy Carter. In Afrika und scheinbar auch im Mittleren Osten kamen weitere Satellitenstaaten hinzu. Die sowjetischen Streitkräfte wuchsen schneller als die amerikanischen. Zeitweise sah es so aus, als sei die Sowjetunion drauf und dran, Amerika als erste Großmacht zu überflügeln.

Reagans Politik, die amerikanischen Streitkräfte zu stärken, kehrte diesen Trend um. Unter Breschnews zwei kurzfristigen Nachfolgern verschärften sich die sowjetischen Wirtschaftsprobleme mehr und mehr. Im sowjetischen System gab es viele grundlegende Schwachpunkte. Die Kollektivierung hatte sich als entsetzlicher Fehlschlag erwiesen. Die zentralistische Bürokratie vermochte mit den Forderungen der Märkte und den Produktions- und Transportproblemen von Gütern nicht fertig zu werden. Der Konsumsektor trocknete aus. Der sozialen Gleichheit, die Lenin versprochen hatte, stand in der Realität eine privilegierte Klasse von Parteimitgliedern mit besonderen Rechten, Geschäften und Datschen entgegen, während die Masse der Bevölkerung einen Großteil ihres Lebens damit zubrachte, für Lebensmittel und Produkte Schlange zu stehen.

In einigen Satellitenstaaten entwickelten sich seltsame Abweichungen von der reinen Lehre. Im kommunistischen Nordkorea regierte Kim Il Sung wie ein Feudalfürst, und sein Sohn war sein Thronanwärter. In Kambodscha führte der kommunistische Premierminister Pol Pot einen ziellosen Genozid in nie gekanntem Ausmaß an seinem eigenen Volk durch. In Albanien verordnete der dortige kommunistische Diktator, Hodscha, die völlige Isolation, nicht nur von der kapitalistischen, sondern auch von der »abweichlerischen« kommunistischen Welt.

Als Michail Gorbatschow (geb. 1931) Generalsekretär der Kommunistischen Partei wurde (März 1985), schien ihm mit Ausnahme einer Generalüberholung des sowjetischen Systems nichts übrigzubleiben. Gorbatschow startete eine Politik der »Offenheit« (Glasnost) und des wirtschaftlichen

Michail Gorbatschow (geb. 1931).
(sygma, Foto: Ira Wyman)

Umbaus (Perestroika). Der nie gekannten Liberalisierung des Regimes folgte eine vollständige Reorganisation der Verfassung und Regierungsstruktur der Sowjetunion. Gorbatschow wurde im Ausland sehr populär, doch zu Hause viel weniger, da seine Wirtschaftsreformen die kritische Lage des Landes nicht besserten. Die Geschäfte waren leerer als jemals zuvor.

Das war eine Revolution von oben, bei der, auf wirtschaftlichem Gebiet, die eigentliche Richtung nicht ganz klar war. Wie weit konnte und wollte die Sowjetunion in Richtung auf eine freie Martkwirtschaft gehen? Konnte Privateigentum wieder eingeführt werden? Und wenn ja, wie? Sollte der Rubel frei konvertierbar werden? Selbst wenn über diese Fragen die oberste Führung entscheiden sollte, würde die Bevölkerung derartig weitreichende Reformen tatsächlich verstehen und mittragen?

Auf politischem Gebiet begannen die Dinge aus dem Ruder zu laufen, als Gorbatschow den vormaligen Druck von den Satellitenstaaten nahm. Das wurde zunächst in Polen deutlich. Das Problem dort reichte zurück auf den Besuch des polnischen Papstes Johannes Paul II. im Jahr 1979. Dieser löste so weitverbreiteten Jubel aus, daß den Polen bewußt wurde, daß sie noch immer durch nationale und religiöse Bande geeint waren und sich nicht mit Haut und Haaren an den Kommunismus verkauft hatten. Diese Gefühle bildeten den Hintergrund für die Gründung der Solidarität-Bewegung durch Lech Walesa und andere im Jahr 1980. Obwohl 1981 unterdrückt, geriet sie nicht in Vergessenheit und erwachte 1988 zu neuem Leben, als aus dem Kreml ein neuer Wind zu wehen begann. Ein Jahr darauf wurde ihr Verbot offiziell aufgehoben. In den allgemeinen Wahlen im Juni 1989 hatte die Solidarität so spektakulären Erfolg, daß einer ihrer Führer zum Premierminister ernannt werden mußte.

Jedermann im sowjetischen Block wartete auf Gorbatschows Reaktion. Würde er sich verhalten wie Chruschtschow 1956 in Ungarn oder Breschnew 1968 in der Tschechoslowakei? Als er nicht intervenierte, setzte ein wahrer Sturm ein: In allen anderen Satellitenstaaten, von Ungarn bis zur Mongolei, wurden unabhängige, zunehmend nichtkommunistische Regierungen gebildet. In der Tschechoslowakei ging Vaclav Havel auf beinahe direktem Wege vom Gefängnis zur Präsidentschaft. Nur in Rumänien mußte eine blutige Revolution stattfinden, bevor der kommunistische Statthalter Ceaucescu gestürzt und hingerichtet werden konnte.

Am wenigsten erwartet hatte man wohl die Wiedervereinigung Deutschlands. Als Ungarn Ostdeutschen im Sommer 1989 erlaubte, ungehindert seine Grenzen nach Österreich zu passieren, setzte eine wilde Flucht ein, zunächst von den bereits in Ungarn befindlichen Urlaubern, später auch von anderen Bürgern der DDR. Die ostdeutsche Führung sah sich in einer großen Krise, Erich Honecker mußte ersetzt werden – das nützte allerdings nichts mehr. Am 9. November wurde von Ost und West die Berliner Mauer gestürmt und verschwand als effektive Grenze.

Bundeskanzler Kohl beschloß nun, energisch auf Wiedervereinigung zu drängen. Die verzweifelte Finanzsituation der Sowjetunion versetzte ihn in die Lage, Gorbatschow mittels beträchtlicher Wirtschaftshilfe auszubezahlen. Am 1. Juli 1990 trat die deutsche Währungsunion in Kraft, und am 3. Oktober des gleichen Jahres wurden die beiden Deutschland wiedervereinigt.

Kohl wurde dafür mit dem Wahlsieg belohnt – besonders deutlich in Ostdeutschland. Später wurde entschieden, Berlin solle wieder die Hauptstadt werden. Doch die Euphorie war nur von kurzer Dauer. Die Westdeutschen begannen sich wegen der ernsten finanziellen Belastung ihrer Wirtschaft zu sorgen. Die Situation im Osten war noch viel schlimmer: Die ostdeutsche Wirtschaft brach praktisch zusammen, und offiziell wurde nahezu eine Million Menschen arbeitslos, während mehr als doppelt so viele dafür bezahlt wurden, daß sie so gut wie nichts taten.

Die Umwandlung in eine Marktwirtschaft erwies sich als nicht so einfach: dazu war mehr nötig, als nur Knöpfchen zu drücken und Geld auszugeben. Neue Manager und Verwaltungsleute für den Osten zu finden ist noch immer äußerst schwierig. Neue Maschinen für bestehende Industrien mußten beschafft werden, die Menschen mußten in deren Bedienung geschult werden, andere Industrien (wie der Schiffbau zum Beispiel) müssen vielleicht völlig abgeschafft werden. Die daraus resultierende soziale Unruhe wird von jedermann nervös beobachtet.

Für andere osteuropäische Staaten könnte es noch schwieriger werden.

Gorbatschow hat mit Sicherheit die weitreichenden Veränderungen, die seinen Reformen folgten, nicht vorausgesehen. Die Sowjetunion selbst brach zusammen – nach einem gescheiterten kommunistischen Staatsstreich (19. August 1991). Boris Jelzin, der Präsident von Rußland, stieg zur Zentralfigur des Landes auf. Die baltischen Länder hatten bereits zuvor vollständige Unabhängigkeit gefordert. Jetzt ermutigte Jelzin auch andere Republiken der Union, deren Beispiel zu folgen. Die Sowjetunion, die kommunistische Partei und die Zentralorgane des Staates wurden aufgelöst. Gorbatschow zog sich ins Privatleben zurück.

Versuche mit wirtschaftlichen Radikalkuren verschlimmerten die Situation nur noch, vor allem in Rußland selbst. Der Mangel an jeglicher kapitalistischer Tradition dort schien zu beweisen, daß es anscheinend keine Alternative zur zentralen Planung gibt, auf die man sich stützen kann. Mafiaartige Organisationen, stärker als echte Privatunternehmen, begannen das Vakuum zu füllen.

Innerhalb kurzer Zeit ist das riesige Gebäude des Russischen und Sowjetischen Reichs, das über die Jahrhunderte von Iwan dem Schrecklichen, Peter dem Großen, Katharina der Großen, Lenin und Stalin aufgebaut worden war, zusammengekracht.

Besonders bedrohlich sind die bewaffneten Konflikte, die an zahlreichen Orten ausbrachen, etwa zwischen Armenien und Aserbaidschan, in Georgien und Moldawien und vor allem in Jugoslawien. Der exzessive nationalistische Partikularismus entwickelte sich zu einer Art Krebsgeschwür, nicht nur in Osteuropa (Slowenien, Kroatien, Serbien und Slowakei), sondern auch im Westen (die Baskenregionen Spaniens, Quebec und Schottland etc.). Das Verschwinden der Sowjetunion war somit kein ungetrübter Segen, wie man anfänglich gehofft hatte.

Die USA und die NATO standen plötzlich ohne Feind da. Der Kalte Krieg war zu Ende. Die Länder Osteuropas waren alle bestrebt, westliche Kredite zu erhalten. »Kommunistisch« war über Nacht zu einem schmutzigen Wort geworden, und die Kommunistischen Parteien in Europa beeilten sich, ihren Namen zu ändern, wenn nicht gar ihre Führung auszuwechseln. Keine andere Revolution ist vermutlich so mitreißend und weitreichend gewesen wie die »zweite« russische Revolution.

Wohin wird all dies führen?

Epilog

Man kann behaupten, daß das fünfzehnte Jahrhundert das italienische Jahrhundert gewesen sei, das sechzehnte das spanische, das siebzehnte das niederländische, das achtzehnte das französische, das neunzehnte das britische und das zwanzigste das amerikanische. Stellen wir zur Veranschaulichung dafür, wie veränderlich und unsicher die menschlichen Wege sind, die Frage: Wen sollen wir für das einundzwanzigste Jahrhundert nominieren? Die Japaner? Oder die Deutschen? Oder vielleicht die Chinesen? Oder die »Europäer«? Oder noch einmal die Amerikaner? Es wäre sicherlich interessant, wenn wir uns im Jahr 2100 noch einmal treffen und unsere Tippzettel vergleichen könnten.

Aber sind wir überhaupt sicher, daß unsere Nachkommen dann noch da sind? Könnte sie nicht die Umweltverschmutzung oder der Treibhauseffekt oder das Ozonloch oder der Saure Regen oder ein Atomkrieg längst ausgelöscht haben?

Andererseits könnten die menschliche Anpassungsfähigkeit und Initiative bis dahin Lösungen für diese und andere Probleme gefunden haben, genau wie frühere Probleme gelöst wurden, durch die Entwicklung von Steinwerkzeugen bis zur Entdeckung der Antibiotika.

Um hinter den Myriaden von Ereignissen in der Geschichte der Menschheit einen Sinn zu sehen, sind jahrhundertelang Geschichtsphilosophien formuliert worden. Der heilige Augustinus beispielsweise verstand Geschichte als Kampf zwischen Gut und Böse, dargestellt durch Kirche und Staat. Für Hegel war die Geschichte die Möglichkeit, den menschlichen Geist aus seinen Fesseln zu befreien, mit der Freiheit des einzelnen als Ziel, das am besten in einem ordnungsliebenden Staat zu realisieren wäre. Karl Marx glaubte, die Geschichte würde durch wirtschaftliche, nicht geistige Kräfte gestaltet und unabdingbar vom Kapitalismus zum Sozialismus führen. Im zwanzigsten Jahrhundert erfreuten sich die zyklischen Theorien von Spengler und Toynbee beachtlicher Beliebtheit, in denen Aufstieg und Niedergang von Zivilisationen diskutiert wird. Doch in den letzten Jahren ist die Historiographie so spezialisiert geworden, daß bereits die bloße Formulierung von Theorien suspekt ist.

Das hat dem populären Philosophieren den Weg geebnet, wie etwa in dem amerikanischen Zeitschriftenartikel *Das Ende der Geschichte?* (1989), der vorschlägt, daß die Geschichte mit dem Anbruch einer Art Demokratie in der Sowjetunion praktisch ihren Höhepunkt und ihr Ende erreicht hat. Gewöhnlich kann man in der Geschichte nichts als selbstverständlich betrachten. Doch in diesem Fall scheint es eine gewonnene Wette zu sein, wenn man darauf setzt, daß diese Diagnose nicht stimmt. Die Geschichte wird weitergehen, neue Probleme werden auftauchen, und neue Lösungen werden erprobt werden müssen.

Es ist leicht, mögliche Szenarios für einen zukünftigen Konflikt zu entwerfen. Die reichen Länder des Westens und im Pazifik stehen den entsetzlich rückständigen und armen im Süden Afrikas und anderswo gegenüber. Die vielen Nationalitäten, die ehemals unter der Herrschaft Moskaus standen, haben auf der Suche nach einer neuen Identität eine Balkanisierung von ganz Osteuropa verursacht. In zahlreichen Ländern dauern Bürgerkriege an, etwa in Sri Lanka, im Libanon, in San Salvador und Ruanda. So dichtbevölkerte Länder wie China und Indien haben einige ihrer drängendsten Probleme noch nicht gelöst. Die islamische Welt ist ein Pulverfaß kurz vor der Explosion. Die Problematik der Atomenergie und -waffen erfaßt nun auch dieses Gebiet.

Weitere Probleme ergeben sich in anderen Bereichen. Ungefähr die Hälfte der Weltbevölkerung lebt heutzutage in Städten. Aber die größten Megastädte werden unregierbar, stehen vor dem Verkehrskollaps, vor dem buchstäblichen Ersticken, und in einigen der schlimmsten Fälle ist für die meisten Menschen das Allernotwendigste zum Leben nicht mehr gegeben. Die ärmeren Stadtteile in Mexico-City, Kairo, Kalkutta, Lagos, Teheran und São Paulo sind mittlerweile in einem Zustand jenseits menschlicher Erfahrung. Neue Epidemien breiteten sich in den rückständigeren Länder wie Steppenbrände aus. Der Mensch dezimiert Wälder, die er nicht mehr aufforsten kann. Die Umweltverschmutzung bedroht die eigentlichen Lebensgrundlagen. Der Westen wird mit harten Drogen überschwemmt, die vor allem aus dem Goldenen Dreieck Südostasiens, aus dem Grenzgebiet zwischen Afghanistan und Pakistan sowie aus dem Nordwesten Südamerikas stammen.

So muß die jüngere Generation, die nun bald ins dritte Jahrtausend n. Chr. eintritt, nicht fürchten, daß es ihr an Herausforderungen fehlen wird.

Sie sollte jedoch George Santayanas Warnung Beachtung schenken, daß diejenigen, die sich nicht an die Vergangenheit erinnern, dazu verdammt sind, deren Fehler zu wiederholen.

Personenregister

Kursiv gesetzte Seitenzahlen beziehen sich auf die Abbildungen.

Abälard 153
Abbas der Große 224
Abdulhamid II. (Sultan) 237
Achilles 88
Adams, John 323
Adenauer, Konrad 413
Ahmet (Sultan) 232
Aischylos 84
Akbar (Mogul) 219 f.
Ala-ed-din (Sultan) 200
Alarich (König) 140
Alba, Herzog von 285
al-Bakri 197
Alberuni 198 f.
Albuquerque (Kapitän) 272 f.
Alexander I. (Zar) 311, 350
Alexander II. (Zar) 370
Alexander III. der Große 47, 60, 66, 68, 78, 86–94, 96, 123, 125, 145, 183 f., 333
Alfred der Große 143, 190
Ali 145
Alkibiades 84
Allende, Salvador 341
Almeida (Kapitän) 272
Altdorfer, Albrecht 246
Ambrosius von Mailand 111
Amin, Idi 410
Anaximander 80
Anaximenes 80
Anna Komnena 135
Annunzio, Gabriele d' 390
Antiochos III. 94, 124
Antiochos IV. Epiphanes 106
Apollonios von Rhodos 96
Aquino, Corazon 422
Archimedes von Syrakus 95
Ariost 245
Aristarchos von Samos 95, 261
Aristides 84
Aristophanes 84
Aristoteles 84, 95, 155
Arius 111

Arkwright, Richard 266
Army, Wlassow 412
Artaxerxes 66
Aryabhata 123
Asarhaddon 61
Aschoka (indischer König) 67, 73, 122
Assad 425 f.
Atatürk, Kemal 226, 238, 386
Athanasios 110
Augustinus 110, 443
Augustus 100, *101*, 102 f.
Aurangzeb (Mogul) 220 f.
Austen, Jane 305, *306*

Babeuf, François Noël 328
Babur, Sahir ed-din Mohammed 197, 219
Bach, Johann Sebastian 343, *344*
Bai Juyi 119
Bakunin, Michael 363
Balduin II. von Jerusalem 157
Baldwin, Stanley 392
Balzac, Honoré de 347, *348*
Bandaranaike, Sirimawa 421
Barbarossa (Cheireddin) 231, 234 f.
Barras, Paul 329, 332
Barrymore, John 393
Bartolomé de Las Casas 280
Baruch, Bernard 413
Basilius II. 136
Bayles, Pierre 321
Beccaria, Cesare 322
Beethoven, Ludwig van 345, *346*
Begin, Menahem 406
Behzad 224
Bellini, Vincenzo 349
Beneš, Eduard 412
Bennett, Arnold 305
Bering, Vitus Jonassen 308
Berlioz, Hector 349
Bernal Diaz del Castillo 164
Bernart van Orley *252*
Bernhard von Clairvaux 153

Berthelot, Pierre 267
Bhutto, Benazir 422
Bierut, Boleslaw 411
Bismarck, Otto von 305, 342, 356, *357*, 358, 378, 380 f., 413
Blake, William 305, 347
Blanc, Louis 352
Boccaccio 245
Bohemund (Graf) 192
Bokassa 410
Boleyn, Anna 250
Bolívar, Símon 338
Bonassone, Silvio *244*
Bonifaz VIII. (Papst) 240 f.
Bosch, Hieronymus 284
Boswell, James 305
Botticelli, Sandro 245
Bougainville, Louis-Antonine 292
Bramante, Donato 245
Brandt, Willy 413
Braque, Georges 362
Breschnew, Leonid 435 f., 439
Breughel, Pieter 246, 284
Brontë, Charlotte; Emily; Anne 305
Brundtland, Gro Harlem 421
Brunelleschi, Filippo 245
Buckingham 317
Buddha 72, *73*, 74, 186
Bunyan, John 318
Burgoyne (General) 324
Burns, Robert 347
Bush, George 428, *429*, 430
Byron, Lord 305, 347

Cabot, John 205, 295
Cabral, Pedro Alvares 274
Caesar, Gajus Julius 100, 104, 124
Calderón, Pedro 281
Calvin, Johann 249
Camões, Luis de 273
Cão, Diego 204
Carlyle, Thomas 349
Carnot, Lazare Nicolas 328
Carter, Jimmy 418, 435
Cartier, Jacques 295
Cartwright, Edmund 266
Castro, Fidel 340, 415
Cavaignac (General) 351
Cavendish, Henry 264
Cavilha, Petro da 204
Cavour, Camillo 354 f.
Ceauçescu, Nicolaie 439
Cervantes, Miguel de 281
Cézanne, Paul *360*, 362
Chagall, Marc 362

Chamberlain, Neville 392, 395 f.
Chamorro, Violetta 422
Chateaubriand, François René 347
Chiang Kai-shek 212
Chlodwig (König) 140
Chopin, Frederic 349
Chosrau II. 126
Chruschtschow, Nikita 417, 435, 439
Churchill, Winston 226, 374, 386, 396, *397*, 399 f., 402, 413
Cicero 103
Clark, W. 365
Claudius (Kaiser) 102
Clemenceau, Georges 388
Clive, Robert 293
Clouet, Jean 246
Coeur, Jacques 243
Coke, Edward 317
Colbert, Jean-Baptist 292 f.
Coleridge, Samuel Taylor 347
Coligny (Admiral) 291
Cook, C. *262*
Cook, James 300
Corneille, Pierre 291
Cornwallis (Lord) 324
Cortés, Hernán 205, 279, 308
Courbet, Gustave 359
Cranach, Lucas 246, *248*
Crassus 124
Cresson, Edith 422
Cromwell, Oliver 315, 317 f.

Daladier, Edouard 395
Dante Alighieri 155, 245
Danton, Georges 327, 329
Darius (Dareios) 64 ff.
Darius III. (Dareios III.) 66, 88, 90, 92
Darwin, Charles Robert *262*, 264
David (König) 68, 75 f., 78
Daudet, Alphonse 359
Daumier, Honoré 359
Debussy, Claude 362
Defoe, Daniel 305
Degas, Edgar 359
Delacroix, Eugène 349
Demokrit 80
Demosthenes 92
Deng Xiaoping 212 f., 434
Derain, André 362
Descartes, René 264
Deschnjew 308
Diaz, Bartolomeo 204, 272
Díaz, Porfirio 339
Dickens, Charles 305
Diderot, Denis 321

Diokletian (Kaiser) 104, 131
Disraeli, Benjamin 305
Dollfuss, Engelbert 392
Don Alfonso I. (König) 275
Donatello 245
Donizetti, Gaetano 349
Dopsch, Alfons 129
Dostojewski, Fjodor Michajlowitsch 311
Dragut 231, 235
Drake, Sir Francis 296
Dschingis Khan 193, *195*, 197, 308
Dubček, Alexander 412
Dürer, Albrecht 246
Du Fu 119

Echnaton (Amenophis IV.) 58
Edward VIII. 393
Einstein, Albert 113, 264
Eisenhower, Dwight David 400, 402, 418
El Cid 151
Eleonore von Aquitanien 153
El Greco 281
Eliot, George 305
Eliot, John 317
Eliot, T. S. 305
Elisabeth I. (engl. Königin) 296, *297*
Epaminondas 86
Epikur 95
Erasmus von Rotterdam 247
Erich der Rote 191
Estaing, Giscard d' 413
Eugen (Prinz von Savoyen) 255
Euklid 95
Eukradites 185
Euripides 84
Eusebius von Caesaräa 110
Eyck, Jan van 284
Ezra 77

Faraday, Michael 264
Ferdinand II. (Kaiser) 250
Ferdinand II. von Aragon 278
Firdausi, Abu l-Kalim Mansur 222
Flaubert, Gustave 359
Foch, Ferdinand 388
Ford, Henry 367
Fouquet, Jean 246
Franco, Francisco 394
Franz I. (König v. Frankreich) 246, 253, 291
Franz Ferdinand (Erzherzog) 384
Franz Joseph (Kaiser) 353
Friedrich I. Barbarossa 152
Friedrich II. 152, 154, 158 f.
Friedrich I. (preuß. König) 258

Friedrich II. der Große 256, *257*, 258, 322, 380
Friedrich Wilhelm, »Großer Kurfürst« 258
Friedrich Wilhelm I. (preuß. König) 258
Fugger (Bankiersfamilie) 243
Fujiwara (bed. jap. Familie) 214

Gaddhaffi, Moamar al 425 f.
Galilei, Galileo 261
Galtieri (General) 341
Gama, Vasco da 204
Gandhi, Indira 405, 421
Gandhi, Mohanda Karamchand, gen. Mahatma 405
Gandhi, Rajiv 405
Garibaldi, Giuseppe 353, 355
Gauguin, Paul 362
Gaulle, Charles de 402, 410, 413
Gemayel, Bashir 426
Georg III. (engl. König) 304, 315
George, Lloyd 387
Géricault, Jean Louis Theodore 349
Ghiberti, Lorenzo 245
Giap (General) 409, 415
Gideon 159
Gierek 411
Giorgione 245
Giotto 239, 245
Gladstone, William Ewart 305
Goethe, Johann Wolfgang von *343*
Gogh, Vincent van *361*, 362
Gogol, Nikolaj Wassiljewitsch 311
Gómez, Juan 340
Gomulka, Wladislaw 411
Gorbatschow, Michail 375, 434, 436, *437*, 438 ff.
Gordon, Charles George 211
Goya, Francisco José de 349
Gracchus, Gaius Sempronius; Tiberius Sempronius 100
Grant, Ulysses S. 367
Gray, Thomas 347
Gregor VII. (Papst) 152
Grieg, Edward 362
Griwas (Oberst) 407
Gustav II. Adolf 251, 259
Gutenberg, Johannes 265

Hadrian (Kaiser) 109
Hafis, Schamsod-Din Mohammed 222
Hals, Frans 288
Hamilton, Alexander 323
Hammarskjöld, Dag 408
Hammurabi (König) 31, 34 f., 65
Hannibal 99, 183

Hanno (karthagischer Seefahrer) 182
Hardy, Thomas 305
Hargreaves, James 266
Harlow, Jean 393
Harun al-Raschid 146
Harvey, William 261
Hatschepsut (ägypt. Königin) 57, 420
Haußmann, Elias Gottlob *344*
Havel, Vaclav 439
Hawkins (Kapitän) 296
Haydn, Joseph 345
Hébert, Jacques René 328 f.
Heine, Heinrich 345
Heinrich der Seefahrer 204, 272
Heinrich der Vogler 148
Heinrich II. (König v. England) 153
Heinrich VIII. 250, 295
Hegel, Georg Wilhelm Friedrich 362 f., 443
Héloise (Schülerin Abälards) 153
Heraklit von Ephesos 80
Heraklius (Kaiser) 109, 111, 126, 133
Herodes 107
Herodot 84, 98, 178
Hidalgo 338
Hieronymus 110
Hilliard, Nicholas *297*
Himilko 182
Himmler, Heinrich 398
Hindenburg, Paul v. 386, 392
Hippodamos von Milet 95
Hiram I. (König) 181
Hiroshige, Ando 216
Hitler, Adolf 256, 305, 342, 364, *383*, 390
   ff., 395–398, 400 f., 413
Ho Chi Minh 409
Hodscha, Enver 436
Hölderlin, Friedrich 349
Hoffmann, E. T. A. 349
Hoffmann (General) 386
Hokusai, Katsushika 216
Holbein, Hans 246
Homer 31, 79, 103, 134
Honecker, Erich 412, 439
Hoover, Herbert Clark 394
Horaz 103
Horthy, Niklaus 389
Houphouet-Boigny, Félix 409
Housman 305
Hugo, Victor 347
Hus, Jan 247
Hussein (König) 416, 427
Hussein, Sadam 425 f., 428, 430 f.

Ibn Battuta 197
Ibn Fadlan 191

Ibn Haukal 197
Iejasu 216
Immad-ad-din Senghi 157
Ingres, Jean Auguste Dominique *331*
Innozenz III. (Papst) 152, 154
Innozenz IV. (Papst) 152
Isabella von Kastilien 278
Ismail I. 223
Itúrbide, Augustine de 338
Iwan IV. der Schreckliche 308, 375, 441

Jacquard, Joseph-Marie 267
Jakob I. (engl. König) 316
Jakob II. (engl. König) 315, 319
Jefferson, Thomas 323, 365
Jelzin, Boris 440
Jermak 308
Jesus 62, 108, 110 f.
Jinnah, M. A. 405
Johanna von Orleans 241
Johannes der Täufer 107
Johannes Paul II. (Papst) 438
Johannes Scotus Erigena 142
Johannes von Damaskus 144
Johnson, Lyndon Baines 415, 418
Johnson, Samuel 305
Jonson, Ben 296
Joséphine de Beauharnais 332
Joseph II. 322
Josia (König) 77
Juárez, Benito (mexik. Präsident) 339
Judas der Makkabäer 106
Julian der Abtrünnige 131
Justinian I. (Kaiser) 103, 132 f., 135, 141,
   229

Kádár, Iános 411 f.
Kallimachos von Kyrene 96
Kambyses 64
Kammu (Kaiser) 214
Kandinsky, Wassily 362
Kanischka (König) 185
Kant, Immanuel *263*, 264, 343
Karl der Große 141 f., 151
Karl I. (engl. König) 315–318
Karl II. (engl. König) 318
Karl V. 234, 249, *252*, 253, 279, 285
Karl X. (franz. König) 315, 351
Karl XII. (schwed. König) 259, 397
Karl Martell 141
Kasawubu 409
Katharina II. die Große *309*, 311, 374, 441
Kay, James 266
Keats, John 305, 347
Kennedy, John F. 415, 418

Kepler, Johannes 261
Kerenski, Aleksandr Fjodorowitsch 372 f.
Khafre (Chephren) 37
Khomeini, Ayatollah 222, *423*, 424
Khufu (Cheops) 37
Kim Il Sung 436
Kimon 84
Kissinger, Henry 435
Kitchener, Horatio 294, 302
Kleist, Heinrich von 349
Kleisthenes 81
Kloeber, August von *346*
König, Anton Friedrich *257*
Kohl, Helmut 413, 439
Kolumbus, Christoph 204, 229, 278
Konstantin der Große 105, 110, 126, *130*,
   131
Konstantin XI. (Kaiser) 131
Kopernikus, Nikolaus 95, *260*, 261
Kresilas 84
Krösus 64
Köprülü (Großwesire) 237
Kublai Khan 194
Kun, Béla 389
Kung-zi (Konfuzius) 70
Kyros der Große 64, 66
Kyros der Jüngere 66

Lamarck, Jean 264
Lamartine, Alphonse de 347
Lampi, Johann Baptist *309*
Lao-zi 70
Laplace, Pierre Simon 261
Lassalle, Ferdinand 363
Laud (Erzbischof) 317
Lavoisier, Antoine 264
Lawrence, David Herbert 305
Lee, Robert E. 366
Leeuwenhoek, Antonie van 261
Leibniz, Gottfried Wilhelm v. 264
Leif Erikson 192
Lenbach, Franz von *357*
Lenin, Wladimir Iljitsch 370–375, 436, 441
Leo Diaconus 135
Leonardo da Vinci 239, 245
Leonos III. 133
Leopold I. 256
Leopold II. (belg. König) 408
Lermontow, Michail Jurjewitsch 311
Lessing, Gotthold Ephraim 342
Lewis, M. 365
Li Bai 119
Li Chao-tao 119
Lincoln, Abraham 366
Linné, Carl von 264

Liszt, Franz 349
Livingstone, David 302
Livius 103
Locke, John 320
Long, Huey 394
López (paraguayischer Diktator) 339
Lorenzo I. Medici der Prächtige 243
Ludendorff, Erich 386
Ludwig XIV. (frz. König) 254 ff., 289, 292,
   320, 381
Ludwig XV. (frz. König) 254 f.
Ludwig XVI. (frz. König) 315, 325, 327
Ludwig der Fromme 189
Ludwig Philipp (König) 254, 315, 351 f.
Lumumba 408
Luther, Martin 247, *248*, 249 f.

MacArthur (General) 399, 401 f., 414
Macchiavelli, Niccolò 245 f.
Magellan, Fernando 205
Mahavira 72
Mahler, Gustav 362
Mahmud von Ghazni 198
Mahmud II. (Sultan) 237
Maidenhead, Andrews of *306*
Makarios (Erzbischof) 407
Manet, Edouard 216, 359
Mantegna, Andrea 245
Manuel I. der Glückliche 273
Manzoni, Alessandro 349
Mao Zedong 71, 208, 212, *433*, 434
Maradona, Diego 342
Marat, Jean-Paul 327, 329
Marco Polo 194, 201, 208
Marius 100
Mark Anton 100, 102
Marlborough, John 255
Marlowe, Christopher 296
Martow, L. 371
Marx, Karl 363, 444
Masaccio 245
Masudi 197
Matisse, Henri 362
Maupassant, Guy de 359
Maximilian (österr. Erzherzog) 339
Maxwell, James Clerk 264
Mazarin, Jules 254, 354
Mazzini, Giuseppe 353 f.
Mehmed II. (Sultan) 229
Meiji (jap. Kaiser) 217
Meir, Golda 421
Menander 95, 185
Mendelssohn-Bartholdy, Felix 329
Merenptah (ägypt. König) 178
Metternich, Clemens Wenzel v. 350, 353

Michelangelo Buonarotti 239, *244*, 245
Michelet 325
Mickiewicz, Adam 349
Mignet 325
Milinda 185
Millet, Jean-François 359
Miltiades 82
Milton, John 318
Minos (König von Kreta) 48
Miranda 338
Mithridates I. 97, 124
Mitterand, François 413
Mobuto, Seko 408
Modigliani, Amadeo 362
Mohammed 143, 145
Mohammed I. (Sultan) 200
Molière 291
Moltke, Helmuth von 356
Mondrian, Piet 362
Monet, Claude 359
Mong-zi (Mencius) 71
Monnet, Jean 419
Montesquieu, Charles 321
Monteverdi, Claudio 245
Montgomery, Bernard Law 399
Mozart, Wolfgang Amadeus 345
Mo Zi 69
Muhammad Ali 236 f.
Muhammad Guri 198 f.
Murasaki Schikibu 214
Murillo, Bartolomé Esteban 281
Mussolini, Benito 390 f., 400 f.
Mussorgski, Modest Petrowitsch 312

Nadir (Schah) 225
Nagy, Imre 411
Napoleon Bonaparte 88−91, 237, 254, 256, 305, 315, 318, 329 f., *331*, 332−337, 342, 350, 352, 354, 366, 380 f., 397 f.
Napoleon III. 339, 353−356
Naramsin *33*
Nasser, Samal 427
Nebukadnezar II. 63, 76
Necho II. (Pharao) 182
Nehemia 77
Nehru, Jawaharlal 405
Nehru, Motilal 405
Nelson, Horatio 333
Newton, Isaac 261
Niemayer, Oscar 342
Nietzsche, Friedrich 363
Nikolaus II. (Zar) 315, 369−373, 381
Nimitz, Chester William 401
Nixon, Richard 415
Noster, L. *379*

Nunez de Balboa, Vasco 279
Nur-ad-Din 157

Omar Khayam 222
Origenes Adamantios 110
Orozco, José 342
Osman 227
Otto I. der Große 148
Ovid 103
Owen, Robert 362

Pacheco, Diarte 274
Palestrina, Giovanni 245
Palladio, Andrea 245
Palmerston (Premierminister) 305
Park, Mungo 302
Parmenion (General) 93
Parzifal 151
Pasteur, Louis 261
Patton (General) 412
Paul IV. (Papst) 250
Paulus (Apostel) 109
Pedro (Kaiser v. Brasilien) 275, 337
Pedro II. (Kaiser v. Brasilien) 337
Peel (engl. Premierminister) 305
Pegolotti 194
Peisistratos 80
Pelé 342
Penn, William 298
Perikles 84, *85*, 243
Péron, Evita 421
Péron, Juan 340
Péron, Maria Estela 421
Perugino 245
Pétain (Marschall) 396
Peter I. der Große 259, 441
Petrarca 245, 247
Phidias 84
Philipp II. von Makedonien 86, 92
Philipp II. August (König v. Frankreich) 154
Philipp II. (span. König) 253, 256, 283, 285, 288
Philipp IV. der Schöne 240
Philon von Alexandria 106
Picasso, Pablo 362, 392
Pilsudski (Marschall) 390
Pinochet, Augusto 341
Pirenne 129
Pissaro, Camille 359
Pitt, William d.Ä 304
Pizarro, Francisco 205, 279, 308
Planck, Max 264
Plato 84, 95, 103, 133
Plechanow, Georgij Walentinowitsch 370

Pombal, Sebastiao 276, 322
Pompejus 107
Pompidou, Georges 413
Pope, Alexander 305
Praxiteles 84
Prokofiew, Sergej Sergejewitsch 312
Prunskiene, Kazimiera 421
Ptolemäus 201
Puccini, Giacomo 362
Puschkin, Alexander 311, 349
Pynn, John 317
Pyrrhus von Epirus (König) 99

Qin Shi Huang Di 70

Rabelais, François 291
Racine, Jean 291
Ramses II. 56, 58, 59
Ramses III. 60, 180
Raffael 245
Reagan, Ronald 418, 436
Rembrandt, Harmensz von Rijn 287, 288
Renoir, Auguste 359
Resa Pahlawi (Khan) 226
Resa Pahlawi, Mohammad 226
Richard Löwenherz 154, 158
Richelieu, Armand Jean 251, 254, 283, 354
Rimski-Korsakow, Nikolaj Andrejewitsch
    312
Rivera, Diego 342
Rivera, Primo de 394
Robert, Louis 267
Robespierre, Maximilien de 327, 329, 332
Robinson, Mary 422
Rockefeller, John Davison 367
Rodin, Auguste 348
Rohe, Mies van der 369
Rokossowski (Marschall) 411
Roland 151
Rollo 190
Rommel, Erwin 399
Roosevelt, Franklin Delano 367, 394, 397,
    399 f., 411
Roosevelt, Theodore 367
Rousseau, Jean-Jacques 321
Rousseau, Théodore 359
Rushdie, Salman 424
Ruskin, John 349
Rutherford, Ernest 264

Sadat, Mohammed Anwar el 427
Saint-Just, Louis Antoine Léon de 327, 329
Saint-Simon, Henri de 362
Saladin 157, 159
Salazar 277

Salomo (König) 75 f.
San Martín, José de 338
Santa Ana, Lopez de 339
Santayana, George 445
Sapor I. (König) 125 f.
Sargon I. (Herrscher von Agade) 33, 34
Saul (König) 75
Schiller, Friedrich 345
Schiwkow, Todor 412
Schmidt, Helmut 413
Schönberg, Arnold 362
Schopenhauer, Arthur 345, 363
Schostakowitsch, Dmitrij Dmitrijewitsch
    312
Schubert, Franz 349
Schuman, Robert 419
Schumann, Robert 349
Scott, Sir Walter 347
Seleukos von Seleukia 95
Selim I. 223, 232
Selim III. (Sultan) 237
Seneca 103
Seurat, Georges 359
Shakespeare, William 296, 342
Shaw, George Bernard 305
Shelley, Percy Bysshe 305, 347
Sherman, William T. 367
Siqueiros, Alfaro 342
Sisley, Alfred 359
Smith, Adam 321
Smith, Ian 407
Sokrates 83, 84, 113
Solon 81
Sophokles 84, 133
Soutin, Haim 362
Speek, John 302
Spengler, Oswald 377, 444
Spinoza, Baruch 288, 347
Stalin, Joseph 313, 369, 375, 397, 398, 400,
    435, 441
Stanley, Sir Henry Morton 408
Stendhal 347
Stephenson, George 266
Strafford 317
Strauss, Richard 362
Suchocka, Hanna 422
Suharto (indones. General) 403
Sukarno, Achmed 403
Suleiman II. der Prächtige 232, 233, 234 f.
Sulla 100
Sullivan, Louis H. 368
Sun Yat-sen 212
Suppiluliumas (König) 56
Swift, Jonathan 305

Tacitus 103
Tankred (Graf) 192
Tennyson, Alfred Lord 305
Thackeray, William Makepeace 305
Thales von Milet 79
Thatcher, Margaret 421
Themistokles 82
Thiers, Adolphe 325
Thomas Becket (Erzbischof) 153
Thomas von Aquin 155
Thukydides 84, 103
Tiglat-Pileser 61
Tilak, B. G. 404
Tilly 251
Timm, Wilhelm Georg von *310*
Timur-Leng 196 f., 200, 218 f., 228
Tischbein, Johann Heinr. Wilh. *343*
Tito, Josip Broz 401
Titus 108 f.
Tizian 245
Tojotomi Hidejoshi 215
Tolstoi, Leo *310*, 312
Toqueville, de 325
Toulouse-Lautrec, Henri de 362
Toynbee, Arnold 88, 377, 444
Trajan (Kaiser) 102
Treitschke, Heinrich 364
Trotzki, Leo Dawidowitsch 328, 370 f., 373
  ff.
Truman, Harry S. 418
Tschaikowski, Peter Iljitsch 312
Tschechow, Anton 312
Tshombé, Moise Kapenda 408
Tuchaschewski 375
Turgenjew, Iwan Sergejewitsch 311
Turner, William 349
Tutmosis III. 58

Ulbricht, Walter 412
Urban II. (Papst) 152, 156

Valerian (Kaiser) 125
Vanderbilt, Cornelius 367
Vasco da Gama 203, 272 f.

Vega Carpio, Lope Félix de 281
Velázquez, Diego 281, *282*
Verdi, Giuseppe 362
Vergil 103
Vermeer, Jan 288
Verocchio, Andrea del 245
Victor Emanuel II. (ital. König) 355, 390
Vlaminck, Maurice de 362
Volta, Allessandro 264
Voltaire 321 f.

Wagner, Richard 364
Walesa, Lech 438
Wallenstein 251
Walpole, Sir Robert 304
Washington, George 323 f.
Watt, James 266
Wellington, Arthur 275
Weyden, Rogier van der 284
Whitney, Eli 267
Wilhelm I. (dt. Kaiser) 356
Wilhelm II. (dt. Kaiser) 256, 358, *379*, 380
  ff., 386, 413
Wilhelm der Eroberer 149
Wilhelm (Erzbischof v. Tyros) 156, 159
Wilhelm von Oranien 285, 319
Wilson, Woodrow 367, 387 f.
Wlassow, Andrej Andrejewitsch 398
Wolfe, Virginia 305
Wordsworth, William 347
Wright, Frank Lloyd 368
Wycliffe, John 247

Xenophon 66, 88

Yeats, William Buttler 305

Zeno 95
Zenobia (Kaiserin) 104
Zia, Begum Khaleda 422
Zola, Emile 359
Zoroaster (Zarathustra) 68
Zurbaran, Francisco de 281
Zwingli, Ulrich 249

Orts- und Sachregister

Abbasiden 127, 145 ff.
Abbasiden-Dynastie 145
Abendländische Literatur 155
Abendländische Zivilisation 148, 150, 153,
    193, 207, 240, 271, 307, 377 f., 422
Abendland 130
Abessinien 391
Ablaß 247, 249
Abolitionisten 366
Aborigines 43, 300
Absolutismus 276
Abteikirche (Cluny) 151
Abukir 333
Abu Simbel 59
Achämeniden-Dynastie 64 f.
Achämeniden-Reich 125
Ackerbau 16, 24, 26, 36, 43, 171
Adler 167
Adria 137
Adrianopel (Edirne) 140, 228, 351
Ägäis 19, 47 f., 84, 104, 178 f., 181, 230
Ägypten 25, 29, 36–40, 43, 47 f., 56 ff.,
    60 f., 63–66, 77, 84, 92, 94 f., 97, 102,
    144, 146 f., 171, 178, 182 f., 186, 223,
    232, 236 f., 240, 243, 302, 333, 396, 399,
    410, 416, 420, 426 ff.
Ägypter 32, 34, 63
Ägyptische Kunst 37
Ägyptisches Reich 113
Aeolis 97
Äquator 43
Ärmelkanal 241
Ästhetik 349, 362
Äthiopien 20, 111, 172, 356, 416
Äthiopier 60
Äußere Mongolei 116, 194
Affe 20
Afghane 218, 225
Afghanistan 40, 45, 64, 124, 187, 198 f., 225,
    416
Afrika 13, 17 f., 20, 22 f., 26, 43, 97, 161,
    172 f., 182, 203, 205, 270, 272, 274–277,
    293 f., 301 f., 377, 380, 407, 411, 416,
    435, 444

Afrikaner 175
Agadir 382
Agra 220
Agrigent 80
Ahriman (s. Angra Manju)
Ahura Masda (iran. Gottheit) 68
Ajaccio 330
Ajivkas 71
Akko 137
Akkad 30, 34
Akkadisch 34, 62
Akkon 145, 158 ff., 180, 225, 243, 333
Akropolis 82
Akrotiri 48
Alabama 365
Alabaster 40
Alalak 181
Alanen 140
Alaska 161, 310
Albaner 228, 231
Albanien 391, 436
Alemannen 139 f.
Aleppo 157
Alexandria 96 f., 106, 110, 139, 186
Alexandriner 96
Algerien 236, 294, 351, 409 f., 424
Algerier 409
Algier 234, 294
Alicante 278
Alkohol 271
Alliierte 402
Almoraviden 173
Alpen 18, 99, 243, 246
Alphabet 39, 41 f., 65, 185
Altes Königreich 36, 38
Altes Reich (Ägypten) 60
Altes Testament 40 f., 57, 62, 75, 77 f., 106,
    109
Alte Welt 161 f., 194
Amarna-Briefe 35, 58
Amazonas 274
Amerika 16, 17, 23, 26, 129, 161, 165, 175,
    192, 203, 205, 229, 235, 253, 261, 269 f.,
    274, 278 ff., 283, 288, 292 f., 296, 299,

304 f., 308, 322, 324, 365, 367 ff., 377,
388 f., 394, 399 f., 403, 415, 417, 430 ff.,
436
Amerikaner 364 ff., 368 f., 400 f., 414, 416,
428, 430, , 443
Amerikanische Kultur 161
Amerikanische Revolution 324
Amerikanischer Traum 364, 369
Ammon 75
Amphibien 20
Amsterdam 286, 288
Amur 312
Anabasis 66
Anarchie 241
Anarchismus 363
Anatolien 26, 40 f., 49, 56 f., 179, 196, 223,
226 f., 232, 312
Ancona 154
Anden 18, 274, 338, 341
Angeln 141
Angers 329
Angkor 201
Anglikanische Kirche 317
Anglo-Persian Oil Company 226
Angola 276 f., 416
Angra Manju (iran. Gottheit) 61
Anjou 149, 154
Ankara 56, 231, 238
Anker 204
Annam 294
Anschluß 395
Antarktis 18, 206
Antibiotika 443
Antichrist 249
Antigoniden 94
Antike 29, 390
Antiochia 97, 110, 156, 192, 226
Antitrust-Gesetze 432
Antwerpen 288
Anubis 38
Anyang 51
Apokryphen 109
Apoll 186
Apostel 62, 108
Appalachen 323
Appelationsrecht 81
Apulien 191
Aquädukt 98, 103
Aquitanien 149
Araber 62, 133, 143 f., 146, 197 f., 237, 303,
406, 427, 430
Arabien 18, 97, 103, 143, 231
Arabisch 62, 146, 154
Arabische Halbinsel 144
Arabische Schrift 222

Arabische Wüste 126, 143
Aradus 181
Aragon 278
Aralsee 196
Aram 75
Aramäer 61 f.
Aramäisch 62, 65, 96, 106, 108
Aramäische Kultur 143
Arbeiterklasse 305
Arbeiterschaft 417, 420
Arbil 92
Archäologen 27, 191
Archäologie 15 f., 74
Archangelsk 374
Architektur 84, 86, 145, 147, 151, 227, 238,
255, 281, 368
Archonten 80 f.
Ardennen 401
Areopag 80
Argentinien 338−341, 421
Arianismus 140
Arier 44 f., 63
Arikamedu 187
Arische Kultur 46
Aristokratie 38, 115, 216, 253, 286, 304,
311, 320 f., 324, 327, 334
Arizona 339
Armada 250
Armenien 62, 111, 125, 191, 441
Armenier 226
Artois 255
Aserbeidschan 223, 312, 441
Asia Minor (s. Kleinasien)
Asiaten 419
Asiatische Kultur 114
Asien 18. 22 ff., 43, 92, 113, 161, 205, 207,
231, 234, 261, 288, 292, 294
Askalon 181
Assassinen 222, 425
Assiut 38
Assur 61 ff., 77
Assyrer 60−63, 76, 171
Assyrien 41, 56 f., 64
Astrolabium 204
Astronomie 123, 166, 261
Atheisten 71
Athen 80 ff., 84, 92, 95 f., 243, 245
Athener 82, 88, 92
Athos, Berg 139
Atlantik 17 f., 146, 171, 174, 182, 202, 265,
295, 424
Atom 80, 444
Atombombe 399, 402, 414
Atomkrieg 443
Aton 58

Attika 49, 81
Attisch 95
Attischer (See-)Bund 82, 84, 86
Atum-Re 38
Auerochse 24
Aufklärung 315, 320 f., 325
Augsburg 243
Augusteischer Friede 125
Außenhandel 118
Außenpolitik 39, 316, 354
Austerlitz 334
Australien 16 f., 23, 43, 206, 261, 269 f.,
    300 f., 305, 434
Australier 399
Australopithecus 20
Australopithecusafarensis 21
Australopithecusafricanus 21
Australopithecusboisei 21
Australopithecusrobustus 21
Auto 218, 268, 384, 393, 425
Autokratie 369 f., 373, 375
Automobilindustrie 369
Auvergne 149
Avignon 240
Avocado 162
Awa 62
Awaren 132, 141
Axt 191
Axum 172
Ayyubiden-Dynastie 159
Azcapotzalco 164
Azoren 18, 182, 272
Azteken 164 f., 167
Azteken-Reich 170, 205, 279

Babel 62
Babylon 34 f., 41, 56, 61 ff., 76 ff., 93, 182
Babylonier 63
Babylonische Gefangenschaft 77
Babylonisches Reich 64
Bagdad 145, 147, 190, 227
Bahai 225
Bahia 274
Baikal-See 44, 308
Baktrien 95, 116, 124, 184, 199
Balearen 182, 278
Balkan 26, 104, 131 ff., 136, 141, 178, 228,
    231 f., 238, 242, 258, 312 f., 351, 382,
    385 f.
Balkanisierung 389, 444
Balkan-Krieg 382
Balsam 97
Baltikum 148, 153, 242, 389, 395, 440
Baltische Unabhängigkeitsbewegung 422
Banane 171

Bangladesch 199, 291, 405, 422, 426
Bankenimperium 367
Bank of England 319
Bank-Zentren 431
Bantu 171 f.
Barbaren 35, 51, 131 f., 139, 143
Barcelona 141 f., 278, 283, 394
Bar Kochba 109
Bartholomäusnacht 250, 291
Basken 441
Bastille 326
Bataan 399
Batavia (s. Jakarta)
Bauer 38, 43, 104, 170, 320
Bauernschaft 240
Baumwolle 45, 97, 168, 219, 231, 266 f.,
    274, 303
Bayern 148, 374
Beijing 51, 194, 196, 210 f.
Beirut 181, 425
Beisan 145
Belgien 140, 255, 267, 283−286, 322, 351,
    381 f., 385, 396, 408
Belgier 129, 408
Belgisch-Kongo 407
Belutschistan 26, 299
Benediktiner 152
Bengalen 199, 201, 404
Benghali 220
Benin 174
Berber 172
Bergbau 322, 366
Berlin 95, 353, 391, 401, 414, 439
Berliner Mauer 415, 439
Berufsheer 60
Besnagar 185
Bessarabien 312, 395
Bestattungsritus 16, 24
Bethlehem 155
Beth Schemesch 42
Bevölkerungsexplosion 426
Bibel 31, 62, 78, 87, 113, 178, 181, 247, 249
Bibliothek 95 f., 142, 337
Big Business 367, 432
Bilderverehrung 134
Binnenhandel 118
Birma 209, 211
Bischof 109 f.
Bison 24
Blaue Moschee 232
Blut und Eisen 356
Böhmen 148, 241, 247, 250, 256, 353
Böotien 49
Börsenkrach 394
Bogazkale 56

Bogenschütze 53, 90, 148
Bohnen 25, 162, 167
Bola 170
Bolivien 340 f.
Bologna 150, 390
Bolschewiki 371 f.
Bombay 69, 299
Bonampak 166
Bonn 413
Book of Kells 142
Bordeaux 196, 328
Borgia 246
Bornu 174 f.
Borobudur 201
Bosnien 382
Boston 324
Boston Massacre 323
Boston Tea Party 323
Botanik 264
Bourbonen 254 f., 283, 336, 350
Bourgeoisie 286, 320
Boxer-Aufstand 211
Brabant 284
Brachiopoden 20
Brahmanen 46, 72
Brahmanismus 72, 122
Brandenburg 258
Brandrodung 166
Brasilien 167, 205, 274 ff., 289, 337,
    339–342
Braunhemden 392
Brest-Litowsk 373
Bretagne 154, 327 f.
Briefliteratur 135
Britannien 141, 190
Briten 47, 113, 210, 219, 221, 277, 288 f.,
    294, 298, 312, 323 f., 328, 335 f., 341,
    396, 400 f., 403–408, 414, 420, 427, 430
Britische Inseln 24
Britisches Empire 294 f., 300, 302 f.
Britische Herrschaft 302
Britisch-Malaya 403
Bronze 27, 38, 43 ff., 47 f., 50, 52 f., 117,
    120, 185, 214
Bronzezeit 171
Brumaire, 18. 334
Brussa 227
Buchdruck 119 f.
Buchkunst 224
Budapest 411
Buddha 73, 117, 122
Buddhismus 47, 67, 70 f., 73 f., 114, 117,
    122 f., 185, 194, 201, 214
Buddhist 186
Buddhistische Kunst 187

Buddhistisches Mönchtum 186
Büffel 45, 366
Buenos Aires 337–340
Buffalo 365
Bürgerrechtsbewegung 418
Bürokratie 60, 115
Bug 236
Bule (s. Aeropag)
Bulgaren 133 f., 141
Bulgarien 191, 228, 236, 385, 387 f., 412
Bundesrepublik Deutschland 413
Bunker Hill 323
Burgund 149, 284
Burgunder 140
Burma 201, 299, 399, 401, 403 f.
Bursa 231
Buschmänner 172
Byblos (s. Gebal)
Byzantiner 135 f., 138
Byzantinische Kultur 113, 139
Byzantinische Kunst 145
Byzantinisches Reich 105, 131, 133, 228
Byzantinische Renaissance 134
Byzanz (Byzantion) 105, 111, 120, 125 f.,
    129–133 ff., 137 f., 144, 146, 153, 190,
    192, 226, 239

Cambridge 393
Cannae 99
Canossa 152
Canterbury 153
Capelinhos 18
Caracas 338
Carmel 23
Carrhae 124
Castiglione 90
Catal Hüjük 26
Ceuta 203, 272
Ceylon 73, 273, 289, 299
Chaco-Krieg 341
Chaironeia 92
Chalchihuitlicue 163
Chalcolithikum 29
Chaldäer 63
Chan-Chan 169
Charvakas 71
Chavín-Kultur 168 f.
Chemie 264
Chicago 365, 368
Chichén Itzá 167
Chichimeken 164
Chile 167, 169, 279, 338–341
Chimú 169
Chimú-Kultur 169
China 22, 41, 44, 51 ff., 67, 69 f., 74, 86, 97,

113–116 ff., 120, 125, 129, 185, 187,
193 f., 196 f., 207 f., 210 ff., 215, 217, 227,
239 f., 259, 265, 271, 273, 302, 312,
409 f., 414, 434 f., 444
Chinesen 53, 71, 117, 196, 201, 209, 213,
271, 399, 404, 443
Chinesisch 214
Chinesische Kultur 53, 60, 113, 116, 139,
146, 214
Chinesische Kunst 187
Chios 136
Cholera 267
Chora-Kirche 136
Chorasan-Reich 193
Chorsabad 62
Christen 110, 158, 202, 216, 226, 425 f.
Christenheit 75, 87, 152, 156, 239, 249
Christentum 68, 78, 105 f., 108 ff., 114, 131,
141, 150, 152, 172, 188, 190, 203, 247,
249, 275, 290
Clermont 156
Cleveland 365
Cluny 151 f.
Clyde 143
Code Napoleon 334
Computer 268, 369, 431
Connecticut 298
Cordoba 147
Curacao 289

Däne 188 f., 191
Dänemark 43, 149, 188 f., 259, 356, 396,
398
Dagan 40
Damaskus 41, 144 f., 157
Dampflokomotive 266
Dampfmaschine 266
Dan 180
Danzig 395
Daphni 136
Dardanellen 92
Darlehen 65
Das verlorene Paradies(v. Bunyan) 318
Datierung 27
Dattel 32
Davidische Dynastie 76
Deklaration der Menschen- und Bürger-
rechte 326
Delhi 185, 196, 198 ff., 218 f.
Delos 97
Demokratie 80 f., 84, 86, 218, 389–392,
412, 444
Dendrochronologie (Jahresring-Datierung)
15
Denje 180

Deportation 62, 310
Depression 391, 393 f., 417
Der Traum der roten Kammer 209
Derwisch 227
Detroit 365, 369
Deutsch 154, 249
Deutsche 152, 190, 349, 352, 356, 362, 371,
380, 384 ff., 388 f., 396, 398–401, 411, 443
Deutsche Demokratische Republik (DDR)
412, 439
Deutsche Literatur 342
Deutsche Ritterorden 148, 159
Deutsches Reich 103, 154, 356
Deutsch-französischer Krieg 356, 363
Deutschland 140, 142, 148, 151, 189, 226,
237, 242, 251, 254, 256, 258 f., 267, 270,
279, 305, 324, 336, 342, 349, 353 f., 356,
358, 363, 367, 373 f., 378, 380 ff., 384 f.,
388 f., 391 f., 394, 396 f., 399, 401 f.,
412 f., 417 f., 420, 430, 439
Devisen 217
Diadochen 123
Diakon 109
Diamanten 274
Diaspora 77, 87, 106 f.
Dien Bien Phu 409
Die Übergabe von Breda 282
Diktator 390
Diktatur 277 f., 315, 389, 391
Dinosaurier 20
Diplomatie 246, 358
Direktorium 329, 334
Dissident 310
Diu 273
Dodekanes 236, 356
Domesday Book 149
Domestizierung 25 f., 43, 143, 161, 167
Dominikaner 152, 247
Dominion 301, 407
Don 140, 373
Donau 132, 139
Don Quijote 281
Drama 84, 121, 343
Drei Königreiche (China) 117
Dreißigjähriger Krieg 250 f., 259, 286, 289
Dritte Republik (Frankreich) 392
Dritter Stand 326
Drittes Reich (s. Moskauer Reich)
Drucken 114, 265
Druckerpresse 311
Druckverfahren 244
Dublin 189
Duce 391
Dünkirchen 396
Duma 372

Eber 24, 48
Ebla 40
Ecuador 338
Edessa 156 f.
Edirne 228, 232
Edo 216
Edom 75
Efraim, Stamm 76
EG 218, 277, 413, 419 f.
Eigentum 323
Ein Dschalud 193
Eisen 53, 265, 267, 367
Eisenbahn 217, 266 f., 340, 358, 366 f., 372
Eisenerz 171, 173
Eisenhower-Doktrin 416
Eisenschwerter 53
Eisenwerkzeug 53, 171
Eisenzeit 115
Eiserner Vorhang 413
Eiszeit 20, 23 f.
el-Alamein 399
Elam 34
Elbe 142, 148, 150, 153, 401
Elefant 23, 45, 90, 99, 122, 185
Elektronik 264
Elfenbein 48, 97, 135, 172, 181
Elfenbeinküste 409
Elisabethanisches Zeitalter 296
Elsaß 140, 255
Elsaß-Lothringen 149, 358, 380
Empirismus 320
Engländer 190, 205, 215, 224, 295 f., 299
England 91, 102, 129, 143, 149, 154, 158,
    182, 188 ff., 210, 247, 250 f., 255 f.,
    265 ff., 283, 290 f., 293, 296, 300 f., 305,
    312, 315 f., 318 f., 321, 347, 349, 352,
    354, 362, 367, 370, 378, 381 f., 392,
    395 f., 404, 424
Englisch 222, 241, 271, 305
Englische Revolution 320
Enos 303, 406
Entkolonialisierung 408
Enzyklopädie (v. Diderot) 321
E.O.K.A.-Bewegung 407
Ephesos 97
Epipaläotikum 29
Erbsen 45
Erdbeben 315
Erdbevölkerung 302
Erde 17, 19 f., 205, 261
Erdnüsse 209
Erdumseglung, erste 205
Eridu 30
Erie-Kanal 365
Eritrea 356

Erster Konsul 334
Erz 308
Erzählung 312
Esel 191
Essay 121
Essener 107
Estland 188, 259
Ethik 105, 111
Etrurien 98
Etrusker 98 f., 178 ff.
Euphrat 30, 40 f., 75, 125
Europa 16−19, 22 ff., 26, 43 f., 103 ff., 113 f.,
    116, 120, 129 f., 132, 134, 136, 138 ff.,
    142 f., 146, 148, 152, 154, 158 f., 161,
    182, 194, 196, 201, 207−210 f., 220,
    228 f., 231, 234 ff., 239−243, 245, 249,
    251, 253 ff., 258 f., 266, 270 ff., 277, 281,
    283 f., 286, 289, 295 f., 304, 310, 320,
    334 f., 339, 350, 352 ff., 356, 358, 368 f.,
    378, 380, 382, 384, 390, 393, 395 f.,
    398 ff., 402 f., 406, 413 ff., 419 f., 432, 441
Europäische Kultur 239, 311
Europäer 202 f., 211, 271, 281, 388, 394, 443
Europäischer Markt 413, 419, 424
Europäische Zivilisation 307
Evangelium 109
Exekutive 321, 324
Exil 347, 412
Exodus 58
Expressionisten 362
Extremismus 364

Fabel 159
Fabrik 266, 373
Falange-Partei 394
Falangisten 390
Falke 38
Falkland-Inseln 301, 341
Falkland-Krieg 421
Falknerei 155
Farbstoff 97
Faröer 191
Faschismus 321, 389, 392, 401
Faschisten 390
Faschistische Partei 390
Faschoda 294
Faschoda-Krise 381
Fatimiden 155
Fatimiden-Dynastie 147
Faust (Goethe) 343
Fauves 362
Fayence 227
Februar-Revolution 371
Federschlangen 163
Feige 32, 50

Felsendom 145
Ferner Osten 114, 204, 234, 243, 272, 308,
    431, 434
Fernsehen 268, 419
Feudalaristokratie 280
Feudalismus 70, 126, 156, 230
Feudalsystem 114, 141, 216 f., 326
Feudaltradition 214
Feuerwaffe 161, 170, 174, 204, 215, 239, 267
Filme 419
Finnland 242, 259, 312, 397
Fische 20
Fiume 390
Flachs 50
Flandern 150, 284
Fleisch 339
FLN (Algerien) 410
Florenz 155, 243, 245, 281, 286, 355, 390
Flugzeug 268, 384
Fränkisches Reich 142
Franche Comté 255
Franke 142, 157
Franken 105, 139 f., 148
Frankreich 23, 89, 129, 134, 142 f., 149, 153,
    154, 189, 211, 236, 240, 246, 250 f.,
    253–256, 258 f., 267, 283, 289 ff.,
    293–296, 299, 301 f., 305, 312, 315, 317,
    320–324, 326 f., 330, 332 ff., 336, 342,
    347, 350–356, 362, 370, 378, 380 ff., 385,
    388 f., 392, 395 f., 401 f., 408 f., 413, 417,
    420, 422, 430
Franziskanische Bettelmönche 152, 196, 247
Französisch 190, 222, 255, 284, 292, 295,
    300, 311, 337
Französische Kultur 295
Französische Literatur 295
Französische Ostindienkompanie 293
Französische Revolution 254, 262, 325, 327,
    329, 335
Französisches Reich 294, 408 f.
Franzosen 113, 205, 221, 240, 242, 267, 275,
    290–295, 299, 323, 327, 338, 352 f., 356,
    381, 396, 409 f., 430
Freibeuter (s. Pirat)
Freihandel 266
Freiheit 320 f., 323, 412, 443
Friedland 334
Friesland 189
Fruchtbarer Halbmond 61
Fruchtbarkeitskult 26, 74
Fruchtwechsel 266
Frühlings- und Herbst-Periode (China) 53
Führer 392
Fünfte Republik (Frankreich) 413
Fundamentalismus 222

Fußball 342

Gälisch 142
Gahna 302
Galapagos 292
Galaxis 17
Galiläa 75, 106, 108 f., 192
Gallien 100, 124, 140
Gallipoli 386
Gandhara 186
Gandhara-Kunst 186 f.
Ganges 46 f., 199, 293
Garonne 189
Gaskammer 398
Gaugamela 90, 92
Gaza 92
Gebal 41, 181
Gedicht 311
Gegenreformation 234, 246, 250, 273, 320
Geheimdienst 303
Gelber Fluß (s. Huang He)
Geld 62, 65, 198, 316 f., 341, 367, 440
Gemmen 48
Generalstände 240, 326
Genezareth 22
Genf 249, 322
Genji 214
Genozid 398
Genua 137 f., 158, 230, 235, 243, 273
Genueser 158
Geographie 261
Geometrie 79, 95, 123
Georgia 298
Georgien 312, 375, 441
Germanen 132, 140 f.
Germanisch 141
Gerste 25 f., 35, 45, 49
Geschichte der Kirche (Eusebius von Caesa-
    räa) 110
Geschichtsphilosophie 363
Gesetzgebende Versammlung 326
Getreide 97
Gethsemane 108
Geusen 285
Gewaltenteilung 321
Gewehr 265
Gewerkschaft 391
Gewürz 97, 220, 231, 235, 288, 298
Gewürzhandel 97, 205, 272, 298
Gewürzinseln 243
Ghana 173 f., 407
Ghassulian 29
Ghazni 198
Gibraltar 197, 203, 255, 301, 384
Giftgas 386

Gilgamesch-Epos 31
Girondisten 327 f.
Glas 97, 181, 187
Glasnost 436
Gleichberechtigung 419
Gleichheit 321
Glorreiche Revolution (England) 319
Glühbirne 268
Goa 273
Göttliche Komödie (Dante) 155
Götz von Berlichingen (Goethe) 343
Golanhöhen 427
Gold 27, 40 f., 96, 136, 168, 173, 184, 203,
    205, 215, 274, 276, 366
Goldenes Dreieck 445
Goldene Horde 196
Goldenes Horn 229
Goldküste 284, 302
Golfkrieg, Erster 427
Golfkrieg, Zweiter 428
Golf von Mexiko 162, 292
Goten 105, 139 f.
Gotische Architektur 146, 159, 347
Gottesstaat (Augustinus) 110
Granada 147, 153, 203, 239, 278
Granikos 92
Greif 185
Griechen 42, 82, 88, 96, 98, 180, 183, 185,
    228, 350, 406
Griechenland 42, 45−49 f., 60, 64, 67, 78 f.,
    81 f., 84, 86 f., 92, 96, 98 ff., 102, 134 f.,
    137 f., 146, 236, 303, 351, 396, 402, 406,
    414
Griechisch 95, 104, 106, 111, 125, 131,
    133 ff., 145, 154, 179, 183, 226, 247
Griechisch-hellenistische Kunst 186
Griechische Kultur 87, 102, 105, 114, 134,
    137, 184
Griechische Mythologie 185
Griechisches Reich 134
Griechisch-orthodoxe Kirche 111, 138 f.,
    156
Grönland 18
Großbritannien 210 f., 217, 225 f., 236 f.,
    251, 256, 258, 267, 277, 299 f., 302−305,
    312, 327, 335, 342, 358, 363, 380, 384 f.,
    387 f., 393, 404 f., 407 f., 417, 419 f., 428,
    430
Große Erdmutter 48
Große Mauer 115, 118, 185, 193
Großer Sprung nach vorn 213
Großes Fahrzeug 74, 122
Großmacht 311
Grundbesitz 65
Gschur 75

Guangdong 434
Guatemala 165
Guerilla 407
Guerilleros 341
Guernica (Picasso) 392
Guienne 149
Guillotine 264
Guinea 409
Gujarat 201, 220
Gummi 294, 340
Gupta-Dynastie 123

Habeas-Corpus-Akte 319
Habsburger 241, 246, 251, 253, 255 f., 258 f.,
    280 f., 285
Habsburger-Reich 234
Händler 42
Hängebrücke, erste 118
Häresie 110
Hagia Sophia 132, 135 f., 229, 231
Hagiographen 135
Haifa 225
Haiku-Gedichte 216
Haiti 292, 337
Halacha 107 f.
Halafian 29
Halbnomaden 46, 64, 75
Halikarnassos 49
Hama 62, 426
Hamat 62
Hamath 75
Hamiten 172
Han 121
Handbuch für Kaufleute (Pegoletti) 194
Handel 40, 44, 48, 65, 71, 84, 93, 96, 102,
    115, 125, 134, 136, 138, 150, 158 f.,
    171 ff., 181−185, 190, 194, 196, 198,
    203 f., 210 f., 225, 231, 234 f., 243, 253,
    265, 269, 273 f., 278, 286, 288 f., 294,
    299 f., 322, 337, 365
Handels-Zentren 431
Han-Dynastie 67, 70 f., 113 ff., 185
Hanf 27
Han-Kultur 117
Hannover, Haus 304
Hanoi 409
Han-Reich 116, 118
Han-Zeit 115 ff., 201
Harappa 45
Harem 224, 236
Harod 159
Hattin 157
Hattusa 55
Hatzor 41
Haustier 25, 45

Hawaii 431
Hebräisch 40, 42, 62, 108, 247
Hebriden 189
Hedja 232
Hedschra 144
Heian-Periode 214
Heiden 110, 191, 203
Heidentum 131
Heiliges Offizium 250
Heiliger Krieg 227, 424
Heiliger Stuhl 110, 132
Heilige Schrift 249
Heiliges Land 74, 77, 147, 155 ff., 188
Heiliges Römisches Reich Deutscher
     Nation 148, 258, 285
Heilmittel 32
Heliopolis 38
Heliozentrik 95
Hellenismus 87, 93 f., 102, 123
Hellenistische Kunst 122
Hellenistische Kultur 105, 143 f.
Hellenistisches Reich 87
Hellenistische Welt 96
Hellenistische Zeit 80
Henan 52
Hethiter 55–58, 60, 63, 179
Hethiterreich 179
Hidalgo 279
Hieroglyphen 38, 41 f., 56, 166
Himalaja 18
Himera 81
Hindu 219, 220, 303, 405
Hindu-Dynastie 200
Hinduismus 46, 72, 114, 122 f., 185
Hinduistische Kunst 122
Hindukusch 184, 196
Hindu Vijayanagar 219 f.
Hiroshima 402
Hirsch 24
Hirten 55
Hisbollah 223, 425
Hispanos 419
Historie 84
Historischer Materialismus 363
Hitler-Putsch 391
Hochkirche 317
Hohenzollern 258
Holländer 215, 289 f., 298, 403
Holländisch 284
Holländisches Kolonialreich 290
Holland 284 f., 382, 396
Hollywood 393, 419
Holocaust 398
Holzschwerter 170
Homo habilis 21 f.

Homo erectus 22 f.
Homo sapiens 23 f.
Homosexualität 222
Honduras 165
Hongkong 210, 212, 301 f., 399, 410, 434
Hormus 273
Horyuji 214
Hottentotten 172
Huang He 51 f.
Huari-Kultur 169
Hubei 118
Hugenotten 250, 291
Huitzilopochtli 165
Humanisten 247
Hund 25, 38
Hundert-Blumen-Bewegung 213
Hundertjähriger Krieg 241
Hundert Schulen des Denkens (China) 69
Hunnen (s. Xiung Nu)
Hydaspes 90
Hyksos 39, 57, 60

Ibelin 158
Iberische Halbinsel 141, 153, 182, 203, 241,
     278
Idumäa 106
Ikone 136
Ikonenmalerei 159
Ilias 31, 46, 50, 79, 88
Ilkhanat 194, 196, 221
Illinois 365
Illyrien 92
Il Principe (Macchiavelli) 246
Imperialbürokratie 70
Imperialismus 55, 61, 64, 217, 242, 269 f.,
     318, 377
Impressionismus 358
Impressionisten 216, 359
Inchon 414
Inder 198 f., 404
Indiana 365
Indianer 271, 274, 280 f., 292, 323, 365 f.
Indien 18, 44–47, 64 f., 67, 69, 71–74, 92,
     94, 97, 114, 117, 121 ff., 125, 146, 185,
     193, 196–201, 203 f., 207, 210, 218–221,
     225, 231, 256, 259, 269–274, 293, 298 f.,
     303, 305, 404 ff., 410, 421, 444
Indigo 220
Indio 338, 341
Indische Kultur 114, 184, 186
Indische Kunst 122
Indischer Nationalkongreß 404
Indischer Ozean 18, 120, 182, 201 f., 204,
     234 f., 272 ff., 276, 288, 298
Individuum 95

Indochina 294, 399, 408
Indoeuropäische Aristokratie 56
Indoeuropäische Kultur 46
Indoeuropäische Nomaden 63
Indoeuropäische Sprachfamilie 55
Indoeuropäische Völkerwanderung 45
Indonesien 24, 114, 197, 201 f., 235, 269,
    272, 288 ff., 298, 399, 403, 410, 424, 434
Indonesische Nationalistische Partei 403
Indra 46
Indus 44 ff., 68, 198
Indus-Kultur 44 f.
Industrialisierung 267, 352, 358
Industrie 268, 366 f., 394, 410, 412, 417,
    432, 440
Industriearbeiter 359
Industrielle Revolution 55, 113, 240, 265 f.,
    268 f., 301, 303, 307, 315, 352, 358, 378
Industrie-Zentren 431
Inflation 391
Infrastruktur 410
Initiation 24
Inkarnation 74
Inka 169 f.
Inka-Reich 279
Inquisition 250
Insekten 20
Internationale Brigaden 394
Interventionisten 399
Intifada-Bewegung 427
Iona 188
Ionien 64, 79, 81 f. , 97, 183
Ionier 79
Irak 25, 29, 144, 193, 196, 224, 232, 302,
    424−428
Iran 45, 62 ff., 123−126 f., 145, 193, 221 ff.,
    226, 426, 428
Irgun Zwai Leumi 406
Irkutsk 308
Irland 43, 142, 153, 189, 191, 251, 305,
    318 f., 422
I promessi sposi (Manzoni) 349
Isaurier 133 f.
Isaurische Dynastie (s. Syrische Dynastie)
Isfahan 224 f.
Isis 38
Iskenderum 92
Islam 47, 68, 74 f., 78, 88, 106, 111, 114,
    126 f., 134, 143 ff., 172 ff., 187 f., 194,
    197, 200 ff., 223, 226, 230 f., 234, 424,
    426
Islamische Architektur 197
Islamischer Fundamentalismus 422, 424,
    426
Islamischer Kalender 144

Islamisches Kalifat 115
Islamische Kultur 113 f., 146, 207, 377
Islamische Kunst 200
Islamisierung 144
Island 19, 150, 191
Isle of Man 189
Isolationismus 393, 431
Isolationisten 399
Israel 25, 29, 40 ff., 62, 67, 74 ff., 78, 106,
    109, 406, 410, 416, 421, 426 ff.
Israeliten 62, 75
Issos 90, 91, 92
Istanbul 132, 136, 209, 227, 229−232, 236 f.,
    386
Italien 18, 80, 99, 104, 129, 132, 134, 136,
    140, 141, 151, 155, 183, 234, 236, 242 f.,
    245 f., 250, 253 ff., 265, 270, 279, 283 f.,
    332, 349, 352−356, 362, 385, 390 f., 394,
    396 f., 400, 420
Italiener 40, 137, 158, 192, 333, 349, 352
Italienisch 154, 330
Ituräer 97
Iwo-Jim 401

Jade 166
Jäger und Sammler 25, 27
Jaffa 181
Jagen und Sammeln 43
Jagd 16, 22, 25, 48
Jagdzauber 24
Jaguar 167
Jahr ohne Sonne 19
Jainas 72
Jainismus 72, 122
Jakarta 289, 403
Jakobiner 327 ff.
Jalta 400
Jam 171
Jamaika 318
Jamestown 298
Janitscharen 230, 232, 236 f.
Japan 13, 71, 74, 114, 119, 207, 211, 213,
    215−218, 289, 312 f., 363, 371, 378, 385,
    398 f., 402 f., 417 f., 420, 430 ff., 434
Japaner 215, 218, 271, 290, 399 ff., 409, 432
Japanisch-ChinesischerKrieg 217
Jarrow 188
Java 18, 22, 201, 290
Jemen 97, 143, 172, 232
Jena 334
Jenne-Jeno 173 f.
Jericho 25 f., 97
Jerusalem 40, 57, 63 f., 75 ff., 106 ff., 110,
    136, 139, 145, 154 ff., 159, 181, 192, 237,
    312, 382

Jesuiten 250, 273, 291 f., 322
Jinismus (s. Jainismus)
Johanniter 158, 234 f.
Jom Kippur 427
Jom-Kippur-Krieg 416
Jordan 26, 75, 427
Jordanien 145, 406, 416, 424, 426 f.
Juda, Stamm 76
Judäa 64, 75, 77, 97, 108 f., 180
Juden 106, 108 ff., 253, 273, 283, 398, 406, 427
Judentum 68, 75, 77 f., 105–108
Judenvernichtung 396
Jugoslawien 242, 389, 396, 401, 441
Juliordonanzen 351
Jungsteinzeit 21
Jungtürken 237
Justiz 321, 324
Juwelen 198

Kabul 185
Kadesch 56, 58
Kaffee 340
Kairo 37, 60, 147, 157, 277, 302, 445
Kajar-Dynastie 225
Kalender 165, 222, 328
Kalifat 120, 126, 144 f., 190
Kalifornien 339, 366, 431
Kalkutta 299, 445
Kalligraphie 115, 222
Kalter Krieg 411, 413, 415 ff., 428, 441
Kamakura-Periode 214
Kamasutra 123
Kambodscha 201, 294, 436
Kamel 119, 143, 187
Kamikaze 215, 402
Kampfwagen 53, 60
Kanaan 39 f., 75
Kanaanäer 180
Kanaanäisch 42
Kanada 18, 291, 300 f., 305, 323 f.
Kanaren 182
Kanem 174
Kannibalismus 24
Kanonenboot 382
Kanton 204, 210 ff.
Kap der Guten Hoffnung 204 f., 234 f., 272, 277, 288, 302
Kapetinger 149, 240
Kapetinger-Dynastie 154
Kap Horn 338
Kapital (Marx) 113, 363
Kapitalakkumulation 55
Kapitalismus 268, 286, 444
Kapkolonie 301

Kappadokien 226
Kapverdische Inseln 272
Karakorum 194, 196
Karawane 175, 185, 190, 194, 196, 227, 231
Karmel, Berg 181
Karolinger 129, 141 f., 148 f.
Karolingische Macht 189
Karolingische Renaissance 142
Karthager 81, 182
Karthago 42, 99, 182 f.
Kasachstan 194
Kaschmir 187, 299
Kaspisches Meer 116, 124, 190
Kaste 73
Kastensystem 46
Kastilien 278
Katanga 408
Katharer 247
Katharinen-Kloster 136
Kathedralschule 150
Katholik 251, 253
Katholische Kirche 111, 138, 246 f., 250, 261, 334, 391, 426
Katholischer Glaube 319
Katholizismus 140, 215, 250, 319
Katyn 411
Kaukasus 140, 374, 399
Kautschuk 290
Kebaran 29
Kebaran-Kultur 29
Keilschrift 31, 34, 38, 40 ff., 56, 64
Kelten 141
Kenia 407
Kentucky 365
Keramik 147, 168 f.
Kernkraft 268
Keulen 170
Khanat der Goldenen Horde 194
Khanat der Weißen Horde 194
Khanbalik 194
Kharoshti 65
Khartum 171, 211
Kiew 143, 190, 307, 374
Kikuju-Stamm 407
Kilikien 94, 97, 100
Kioto 214, 217
Kirche 74, 109 f., 132, 137, 140, 156, 247, 249 f., 261, 285, 321, 336, 373, 443
Kirchenbann 154
Kirchenmusik 345
Kirchenreform 152
Kirchenväter 110
Klassik 342
Klassizismus 135, 347
Kleidung 97, 266

Kleinasien 45, 48 f., 53, 63 f., 79, 94, 99 f., 125 f., 133, 137, 156, 178, 191
Kleinbauern 100, 118, 341
Kleines Fahrzeug 74, 122
Klerus 126, 240, 280, 326
Kloster (Cluny) 152
Knossos 47, 49 f.
Kochsalz 32
Königreich Jerusalem 158
Königtum 318
Kohle 226, 265, 267
Kokablätter 341
Kokain 341
Kollektivierung 436
Kolonialbesitzungen 377
Kolonialherrschaft 271, 280, 302
Kolonialismus 277 f., 289, 291, 302, 403
Kolonialmacht 276, 296, 417
Kolonialpolitik 292, 319, 381
Kolonialregierung 407
Kolonialreich 13, 272 f., 301, 312, 356, 378, 403
Kolonie 256, 273, 277, 283 f., 290, 294, 298 f., 301–304, 323, 380, 387, 405, 409 f., 417
Kolonisation 298, 300
Kolumbien 168, 338 ff.
Kommunion 126
Kommunismus 71, 126, 271, 315, 389, 392, 398, 438
Kommunisten 211 f., 278, 389, 402, 411, 415
Kommunistische Partei 375, 412, 435 f., 441
Komnenen-Dynastie 138
Komödie 84, 96
Kompaß 114, 120, 205
Konfuzianismus 67, 69, 71, 74, 117, 210, 432
Kongo 204, 275, 277, 294
Kongreß 394
Konkubine 35
Konquistador 280
Konservative 304, 318, 393
Konterrevolutionäre 373
Konstantinopel 104, 110 f., 131–139, 150, 152, 154, 156, 190, 227 ff., 231, 312
Konstitutionelle Monarchie 321
Kontinentaldrift 18
Kontinentalsperre 267, 335
Konya 227
Konzentrationslager 398
Konzil 110, 247
Korallen 20
Koran 222, 224, 230, 424 f.
Korea 74, 114, 116, 211, 213, 215, 217, 414, 434

Korinth 84
Korsaren 97, 100, 179, 234
Korsika 330
Kosaken 308, 372
Kosmische Strahlung 15
Kraine 236
Krakatau 18 f.
Kranker Mann am Bosporus 235
Krasnojarsk 308
Kreml 438
Kreole 284
Kreta 19, 44, 47 ff., 178 f., 191, 236, 396
Kreuzfahrer 147, 159, 226, 228, 291, 382
Kreuzfahrerstaat 160
Kreuzzug 151, 155 f., 158, 160, 222, 239, 243, 247, 425
Kreuzzug, I. 135, 152, 157, 192
Kreuzzug, II. 153, 157
Kreuzzug, III. 154, 158
Kreuzzug, IV. 138, 154
Kreuzzug, V. 154
Krieg der Sterne 418
Krim 97, 232, 374
Krimkrieg 355
Krishna 46
Kritik der reinen Vernunft (Kant) 343
Kroatien 256, 441
Kronkolonie 301
Krummschwert 90
Ktesiphon 126
Kuba 284, 340, 417
Kubisten 362
Kühlschrank 393
Kültepe 41
Kürbis 162, 167
Kuh 50
Kulaken 375
Kult des Höchsten Wesens 328
Kultischer Theismus 122
Kultur 13, 16, 27, 36, 39, 47 f., 60, 84, 93, 130, 134, 143, 150, 161 ff., 168, 177, 180, 190, 200, 202 f., 206 f., 216, 240, 242 f., 264, 269 f., 296, 403
Kulturrevolution 213
Kunst 86, 93, 98, 104, 121, 130, 135, 142, 146 f., 163, 208, 221, 239, 255, 281, 342, 347, 359, 362, 368, 392
Kunstgeschichte 162, 359
Kuomintang-Partei 212
Kupfer 27, 97, 168, 340
Kurden 226, 425, 430
Kursk 401
Kusch 171 f.
Kuschan 185 f.
Kuschan-Reich 125, 187

Kuschan-Zeit 186
Kussejr Amra 145
Kuta 62
Kuwait 426, 428, 430
Kyrene 97, 178

Labour Party 363, 393
Labour-Regierung 405, 408
Labrador 292
Lachisch 42
Lack 117, 209, 214
Lagasch 34
Lagos 445
Lahore 198
Lama 167
Lancashire 303
Landnambok 191
Landwirtschaft 26, 43, 46 f., 51, 53, 65, 78, 86, 162, 166, 266, 311, 366, 375
Landwirtschaftliche Revolution 113, 162, 167
Langer Marsch 212
Langobarden 132, 141
Langue d'oc 149
L'Anseaux Meadows 192
Laos 294
Lapislazuli 40
Latein 103, 110, 131, 141 f., 154, 255
Lateinamerika 337, 340, 342
Lateinisches Kaiserreich (Konstantinopel) 138
Lateranverträge 391
Latifundienwesen 141
La Venta 163
Lebensstandard 268, 375, 412, 432
Lech 148
Legalismus 70
Legalistischer Kanon 70
Legion 98, 108 f., 124, 140
Legislative 321, 324
Legisten 67
Lehmtafel 31, 38
Leibeigene 320
Leibeigenschaft 81, 104, 126, 307, 312
Leinen 97
Leipzig 336
Leningrad (s. Sankt Petersburg)
Lepanto 235
Lettland 188, 259
Leuktra 86
Levante 23, 156 f.
Lexington 323
Leyte-Golf 401
Libanon 40, 42, 181, 223, 294 f., 408, 425, 444

Liberale 304, 319
Liberale Demokratische Partei (Japan) 218
Liberale Partei (England) 392
Liberalisierung 438
Libyen 182, 236, 356, 396, 399, 409, 425 f.
Libyer 60
Lima 338
Lindisfarne (Kloster) 188
Linear-A 47, 49
Linear-B 179
Linear-B-Schrift 49 f.
Linearschrift 42
Linsen 25
Lissabon 272, 275, 288, 337
Litauen 395, 422
Literatur 32, 39, 60, 79, 82, 86, 117, 121 f., 135, 147, 159, 208, 222, 239, 255, 281, 291, 305, 311 f., 342, 347, 359, 362, 368
Liverpool 266
Löwe 48, 61, 63
Logik 123
Loire 189
Lokomotive 266
Lombardei 355 f.
London 136, 189, 243, 286, 301, 304, 323, 371, 384
Lord-Protektor 318
Louisiana 292, 394
Louisiana-Kauf 365
Luanda 276
Lucy 20
Luftbrücke 414
Luftverkehr 305
Lusiaden (port. Nationalepos) 273
Luxemburg 284 f.
Lyder 64 f.
Lydien 64, 81
Lyon 328
Lyrik 121, 135, 343

Maas 247
Macao 273, 410
Madagaskar 293
Madeira 272
Madras 293, 298 f.
Madrid 281, 283, 394
Märchen 349
Mafia 393, 440
Magyaren 143, 148, 153, 352
Mahabharata 46, 122
Mahdi 211, 223
Mailand 355, 390, 401
Mainz 265
Mais 162, 210
Makedonien 86, 89, 93 f., 227 f.

Makedonier-Dynastie 134, 136
Malabar 219
Malaiischer Bund 403 f.
Malaiische Halbinsel 202, 204
Malaiische Union 403
Malakka 202, 273
Malaya 272, 289, 399
Malaysia 24, 202, 403, 410, 424, 434
Malaysier 404
Mali 173 f.
Malta 182, 234 f., 301
Mamelucken 159 f., 193, 232
Mamelucken-Dynastie 158
Manchester 266
Mandschu 209 f.
Mandschu-Dynastie 212
Mandschurei 209, 217, 402
Mandschu-Völker 209
Manhattan 368
Mani 126
Manica 276
Manichäer 126
Manichäismus 126
Maniok 162
Manufaktur 337
Manziken 137
Manzikert 226
Maori 300
Marathen 219
Marathen-Bewegung 221
Marathi 220
Marathon 82
Mari 40 f.
Markomannische Kriege 139
Marktwirtschaft 438, 440
Marmarameer 84, 92
Marmor 97, 186
Marne 388
Marne-Schlacht 385
Marokko 182, 273, 294, 409 f., 426
Marokko-Krise 382
Maroniten 295
Marsch auf Rom 390
Marseilles 328
Marshallplan 413
Marxismus 315, 341, 363, 390
Marxisten 324, 370
Maryland 298
Maschine 265, 267
Masdaismus 69
Massachusetts 298
Massai 172
Mathematik 39, 123
Mau-Mau-Bewegung 407
Mauren 155, 253, 283

Maurija 73
Maurya-Reich 47
Maya 163, 165 f.
Maya-Kultur 164, 166 f.
Maya-Kunst 167
Meder 63 f.
Medici 245
Medien 419
Medina 144
Medinet-Habu-Tempel 180
Megiddo 58
Mein Kampf (Hitler) 391
Meißen 265
Mekka 144, 174
Melanesien 293
Memel 395
Memphis 36, 38, 60
Menasse, Stamm 76
Mensch 20—23 ff., 167, 177, 315, 443
Menschenaffe 20 f.
Menschewiki 371
Meroe 171 f.
Merowinger 129, 140 f.
Mesolithikum (Mittlere Steinzeit) 29
Mesopotamien 15, 26, 30, 34 f., 39 f., 45, 56,
    60 f., 64, 92, 94, 97, 102, 124
Messener 86
Messer 191
Messias 107, 223
Messinien 86
Mestize 281
Metall 97, 113, 161, 166
Metallbearbeitung (Erfindung) 43
Metall-Letter 265
Metallwerkzeug 51
Metaphysik 73
Metropole 392
Metropolit 307
Metz 356
Mexikanische Architektur 163
Mexikanischer Krieg 365
Mexico-City 164, 445
Mexiko 162 f., 165 ff., 205, 234, 239, 279,
    338 f., 342
Midianiter 159
Midway-Inseln 400
Mikroskop 240, 261
Milchstraße 17
Milet 49, 79, 81 f., 97
Militarismus 318
Ming 215
Ming-Dynastie 196, 208 f.
Ming-Keramik 208
Ming-Porzellan 208
Ming-Reich 209

Minna von Barnhelm (Lessing) 343
Minnesänger 151
Minoer 47 f.
Minoische Kultur 19, 44, 47
Minoische Zeit 50
Mischna 108
Missionar 134, 141, 196
Missionierung 201, 225
Mississippi 292, 323 f., 338, 365 f.
Mistra 136, 228
Mitanni 56 f.
Mitanni-Reich 46
Mitra 46
Mittelalter 105, 111, 126 f., 142, 154, 197,
    208, 229, 239
Mittelamerika 163, 168
Mitteldeutschland 251
Mitteleuropa 23, 143, 193, 228, 234 f., 242,
    246, 349 f., 387 f.
Mittelitalien 142, 150, 355
Mittelmeer 26, 34, 99, 109, 132, 136, 147,
    155, 178 f., 181 f., 202 f., 231 f., 234 f.,
    273, 278 f., 296
Mittelmeerhandel 235
Mittlerer Osten 22, 25 f., 29, 34, 36, 43 f.,
    46—49, 61 f., 96, 100, 104, 111, 113 ff.,
    126, 133 f., 145, 162, 171, 186, 194, 220,
    238 f., 416, 435
Mittelpolen 312
Mittleres Reich (Ägypten) 39, 60
Moab 75
Mocambique 275 ff., 416
Moche 168
Mochica 168
Mogul 201, 220 f.
Mogul-Architektur 220
Mogul-Reich 197, 218—221, 299
Mohair 231
Mohenjo-daro 45
Mohismus (s. Utilarisrische Schule)
Moldawien 441
Molukken 273, 279
Monarchie 321, 326, 394
Mond 418
Mondpyramide 163
Mongolei 74, 209, 374, 439
Mongolen 70, 120 f., 159, 193, 203, 222,
    227, 307
Mongolen-Reich 308
Monophysiten 111, 144
Monopole 367
Monotheismus 143
Monotheistische Religion 77 f.
Montenegro 236
Montevideo 341

Mormonen 365
Moskau 307, 310, 336, 371, 373 f., 397, 444
Moskauer Reich 135, 139
Moslem 141, 273, 278
Mossul 157
München 362, 391, 395
Münster 249
Münze 80, 96, 125, 130, 182, 184 f., 187,
    190
Muezzin 228
Mujaheddin 416
Mulatte 281
Mullusken 20
Murmansk 374
Muscheln 20
Muschelschalen 40
Musik 312, 342, 349
Muskat 288
Muslim 151, 153, 155, 157 ff., 192, 196, 198,
    201 ff., 219, 230, 241, 405, 424 f.
Muslim-Kultur 203
Muslim-Liga 404
Mykene 48
Mykener 47, 49
Mykenische Kultur 48 f., 78, 179
Myrte 32
Mystizismus 222

Nabatäer 97
Nagasaki 216, 289
Naher Osten 29, 111, 416
Nantes 189, 329
Napata 171
Napoleonische Kriege 242, 267, 275, 290,
    301, 337 f., 351 f., 355, 366
Napoleonische Zeit 267
Nara 214
Nara-Zeit 214
Narodniki 370
Nashorn 23, 45
Nationalismus 237, 241 f., 350
Nationalisten 404
Nationalsozialistische Deutsche Arbeiterpar-
    tei 391, 398
Nationalstaat 53, 239 f., 354
Nationalversammlung 326
NATO 414, 441
Natufian 29
Naturwissenschaft 95, 369
Navarino 351
Naxos 80
Nazi-Deutschland 290
Nazis 390, 393, 396, 406, 417
Nazca-Kultur 169
Neandertaler 23 f.

Neapel 278
Nebekian 29
Nebekian-Kultur 29
Neoimpressionisten 359
Neokunfuzianische Akademie 216
Neolithikum (Jungsteinzeit) 26 f., 29
Neolithische Kultur 51
Neolithische Phase 213
Neolithische Revolution 26
Neo-Platonismus 105
Nepal 74, 209
Nestorianer 111, 196
Neubabylonisches Reich 63
Neuengland 295, 298
Neues Reich (Ägypten) 39, 57, 60
Neues Testament 95, 109 f., 247
Neufundland 192, 295
Neuguinea 399
Neuseeland 300 f., 305
Neue Welt 205, 283
Neuzeit 229
Nevada 339
New Deal 394
New Delhi 299
New Mexiko 339
New York 289, 324, 365, 367 f.
Nicaragua 340, 422
Niederländer 288 f.
Niederländisch-Indonesien 403
Niederlande 43, 234, 242, 251, 253, 279,
    283 ff., 289 ff., 318 f., 327
Niederlothringen 156
Niger 173 f., 275, 302
Nigeria 407
Nil 36 ff., 131, 171, 180
Nimrud 62
Ninive 62 f., 92
Nippur 30
Nirwana 74
Nitrat 340
Nizäa 110
Nizza 235, 255, 355
Nobelpreis 369
Nomaden 55, 97, 115, 117, 120, 124, 141,
    164, 173, 185, 193
Nordafrika 99 f., 111, 114, 132 f., 140 f., 144,
    146 f., 172 f., 183 f., 231 f., 234 f., 400
Nordamerika 24, 161, 167, 188, 192, 205,
    255 f., 269 f., 293, 295 f., 300
Nordborneo 404
Nordchina 51, 120, 193, 208 f.
Norddeutschland 259
Nordekuador 169
Nordeurasien 203
Nordeuropa 150, 288

Nordfrankreich 151
Nordgallien 140
Nordindien 63, 116, 125 f., 219 f.
Nordirland 251
Nordischer Krieg 259
Nordisrael 159
Norditalien 150, 247, 258, 267, 333
Nordkorea 402, 414, 436
Nordkoreaner 414
Nordmesopotamien 61
Nordmexiko 279, 283
Nordostafrika 36, 172
Nordostchina 185
Nordpakistan 186
Nordschweiz 251
Nordsee 142, 387
Nordspanien 151
Nordstaaten 367
Nordsumatra 201
Nordsyrien 56 f.
Nordvietnam 116, 120
Nordwestafrika 284
Nordwestindien 184 f.
Normandie 143, 149, 190, 400 f.
Normannen 137, 149 f., 153, 190
Northampton 196
Norwegen 150, 188, 259, 362, 396, 421
Norweger 188−191
Notabelnversammlung 325
Nowgorod 191
Nubien 39, 171
Nubier 171 f.
Nubier-Dynastie 171
Nürnberg 402
Nuklearpotential 431
Numidien 100

Obelisk 57
Oberster Gerichtshof (USA) 418
Obsidian 26, 40, 166
Ochse 42, 50
Odyssee 50, 79
Ökologische Katastrophe 35
Öl 226, 340, 427 f.
Ölembargo 407
Österreich 148, 153, 246, 250, 253, 255 f.,
    258 f., 267, 322, 327, 332 f., 352 f., 355 f.,
    374, 382, 384 f., 388, 395, 402, 439
Österreicher 129, 334, 336, 350, 353, 355,
    362, 385, 387, 391
Österreichisches Reich 256
Österreich-Ungarn 382
Okinawa 211, 401
Oktoberrevolution 369, 373
Olive 50

Oligarchie 80 f., 218, 340
Olmeken 162, 165, 168
Olmekische Kultur 165, 168
Olympische Spiele 134
Omaijaden 127, 145
Omaijaden-Dynastie 144
Omaijaden-Kalifat 147
Opium 210, 271
Opium-Krieg 210
Optimates 100
Orakelknochen 52
Oranien 286
Oranier 289
Oranje Freistaat 301
Oregon-Trail 365
Orkney-Inseln 189
Orléans 150
Orontes 40, 56
Orthodoxe Kirche 111
Orthodoxie 110 f., 134
Osiris 38
Osmanen 138, 160, 223, 228, 251
Osmanische Kunst 232
Osmanisches Reich 196, 224, 226, 228 ff.,
    232, 234 f., 237, 382
Osseten 140
Ostafrika 21, 161, 172, 175, 275
Ostanatolien 61, 137, 223, 226, 229, 231
Ostasien 26, 204
Ostchristen 157
Ostdeutsche 439
Ostdeutschland 412 f., 420, 439
Ostengland 189
Osteuropa 139, 141, 242, 313, 349, 401, 413,
    435, 441, 444
Ostgoten 140 f.
Ostgotische Reiche 132, 139
Ostindienkompanie 298 f.
Ostirak 224
Ostpakistan 405
Ostpersien 68
Ostrom 105, 109, 126
Ostsee 259, 308
Oxford 150
Oxus (Amur-Darja) 184
Ozeanien 271
Ozonloch 443

Paestum 70
Pahlavi-Literatur 69
Pakistan 44, 199, 221, 405, 410, 422, 425,
    445
Paläologen-Dynastie 138
Palästina 36, 58, 64, 66, 74, 78, 92, 94,
    106–109, 144 f., 147, 154 ff., 158 ff.,

180 f., 183, 193, 225, 232, 302 f., 387 f.,
    406, 427
Palästinenser 427, 430
Palästinensische Befreiungsfront (PLO) 425 f.
Palermo 136, 150
Palmyra 104, 186
Panama 339
Panama-Kanal 339
Pandschab 198
Papier 113, 115, 267
Papiergeld 114, 120, 196
Paprika 167
Papst 111, 150, 245, 279
Papsttum 110, 134, 149, 152, 154, 240 f.
Papyros (Papyrus) 38 f., 97
Paraguay 341
Parfüm 97
Paris 136, 149 f., 153, 155, 255, 292, 298,
    305, 311, 326–329, 332, 351 f., 359, 385,
    392, 401
Pariser Friedensvertrag 324
Pariser Kommune 363
Parlament 81, 304, 316, 319
Parlamentarier 317
Parlamentarisches System 305, 307, 319
Parlamentarismus 304
Parsismus (s. Zoroastrismus)
Parsisten 69
Parteiensystem 319
Parthenon 84
Parther 94, 104
Partherherrschaft 125
Partherkrieg 125
Parthien 124
Parthische Kultur 125
Partikularismus 254
Partisanen 401
Patriarch 110
Pax Dei (Gottesfriede) 152
Pax Mongolica 196
Pax Romana 196
Pazifik 13, 194, 202 f., 205, 212, 261, 269,
    279, 290, 292, 300, 365, 377, 400, 410,
    424, 444
Pazifik-Krieg 400
Pazifik-Staaten 369, 424, 431
Pearl Harbor 399, 431
Peking (s. Beijing)
Peloponnes 48 ff., 86, 139, 179
Peloponnesischer Krieg 84
Pelze 308, 365
Pennsylvania 298
Pera 138
Perestroika 438
Pergament 65

Pergamon 94, 97
Pergamon-Altar 95
Perikleisches Zeitalter 84
Perlak 201
Perlen 97
Persepolis 65
Perser 60, 63 f., 81 f., 90, 109, 131 ff., 183 f.
Perserteppich 222, 224
Persien 45, 67 ff., 88, 94, 97 f., 116, 124 ff.,
    131, 133, 144 ff., 182 f., 196, 221–224,
    231, 312, 333, 424
Persisch 220
Persische Kultur 198, 219 f.
Persische Literatur 197, 200
Persischer Golf 34, 40, 95, 97, 204, 273,
    426, 428
Persisches Reich 63 f., 68, 92
Peru 167 ff., 234, 239, 279, 338, 340 f.
Peschawar 186
Pest 270
Petén 166
Petition of Right 317
Petrograd (s. Sankt Petersburg)
Pfandleiher 65
Pfeffer 162, 298
Pflug 161
Pharao 37, 39
Pharisäer 107
Philadelphia 323
Philippinen 202, 205, 279, 283 f., 399, 403,
    422, 434
Philister 75, 178 ff.
Philosophie 67, 70 f., 80, 82, 86, 95, 121 f.,
    153, 208, 342
Phönizien 42, 66
Phönizier 180–184, 203
Phönizisches Alphabet 79
Phrygier 57
Phylen 81
Physik 264
Physiokraten 321
Piemont 353 f.
Pilgerreise (v. Milton) 318
Pilsen 412
Pirat 104, 180, 269, 285, 292
Piraterie 296
Pisa 137, 159
Pittsburgh 267
Pferd 23, 43, 50, 53, 60, 97, 116, 119, 187,
    196, 204, 279
Pferdekummet 116
Platää 82
Platz des Himmlischen Friedens 213
Plymouth 298
Po 150

Podolien 236
Poitiers 234
Poitou 154
Pole 349, 352, 411
Polen 150, 242, 246, 251, 258 f., 307, 322,
    349, 351, 374, 389 f., 395 f., 402, 411,
    422, 438
Polis 80
Polo 187
Poltawa 259
Pondichery 293
Pontus 97
Portugal 204, 269, 272–278, 288, 322
Portugiese 203 ff., 215, 234, 273, 275, 278,
    288 f.
Portugiesisches Großreich 272, 337
Portugiesisch-Guinea 276
Porzellan 114, 117, 121, 209 f., 265
Populares 100
Potsdam 400
Prado 281
Prädestination 249
Präkolumbisches Amerika 168
Prämonstratenser 152
Prag 150, 353, 395, 412
Presbyter 109
Presbyteranische Kirche 316
Pressefreiheit 351
Preußen 148, 217, 227, 251, 256, 258 f., 322,
    327, 332, 334, 336, 353, 356, 380, 413
Priester 109, 170, 275, 338
Priesterschaft 60, 170
Primaten 20
Princeton 324
Principe 275
Privatbank 65
Privateigentum 438
Prohibition 393
Produktivität 419, 432
Prokurator 107 f.
Proletariat 371
Prophetismus 77
Prosa 135
Protestant 251, 253, 279
Protestantismus 249 ff.
Proto-Neolithikum 29
Protozoen (Urtierchen) 19
Provence 149, 247
Provenzalisch 150
Psychoanalyse 384
Ptha 38
Ptolemäer 94, 97
Ptolemais 145
Puerto Rico 284, 340
Punische Kriege 99, 183

Puritaner 318
Purpur 97, 181
Pusan 414
Pylos 50, 179
Pyramide 37, 162, 166, 169
Pyrenäen 278

Quantenphysik 384
Qatana 41
Qin 53, 86, 114 f.
Qin-Dynastie 67, 70
Qin-Periode 115
Quadrant 204
Quebec 291 f., 300, 441
Quetzalcoatl 163 f.
Qumran 108
Qumran-Rollen 107

Rad 30, 43, 161
Radio 384, 393
Radioaktivität 16
Radiokarbonmethode 15
Rajput 219 f.
Raketen 415, 417, 435
Ramayana 46, 122
Ramle 146
Rassentrennung 418
Rassismus 419
Rat der Fünfhundert (Griechenland) 81
Rationalismus 321, 347
Ravenna 136
Realismus 135, 358 f.
Realisten 359
Rechreyn 188
Rechte 211
Rechtswissenschaft 156
Reconquista 155, 278
Reform 131, 276, 304, 325, 438
Reformation 129, 239, 246 f., 250, 285
Reformation, Hussitische 241
Reformator 249
Regenwald 173
Reggio di Calabria 235
Reis 45, 171
Reisende auf einem Bergpaß (Li Chao-tao) 119
Relativitätstheorie 384
Religiöser Fanatismus 422, 424, 426
Religion 16, 38 f., 60, 67 f., 70 f., 73, 87, 104, 109, 121 f., 146, 165, 180, 200, 203, 225, 320, 328
Renaissance 129, 136, 203, 219, 243, 245, 247, 261, 265, 284, 291, 359
Renaissance-Kultur 246
Renaissance-Mensch 245

Reptilien 20
Repräsentantenhaus 324
Republik 351
Republikaner (Spanien) 394
Restaurationszeit 330
Revisionisten 325
Revolte 285, 322, 328, 371
Revolution 304, 315 f., 318, 320, 322 f., 329 f., 332, 334, 338, 347, 350, 352 f., 369 f., 371, 374
Revolutionäre 328
Revolutionäre Praxis 363
Revolution, Städtische 162
Revolutionstribunal 328
Rhein 139 f., 247
Rheinland 395
Rhode Island 298
Rhodos 79, 95, 97, 234
Rhone 140
Rig-Veda 46
Rind 25, 65
Rio de Janeiro 274, 337
Risorgimento 354
Ritterorden 158
Rocky Mountains 18
Rocroi 254
Röhm-Putsch 392
Römer 94, 103, 108, 124 f., 139, 180, 183
Römische Herrschaft 186
Römisch-indische Kunst 186
Römische Kultur 102, 144
Römischer Friede 102
Römisches Imperium 103
Römisches Recht 103, 150
Römisches Reich 87, 109 f., 113, 115 f., 129, 132, 139, 185, 232
Rokoko-Höfe 345
Rom 81, 86 f., 96, 98 ff., 102–105, 110 f., 113, 116, 124 f., 131, 136, 139 ff., 150, 152 f., 155, 183, 185, 187 f., 219, 227, 240, 245, 250, 279, 281, 353, 355
Romagna 154
Roman 216, 311
Romantik 321, 342, 347, 349, 354
Romantiker 349
Rote Armee 374 f., 401, 411
Rote Garden 373
Rotes Kreuz 355
Rotes Meer 75, 181, 427
Rotwild 23
Rouen 189
Rousillon 255
Royalisten 318, 338
Ruanda 444

Rumänien 102, 236, 351, 385, 389, 397, 402, 439
Runen 192
Rus (Khanat) 190
Russen 113, 134, 191, 236 f., 310, 334 ff., 349, 353, 363, 400, 402, 412
Russische Revolution 313, 328, 363, 374, 441
Russische Revolution, Zweite 375
Russisch-Japanischer Krieg 217
Russisch-orthodoxe Kirche 307
Rußland 43, 143, 190, 193, 210, 217, 225, 251, 258 f., 307 f., 310 f., 315, 335, 351, 362, 369–375, 381 f., 385 f., 388 f., 396 f., 400 f., 404, 435, 440
Russisches Reich 441
Ryukyu-Inseln 211

Sabbat 110
Sachalin 312
Sachsen 140, 148
Sadduzäer 107
Säugetiere 20
Safawiden 221, 223 ff.
Safawiden-Dynastie 225
Safawidische Architektur 224
Sahara 43, 161, 173 , 175, 272, 302, 377, 411
Saigon 294, 409
Sakalus 178
Sakralarchitektur 151
Salamis 82
Salomonen 293
Salomon-Tempel 181
Saloniki 387 f.
Salpeter 32, 298
Salvador 163
Salzbergwerk 308
Samaria 62, 64, 75 f.
Samariter 76, 106, 110
Samarra 224
Samniten 99
Samos 80
Samurai 215 f.
Sandinisten 340
San Francisco 402
Sankt Helena 336, 352
Sankt Petersburg 311, 371 ff., 397
San Salvador 444
Sanskrit 46, 73
Santa-Fé-Trail 365
São Paulo 341, 445
São Tomé 275
Sarajevo 384
Saratoga 324
Sarawak 404

Sardinien 178, 182 f., 278
Sarmaten 104, 139
Sassaniden 123, 125, 223
Sassaniden-Dynastie 68, 104, 114
Sassaniden-Reich 221
Sassanidische Kultur 127
Satire 311
Satrapien 64
Saudi-Arabien 425 f., 428
Savoyen 255, 355
Schaf 25 f., 50, 300
Schalem (Gott des Sonnenuntergangs) 40
Schardin 178, 180
Schauspiel (s. Drama)
Scheichtum 426
Scheidungsrate 419
Schießpulver 114, 120, 196, 265
Schiiten 223, 225
Schiitische Dynastie 147
Schiitischer Islam 222
Schildkrötenpanzer 52
Schisma 74, 111
Schlacht um England 396
Schlesien 193, 258
Schlieffen-Plan 381, 385, 388
Schmuck 192
Scholastik 153
Scholastische Methode 153
Schotten 318
Schottland 103, 189, 256, 316–319, 441
Schrift 13, 31, 38, 41, 43, 45, 47, 52, 71, 113, 115, 135, 142, 161 f., 165 f., 214
Schulbildung 419
Schule von Paris 362
Schwaben 148
Schwarzafrika 271
Schwarzer 281, 419
Schwarzes Meer 131, 138 f., 194, 229, 231, 236, 243, 308
Schwarzhemden 391
Schwede 189 ff.
Schweden 149, 188, 190, 242, 258 f., 267, 310, 397
Schwein 25
Schweinebucht-Unternehmen 415
Schweiz 241, 249, 372, 401
Schwert 191
Scud-Raketen 428, 431
Sechstagekrieg 427
Sechzehn Königreiche (China) 117
Sedan 356
Seeblockade 415
Seehandel 45, 48, 120, 137, 196, 201, 291
Seeland 285
Seeräuber 179, 188

Seevölker 50, 57, 60 f., 98, 178, 180, 203
Sefarwajim 62
Segesta 80
Seide 52, 97, 114, 117, 119 f., 137, 210, 224, 231
Seidenstraße 125
Seine 189
Seldschuken 137, 155, 157, 227
Seldschuken-Reich 221
Seldschuken von Rum 227
Seleukiden 94, 106, 123 ff.
Seleukiden-Dynastie 123
Selimiye-Moschee 232
Selin 80
Semiten 61
Semitisch 30, 40
Senat 98, 324
Senegal 173, 275, 294
Seperatfrieden 427
September-Massaker 327
Serben 134, 228, 382
Serbien 228, 236, 351, 382, 384 ff., 441
Sesam 45
Sevilla 246
Sex 122
Sezessionskrieg 366, 378
Shang-Dynastie 51
Shang-Zeit 52
Shanxi 51, 119
Sherman-Antitrust-Gesetz 367
Shetland-Inseln 189
Shi Huang Di (Erster Kaiser) 114
Shi Ji 117
Shintoismus 74
Shogun 214 f.
Siam 399
Sibir 308
Sibirien 24, 43, 161, 308, 310, 373 f.
Sichnan 118
Sidon 181 ff.
Siebenjähriger Krieg 258, 293, 299 ff., 323 f.
Siegel 45
Sierra Leone 275, 301
Sikeloi (Sikeler) 178
Sikh-Religion 220
Silber 35, 40 f., 96, 168, 185, 205, 235, 276, 280
Simbabwe 407
Sinai, Berg 136
Sinai-Halbinsel 427
Sind 197
Singapur 202, 212, 273, 301, 399, 404, 410, 432, 434
Sinkiang (s. Xinjiang)
Sintflut 31

Sizilien 79 ff., 84, 95, 99 f., 137, 146, 150, 152, 154, 178, 182 ff., 191 f., 278, 355, 400
Skagerrak 387
Skandinavien 143, 149, 188, 190, 251, 259
Skandinavier 189
Skeptizismus 222
Sklave 35, 38, 65, 81, 96, 100, 174 f., 199, 230, 274, 276, 280, 364, 366
Sklavenhandel 271, 275 ff.
Sklaverei 198, 367
Skythen 44
Skythopolis 146
Slanksky-Prozesse 412
Slawen 132, 134, 141, 148
Slowakei 441
Slowenien 441
Sofala 275
Solferino 355
Solidarität-Bewegung 438
Somali 172
Somaliland 275, 356
Somme 386
Song-Dynastie 113
Songhai 174
Sonne 17, 19, 170, 261
Sonnenfinsternis 79
Sonnenpyramide 163
Sonnenuhr 80
Sorghum 171
Sowjet 371 f., 400 f., 412, 414, 416 f., 428
Sowjetisches Reich 313, 441
Sowjetrußland 397, 435
Sowjetunion 226, 294, 302, 315, 371, 389, 394 f., 397 f., 402, 411, 414, 417 f., 428, 434 ff., 438–441, 444
Sozialismus 328, 358, 362 f., 444
Sozialistische Theorie 363
Sozialrevolutionäre 370
Spätmesolithikum 29
Spätmittelalter 253, 307
Spätrömisches Reich 131
Spanien 23, 99, 104, 129, 132, 140 f., 144, 146 f., 151, 155, 184, 189, 197, 204 f., 234, 239, 241 f., 246, 250 f., 253–256, 258, 273 f., 278 f., 281, 283–286, 288, 296, 317 f., 327, 335, 337 f., 340, 342, 349, 392, 394, 420, 441
Spanier 147, 161, 164 f., 167, 170, 192, 205, 239, 270, 275, 279, 283, 292, 337, 394
Spanisch 338
Spanische Niederlande 255, 286
Spanischer Bürgerkrieg 394
Spanischer Erbfolgekrieg 255, 283
Spanisch-Marokko 284

Sparta 80, 84, 86, 136
Spartaner 82, 88
Speer 90, 170
Spione 393
Spoleto 154
Sri Lanka 74, 421, 444
SS (Schutzstaffel) 398
Städteplanung 95
Stahl 367, 369
Stalingrad 399 f.
Staubsauger 393
Staufer 192
Steinbock 24
Steinwerkzeug 51, 443
Steuer 40, 65, 104, 149, 230, 253, 266, 280,
   320, 322 f.
Steuerprivileg 326
St. Helena 90
Stier 26, 48, 63
Stoa 95
Stoffweberei 27
Stoizismus 103
Stratigraphie (Formationskunde) 16
Streitaxt 90
Stroganow 308
Streitwagen 56, 89, 186
Stuarts 251, 296, 304, 316, 319
Stufenpyramide 37
Stupa 186
Sudan 173 f., 294, 302, 381, 407, 424
Sudetenland 395
Südägypten 60
Südafrika 21, 296, 301, 305, 416
Südamerika 161, 167, 205, 270, 338, 342,
   445
Südasien 204
Südchile 283
Südchina 51, 116, 120, 193 f., 208
Südengland 100
Südgallien 140 f.
Südeuropa 48
Südfrankreich 247, 332
Südindien 187, 273
Süditalien 79, 98, 137, 150, 153, 155, 183,
   192, 355 f.
Südjemen 426
Südkorea 71, 414, 432, 434
Südlibanon 425
Südmesopotamien 62
Südnigeria 174
Südostasien 73 f., 114, 116, 123, 201 f., 270,
   289, 377, 445
Südrhodesien 407
Südrußland 104, 140, 399
Südsachalin 217

Südspanien 99, 132, 182 f.
Südstaaten 367
Südtirol 355
Südvietnam 415
Südwestafrika 172
Südwestasien 182
Süßkartoffel 162, 210
Suezkanal 387, 427
Suez-Krise 417
Suaheli 175
Sui-Dynastie 118
Suleymaniye-Moschee 232
Sultanat 199 f.
Sumer 30 ff., 34, 36
Sumerer 32, 34, 45, 52
Sumerische Kultur 31
Sung 120 f., 208, 239
Sung-Dynastie 114, 120, 129
Sung-Reich 193
Sung-Zeit 119, 146
Sunnitischer Islam 222
Surinam 289
Susa 65
Sydney Cove 300
Symbolismus 122
Synode (von Clermont) 156
Syrakus 81, 84
Syrien 25, 29, 34, 39 f., 56 ff., 61 f., 64, 76,
   92, 94, 97, 111, 124, 144, 146, 191, 193,
   196, 223, 231 f., 333, 388, 408, 410, 416,
   425−428
Syrische Dynastie 133
Syrische Küste 90
Syrische Wüste 125

Tabak 162, 290
Täbris 196
Tahiti 293
Tahqiq-i-Hind 198
Taiping-Bewegung 271
Taiping-Bruderschaft 211
Taiwan 71, 114, 211 f., 217, 289, 432, 434
Taiwaner 434
Taj Mahal 220
Talmud 108
Tambora 19
Tanagra 187
Tang 121
Tanganjika 387
Tang-Dynastie 113 f., 118, 129,
Tanger 272, 382
Tang-Kultur 118 f.
Tang-Zeit 119, 146, 187
Tanks 386
Tannenberg 386

475

Tansania 20 f., 387
Taoismus 70 f., 117
Tao te Jing 70
Tarain 199
Tasmanien 271, 300
Tataren 308
Tatarenkhanat 308
Taufe 126
Taurus 40
Tausendundeine Nacht 39
Technik 239, 305
Technologie 270, 359
Technotitlán 164
Tee 210, 290
Teheran 225, 400, 424, 445
Telegraph 217
Teleskop 240, 261
Telugu 219
Tempel-Kult 107
Templer 158, 240
Tennessee 365
Teotihuacán 163
Teppich 97, 227, 231, 238
Texas 339, 365
Textilien 41, 169, 186, 231, 243, 266
Thailand 22, 434
Thatcherismus 420 f.
Theben 60, 86, 92
Theologie 155
Thera 19, 48 f.
Thermoluminiszenz (Wärmeleuchten) 16
Thermopylen 82
Thessaloniko 139
Thraker 88
Thrakien 64, 89, 92, 228
Thymian 32
Tibet 74, 116, 209
Tianmen-Platz 434
Tiger 45
Tigris 29, 126
Tiahuanaco-Kultur 169
Tikal 166
Timbuktu 173 f.
Tjeker 180
Tlaloc 163
Tobolsk 308
Todesschwadronen 341
Töpfer 48
Töpferei, Erfindung der 27
Töpferscheibe 32
Tokio 216
Tokugawa-Shogunat 216
Tokugawa-Shogun 216
Toledo 150
Toleranz 320 f.

Tolteken 164, 167
Tomate 162
Tomsk 308
Ton 187
Tonscherben 45
Tontafel 40
Tonware 121
Topkapi 231
Tordesillas 205, 274
Tories 319
Tortuga 292
Toskana 98
Totes Meer 107
Toulon 235, 328
Toulouse 189
Tourist 368
Tours 141
Transithandel 96, 196, 202
Transjordanien 106, 302
Trans-Sahara-Handel 173
Transvaal 301
Trapezunt 139, 228, 230
Treibhauseffekt 443
Trenton 324
Triest 355
Tribalismus 377
Trilobiten 20
Tripolis 137, 156, 235
Tristan und Isolde 151
Triumvir 124
Triumvirat 100
Trojanischer Krieg 48
Trojanisches Pferd 186
Troubadour 151, 291
Tschad 409
Tschad-See 174
Tschechen 352
Tschechoslowakei 242, 389, 395, 412, 439
Tuareg 172
Tudor-Könige 241, 256, 296
Tudor-Zeit 316
Türkei 25, 29, 79, 86, 228, 238, 242, 351,
    382, 385 f., 388, 404, 414, 424
Türken 137, 139, 198, 228 f., 234 f., 237,
    251, 258, 279, 311, 351, 387, 407
Türkisches Reich 273, 312
Tufan-Oase 187
Tughluk-Dynastie 200
Tuilerien 327
Tunis 234, 294, 400
Tupamaros 341
Turin 355
Turkestan 187, 209
Turkmene 218 f., 223 f., 227
Tula 164, 167

Tunesien 42, 409 f., 426
Tunis 99, 147, 182
Typologie 16
Tyrannei 80
Tyros 92, 97, 137, 156, 181 ff.
Tyrrhener 98, 179
Tyrs 75, 90
Tyrsener 98, 179
Tyrus 157, 159

Ubeid-Kultur 30
Ubeidya 22
Überlandhandel 45
Überseehandel 296
Ugarit 42, 179, 181
Uhr, erste mechanische 118
Ukraine 311, 374
Ulan Bator 194
Ulm 334
Umweltverschmutzung 268, 443, 445
Unabhängigkeitserklärung 324
Unabhängigkeitskrieg (Amerikanischer)
    300, 322 f.
Unberührbare 74
Unfehlbarkeit (Päpstliche) 247
Ungar 228
Ungarischer Aufstand 435
Ungarn 143, 193, 232, 236, 251, 256, 258,
    349, 353, 374, 389, 397, 402, 411, 439
UNITA-Rebellen 416
Universalreich 103
Universum 17, 79 f., 363
UNO 428
UN-Schirmherrschaft 428
UN-Sicherheitsrat 414
Unstrut 148
Unterarmenien 226
Unterhaltungsindustrie 393
Unterhaus 304, 317
Unterwasserarchäologie 16
Upanishaden 72
Ur 30 f., 34
Ural 44
Urbane Revolution 26
Urbanisierung 24, 26, 113, 265
Uruguay 275, 339
USA 216, 218, 225, 267, 284, 296, 298, 300,
    315, 324, 337, 339 f., 364 f., 367 f., 377,
    385, 387 f., 393 f., 399, 409, 413–418,
    422, 428, 430 f., 435, 441
Utah 339, 365
Utilaristische Schule 69

Valmy 327
Valois (Dynastie) 246

Vandalen 105, 140
Vandalische Reiche 132
Varuna 46
Vatikan 241
Vatikanstaat 355, 391
Vedeu 72
Vedische Götter 122
Vedische Kultur 46
Vedische Literatur 46
Vedische Überlieferung 73
Vendée 327 f.
Venedig 136 ff., 158, 194, 230, 234 f., 243,
    245 f., 273
Venetien 355
Venezianer 158, 235
Venezuela 289, 338
Venezueler 338
Venus 261
Verdun 327
Vereinigte Generalstaaten (s. Vereinigte Nie-
    derlande)
Vereinigte Niederlande 286, 289
Vereinigte Ostindische Kompanie 288, 290
Vereinigtes Königreich 319
Vereinigte Staaten (s. USA)
Vereinte Nationen 402, 406, 408
Verfassung 324, 326
Vernunft 321
Versailles 327
Versailler Friedensvertrag 389, 391
Viehzucht 46, 266, 366
Vierte Republik (Frankreich) 410, 413
Vietkong 415
Viet-Minh-Bewegung 409
Vietnam 74, 201, 209, 211, 409, 416, 434
Vietnamesische Nationalistische Partei 408
Vietnam-Krieg 415, 430
Virampatnam (s. Arikamedu)
Virginia 298
Vishnu 46
Vögel 20
Völkerbund 391, 393
Völkerwanderung 140, 178
Vom Geist der Gesetze (v. Montesquieu)
    321

Währungsunion 439
Waffe 50
Waffensysteme 417 f.
Wahlrecht 351
Wallonie 284
Walzwerk 267
Waräger 190
Warschauer Getto 411
Warschauer Pakt 412, 414

Wassergeusen 285
Wasserstoffbombe 417
Waterloo 275, 336
Webstuhl, Mechanischer 266
Weide 32
Weihrauch 97
Weimar 343
Weimarer Republik 391
Wein 97, 222
Weinland (f. Nordamerika) 192
Weintrauben 50
Weißer 281
Weißes Meer 308
Weißrußland 311
Weizen 25 f., 45, 49, 97, 100
Weltbevölkerung 268, 445
Weltbürger 95
Welthandel 136
Weltkrieg 302, 358, 389, 403, 415
Weltkrieg, Erster 217, 236 ff., 294, 313,
    362 f., 366, 371–374, 378, 382, 384,
    387 ff., 391, 393, 396 f., 404
Weltkrieg, Zweiter 212, 215, 217 f., 272,
    295, 313, 363, 378, 393–396, 399, 403,
    405 f., 409, 411, 417, 419
Weltmacht 242
Weltmärkte 432
Weltsprache 305
Weltwirtschaft 218, 270
Weltwirtschaftskrise 391
Wirtschaftsreform 438
Weltwunder 37
Werther (Goethe) 343
Wessex 143
Westafrika 171, 182, 204, 272, 275, 278, 294
Westanatolien 231
Westasien 55, 182
West Bank 427
Westdeutsche 439
Westdeutschland 413 f.
Westeuropa 143, 146, 151, 158, 178, 203,
    216, 239, 246, 311, 320, 350, 377, 413,
    420, 431
Westfälischer Friede 251, 259
Westfrankreich 189
Westgoten 132, 140
Westindien 44, 64, 144, 219
Westindische Inseln 292, 296, 301
Westiran 224
Westkanaanäer 181
West-Neuguinea 403
Westpazifik 399
Westpersien 62, 223, 232
Weströmisches Reich 129
Westrom 105, 132, 140

Westsemiten 41
Westsibirien 308
Westsudan 174
Wettlauf im Weltraum 418
Whigs 319
Widder 26
Widerstand 106
Widerstandsbewegung 406
Wiedertäufer 249
Wiedervereinigung 439
Wien 234, 236, 256, 279, 333, 353, 401
Wiener Kongreß 350
Wikinger 143, 153, 178, 188–192, 203, 205
Wildrinder 23
Wirbeltiere 20
Wirtschaftshilfe 439
Wirtschaftswunder 413
Wissenschaftliche Revolution 261
Wissenschaftlicher Fortschritt 359
Wittenberg 249
Wladiwostok 308
Wodka 311
Wörterbuch, erstes 117
Wolf 25
Wolga 190
Wolkenkratzer 368
Wolle 50, 97, 170, 231, 300, 339
Würm 23
Wu Tai 119

Xia 51
Xinjiang 116, 209
Xiung Nu 116, 139 f., 185

Yabrudian 29
Yangshao-Ton-Kultur 51
Yangzi 118
Yangzi-Tal 51,
Yankee 365
Yanzi 116
Yenan 212
Yin und Yang 69
Yoga 72
Yorckshire 189
Yorktown 324
Ypern 386
Yuanmou 51
Yüan-Dynastie 194, 208
Yukatán 163, 165 ff.

Zahlungsmittel 35
Zaire 408
Zama 99, 183
Zapoteken 165
Zapoteken-Kultur 162

Zar 308
Zarzian 29
Zedern 181
Zeit der Streitenden Reiche (China) 53, 69
Zen-Buddhismus 215
Zensur 391
Zentralafrikanische Republik 410
Zentralamerika 163
Zentralanatolien 56, 64
Zentralasiatisches Khanat 194
Zentralasien 45, 64, 74, 93, 114, 123–126,
    185, 187, 193, 196, 198, 203, 224, 312
Zentraleurasien 203
Zeus 95
Zhengzhou 51
Zhou-Dynastie 52, 69
Zhoukoudian 51
Ziege 25 f., 50
Zikkurat 31
Zimt 97
Zinn 27, 41, 182, 341

Zionismus 427
Zisterzienser 152 f.
Ziviler Ungehorsam 405
Zivilisation 13, 15, 19, 30, 35 f., 41, 43, 50,
    87, 103, 111, 117, 146, 177, 192, 208,
    264, 269 f., 368, 422, 444
Zivilisierungsaufgabe 295
Zölibat 126
Zoll 40, 230, 393
Zoroastrismus 67 ff.
Zuckerrohr 274, 290
Zweistromland 38
Zweite Republik (Frankreich) 352
Zweites Deutsches Reich 356
Zweites Kaiserreich (Frankreich) 353
Zweites Königreich (Kreuzzug) 158
Zwölferschia 223, 226
Zwölf Imame 223
Zypern 49 f., 66, 97, 160, 180 f., 235 f., 303,
    406 f.

Band 64122

Rolf Beyer

Vision und Ekstase

In der Zeit zwischen dem 12. und 14. Jahrhundert entstand eine neue religiöse Bewegung: die Mystik. Der einzelne Mensch versuchte, durch Hingabe und Versenkung zur persönlichen Vereinigung mit Gott zu gelangen. Die Frauen entwickelten dabei eine ganz eigene Form der Mystik, und vielen von ihnen wurden Erfahrungen zuteil, die männlichen Mystikern vorenthalten blieben.

Das außergewöhnliche Leben und Erleben dieser Frauen ist für den modernen Menschen schwer zu begreifen: Visionen, Ekstasen, Verzückungen, großer Leidensenthusiasmus, Verletzungen und Erfüllungen. Rolf Beyer bringt dem Leser die herausragenden Vertreterinnen dieser frühen Frauenbewegung nahe.

Mit zahlreichen Abbildungen